粤港澳大湾区
体育产业协同发展研究

周良君　王　钊　著

人民出版社

责任编辑：吴继平

封面设计：周方亚

图书在版编目（CIP）数据

粤港澳大湾区体育产业协同发展研究／周良君，王钊 著 . —北京：
人民出版社，2024.2

ISBN 978 - 7 - 01 - 026076 - 1

I. ①粤… Ⅱ. ①周… ②王… Ⅲ. ①体育产业－产业发展－研究－
广东、香港、澳门 Ⅳ. ① G812.765

中国国家版本馆 CIP 数据核字（2024）第 015432 号

粤港澳大湾区体育产业协同发展研究

YUEGANGAO DAWANQU TIYU CHANYE XIETONG FAZHAN YANJIU

周良君　王 钊　著

人民出版社 出版发行

（100706　北京市东城区隆福寺街 99 号）

北京汇林印务有限公司印刷　新华书店经销

2024 年 2 月第 1 版　2024 年 2 月北京第 1 次印刷

开本：710 毫米 ×1000 毫米 1/16　印张：28

字数：388 千字

ISBN 978 - 7 - 01 - 026076 - 1　定价：108.00 元

邮购地址 100706　北京市东城区隆福寺街 99 号

人民东方图书销售中心　电话（010）65250042　65289539

序

欣欣向荣的粤港澳大湾区，如一颗璀璨的明珠闪耀在祖国南疆。粤港澳大湾区是我国开放程度最高、经济活力最强的区域之一，也是我国最具竞争力的世界级城市群之一。建设粤港澳大湾区，既是新时代推动形成全面开放新格局的新尝试，也是推动"一国两制"事业发展的新实践，有利于支持和推动香港、澳门更好融入国家发展大局。2023 年 4 月，习近平总书记在广东考察时指出，粤港澳大湾区在全国新发展格局中具有重要战略地位，强调要使粤港澳大湾区成为新发展格局的战略支点、高质量发展的示范地、中国式现代化的引领地，为在新时代新征程推进粤港澳大湾区建设进一步指明了前进方向，注入了强大动力。

产业协同发展是粤港澳大湾区协同发展战略率先突破领域之一，是推动粤港澳大湾区高质量发展的重要支撑。在粤港澳大湾区建设进程中，作为全面体现新发展理念的重要领域、人民群众高品质生活的重要支撑、构建新发展格局的重要内容，以及健康中国、体育强国建设重要任务的体育产业，其协同发展现状如何，空间布局怎样，协同发展路径是什么，如何通过政策创新强化和保障协同发展，这一系列问题急需学术界展开深入系统的研究。以上问题的准确回答，对打造全球领先的现代化体育产业集聚地、建设比肩纽约湾区、东京湾区和旧金山湾区的体育产业高地、构建宜居、宜业、宜游的高品质生活圈、增强大湾区循环、中国内循环和国际大循环的吸引力、提升大湾区的活力和国际竞争力具有重要意义。

《粤港澳大湾区体育产业及协同发展》一书汇聚了国内外众多专家学者的智慧和实践经验。通过深度剖析大湾区体育产业发展历程、协同发展机制、实施路径和保障体系，本书为读者呈现了一幅粤港澳大湾区体育产业协同发展全景图。本书力求深入浅出、实事求是，期待为各界了解大湾区体育产业提供一本权威、全面的参考书籍。

第一篇是理论篇。本篇从问题出发，首先分析了粤港澳大湾区体育产业协同发展的重要意义，梳理了本书对区域体育产业协同发展理论研究和具体实践的贡献。其次，描画了研究思路，廓清了主要内容，介绍了主要研究方法。随后，基于 CiteSpace 和学术脉络进行了文献分析。最后，从要素系统、产业系统、环境系统三个维度建构了粤港澳大湾区体育产业协同发展系统框架，从市场调节、政府干预与企业调节三个层面构建了大湾区体育产业协同发展机理。

第二篇是实践篇。本篇首先回顾了粤港澳大湾区体育产业协同发展历程，运用 PEST-SWOT 模型分析了体育产业协同发展的现实基础。其次，构建了区域体育产业综合质量评价指标体系，运用熵值法对粤港澳大湾区各城市体育产业质量进行综合评价。采用引力模型分析了粤港大湾区体育产业空间关联特征。采用社会网络分析方法，刻画了粤港澳大湾区体育产业空间关联网络。再次，梳理了粤港澳大湾区体育产业协同发展存在的主要问题，剖析了问题成因。最后，建构了跨境体育消费理论模型，并进行了实证检验。

第三篇是路径篇。本篇首先概括了世界三大湾区以及国内长三角、京津冀地区体育产业协同发展经验：具备良好的产业发展环境、良性互动的合作机制、打造区域赛事品牌、推进区域体育产业错位发展。其次，从资源、主体、组织、空间四个维度构建了粤港澳大湾区体育产业联动发展路径。本书提出,通过数字化赋能推动粤港澳大湾区体育产业跨界合作,加快体育产业组织变革,培育粤港澳大湾区体育产业新业态。最后,本书建议建立粤港澳大湾区体育发展联盟,以2025年全运会为契机,加快体育产业协同发展。

第四篇是保障篇。本篇提出要按照"一个目标、两个层面、三个原则和四个主体"的整体思路,构建粤港澳大湾区体育产业协同发展保障体系。具体包括建立国家和粤港澳三方参与的管理协调机制,强化全局性、针对性和延续性的规划实施监督机制,推进政府、社会、企业共同参与的协作机制,畅通服务要素流动机制和创新多领域项目合作机制。政策保障体系的构建应遵循政策目标协同、政策主体协同、政策内容协同和政策执行协同四个原则。基于粤港澳大湾区"9+2"的组成模式,本书提出"1+3+9+X"的粤港澳大湾区体育产业协同发展政策框架。

本书是集体智慧的结晶。特别感谢成都体育学院程林林教授、武汉体育学院黄谦教授、上海体育大学黄海燕教授、北京体育大学李艳丽教授、中央财经大学王裕雄教授、华南师范大学谭建湘教授、华南理工大学高晓波教授和江苏师范大学郇昌店教授等,在与他们一次次论证会和交流中,本书的思路框架逐渐清晰,内容更加丰富。非常感谢广州体育学院陈小英教授、范冬云教授、董国忠博士和广东行政职业学院肖婧莹博士、上海体育大学兰迪博士、华南师范大学王淋燕博士等,他们在本书写作、修改中做出了重要贡献。还要感谢孙铭、丘庆达、曲怡薇、郑海钦、李飒爽、吕可乐等,他们在查阅资料、审阅校对等环节做了大量工作。

多年来,我们依托国家体育总局体育社会科学重点研究基地、粤港澳大湾区体育产业学院、广东省体育产业高端智库创新团队等平台开展调查研究,围绕粤港澳大湾区体育产业协同发展、产业融合、赛事资源开发等主题进行集体攻关。事实证明,我们的努力和尝试获得了学界、业界和政界的认可和较好评价：获批了一系列国家社科基金、国家体育总局决策咨询和广东省社科基金项目，形成了一系列高质量研究报告；撰写的多个决策咨询报告呈送给广东省委、省政府、省人大、省政协四套班子领导并获得批示；受邀参加财政部、发改委、国家体育总局等部委的建言献策和专家座谈，发挥了智库作用；在权威学术期刊发表了多篇高水平论文，并被广泛引用和转载。每一份成绩的取得都记录着我们积极探索的轨迹，也是对我们继续努力的鞭策。我们将不忘初心、砥砺前行，以更高质量的研究成果回报各方厚爱。

由于主客观条件的限制，本书肯定存在许多问题和不足，恳请读者批评指正。

最后，特别感谢人民出版社吴继平编审和编校团队，感谢他们的专业指导和辛苦付出。

2023 年 12 月 1 日

目　录

第四篇　保障篇

第一篇　理论篇

第一章　绪　论

一、问题的提出

建设粤港澳大湾区是党中央、国务院作出的重大战略决策，是新时代推动形成全面开放新格局的新举措，也是推动"一国两制"事业发展的新实践。将粤港澳大湾区全面建设成为宜居宜业宜游的国际一流湾区和世界级城市群，是打造中国高质量发展典范、不断增强经济创新力和竞争力的战略需要，是优化功能布局、推动形成区域协调发展新格局的战略需要，对于实现"两个一百年"奋斗目标、实现中华民族伟大复兴的中国梦具有重大意义。

从国际一流湾区和世界级城市群的经验来看，高度整合的协同发展是湾区的基本特征和关键因素。区域产业协同发展是指区域内两个或两个以上的经济主体从追求各自独立的产业发展系统逐步演化为追求各经济主体间产业的相互促进、共同发展，达到双赢互惠的过程。区域产业协同发展可以促进区域内各种产业发展要素的相互补给、高效整合和优化配置，有助于产业发展过程中要素耦合效应、技术波及效应、产业关联效应和共生经济效应的发挥。

体育产业作为粤港澳大湾区经济发展的重要增长点，对加快人文湾区、休闲湾区和健康湾区建设具有重要意义。粤港澳大湾区体育产业协同发展是我国体育产业高质量发展的重要标志，也是大湾区协同发展的"试验田"，对探索区域协同发展的机制路径以及对其他领域摸索经验的总结具有重要意义。如何打破各城市之间的体制机制障碍和市场壁垒，加速整合与协同发展，形成更加紧密的空间经济联系与经济合作关系，成为大湾区体育产业协同发展的关键。

2023年习近平总书记视察广东时，赋予粤港澳大湾区"新发展格局的战略支点、高质量发展的示范地、中国式现代化的引领地"的全新定位。在新起点上推进粤港澳大湾区的建设，要聚焦构建新发展格局、推动高质量发展、推进中国式现代化建设，不断增强畅通国内大循环和联通国内国际双循环的功能，努力使大湾区成为新发展格局的战略支点、高质量发展的示范地、中国式现代化的引领地。那么，在粤港澳大湾区国家战略建设进程中，作为大湾区全面体现新发展理念的重要领域、人民群众高品质生活的重要支撑、构建新发展格局的重要内容、和谐社会建设的重要组成部分以及健康中国和体育强国建设重要任务与途径的体育产业，其协同发展现状如何？空间布局怎样？未来协同发展的路径有哪些？如何通过政策创新来强化和保障协同发展？这一系列问题急需学术界展开深入、系统的研究。

二、研究的重要意义与贡献

（一）理论意义

1. 建构了粤港澳大湾区体育产业协同发展水平定量研究框架并进行了实证测量，对丰富区域体育产业测量方法具有一定的学术价值

目前粤港澳大湾区体育产业研究以宏观定性研究为主，缺乏对粤港澳大湾区体育产业的定量研究，尤其是大湾区城市群之间体育产业的关联分析；区域产业空间关联研究主要集中在经济、金融、旅游、交通、科技创新等领域，国内体育产业领域缺乏相关类型的研究。本书借鉴其他领域区域产业空间关联的研究范式，基于熵值法、修正引力模型等构建粤港澳大湾区体育产业空间网络结构，引入社会网络分析方法探析粤港澳大湾区各城市之间的体育产业空间关联和整体网络结构特征，从实证研究和空间关联的角度剖析粤港澳大湾区体育产业空间关联网络特征，旨在为粤港澳大湾区体育产业协同发展提供理论支撑，同时丰富区域体育产业研究的思路和方法。

2. 探索了粤港澳大湾区体育产业协同发展的内在机理，提出了粤港澳大湾区体育产业协同发展的新路径

本书从要素系统、产业系统、环境系统三部分构建了粤港澳大湾区体育产业协同发展系统框架，并从市场调节、政府干预与企业调节三方面阐述了粤港澳大湾区体育产业协同发展机理。从产业联动、产业融合、数字化、2025 年全运会等维度提出粤港澳大湾区体育产业协同发展的新路径。

3. 构建并实证验证了跨境体育消费态度和行为意愿影响因素模型，拓展了体育消费者行为理论，丰富了跨境消费理论

跨境体育消费是促进粤港澳大湾区体育产业协同发展的重要因素，是拉动内需促进消费，促进体育产业高质量发展的重要动力，是促进大湾区内循环，加快国内大循环和推动国内国际双循环的重要抓手。本书在消费者行为 S-O-R 模型的基础上，从产品属性和市场属性两大维度出发，构建了包括产品或服务、餐饮、住宿、交通、购物、观光、通关、货币等因素对粤港澳大湾区居民跨境体育消费态度和行为意愿的影响模型并进行了实证测量，拓展了体育消费者行为理论，特别是丰富了跨境消费理论。

4. 建构了完整的区域体育产业协同发展量化分析框架和方法

本书建构了包括宏观因素、产业规模、公共环境、基础资源、成长能力等 5 个准则层、21 项指标的粤港澳大湾区体育产业竞争力综合质量评价体系，基于熵值法、修正引力模型等建构了粤港澳大湾区体育产业空间网络结构分析框架，应用社会网络分析法研究粤港澳大湾区各城市之间体育产业空间关联和整体网络结构特征。以上思路框架和研究方法可以为其他区域开展体育产业评价提供参考和借鉴。

5. 提出了"1+3+9+X"的粤港澳大湾区体育产业协同政策规划体系，拓宽了粤港澳大湾区及其他区域产业政策研究的思路

科学、合理、有效的产业政策是推进粤港澳大湾区体育产业高质量协同发展的重要保障。本书提出了"1+3+9+X"的政策规划体系。其中，1 代表粤港澳大湾区体育产业发展的顶层设计。3 是广东、香港、澳门三个地区的中观设计。9 是广东省内 9 个市的微观设计。X 指体育产业的内在构成部分，是"1+3+9"的微观横向要素。上述政策体系为粤港澳大湾区及其他区域产业政策研究拓宽了思路。

(二) 实践意义

1. 对加快体育产业高质量发展，打造国际体育产业高地和国内体育产业示范区等具有重要的参考价值

推进粤港澳大湾区体育产业协同发展，以产业链为纽带，连接区域间的要素、产品市场，扩大湾区内体育产业发展的市场规模，促进专业化分工，为体育企业提供专业化生产的市场空间，产生规模经济、范围经济效应，继而促进产业链上下游企业的发展与集聚，不仅可降低各要素成本，亦可形成吸附高端要素的新端口，为打造国际体育产业高地与国内产业示范区提供有利条件，加速体育产业高质量发展。

2. 对拉动内需，促进消费，加快大湾区内循环、促进国内国际双循环提供针对性思路启示

近年来受经济逆全球化加速、新冠疫情反复及贸易保护主义抬头等诸多因素的影响，全球产业链受到巨大冲击。俄乌冲突的爆发使本就脆弱的全球产业链遭受重挫。贸易保护主义加剧和新冠疫情影响下，体育资源全球流动的趋势放缓，国际赛事的承办减少，国际体育文化交流项目也被压缩，但民众对于体育消费的需求却愈发高涨。在推动粤港澳大湾区体育产业协同发展的过程中，通过不断深化供给侧结构性改革，充分激发与扩大内需，以内需消化外需来规避贸易保护对体育产业带来的负面冲击，该模式可能被长江经济带、京津冀等区域复制或借鉴，为体育产业内需带来新的增长极。但应对贸易保护绝不是躲避或封闭，立足国内大循环是为了以更高的水平开放面向新的全球化，更好地应对全球贸易保护主义。推动粤港澳大湾区体育产业协同发展，畅通要素在区域内的流转，依托巨大的市场潜力创造优秀的投资环境，吸引并稳定外资的投入，形成对外开放的新格局，进而促进国内国际双循环的发展。

3. 对推进全国体育产业区域协同发展、加快建设全国统一大市场提供重要举措建议

建设全国统一大市场是构建新发展格局的内在要求，是畅通国内大循环、促进国内国际双循环的重要支撑，可为包括外资在内的各市场主体提供良好的发展环境与广阔的舞台，使要素在更大的范围内流动。同时，利用市场促进竞争与深化专业分工的优势，可在更大的范围内进行资源配置，极大地提高效率。建设全国统一大市场的关键是破除地方保护与市场分割。粤港澳大湾区在区域市场一体化建设上先行先试，体育产业亦是如此。通过粤港澳大湾区体育产业协同发展的不断深化，探索区域内各要素有序流动、有效配置、产业链稳步提升的体制机制与打破行政壁垒、推动区域一体化的制度创新，以此来推进全国体育产业区域协同发展，加快全国统一大市场的建设。

4. 为提升体育产业国际竞争力提供了有针对性的建议和举措

在新冠疫情常态化和国际贸易保护主义盛行背景下，中国体育产业转向以国内大循环为主的发展模式，这意味着我国体育产业需要突破被锁定的低附加值环节。推进粤港澳大湾区体育产业协同发展，抢占长期被跨国公司和发达国家牢牢控制的研发设计、品牌营销和市场渠道等高附加值环节，通过"强链、补链、固链、长链"锻造我国体育产业链竞争力，并"以链入链"嵌入到全球价值链中。具体表现在，打破国际知名职业队、体育赛事在中国抢占市场的格局，利用窗口期抓紧打造自主品牌，推动产业结构升级，打造高端体育产业链，实现体育产业价值链升级，创新体育产品链，提升体育产业国际竞争力。

5. 相关研究成果已受到相关部门的高度关注，将直接应用于粤港澳大湾区建设实践

粤港澳大湾区跨境体育消费调研受到霍英东基金会的高度重视和关注。穗港赛马产业联动调查报告被广东省体育局和香港赛马会采纳，广东省马术协会、马业协会和香港赛马会、澳门赛马会，正深入讨论交流，打造粤港澳大湾区赛马竞赛体系，培育马产业链。2025 年全运会推动粤港澳大湾区体育产业协同发展研究报告受到广东省体育局重视，相关内容被列入广东、香港、澳门三地联合举办全运会工作方案。粤港澳大湾区城市体育发展联盟可行性分析报告已被广州市体育局采纳。广州市体育局正筹备牵头成立粤港澳大湾区城市体育发展联盟。

6. 构建粤港澳大湾区体育产业协同和高质量发展研究数据库，并与国内同行分享，为其他学者和业界提供资料准备

数字经济是继农业经济、工业经济之后的又一全新经济形态，在今后较长一段时间内将成为重组全球资源要素、重塑全球经济结构、改变全球竞争格局的关键力量。广东是改革开放的桥头堡，香港和澳门是改革开放的见证者、贡献者和受惠者，在新一轮经济变革大潮中，粤港澳大湾区仍将发挥先锋示范作用。打造粤港澳大湾区体旅文商融合和体育产业高质量发展研究数据库，共享国内外体育产业发展数字资源，有利于推介大湾区体育产业协同发展实践经验，加速信息资源和人力资源的流动。

三、研究思路与主要研究内容

（一）研究思路

本书基于"区域协同发展带动国家社会发展"的宏观战略思维，以协同发展建设中的重要区域——粤港澳大湾区体育产业协同发展的历史脉络、国家使命与实践运行困境存在的矛盾为逻辑起点，采用文献资料法（含文献计量法）、实地考察法、专家访谈法、问卷调查与数理统计法、GIS 空间分析法、社会网络分析法等多种定量和质性研究相结合的方法，重点研究粤港澳大湾区体育产业协同发展的理论基础、空间布局和社会网络现状、粤港澳大湾区体育产业协同发展的路径体系、粤港澳大湾区体育产业协同发展政策保障以及体育联盟组织体制机制创新等四大关键问题，探索在粤港澳大湾区建设迈过初始三年期，进入深入建设的重要时期，粤港澳大湾区体育产业协同发展、全面融合的有效建设系统。具体内容和思路如图 1-1 所示。

理 论 篇

绪 论

研究问题提出

研究重要意义与贡献

研究思路

研究方法

| 文献资料 | 专家访谈 | 案例研究 | 比较分析 | 实地考察 | 问卷调查 | 量化分析 | 质性研究 |

国内外文献综述

基于CiteSpace的计量分析

| 发文趋势 | 研究热点 | 地理分布 | 作者网络 |

基于学术脉络的文献分析

| 国内外区域协同发展 | 区域体育产业协同发展 |

评述 → 深化理论研究 / 厚滑发展机制 / 丰富实证研究

实 践 篇

历史沿袭 →

粤港澳大湾区产业协同发展历史

粤港澳大湾区体育产业协同发展历史

粤港澳大湾区体育产业协同发展的现实基础

SWOT分析 · PEST分析

PEST-SWOT模型

战略选择

粤港澳大湾区体育产业协同发展现状

体育产业质量评价

优势体育产业分布

体育产业空间关联特征分析

体育产业空间关联网络结构分析

体育产业区位熵

引力模型 · 社会网络分析 · 熵值法

体育产业协同发展主要问题及成因

跨境体育消费研究

路 径 篇

| 产业联动发展 | 产业融合发展 | 数字化 | 体育发展联盟 | 2025年全运会 |

路径

粤港澳大湾区体育产业协同发展

支撑

国外湾区和国内区域体育产业经验借鉴

协同发展现实基础

保 障 篇

粤港澳大湾区体育产业协同发展保障

体制机制保障 → ·构建思路 ·具体措施

法治保障 → ·理念建构 ·法治措施

政策保障 → ·构建思路 ·政策措施

结论与建议

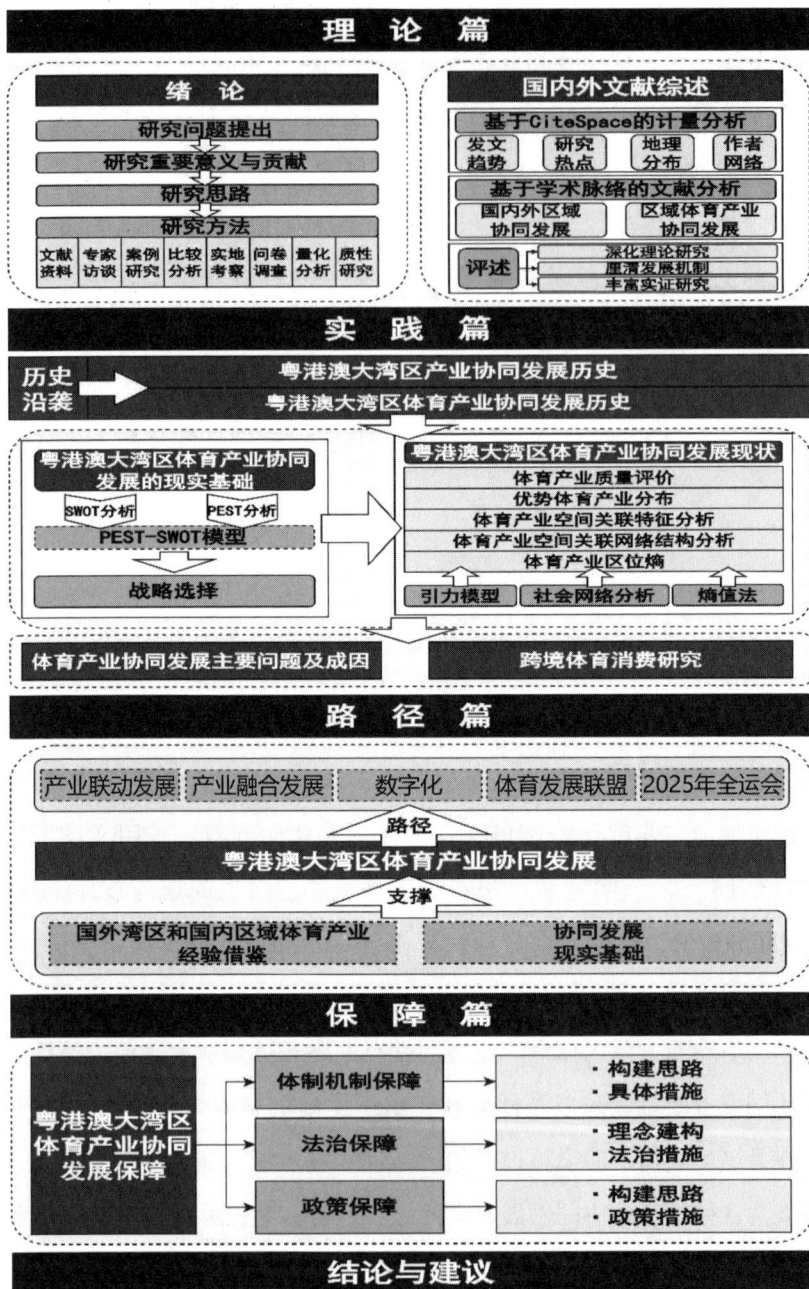

图 1-1 研究思路图

（二）主要研究内容

自中共中央、国务院印发《粤港澳大湾区发展规划纲要》以来，作为开放程度最高的区域，粤港澳大湾区如何打破体制机制障碍及市场壁垒，实现产业协同发展受到了政府部门、社会力量与专家学者的广泛关注，对于推动高质量发展、构建新发展格局、推进中国式现代化建设具有重要意义。本书将理论与实践相结合，通过梳理有关粤港澳大湾区体育产业协同发展的理论支撑、实践基础、推动路径和保障体系，试图为上述问题找到精确、科学、可行的答案。

作为一本从多角度、多层次、全方位研究粤港澳大湾区体育产业协同发展的书籍，本书通过研究方法创新、多学科理论运用、研究思路拓展，既能为政府有关部门制定体育产业协同发展相关政策提供参考，也能为相关学者与业界提供理论借鉴，进一步丰富有关领域的研究。本书分为理论篇、实践篇、路径篇和保障篇四大部分，共十九个章节，其主要内容如下：

第一部分理论篇包括第一至三章。其中，第一章旨在说明本研究所处的现实背景、研究的重要意义与贡献、研究的内容思路以及所运用的研究方法。第二章基于 CiteSpace 软件的文献计量分析与学术脉络梳理的方式探析了国内外相关研究的进展与态势，并进行总结评价与未来展望。第三章厘清了粤港澳大湾区体育产业协同发展的理论依据，包括核心概念界定、相关理论基础、协同发展的动力机制以及体育产业协同发展的内在机理。

第二部分实践篇包括第四至八章。其中，第四章回顾了粤港澳大湾区体育产业协同发展的历史。第五章通过 PEST、SWOT 分析构建了粤港澳大湾区体育产业协同发展现实基础的 PEST-SWOT 模型，系统认识了粤港澳大湾区体育产业协同发展的现实基础。第六章从多个维度对粤港澳大湾区体育产业及其协同发展的现状进行测量和评价分析。第七章阐述了粤港澳大湾区体育产业协同发展的主要问题，并从宏观、中观和微观的角度剖析问题致因。第八章运用数理统计方法研究粤港澳居民跨境体育消费的影响机制及各种因素对其跨境消费行为的不同影响。

第三部分路径篇包括第九至十五章。其中，第九章总结分析了世界三大湾区及国内长三角、京津冀区域的典型案例经验，并提出了大湾区产业协同发展的相关启示。第十至十四章提出了推动粤港澳大湾区体育产业协同发展的五大路径，分别为产业联动发展、产业融合发展、数字化、2025年全运会以及构建粤港澳大湾区城市体育发展联盟。第十五章则以香港赛马产业为案例，对香港赛马产业的发展历史、穗港赛马产业经济圈构建、大湾区赛马产业协同发展路径以及启示建议进行了探讨。

第四部分保障篇包括第十六至十八章。其中，第十六章提出了粤港澳大湾区体育产业协同发展的体制机制保障体系的构建思路与具体措施。第十七章基于"立法先行，法治保障"的理念，提出了粤港澳大湾区体育产业协同发展在法治保障方面的具体措施。第十八章明晰了粤港澳大湾区体育产业协同发展政策保障体系的构建思路与具体政策措施。

第十九章是对本书各章节的高度概括与总结，并从不同相关主体的角度出发提出相应的具体建议，最后反思本书的不足之处，提出未来的研究展望。

四、研究方法

（一）文献资料法

通过运用文献资料法，总结归纳国内外关于比较优势理论和城市群、一体化发展的相关理论，廓清基于比较优势的粤港澳大湾区体育产业协同发展理论的内涵界定。

（二）专家访谈法

制定访谈提纲，采用个别或小型座谈会的形式，对政府官员、体育产业协会负责人、知名企业高管、研究专家等进行深度访谈。访谈主要集中在三个主题：粤港澳大湾区比较优势与体育产业发展现状与趋势、粤港澳大湾区体育产业协同发展模式与机制、粤港澳大湾区体育产业协同发展制度创新。

（三）案例研究和比较分析法

以粤港澳大湾区为对象，对比国内京津冀、长三角等不同区域体育产业发展模式的异同，对标纽约、旧金山和东京等世界顶级湾区，分析粤港澳大湾区体育产业协同发展的影响因素、面临的障碍，提出基于比较优势的粤港澳大湾区体育产业协同发展的模式和实现机制。

（四）实地考察法

对粤港澳品牌赛事活动、知名企业、体育社团、场地设施、体育交流与合作情况进行实地考察，广泛搜集粤港澳体育产业发展的第一手资料。

（五）问卷调查法

编制粤港澳居民跨境（内部）体育消费意愿与行为调查问卷，运用探索性因子分析（EFA）和验证性因子分析（CFA），构建结构方程模型（SEM），探索粤港澳居民跨境体育消费的影响因素、行为规律和未来趋势，为建立基于比较优势的粤港澳大湾区体育产业协同发展模式和实现机制提供参考依据。

（六）量化分析法

运用复杂网络分析、空间自相关指数和计量回归分析等对粤港澳大湾区各城市体育产业关联、产业链连接和主导产业分布等进行量化分析，通过空间联系分析方法对粤港澳大湾区各城市体育产业空间结构进行分析。

（七）质性研究方法

根据质性研究方法的设计要求，对样本进行深度访谈，并采用扎根理论的编码技术，对访谈文本进行编码整理和类属分析，从资料中生成粤港澳大湾区体育产业协同发展相关理论，以与量化研究结果互相验证，互为补充。

本章小结

粤港澳大湾区体育产业协同发展是我国体育产业高质量发展的重要标志，也是大湾区协同发展的"试验田"。在当前国内提出新发展格局、加快构建全国统一大市场的背景下，研究粤港澳大湾区体育产业的协同发展现状、空间布局、路径等内容，对探索区域协同发展的机制路径以及对其他领域总结摸索经验具有重要意义。

一方面，指出了本书研究的重要意义与贡献。在理论上，本书对丰富区域体育产业测量方法具有一定的学术价值，提出了粤港澳大湾区体育产业协同发展的新路径，拓展了体育消费者行为理论，丰富了跨境消费理论，建构了完整的区域体育产业协同发展量化分析框架和方法，并拓宽了粤港澳大湾区及其他区域产业政策研究的思路。在实践上，本书对加快体育产业高质量发展、打造国际体育产业高地和国内体育产业示范区等实践有着重要的参考价值，对拉动内需、促进消费、加快大湾区内循环和促进国内国际双循环提供了思路启示，对推进全国体育产业区域协调发展、加快建设全国统一大市场提出了对策建议，对提升粤港澳大湾区体育产业国际竞争力具有积极意义。

另一方面，阐述了本书的研究思路、研究内容和研究方法。本书综合运用文献资料法、专家访谈法、案例研究和比较分析法、实地考察法、问卷调查法等多种定量和质性研究相结合的方法，重点研究粤港澳大湾区体育产业协同发展的理论基础、空间布局和社会网络现状、粤港澳大湾区体育产业协同发展的路径体系、粤港澳大湾区体育产业协同发展政策保障等问题，具体分为理论篇、实践篇、路径篇和保障篇四大部分，共十九个章节。本书通过研究方法创新、多学科理论运用、研究思路拓展，既能为政府有关部门制定体育产业协同发展相关政策提供参考，也能为相关学者与业界提供理论借鉴，进一步丰富有关领域的研究。

第二章 文献综述

一、基于 CiteSpace 的文献分析

（一）国外文献计量分析

增长极理论是区域协同发展的重要理论依据。它由法国经济学家弗朗索瓦·佩鲁在著作 *Note sur la notion de "pôle de croissance"*（1955 年）中首先提出。[①] 因此，在 Web of Science 核心数据库，以"Regional Development"（译为"区域发展"）、"Region Convergence"（译为"区域融合"）、"Region Integration"（译为"区域一体化""区域整合"）等为关键词，时间范围不限，检索该数据库所有相关外文期刊文献，得到 959 篇检索结果。运用美国 Drexel 大学陈超美博士团队[②]开发的 CiteSpace 的文献分析功能 CiteSpace Ⅴ 对导出数据进行可视化分析，利用文献计量法和共现分析等方法得出国外区域融合发展相关的论文发文量、研究焦点演化过程、未来研究热点等结论。

---

① Perroux F., "Note on the Concept of 'Growth Poles'", *Regional Economics*, 1955.

② 陈悦、陈超美、刘则渊、胡志刚、王贤文：《CiteSpace 知识图谱的方法论功能》，《科学学研究》2015 年第 2 期。

1. 基于 CiteSpace 的国外社会经济区域协同发展研究脉络与热点分析

（1）国外区域协同发展研究高频关键词分析

在文献查阅过程中发现，WoS 中 20 世纪 90 年代以前的区域协同发展（含区域发展、区域协同、区域一体化、区域融合等关键词）相关研究较为零散。由此将分析重点置于从 20 世纪 90 年代至今 30 年间。国外有关"区域协同发展"（含区域发展、区域协同、区域一体化、区域融合等关键词）的研究热点图谱可视化结果表明，Nodes（节点）= 545，Links（连线）= 1836，Density（密度）= 0.0124。对可视化结果整合梳理后（见图 2-1），得到国外区域发展研究领域出现频次和中心性最高的前 18 个关键词，其中"网络、创新、影响、增长、融合"是国外区域协同发展研究领域的中心词。

（2）国外区域协同发展研究中部分低频关键词分析

对于新兴的研究热点，部分主题词虽然是近几年才浮现出的主题，相对低频，但不排除成为未来研究的重点和热点的可能性。少部分学者从"Circular Economy"（循环经济）、"Belt and Road Initiative"（"一带一路"倡议）、"City-industry Integration"（城市—产业一体化）、"High-speed Rail"（高铁）等新兴视角对区域发展提出了自己的观点，并为未来的研究方向奠定了良好的基础。

可以看出，上述低频词虽仅出现 1—2 次，但与国家区域发展战略、实证研究衔接度非常强，说明研究群体敏锐地捕捉到了当下的新热点，并为未来的团队研究奠定了基础。

2. 基于 CiteSpace 的国外区域体育产业协同发展研究脉络与热点分析

利用 WoS 核心合集数据库，采用主题高级检索，将主题词限定为"Regional Sport Industry Integration"、"Regional Sport Industry Cluster"、"Regional Sport Industry Merge"，进行"标题"检索；检索时间不限，学科类别不限，文献语种为"English"，检索时间截至 2022 年 6 月 22 日，共检索到 426 条结果，对上述文献进行可视化分析（见图 2-2）。

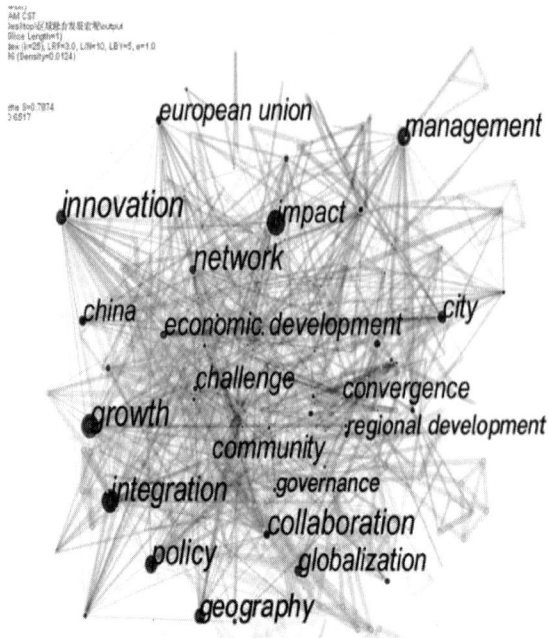

图 2-1　国外区域协同发展研究热点图谱

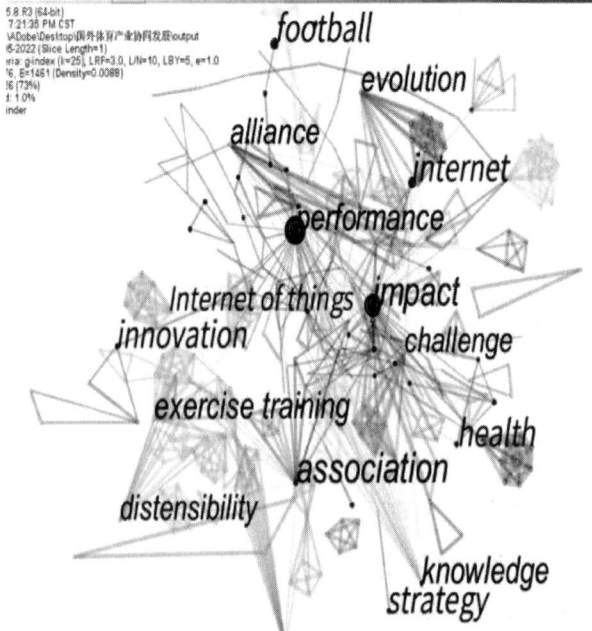

图 2-2　国外体育产业协同发展研究热点图谱

（1）研究文献时间分布分析

对 WoS 中获取的数据进行统计分析发现（见图 2-3），1995—2015 年，WoS 中体育产业协同发展研究的发文量较少，处于平稳增长状态；2016—2022 年，发文量呈曲折式上升趋势，呈现快速增长态势。

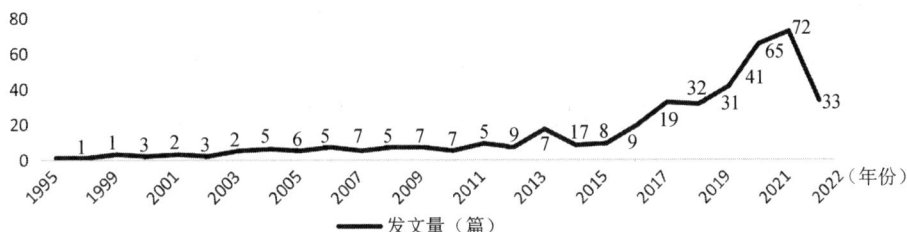

图 2-3　1995—2022 年国外体育产业协同发展相关主题论文发表年度趋势

通过关键词数据梳理看出，2012—2013 年的第一个上升高潮是由于"Data Exchange"（数据交换）、"Internet of Thing"（物联网）等新兴数字技术的出现。

学者 Ponis S.T.[①]提供了一个基于云端的物联网应用程序，实现从配送中心→体育用品商店→消费者的全链条产业链，以展示体育产业投资的可行性，突出体育产业协同发展潜力。学者 Zhang H.L.[②]剖析了电子商务和物联网模式下体育产业聚集现状，认为应大力发展户外运动休闲产业，注重研发从生态环境保护、经济性、耐用性、舒适性、美观性、多功能性等方面提升体育产品的市场竞争力，才能加速打造体育产业集群。

2016—2017 年的第二个高潮是由于"Air Transport"（航空运输）、"Athlete Brand Development"（运动员品牌发展）、"Asian Stock Market"（亚洲股票市

①　Ponis S.T., Efthymiou O.K., "Cloud and IoT Applications in Material Handling Automation and Intralogistics", *Logistics*, 2020, pp.1–22.

②　Zhang H.L., Zhang H.J., Guo X.T., "Research on the Future Development Prospects of Sports Products Industry Under the Mode of E-commerce and Internet of Things", *Information Systems and e-Business Management*, 2020, pp.511–525.

场）等关键词的出现。学者 Green M.R.[①]通过调查社交网站的使用情况，以发展国际橄榄球联盟球员的个人品牌概念，从战略营销层面推动体育产业集聚。学者 Miyakoshi T.[②]通过考察 2001—2016 年实行量化宽松货币政策（QE）期间，美国、欧盟和日本的货币政策对 8 个亚洲新兴体育市场股票的影响，认为货币政策对金融一体化发挥了重要作用。

2017 年至今，国外体育产业协同发展相关主题研究成果呈现曲折式上升变化，说明国外体育产业协同发展相关研究逐渐走向成熟阶段。

（2）国外体育产业协同发展研究进展及热点分析

通过操作 CiteSpace 软件对文献关键词进行聚类分析，对 426 篇文献进行可视化操作。时间切片选择 1995 年 1 月至 2022 年 7 月，间隔为 1 年；勾选"Keyword"为节点类型；同时选取"Pathfinder"与"Pruning sliced network"（修剪切片网络）剪裁方式；得到图 2-2 国外体育产业协同发展研究热点图谱，其中，Nodes（节点）= 576，Links（连线）= 1461，Density（密度）= 0.0088。

从上述高频关键词的研究领域与方向看出：国外对体育产业协同发展的关注重点的转移具有一个演化过程。国外学者对体育产业协同发展的研究起步较晚，2000 年之前仅 4 篇文献成果，关注点多停留于单方面的"贸易""体育""协议""联赛"，并未将体育与产业协同相关联。进入 21 世纪后，国外学者开始对"产业聚集""体育产业""城市""联盟"等进行研究，并将"经济地理学"首次纳入对体育产业协同发展的研究中来，直至 2019 年明确提出"体育产业融合"观点。

---

①　Green M.R., "The Impact of Social Networks in the Development of a Personal Sports Brand", *Sport, Business and Management: An International Journal*, 2016, pp.274-294.

②　Miyakoshi T., Shimada J., Li K.W., "The Dynamic Effects of Quantitative Easing on Stock Price: Evidence from Asian Emerging Markets, 2001-2016", *International Review of Economics & Finance*, 2017, pp.548-567.

表 2-1　国外体育产业协同发展研究高频关键词数据

关键词	频次	中心性	首次出现年份
Performance(运动成绩)	28	0.17	2016
Impact(影响)	23	0.11	2009
Association(协会)	14	0.17	2007
Health(健康)	10	0.06	2016
Football(橄榄球)	9	0	2021
Internet(互联网)	8	0.04	2019
Alliance(联盟)	8	0.12	2007
Innovation(创新)	5	0.01	2020
Strategy(战略)	5	0.02	2018
Internet of Thing(物联网)	5	0.04	2013

对以上可视化结果整合梳理后，得到国外体育产业协同发展研究领域出现频次和中心性最高的前 10 个关键词。按照关键词出现频次排序，分别为"Performance"（运动成绩）、"Impact"（影响）、"Association"（协会）、"Health"（健康）、"Football"（橄榄球）等。按照关键词中心性排序，"Performance"（运动成绩）与"Association"（协会）的突现值同为 0.17，并列首位；其次是"Alliance"（联盟）等。说明"运动成绩、协会、影响、健康、联盟"等是国外体育产业协同发展研究领域的中心。

通过对关键词节点进行"Node details"详述展示，可得到关键词所包含文献的具体研究内容，以中心性前五位的热点词作为重点进行梳理，得出以下观点：学者 Lanning J.A.[①]通过对美国职业棒球联盟的数据分析得出

---

① Lanning J.A., "Productivity, Discrimination, and Lost Profits During Baseball's Integration", *The Journal of Economic History*, 2010, pp.964-988.

结论：消除种族歧视是加速美国棒球产业融合的必要手段。学者 Kerdpitak C.[①]认为应利用现代制造技术进行体育产业集聚效应的实证研究。学者 Al Rashid A.[②]等提出应加快信息通信技术创新，以推动体育产业与娱乐产业、媒体产业融合发展。学者 Pizzo A.D.[③]等认为新兴技术不仅对体育组织的管理发出挑战，同时也为体育产业创造机会，应通过增强消费者的服务体验来提高体育产业凝聚力与竞争力。

（3）国外体育产业协同发展研究低频关键词分析

国外文献中呈现出的相关低频关键词主要有"产业生态系统""体育产业集群""体育战略联盟""体育旅游"等。

学者 Poczta J.D.[④]等选取两大著名赛事，分别为波兹南（Poznan）半程马拉松赛事与卡瓦利亚达（Cavalierda）国际马术精英赛。通过分析体育赛事与旅游融合发展的意义，提出融合过程中，提升当地居民的赛事满意度对体育产业融合具有正向推动作用。学者 Ratten V.[⑤]以 2019 年新型冠状病毒流行为研究背景，提出体育产业可以利用其独特的创业生态系统，与其他产业积极合作，可共同创造产业价值。学者 Kim C.[⑥]试图探讨社区

① Kerdpitak C., Mekkham W., Srithong C., et al., "The Mediating Role of Environmental Collaborations in the Relationship Manufacturing Technologies and Green Innovation Among Firms in Thai Sports Industry", 2019.

② Al Rashid A., Khalid M.Y., Imran R., et al., "Utilization of Banana Fiber-reinforced Hybrid Composites in the Sports Industry", *Materials*, 2020, p.3167.

③ Pizzo A.D., Baker B.J., Jones G. J., et al., "Sport Experience Design：Wearable Fitness Technology in the Health and Fitness Industry", *Journal of Sport Management*, 2020, pp.130-143.

④ Poczta J., Dbrowska A., Kazimierczak M., et al., "Overtourism and Medium Scale Sporting Events Organisations—the Perception of Negative Externalities by Host Residents", *Sustainability*, 2020, p.2827.

⑤ Ratten V., da Silva Braga V. L., da Encarnação Marques C. S., "Sport Entrepreneurship and Value Co-creation in Times of Crisis：The Covid-19 Pandemic", *Journal of Business Research*, 2021, pp.265-274.

⑥ Kim C., Kim J., Jang S., "Sport Clusters and Community Resilience in the United States", *Journal of Sport Management*, 2021, pp.566-580.

抗灾能力与体育集群和体育产业集群的关系，通过对美国本土 3108 个县的 13 个独立体育产业集群进行研究，发现体育产业集群中社区复原力的大小和迹象存在空间上的异质性关联，复原力越强，体育产业集群现象越明显。学者 McLeod C.[①] 采用了多案例分析法研究四大联盟的品牌代言战略，结果表明，推荐以运动员为中心的品牌比老板自己代言策略更好，这在极大程度上可以促进四大体育联盟的交流与壮大。

上述低频词均从近三年开始出现，反映了当下体育产业协同发展方面的新热点，也为我国体育产业协同发展研究提供了思路与借鉴。

（4）国外体育产业协同发展研究的地理分布分析

按照发文量的国家分布来看，位于首位的是"USA"（美国），并且首次发表年份为 1993 年，是最先开始进行体育产业协同研究的国家；其次是"European Union"（欧盟），首次发表年份为 2005 年；排在第 3 位的国家是"Australia"（澳大利亚），首次发表年份为 2007 年。

表 2-2　体育产业协同发展研究高频区域关键词

关键词	频次	中心性	首次出现年份
United States（美国）	13	0.14	1993
European Union（欧盟）	10	0.05	2005
Australia（澳大利亚）	2	0.02	2007
Northern Wisconsin（威斯康星州北部）	2	0	2011
African（非洲）	1	0	2014
China（中国）	1	0	2002
Brazil（巴西）	1	0	2015

[①]　McLeod C.M.，"Athlete - Centric Employer Branding During Rival Leagues' Market Entry"，*Sport Marketing Quarterly*，2021.

（续表）

关键词	频次	中心性	首次出现年份
Atlantic Ocean（大西洋）	1	0	2015
Japan（日本）	1	0	2010

（二）国内文献计量分析

1. 基于 CiteSpace 的国内区域体育产业协同发展研究脉络与热点分析

以中国知网（CNKI）期刊数据库为数据源，以"区域体育产业协同发展""区域体育产业一体化""区域体育产业融合"等为关键词进行检索，得到以下结果。

（1）研究文献时间分布分析

论文发表量在时间尺度上的变化在一定程度上反映了该领域的发展速度与趋势。通过统计 2002—2022 年我国体育产业发展的发文量，发现该领域的论文年度发文量呈现出波浪式上升的发展趋势。据统计，我国有关体育产业发展的研究开始较晚，但研究成果较为丰富。体育产业协同发展相关论文最早出现于 2002 年，至 2005 年中出现小幅度上升。通过分析回溯可知，2003 年香港签署了《粤、港、澳体育交流与合作协议书》，标志着粤、港、澳三地在体育运动、体育科研、体育产业及体育管理等领域的交流与合作空间进一步扩大。① 这为这一阶段的研究奠定了基础。第二个小高潮在 2008 年，2008 年北京奥运会的成功举办，为体育产业协同发展开创了新的局面。2008—2012 年间呈现小幅度递减，随后 2012 年举办的伦敦奥运会，将体育产业协同发展研究推向第三个高潮；2013 年至今呈现均匀递增趋势，体育产业协同研究逐渐走向成熟阶段。

---

① 《粤港澳加强体育交流与合作》，《人民日报》2003 年 12 月 30 日。

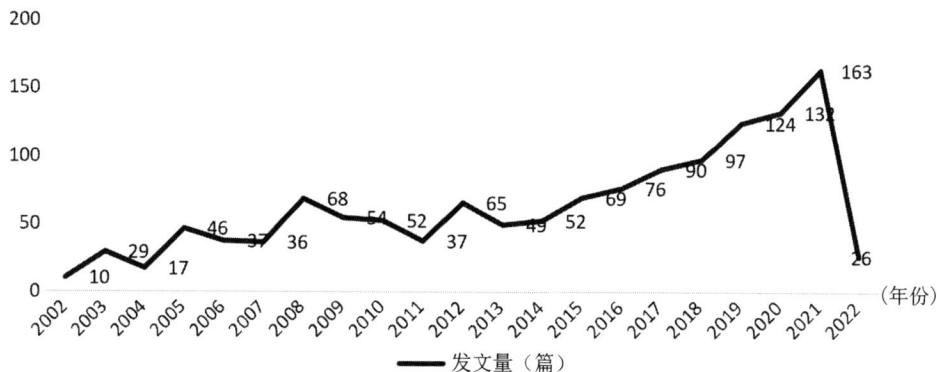

图 2-4　我国体育产业发展研究论文发表年度趋势（2002—2022 年）

（2）国内体育产业协同发展高频词热点分析

利用 CiteSpace V 对我国体育产业发展进行可视化分析，能有效判断该领域研究实力的分布情况。通过勾选知网（CNKI）的学术期刊与学位论文，得到有效文献共计 1329 篇。本书运用 CiteSpace V 软件对国内区域协同发展研究领域的关键词进行提取与汇总整理，并通过可视化的形式将其充分展现（见图 2-5），以此对国内区域协同发展研究内容进行深入分析与讨论。

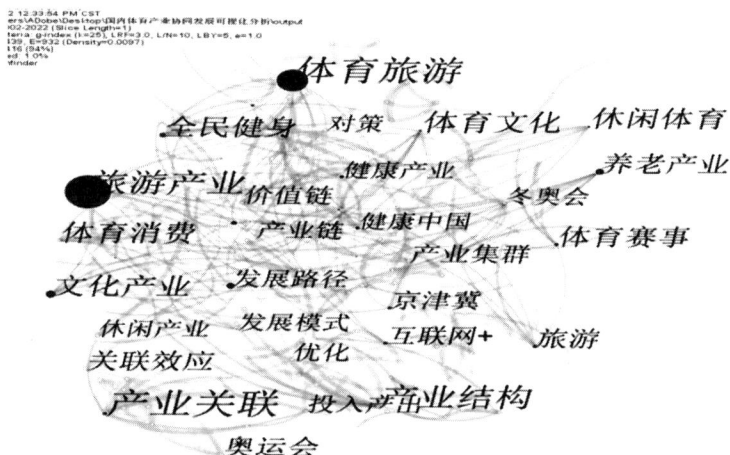

图 2-5　国内体育产业协同发展研究热点图谱

其中，Nodes（节点）= 439，Links（连线）= 932，Density（密度）= 0.0097。将"体育产业协同、产业一体化、产业融合"等搜索词隐藏后，得到与体育产业协同发展关联最为密切的前10个关键词，分别为"旅游产业、体育旅游、文化产业、优化路径、产业关联、作用机制、内在逻辑、发展路径、养老产业、体育赛事"。说明"旅游产业、体育旅游、文化产业、体育消费、产业关联、体育赛事"是国内体育产业协同发展研究领域的中心，而路径、作用机制和内在逻辑研究是这一领域最关注的问题。

表2-3　体育产业协同发展研究高频关键词、频次、中心性、首次出现年份

关键词	频次	中心性	首次出现年份
旅游产业	108	0.14	2013
体育旅游	75	0.11	2008
文化产业	29	0.08	2013
优化路径	23	0.01	2002
产业关联	22	0.16	2006
作用机制	21	0	2002
内在逻辑	21	0	2002
发展路径	21	0.03	2012
养老产业	21	0.05	2016
体育赛事	18	0.05	2008

从上述高频关键词的研究领域与方向看出：国内体育产业协同发展研究基本始于近十年，研究的主题与社会和体育产业发展实践密切相关。此外，我国对体育产业协同发展研究多停留于宏观层面，与国外聚焦微观的研究范式形成鲜明对比。

对关键词节点"Node details"中心性前五位的热点词进行梳理发现，中国学者常从这一主题的作用机制与内在逻辑入手，分析不同体育产业协同发

展之间的关联效应。学者凌静等[1]利用投入产出表进行定量分析，解释体育产业的产业关联度和产业波及效应。学者刘芳枝等[2]对我国体育产业关联效应与体育产业发展的关联动力进行了实证分析，从增强体育产业自身发展能力、推动体育产业与其他产业融合互动发展两个方面提出了对策建议。

体育与旅游、文化产业的融合发展是体育产业协同发展研究学界最热点的话题，体旅文三者融合中又涉及对体育特色小镇[3]、体育精品赛事[4]、城乡结合[5]、长三角一体化[6]、"一带一路"背景下体育融合[7]等等的发展路径与对策研究。学者鲁志琴等[8]指出三种内在逻辑：技术逻辑、产业逻辑、需求逻辑，并提出"体旅文商农"产业融合发展的企业技术创新机制。学者任波等[9]分析了中国体育产业结构优化机制，阐明中国体育产业

---

① 凌静、张宝山、马江骏：《新疆体育产业关联和产业波及效应分析》，《体育科学》2007年第3期。

② 刘芳枝、陈洪平、潘磊：《高质量发展背景下我国体育产业的关联效应与关联动力研究——基于投入产出数据的实证分析》，《武汉体育学院学报》2021年第8期。

③ 吴阳、牛志培、布和、杨占东：《我国体育特色小镇发展的问题与对策研究》，《哈尔滨体育学院学报》2019年第5期。

④ 胡明洋、邢尊明：《我国体育旅游精品赛事发展路径研究》，《体育文化导刊》2019年第4期。

⑤ 胡美、陈昌：《广州体育旅游与乡村旅游融合发展研究》，《广州体育学院学报》2021年第3期。

⑥ 兰顺领：《长三角一体化背景下区域体育旅游协同发展的困境与出路》，《山东体育学院学报》2020年第5期。

⑦ 孙彦莹：《共融与挑战："一带一路"背景下的体育旅游产业发展研究》，《西安体育学院学报》2019年第6期。

⑧ 鲁志琴、陈林祥、沈玲丽：《我国"体旅文商农"产业融合发展的内在逻辑、作用机制与优化路径》，《中国体育科技》2022年第6期。

⑨ 任波、黄海燕：《中国体育产业结构优化的机制、逻辑与路径》，《首都体育学院学报》2020年第5期。

结构优化逻辑，以促进体育产业内部各业态关联深化和平衡发展。学者房亚男等①从产业系统视角入手，分析中国体育与文化产业之间所存在的长期均衡的稳定关系。

带动体育消费同样也是推动体育产业关联发展的重点路径。学者黄海燕②认为目前我国体育产业可持续发展的道路上仍有许多障碍，尤其是体育消费水平低、产业融合发展有待升级等等，由此从体育产业体系现代化、体育消费、空间布局等方面提出实施路径。学者全二宝等③同样发现体育大数据产业融合进程中存在产业基础薄弱、消费市场乏力、数据产品吸引力不足等问题，建议以体育消费市场为基础进行产业融合发展并加强体育大数据产品思维，以促进体育大数据产业跨界持续发展。魏艺等④从城市体育文化的多元价值出发，提出了中国城市体育文化促进产业融合发展的现实途径，以加快体育产业转型和促进体育消费增长。

（3）国内体育产业协同发展低频词热点分析

对于新兴的研究热点，部分主题词相对低频，如"三生一体""跨界融合""VR"与"电子竞技""一带一路"等，但可能为未来的研究方向奠定研究基础。

---

① 房亚男、殷波、李国平：《基于产业系统视角的中国体育和文化产业融合发展研究》，《南京体育学院学报》2019 年第 4 期。

② 黄海燕：《推动体育产业成为国民经济支柱性产业的战略思考》，《体育科学》2020 年第 12 期。

③ 全二宝、程绍同、冯魏、王永顺：《困境与出路：体育大数据产业融合发展研究》，《西安体育学院学报》2021 年第 4 期。

④ 魏艺、陈治：《我国城市体育文化助推产业融合发展的路径探析》，《辽宁体育科技》2021 年第 3 期。

学者邵桂华等①、董艳梅等②、邓晓峰等③、陈玲慧④、林迪等⑤、孙锋⑥，分别研究了冰雪运动产业的综合发展、跨界融合现状及趋势、体育主题公园的跨界融合、体育电子竞技与 VR 产业融合、大型体育赛事和旅游融合、长三角地区体育产业的融合路径等主题。

（4）国内体育产业协同发展研究的地理分布分析

表 2-4　国内体育产业协同发展研究高频区域关键词

关键词	频次	中心性	首次出现年份
京津冀	31	0.02	2011
长江经济带	23	0.01	2015
长三角	23	0.01	2004
粤港澳大湾区	16	0.01	2018
成渝地区	2	0	2021
广西	2	0	2020
河北省	2	0	2018
湖南省	2	0	2018

① 邵桂华、郑冠杰：《生产·生活·生态：我国冰雪体育产业融合发展的三维结构解析》，《体育学研究》2022 年第 3 期。

② 董艳梅、朱传耿：《中国体育相关产业跨界融合现状及趋势分析》，《成都体育学院学报》2021 年第 2 期。

③ 邓晓峰、余建通、曾立火：《供给侧改革背景下体育主题公园跨界融合探究》，《体育科学研究》2021 年第 6 期。

④ 陈玲慧：《"体育电子竞技+VR"产业融合趋势研究》，《当代体育科技》2018 年第 28 期。

⑤ 林迪、马文博：《"一带一路"倡议下青海体育赛事与旅游产业融合发展对策研究》，《体育科技》2020 年第 1 期。

⑥ 孙锋：《"一带一路"背景下长三角地区体育产业融合路径研究》，《广州体育学院学报》2019 年第 2 期。

关键词	频次	中心性	首次出现年份
四川省	2	0.01	2012
东北地区	1	0	2022

由表 2-4 可知，国内对京津冀体育产业协同发展研究最为密集，但对长三角地区的区域体育产业协同发展研究最早。从地理分布上看，国内学者首先多对中国东南部体育产业协同发展问题进行研究，近年由于 2022 年北京冬奥会的成功举办与圆满落幕，学界对区域研究的目光北移至京津冀。而随着 2019 年《粤港澳大湾区发展规划纲要》的颁布，以及广深港高铁、港珠澳大桥等重点互联互通项目的开通，粤港澳大湾区进一步向国际一流湾区与世界级城市群迈进，尤其是粤港澳大湾区将承办 2025 年全运会，学者开始深入探索粤港澳大湾区体育产业发展的问题。

2. 粤港澳大湾区体育产业协同发展研究脉络与热点分析

（1）研究文献时间分布分析

通过对 CNKI 文献库中粤港澳大湾区体育产业协同发展的检索与筛选，最终得到 82 篇期刊文献与学术论文，采用最小树法（Minimum Spanning Tree）与关键路径算法（Pathfinder）对收集到的文献进行论文年度发表量、关键词、作者等方面进行分析，将知网（CNKI）数据库中的粤港澳大湾区体育产业协同发展研究文献在 JAVA 环境下运行 CiteSpace V，得到相关主题的知识图谱。

由图 2-6 可以看出，粤港澳大湾区体育产业协同发展相关研究开始于 2018 年，但可查阅文献非常少，仅有 2 篇。但从 2018 年至今，粤港澳大湾区体育产业协同发展相关文献呈现直线上升趋势。这得益于 2019 年《粤港澳大湾区发展规划纲要》[①] 指导性文件中要求从体育赛事、体育用品

---

① 中共中央、国务院：《粤港澳大湾区发展规划纲要》，2019 年。

制造、体育健身休闲产业、体育服务业等方面不断推进区域间协同、一体化发展。

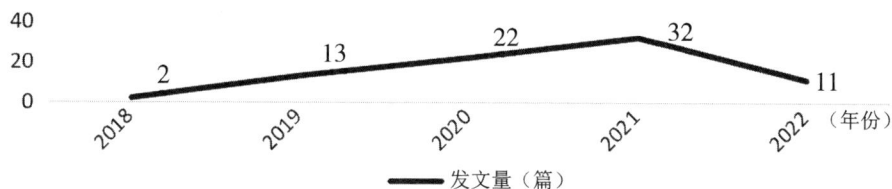

图 2-6　2018—2022 年粤港澳大湾区体育产业协同发展论文发表年度趋势

（2）粤港澳大湾区体育产业协同发展研究高频关键词分析

通过操作 CiteSpace 软件对文献关键词进行聚类分析，导入共计 82 篇文献进行可视化操作。时间切片选择 2019 年 1 月至 2022 年 7 月，间隔为 1 年；勾选"Keyword"为节点类型；同时选取"Pathfinder"与"Pruning sliced network"（修剪切片网络）剪裁方式；得到图 2-1 国外区域协同发展研究热点图谱，其中，Nodes（节点）= 32，Links（连线）= 42，Density（密度）= 0.0847。对可视化结果整合梳理后（见图 2-7），得到粤港澳大湾区体育产业协同发展领域出现频次和中心性最高的前 10 个关键词。

表 2-5　粤港澳大湾区体育产业协同发展高频关键词数据

关键词	频次	中心性	首次出现年份
体育产业	7	0.26	2019
创新	2	0.09	2019
运动项目	1	0.03	2019
产业结构	1	0.03	2019
产业空间	1	0.03	2019
马匹运动	1	0	2019
绿色发展	1	0	2019

（续表）

关键词	频次	中心性	首次出现年份
体育彩票	1	0	2019
武术发展	1	0	2019
职业教育	1	0	2019

从上述高频关键词的研究领域与方向看出：国内对粤港澳大湾区体育产业协同发展领域研究始于近三年，数据并不丰富，但研究视角新颖。

图 2-7　粤港澳大湾区体育产业协同发展图谱

学者苏敷志等[1]认为粤港澳大湾区体育产业融合发展的重要性在于促进区域经济社会协同发展，并形成体育产业集群，建议统筹粤港澳大湾区体育产业发展布局，促进多地产业联动，发挥粤港澳三地体育产业优势。学者肖婧莹等[2]发现，实现粤港澳大湾区体育产业协同发展仍存在较多现实困境，应通过明确发展定位、促进产业要素流动、挖掘深层次协作等寻求破解路径。

---

[1]　苏敷志、邰峰、赵兰：《粤港澳大湾区体育产业融合发展现状、问题及对策》，《体育文化导刊》2019 年第 10 期。

[2]　肖婧莹、周良君：《粤港澳大湾区体育产业协同发展：困境与出路》，《中国体育科技》2019 年第 12 期。

频次较低的关键词在整体数据中占比较大，但不乏与国家战略、实践研究相关联的热点词汇，例如"马匹运动""绿色发展""体育彩票"等。学者梁枢①认为，赛马产业作为粤港澳大湾区体育产业未来重点发展的一个细分市场，与国家贯彻"乡村振兴"计划、执行"绿色发展"理念、推动"消费升级"一脉相承。从化马场是粤港合作的重点项目，高端人才、技术不断流入从化，不仅为从化乡村振兴提供支撑，同样也为粤港澳区域经济带来重要贡献。

（3）文献贡献量与核心作者分析

通过对作者合作网络的分析，可以了解到粤港澳大湾区体育产业协同发展研究领域的代表学者和核心研究力量。利用 CiteSpace 将作者发文量的参数阈值设置成 2，结果见（图 2-8）。

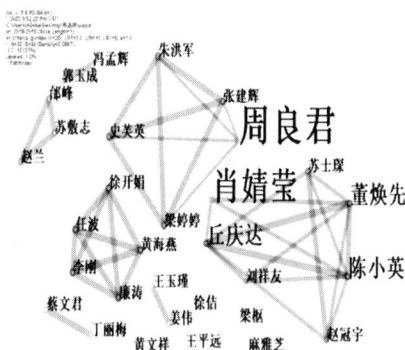

图 2-8　粤港澳大湾区体育产业协同发展作者可视化知识图谱

按照作者发文量排序，学者周良君、肖婧莹、董焕先、丘庆达、陈小英位于前列。从图 2-8 可知，发文量较多的作者间呈现出较为明显的网络特征，并已形成了若干个研究团队。

<hr />

① 　梁枢：《香港赛马会引领与粤港澳大湾区马匹运动产业可持续发展研究》，《体育与科学》2019 年第 3 期。

二、基于学术脉络的文献分析

通过上述文献计量的方法，从宏观上整体了解国内外对区域经济社会协同发展，以及体育产业协同发展的研究态势。为确保研究的深度，在此将从微观文本的角度，采取学术脉络梳理的方式深入探析国内外对区域产业协同发展，以及区域体育产业协同发展等相关主题的研究脉络，以期更加全面、深入、细致地了解相关研究的现状。

（一）国外区域产业协同发展的相关研究

1. 区域产业协同发展的概念的引入及演化

"战略管理之父" Ansoff 于 1965 年在其著作《公司战略》中首次提出了"协同"这一概念，其将协同视作企业间共生互长的关系，认为协同的核心在于资源共享与价值共创。此后，协同理论一跃成为学界与企业纷纷关注的焦点，更是被称为 20 世纪的三大基础理论之一，其中最为知名的当属日本战略专家 Hiroyukiltami，其将协同概念进一步分解成为"协同效应"与"互补效应"，并将协同视为一种能够发挥资源最大效能的方法。随后，德国理论物理学家 Hermann Haken 于 1971 年提出了"协同学"这一概念，并于其后续系列著作《协同学引论》中从外部能量与物质流入的角度对协同进行了阐述，指出系统在达到相变点后，由于外部能量的导入会引发其相互作用，进而形成系统的"序参量"使系统向着有序方向演化，形成更为有序的结构。随着协同理论的不断发展，其在多领域均发挥着突出的作用，M. Poter[1]（1983）首次将协同理论引入经济学研究领域，认为产业能够通过企业的组织与战略的协同实现企业自身在产业经济发展中的新模式。伴随着学者不断地借助协同理论对区域产业及其复杂系统的相互关系

---

[1] Poter, Michael E., "Industrial Organization and the Evolution of Concepts for Strategic Planning: The New Learning", *Managerial and Decision Economics*, 1983, pp.172-180.

进行解释，区域产业协同发展的理论体系日趋成熟，Stieglitz[1]（2002）通过产业全生命周期理论对产业融合的类型作出了分析，并构建了产业动态演变的理论分析框架，在一定程度上为产业协同的理论分析提供了理论支撑。在后续不断深入与拓展的研究中，其外延不断延伸，影响因素亦随之不断增加，K. Sjoo[2]（2019）指出，区域产业协同发展的主要因素除了资源、科研、文化、市场、协同机制等之外，政府的相关政策亦不容小觑。

2. 区域产业协同发展的重要推动力量

国外学者对于协同发展的研究较少，其更多的是在一体化发展上的研究。虽然协同与一体化确有不同，但两者也存在着较多共性，且均强调区域内的协同合作、分工等内容，故在研究时可以相互借鉴。国外的一体化发展研究多以产业一体化为主，以贸易一体化为基础，在实际中并未达到触及国家政治利益的深度合作，而区域产业一体化的发展则需要各地区在利益让渡上达到高度共识，故国外对于区域产业一体化的直接研究较少，其研究多在于全球经济一体化、市场一体化，且较多集中在此过程中的专业分工、产业聚集、产业转移等部分，这部分恰恰也是区域产业协同发展中的重要推动力量，具有较大的借鉴意义。

（1）有关区域专业分工的研究

专业分工最早出现在亚当·斯密在其绝对优势论中涉及的专业化分工，但其中的机会成本极低的假设在现实中基本不可能实现，故在绝对优势论的基础上又诞生了如要素禀赋论等一系列理论。随着大量国外学者在

---

① Stieglitz N., "Industry Dynamics and Types of the New and Old Economy-Who is Embracing Whom", *Druid Summer Conference*, 2002, pp.342-350.

② Sjoo Karolin, Tomas Helltyrom, "University-industry Collaboration: A Literature Review and Synthesis", *Industry and Higher Education*, 2019, pp.275-285.

区域分工领域的不断深耕，国外专业分工及其演化方面的研究已成为较为成熟的学派。如 Jones[1]（1990）提出"技术说"，将技术进步归为专业分工的重要影响因素，指出发展中国家能通过劳动密集工序的参与获得产品内分工的效益溢出。

在分工推动区域经济一体化发展的研究中，国外的研究多集中在专业化和多样化两个角度。Henderson[2]（1997）指出，相较于具有行业内外部性的专业化，具有行业间外部性的多样化的发展更有助于提高生产力。而随后 Combes[3]（2000）的研究则从更全面的角度丰富了前者的研究，其以法国为研究主体开展研究，发现在大多数情况下，多样化虽然对服务业部门的发展有利，但是相较于专业化，它对于工业部门的发展不利，故专业化可能产生适应性问题。贸易的过程是分工的体现，在各国参与全球经济发展中，不同区域内国家的分工亦推动着该区域产业的协同发展。如 Athukorala[4]（2008）在研究中发现新加坡与东盟对全球分工依赖度较大，强化了该区域生产网络相关的零部件贸易对东盟及与其他国家的依存度。

（2）有关区域产业聚集的研究

区域产业集聚与区域产业协同发展之间存在着相互作用关系。区域产业集聚通过影响区域发展的整体水平及均衡性，影响着区域产业协同发展的水平。产业集聚不仅会随着区域发展水平的提升而获得相应的增长，亦

---

[1]　Jones R.W., Kierzkow SK I H., *The Role of Sevices in Production and International Trade*, Oxford, Blackwell, 1990, pp.31-48.

[2]　Henderson V., "Externalities and Industrial Development", *Journal of Urban Economics*, 1997, pp.449-470.

[3]　Combes P.P., "Economic Structure and Local Growth: France 1984-1993", *Journal of Urban Economics*, 2000, pp.329-355.

[4]　Athukorala P.C., "Singapore and ASEAN in the New Regional Division of Labour", *Singapore Economic Review*, 2008, pp.479-508.

会倒逼区域降低市场壁垒以强化合作。Boxi 等[1]（2013）通过对欧洲地区产业集聚的研究得出，创新型产业的集聚是地区财富增长的源泉，推动了区域产业的发展。Rocha 等[2]（2015）研究了产业集聚对区域产业发展的影响，发现该影响主要集中在价值链治理模式等方面。Vertakova 等[3]（2016）对制造业的集聚化发展进行了研究，认为有效的产业集聚在很大程度上能推动创新的发展及经济的增长。

（3）有关区域产业转移的研究

区域产业转移一般被视为区域产业集聚、区域分工以及相关区域政策所带来的结果，它加深了区域间的技术和经济等方面的联系，对区域产业协同发展起到一定的促进作用。现代产业转移理论起源于日本学者赤松要[4]（1965）提出的雁阵模式。通过对木棉纺织工业发展的分析，赤松要认为产业发展过程可分为进口、进口替代（国内生产）以及出口三个阶段，用图表标识时酷似大雁飞行的阵型，故得名雁阵模式。此后山泽逸平[5]（2001）在雁阵模式的基础上进一步细化，增加了产业引进和进口成长两阶段，形成五个阶段，并提到后发国家可以在完成进口替代后向出口转移，通过产业转移实现经济增长。近年来产业转移研究的重心转向微观理论，企业作为微观的主体，成为主要的研究对象，邓宁等[6]（2016）提

[1]　Boix R., De-Miguel-Molina B., Hervas-Oliver J.L., "Creative Service Business and Regional Performance: Evidence for the European Regions", *Service Business*, 2013, pp.381-398.

[2]　Rocha H. "Do Clusters Matter to Firm and Regional Development and Growth?", *Management Research*, 2015, pp.83-123.

[3]　Vertakova Y., Grechenyuk O., Grechenyuk A., "Indentification of Clustered Points of Growth by Analyzing the Innovation Development of Industry", *Procedia Economics and Finance*, 2016, pp.57-62.

[4]　［日］赤松要：《世界经济论》，国元书房 1965 年版。

[5]　［日］山泽逸平：《亚洲太平洋经济论——21 世纪行动计划建议》，范建亭等译，上海人民出版社 2001 年版。

[6]　［英］约翰·H.邓宁、萨琳安娜·M.伦丹：《跨国公司与全球经济》，马述忠等译，中国人民大学出版社 2016 年版。

出了"国际生产折衷理论",构建了 O—L—I 模型,分别对应所有权优势 (Ownership)、区域要素禀赋优势 (Location) 以及交易费用层面优势 (Internalization)。它对企业转移投资及生产布局起到了决定性的作用。

3. 区域产业协同发展的相关测度方法

国外对于区域产业协同的相关研究多以微观实证研究为主,故较多使用定量分析方法,包括区位熵、基尼系数、变异系数、E—G 指数等分析方法。Keebl(1989)将基尼系数与洛伦兹曲线用于行业在区域中的分配程度的测量。Krugman①(1991)构建了区位基尼系数,用于衡量产业在不同区域的集中程度。Amiti②(1998)拓展了 Krugman 的思路,他在前者的基础上构建了测量欧盟国家 3 位码行业的区位基尼系数,以检验欧盟工业集中的演变程度。此外还有较多测度方法,如 Midelfart 等提出的 SP 指数等。

(二) 国内区域产业协同发展的相关研究

1. 我国区域产业协同发展的研究概述

我国对协同理论的研究较晚。黄启学③(1987)在民族地区经济建设初探中首次提及协同理论,并指出协同的目的是为了实现整体的同一性与结构的稳定性,提出要使用协同理论来指导民族地区经济的协同发展。随后的一段时间,国内对区域协同的研究较少,直到黎鹏④(2003)出版了著作《区域经济协同发展研究》,引入了协同学原理,并确立了"协同"发展的基本理念,将协同学的思想作为区域经济发展的指导理念,这为解决区域经济协调发展与整合问题提供了新视野。此后,区域经济协同发展

---

① Krugman P., *Geography and Trade*, Cambridge Massachusetts:MIT Press, 1991.

② Amiti M., "New Trade Theories and Industrial Location in the EU: A Survey of Evidence", *Oxford Review of Economice Policy*, Vol.14, 1998.

③ 黄启学:《用协同理论指导民族地区经济建设初探》,《中南民族学院学报(社会科学版)》1987 年第 3 期。

④ 黎鹏:《区域经济协同发展研究》,经济管理出版社 2003 年版。

的研究如雨后春笋般涌现。随着研究的不断深入与拓展，国内学者对区域产业协同发展相关的研究愈发成熟，主要集中在以下四个方面。

其一为相关概念与定义的持续丰富。国内学者从不同的视角对相关概念进行分析与阐释，旨在厘清区域产业协同发展的内涵与外延，为后续研究打下基础。徐涵蕾①（2010）认为产业协同是系统内部与子系统间的相互配合、协作、适应、耦合的良性循环；王兴明②（2013）将产业协同视为产业间相互促进从而实现的共生演化；陈宜海等③（2017）把产业协同当作国民经济子系统中的各产业相互合作、协调进而形成的有序结构；谢杰④（2018）将区域产业协同视为各区域产业子系统间的互惠与共生，并形成了高效且分工合理的产业共同体，推动区域产业体系由过去的无序、低级、低端朝着未来有序、高级、高端的协同发展演变。

其二为协同发展机制的不断完善。国内学者从科层机制、市场机制、自组织机制三个方面进行研究，旨在完善协同发展机制。周肇光⑤（2007）创新了区域产业协调发展政策互动机制，提出根据产业经济和技术结构变化与发展来选择区域主导产业；邢子政等⑥（2009）认为应当创新产业合作发展机制，提出淡化行政区色彩，加快经济体制改革步伐，建立健全统

---

① 徐涵蕾：《资源型城市产业协同机会和能力评价研究》，《中国人口·资源与环境》2010年第2期。

② 王兴明：《产业发展的协同体系分析——基于集成的观点》，《经济体制改革》2013年第5期。

③ 陈宜海、汪艳：《长三角城市群中心城市地缘经济关系研究》，《黄山学院学报》2017年第2期。

④ 谢杰：《长三角城市群一体化背景下区域产业协同发展研究》，苏州大学硕士学位论文，2018年。

⑤ 周肇光：《如何构建创新型区域产业协调发展政策互动机制》，《当代经济研究》2007年第6期。

⑥ 邢子政、马云泽：《京津冀区域产业结构趋同倾向与协同调整之策》，《现代财经—天津财经大学学报》2009年第9期。

一、开放、竞争、有序的市场体系，充分发挥市场机制优化资源配置的作用；曾淑婉[1]（2013）从区域经济差异产业维度分解的视角构建"区域关联、产业发展基础和产业发展潜力"三维互动的区域主导产业选择模型，并在地域空间层级基础上建立了区域协调发展的多层次空间组织机制；罗捷茹[2]（2014）通过对产业联动的跨区域协调机制的作用机理进行解析，提出构建产业联动的跨区域协调机制应在利用内部属性机制的前提下，建立动力机制、运行机制、保障机制三大外部协调机制；石碧华[3]（2015）提出应建立和完善区域利益协调机制，尤其是区域利益的补偿机制和共享机制，如区域生态补偿的长效机制、产业疏解转移中的利益共享机制等，并尽快制定相关的法律，为区域合作构筑良好的制度平台；臧秀清[4]（2015）以京津冀区域为研究对象，认为建立利益分配机制是京津冀协同发展中的关键手段，注重协同发展的顶层设计，培育区域利益分配的协商机制；围绕区域利益分享制度创新，建立利益分配与补偿机制；张杰等[5]（2017）同样对京津冀地区协同发展提出意见：应建立政策互动机制、资源共享机制、市场开放机制三大协同创新机制，加快建立创新政策协调审查机制和调查评价制度，如采取双向的官员置换和交流机制等；张学良等[6]（2019）以长三角区域为例，提出应以市场机制建设为重点，积极推进新型城市合作机制建设，加快跨区域利益协调机制建设，并进一步巩固和完善现有一体化发展机制。

---

① 曾淑婉：《基于区域经济差异的区域产业规划研究》，南开大学博士学位论文，2013 年。
② 罗捷茹：《产业联动的跨区域协调机制研究》，兰州大学博士学位论文，2014 年。
③ 石碧华：《京津冀协同发展态势与政策匹配》，《重庆社会科学》2015 年第 11 期。
④ 臧秀清：《京津冀协同发展中的利益分配问题研究》，《河北学刊》2015 年第 1 期。
⑤ 张杰、郑若愚：《京津冀产业协同发展中的多重困局与改革取向》，《中共中央党校学报》2017 年第 4 期。
⑥ 张学良、林永然、孟美侠：《长三角区域一体化发展机制演进：经验总结与发展趋向》，《安徽大学学报（哲学社会科学版）》2019 年第 1 期。

其三为发展模式的创新与完善。国内学者从产业链构建、均衡或非均衡模式、主导产业三个角度对发展模式进行探讨，旨在探索出更为合理的发展模式。陈建军①（2005）认为推进长三角区域经济一体化，应更多地依靠经济发展的主体：企业和民间力量，而政府部门应弱化乃至消除各种阻碍要素流动的区域行政壁垒和强化区域一体化公共产品的供给；胡俊超②（2006）指出区域经济协调发展的路径应依赖产业转移，我国基于区域经济协调目的的产业转移模式应是基于跨越式、关联性、多向位和多梯度的；唐松③（2008）认为区域发展的非均衡性是一种客观存在，而非均衡发展一般受经济发展的内在规律、市场作用和政府干预三种力量的影响；刘英基④（2012）结合点轴开发理论，认为应建立跨行政区的点轴开发与增长网络体系，健全交通运输体系，发挥跨区域带动辐射周边城市的经济增长"点"作用；宋梅秋⑤（2012）指出应从产业结构高度化、产业结构协调化、产业结构协同化三个方面调整我国区域产业结构方向，以促进区域经济协调发展；李建平⑥（2017）建议探索构建粤港澳三方协同合作的专责小组，三地政府共同制定《粤港澳大湾区经贸合作条例》，形成"法治+行政"协同的区域治理模式，另外建立大湾区的空间信息数据库，以推进粤港澳大湾区建设成为国际一流湾区；周奕⑦（2018）认为应打破

---

① 陈建军：《长江三角洲区域经济一体化的三次浪潮》，《中国经济史研究》2005 年第 3 期。
② 胡俊超：《区域经济协调发展的路径依赖》，《特区经济》2006 年第 6 期。
③ 唐松：《基于非均衡发展理论的区域协调内涵诠释》，《经济经纬》2008 年第 1 期。
④ 刘英基：《中国区域经济协同发展的机理、问题及对策分析——基于复杂系统理论的视角》，《理论月刊》2012 年第 3 期。
⑤ 宋梅秋：《论我国区域产业结构调整的三个方向》，《经济纵横》2012 年第 10 期。
⑥ 李建平：《粤港澳大湾区协作治理机制的演进与展望》，《规划师》2017 年第 11 期。
⑦ 周奕：《产业协同集聚效应的空间溢出与区域经济协调发展——基于"产业—空间—制度"三位一体视角》，《商业经济研究》2018 年第 21 期。

行政区域划分的条件限定，构建"产业—空间—制度"三位一体发展模式。

其四为协同发展政策的推进与完善，这是极具中国特色的一点，国内学者正从东部、中部、西部三个主要区域展开整体的规划，旨在通过强化政策支持，不断推进区域产业协同发展，以加快落实区域发展战略。程淑佳等①（2009）认为应创新地方政府管理体制，重塑区际关系，推进意识形态等非正式制度转变的同时优化非强制性的制度安排，建立科学的干部政绩考核指标体系，才能实现区域经济均衡发展战略目标；因此，要实现区域经济协调发展的目标，应把国家区域产业政策和地方区域产业政策有机地结合起来，区域政策产业化，产业政策区域化，形成经纬交织的"双重定位"体系；邢子政等②（2009）提出利用产业政策来引导和推动产业结构的调整，以弥补市场机制的不足，同时完善产业结构政策、地区产业布局政策和产业组织、产业技术政策等；张志新等③（2012）利用相似系数、区位商和差异度指数分析得出"差异度系数较低，产品相似度较高"，由此提出结论：转变地方政府观念，建立具有权威性和执行力的市级协调机构，统一指导地区和部门协调行动，同时处理好不同行政区域作为不同利益主体之间的利益冲突；许传阳等④（2013）建议在管理政策中设立多部门多行业参与的跨区域环境保护协调委员会和责任体系的同时强化环境

---

① 程淑佳、于国政、王肇钧：《区域产业协调发展中的制度因素分析》，《工业技术经济》2009 年第 12 期。
② 邢子政、马云泽：《京津冀区域产业结构趋同倾向与协同调整之策》，《现代财经—天津财经大学学报》2009 年第 9 期。
③ 张志新、薛翘：《黄河三角洲区域产业同构分析及发展路径选择》，《经济问题》2012 年第 4 期。
④ 许传阳、郝成元：《区域协调发展的环境政策体系框架：以五大区域为例》，《生态经济》2013 年第 1 期。

管理法规建设，经济政策方面完善资源环境配置机制，在技术政策方面以生态型替代生态破坏型的产业置换机制和制定区域性产业准入与退出机制为主；牛文学等①（2015）发现区域产业协调的影响因素包括自然资源禀赋状况、市场化程度、产业发展路径依赖程度、政府政策相互协调程度、人文环境等，由此提出增强区域内市场机制作用、以生态产业链理念来设计区域产业布局以及增进政府间政策协调等措施可有效改进区域经济内部产业协调；杨崇勇②（2015）从京津冀协同发展出发，认为推进协同发展的关键是政策一体化，减少区域内政策落差，充分发掘区域内的区位优势、产业基础、资源禀赋、基础设施、文化底蕴等，实现区域内资源的合理配置与深度融合。

2. 粤港澳大湾区产业协同发展的研究概述

（1）理论渊源

粤港澳大湾区是我国改革开放新阶段的重要示范，其协同发展亦是区域经济新发展与国际经济学的新发展。申明浩等③（2019）认为在当下粤港澳大湾区发展中的"协同发展"理念与西方国家的发展理念是截然不同的，前者立足于中国特色社会主义的"创新、协调、绿色、开放、共享"这五大新发展理念，强调"利益相容"与"共赢发展"，而后者则是建立在"利己主义"与"经纪人假设"的基础之上，强调"零和博弈"与"利益之争"。在过去的发展中重视经济的增长，故强调以虹吸效应推动个别地方的经济增长，在湾区内形成了发展不平衡的问题，但当下的"协同

---

① 牛文学、袁溧鋆、蒋明华：《区域产业协调发展的影响因素及对策》，《商业经济研究》2015 年第 2 期。

② 杨崇勇：《推进京津冀协同发展的关键是政策一体化》，《经济与管理》2015 年第 1 期。

③ 广东外语外贸大学粤港澳大湾区研究院课题组、申明浩、谢观霞：《新时代粤港澳大湾区协同发展——一个理论分析框架》，《国际经贸探索》2019 年第 9 期。

发展"则要求在目标趋同、利益一致的基础上对共同促进同步效率提升以及推动高质量发展加以重视。李林威等[①]（2022）认为聚焦到粤港澳大湾区这一涉及跨境的区域，其具体协同场景中各主体要素较难达到一致，此中存在着组织与环境的相互作用而产生的多元互动，能够产生一系列的不确定性问题，故在此"战略域"的协同创新应引入复杂性理论来进行理解，其中复杂性理论是多学科交叉融合的研究范式，吸收了来自控制论、系统论及协同学等多个理论与研究思维。

（2）历史进程

粤港澳大湾区区域合作的进程自20世纪70年代末改革开放后就已开启，一度成为中国经济迈向世界以及世界经济进入内地的桥梁。陈广汉等[②]（2018）在研究中分析了粤港澳大湾区经济合作的历史进程，将其分为三个阶段：第一阶段从改革开放初期开始，该阶段为局部开放下由直接投资所主导的投资和贸易齐头并进的阶段，形成了广东生产产品，港澳提供服务的"前店后厂"的合作模式，推动了贸易量的高速增长；第二阶段从2001年中国加入WTO开始，该阶段内地市场的全方位开放以及三地间比较优势的变化导致了CEPA的产生，"前店后厂"的模式俨然因港澳与内地间贸易往来的突破性进展而发生了改变，推动着内地市场从局部开放转向统一市场；第三阶段从党的十八大圆满结束后开始，该阶段为全面深化的粤港澳大湾区建设阶段，中国开始对外开放进一步深化，并于党的十九大指出要支持港澳融入国家发展大局，制定了一系列支持政策，其标志着粤港澳迈入深度合作的新阶段。

---

① 李林威、刘帮成：《区域协同发展政策能否提升城市创新水平？——基于粤港澳大湾区的准自然实验》，《经济问题探索》2022年第10期。

② 陈广汉、刘洋：《从"前店后厂"到粤港澳大湾区》，《国际经贸探索》2018年第11期。

（3）协同机制

粤港澳大湾区已有数十年的经贸交流，但三地的产业合作仍不理想，其在跨区域合作的协调机制的缺失在一定程度上制约了其发展，近年来国内学者意识到全面厘清其协同机制对于实现产业协同发展有着举足轻重的意义，故在协同机制上的研究较为丰富。向晓梅等[①]（2018）在研究中指出粤港澳大湾区产业协同发展的机制包括对区域经济效益最大化的追求，实现互利共赢等，并提出粤港澳大湾区产业协同发展需从产业分工与产业链全面融合创新、协同研发与新业态共育创新以及国际国内市场双向开拓创新这三个方面来实现大湾区产业协同发展机制的创新。郭丽莎[②]（2020）将京津冀与长三角立法协同的经验与粤港澳大湾区特殊法域现状相结合，主要从组织、策略与程序三个方面提出了立法协同机制，旨在构建有大湾区特色的立法协同机制。董成惠[③]（2021）从建立治理机制、构建合作协同平台以及完善配套措施三方面提出了大湾区共享合作协同机制的构建路径，旨在通过大湾区共享平台的建设实现要素跨境的自由流通。管金平[④]（2022）通过对内地与香港执法协同现实困境的研究，从法律制度联动改革与两地的执法合作两方面提出了构建两地反垄断执法协同机制的建议与路径，旨在能够更好地解决大湾区发展中存在的市场竞争执法问题。

---

① 向晓梅、杨娟：《粤港澳大湾区产业协同发展的机制和模式》，《华南师范大学学报（社会科学版）》2018 年第 2 期。

② 郭丽莎：《粤港澳大湾区立法协同机制探讨——基于京津冀和长三角的立法协同经验》，《广东行政学院学报》2020 年第 4 期。

③ 董成惠：《粤港澳大湾区共享合作协同机制研究》，《经济体制改革》2021 年第 4 期。

④ 管金平：《我国内地与香港特区反垄断执法协同机制的构建——以粤港澳大湾区协同发展为背景》，《法商研究》2022 年第 5 期。

（4）创新体系

区域协同创新对于区域创新要素的流动、资源配置的优化以及带动整体的创新有着较强的促进作用，进而推动区域产业的升级。杜丹等[1]（2020）以大湾区基础研究资源禀赋的视角构建了协同创新概念模型，确定了政府、高校、科研机构、龙头企业为创新主体，并进行了协同利益分配的博弈分析与协同创新机制的设计，并以"目标—资源—过程—成果"的协同分别提出了对应的建议。蒋兴华等[2]（2022）在总结了世界发达湾区的科技创新经验，同时分析了大湾区的科技资源优劣势，以及其创新体系的要素的基础上，基于一般系统模块理论，建立了大湾区科技创新体系模型，并结合大湾区的实际情况，深入探讨了科技创新体系协同创新的运行机制。

3. 区域产业协同发展的相关测度方法

我国区域产业协同发展应用较为广泛的测度方法主要为复合系统协同度模型、区位熵、偏离份额分析法、灰色关联度分析法、产业结构相似度以及哈肯模型等。邓聚龙[3]（1988）提出了灰色关联分析法，其用于测度不同区域产业结构的总体相似度。王晓亚等[4]（2015）通过复合系统协调度模型开展了知识密集型产业的协同度测度，发现人均 GDP 与教育水平能显著促进协同度。韩瑾[5]（2019）运用区位熵、产业结构相似度以及灰色

① 杜丹、李奎：《粤港澳大湾区基础研究协同机制研究》，《科技管理研究》2020 年第 18 期。

② 蒋兴华、范心雨、袁瑜容：《粤港澳大湾区科技创新体系构建与协同机制研究——基于一般系统模块理论的分析》，《研究与发展管理》2022 年第 6 期。

③ 邓聚龙：《灰色预测与决策》，华中理工大学出版社 1988 年版。

④ 王晓亚、翁国阳：《知识密集型产业协同度及影响因素研究》，《中国科技论坛》2015 年第 11 期。

⑤ 韩瑾：《环杭州湾大湾区中心城市产业协同发展评价》，《经济论坛》2019 年第 9 期。

关联度等工具，对环杭州湾大湾区的六个城市中心进行了分析，对其同构性、整体产业关联度等进行了阐述。

（三）区域体育产业协同发展的相关研究

1. 国外体育产业协同发展的相关研究

国外对于宏观层面的区域体育产业协同发展模式研究较少，学者大多通过微观视角切入，即通过体育产业下的某一细分产业的发展模式对区域产业协同发展的作用进行研究。如 Cristiano Ciappei[①]（2005）以"滑雪产业之都"——意大利蒙特贝卢纳小镇为例分析产业集群模式下的蒙特贝卢纳小镇建设和发展成功的经验：政府与市场协同发展、科技与创新并步前进、竞争协作的良性并行、中介与协会服务高效、产业空间布局"大分散，小集中"。大量的生产、制造、销售等企业的聚集，促进了当地商业、居住及公共服务等城市功能的配套完善，形成了"产业集群+"的小镇发展模式。Bing Zhang[②]（2019）在钻石模型理论的基础上，通过专家评分，筛选出能够代表区域体育产业竞争力的指标体系，选择以发展中心城市为核心，对中国的区域体育产业提出了"两种特征，六种转变"的区域体育产业协同发展模式，"两种特征"指的是先进性与纯洁性，"六种转变"包括党支书向专业化转变、对党员进行更精确的管理、严格的纪律监督、组织生活规范化、运作制度化、长期实施基本保障增强核心城市体育产业核心竞争力，同时促进非核心城市的体育产业发展。以英国中南部的"赛车山谷"（Motor sport Valley）为例，作为举世闻名的赛车产业集群，大约有4500多个与赛车生产制造相关的企业聚集在此地，生产世界顶级的赛车成品、底盘、引擎、刹车、遥感装置等产品，同时提供相关服务，每年的生

---

①　Ciappei C., Simoni C., "Drivers of New Product Success in the Italian Sport Shoe Cluster of Montebelluna", *Journal of Fashion Marketing and Management：An International Journal*, 2005.

②　Zhang B., "Regional Sports Industrial Development Strategy in the Vision of 'Healthy China 2030'", *Ekoloj*, 2019, pp.3913-3917.

产总值达到 60 亿英镑之多, 出口总值达 36 亿英镑左右。其中还聚集了包括赛事管理、公共关系、赞助、广告、营销等大量支持性服务企业, 每年的生产总值达到 17 亿英镑, 成为拉动当地体育产业发展的核心力量。[①] 但除却微观产业视角的研究外, 其中仍不乏对政策协同的研究, 如 Chang wook Kim[②] (2021) 通过对区域体育产业集群与社区弹性 (Community Resilience) 之间关系进行探究, 结果表明, 区域体育产业集群与社区弹性显著相关, 证明了在体育集群中社区弹性的规模和迹象上存在空间异质性关联。正因为这种空间异质性关联, 决策者应当通过不同区域体育产业的发展来实施特定地点的弹性政策, "一刀切" 的体育产业管理政策会对社区的弹性造成影响, 从而影响到整个区域体育集群的发展; 日本《体育振兴基本计划》出台了一系列新的举措促进区域体育产业发展, 其中建立综合型区域体育俱乐部和泛区域体育中心、建立一条龙的训练体系两大举措对日本体育产业产生了深远影响。

2. 国内区域体育产业协同发展的相关研究

(1) 我国区域体育产业协同发展的研究概述

我国区域体育产业协同发展的研究可追溯到 2004 年前后, 现有文献的研究主要围绕着长三角、京津冀、粤港澳大湾区、成渝、长江经济带等重点地理空间展开, 其研究主要集中在以下五个方面, 并随着研究的不断深入逐渐趋于成熟。

其一为体育产业协同发展的内涵界定不断推进, 国内学者正从多种研究视角切入, 通过研究视角的不断拓宽, 进一步明晰其发展概念。周清明等[③] (2008) 认为区域体育产业协同是推进体育产业协调发展的重要过程与方

---

① Motorsport Industry Association. http://www.the-mia.com/The-Industry, 2008.

② Kim C., Kim J., Jang S., "Sport Clusters and Community Resilience in the United States", *Journal of Sport Management*, 2021, pp.566-580.

③ 周清明、周咏松:《成渝地区体育产业一体化开发的政府合作机制研究》,《成都体育学院学报》2008 年第 11 期。

式，指出其是地缘相近的两个或以上地区以获取体育产业在区域的集聚或互补效应为目的，进入其区域内的体育产品及相关生产要素能够进行自由的流动与合理配置的过程。孙立海等①（2011）提出体育产业协同发展的主要内容是四个层面的协同，其包括主体关系协同、产业政策协同、产业管理协同以及规划布局协同。

其二为体育产业协同发展的机制不断完善，国内学者正从区域体育产业协同发展机制的研究中提出科层机制、市场机制、自组织机制等有助于区域体育产业高质量发展现象产生。罗建英②（2007）提出建立一种知识和信息的共享机制，有利于形成区域行为主体间稳定的合作关系，并通过技术和制度创新形成区域创新网络，改善区域内各种硬、软环境，推动区域体育产业发展；卢金逵等③（2009）推进体育体制改革和机制创新，提出区域体育产业可实施政府主导型发展战略，构建顺畅的体育产业管理机制，并且逐步完善体育行政执法体系和体育行政执法工作机制，将体育行业管理纳入法制化轨道；李国等④（2012）对区域体育产业共生机制进行探讨，认为目标机制是区域体育产业共生发展的方向，市场机制是区域体育产业共生发展的资源配置方式，管理机制是区域体育产业共生发展的制度保障，监控机制是区域体育产业共生发展的调节方式；周春山等⑤（2018）以粤港澳大湾区为例，剖析了湾区内协同发

① 孙立海、刘金波、黄世懋：《武汉城市圈体育产业协同发展环境分析》，《体育成人教育学刊》2011年第2期。

② 罗建英：《论区域体育产业核心竞争力的要素及特征》，《浙江体育科学》2007年第5期。

③ 卢金逵、倪刚、熊建萍：《区域体育产业竞争力评价与实证研究》，《体育科学》2009年第6期。

④ 李国、孙庆祝：《共生共荣：区域体育产业共生发展机制研究》，《武汉体育学院学报》2012年第9期。

⑤ 周春山、邓鸿鹄、史晨怡：《粤港澳大湾区协同发展特征及机制》，《规划师》2018年第4期。

展的机制，提出应构建区域激励和约束机制、市场自组织协调机制，建立一体化贸易市场，允许资源、资本、技术、信息和人才的自由流动，实现利益共享。

其三为体育产业发展模式的不断丰富，国内学者正从区域体育产业发展方式、体育产业资源构成形态以及区内时序演进路径和体育产业部门间的联动机制所形成的特定结构等方面展开相应的研究。丛湖平等①（2004）构建了以三大体育产业资源"集化区""区域发展时序""区域体育产业主导部门"三维结构的我国东部省份体育产业区域发展模式。谢洪伟等②（2012）利用特尔斐专家法构建区域体育产业比较优势评价指标体系，认为区域体育产业发展是一个涉及要素禀赋特征评价、资源合理配置、产业定位、产业布局和区域间产业合作等一系列问题的系统工程。魏火艳③（2014）认为应通过扩大、满足市场需求和提高产业整合创新能力，不断促进区域体育产业集聚规模的扩大，并大力开发体育文化资源以突出区域特色，发展和完善集聚区内体育产业链条。李亚慰等④（2015）综合确立体育主导产业，利用主导产业极化和辐射效应推动关联产业发展；针对性加快体育主导产业发展速度，提升主导产业质量，以避免同质化发展和不良竞争。刘志敏等⑤（2016）以"资源输入—资源转换—资源输出"为逻辑，以资源协调与整合为基本路径促进区域体育产业关联资源要素之间的

① 丛湖平、张爱华、朱建清：《论我国东部省份体育产业区域发展模式的构建》，《体育科学》2004 年第 12 期。
② 谢洪伟、许月云、许松涛：《区域体育产业比较优势评价指标体系研究》，《北京体育大学学报》2012 年第 2 期。
③ 魏火艳：《区域体育产业集聚区发展实证研究——以中原经济区为例》，《云南财经大学学报》2014 年第 2 期。
④ 李亚慰、李建设：《长三角地区体育主导产业结构测算、模型构建与发展预测研究》，《中国体育科技》2015 年第 6 期。
⑤ 刘志敏、贺林均：《基于 RBT 理论的区域体育产业可持续竞争优势的获取》，《中国体育科技》2016 年第 5 期。

平衡与匹配，提出形成区域体育产业发展的资源合力，以获取区域体育产业可持续竞争优势。李燕等①（2017）提出了四条体育旅游产业协同发展模式，分别为：政府引导—政策协同、市场运作—资源统筹、企业对接—产业协同、社会参与—供需匹配，以推进实现三地旅游的协调机制一体化、市场营销一体化、管理服务一体化和规划布局一体化。陈清等②（2018）认为经济环境是体育产业发展的关键和支撑，提出应从需求环境、经济环境、社会环境、生态环境和产业环境这五个方面进行全面考虑，综合提升体育产业发展水平。李艳荣等③（2019）基于区域协调发展战略，提到应优化空间布局，推动体育产业错位发展；培育消费市场，推动体育产业创新发展；加快转型升级，推动体育产业低碳发展；完善合作机制，推动体育产业协同发展；根据资源禀赋不同，利用每个区域不同的资源优势明确各个区域体育产业发展目标。钟华梅等④（2021）的多元线性回归结果显示，体育产业发展水平、交通水平、劳动力成本差异越大越能促进区域体育产业合作，提出应加强区域体育产业集聚发展，明确区域体育产业分工，形成体育产业互补合作的发展格局。

其四为体育产业协同发展政策的不断推进完善，国内学者正从政治、经济、社会等多个视角进行整体规划，旨在通过健全政策体系以推动区域体育产业协同发展。卢金逵等⑤（2009）进一步明确体育产业作为国民经

---

① 李燕、骆秉全：《京津冀全域体育旅游产业布局及协同发展路径研究》，《中国体育科技》2017 年第 6 期。

② 陈清、王晓均、彭松：《基于主成分分析——TOPSIS 法的区域体育产业综合竞争力研究》，《中国体育科技》2018 年第 3 期。

③ 李艳荣、张长念：《区域协同发展战略下京津冀体育产业协同发展研究》，《广州体育学院学报》2019 年第 1 期。

④ 钟华梅、王兆红：《我国区域体育产业竞合关系及影响因素研究》，《地域研究与开发》2021 年第 1 期。

⑤ 卢金逵、倪刚、熊建萍：《区域体育产业竞争力评价与实证研究》，《体育科学》2009 年第 6 期。

济支柱产业、第三产业龙头产业地位，认为制定优惠的投资政策、消费政策、财政政策、税收政策、土地政策、对外开放政策、产业联动政策、改善体育环境政策，形成区域体育产业政策体系将有助于区域体育产业竞争力的提升。徐小荷等[①]（2010）借鉴系统学理论，采用特尔斐法构建出区域体育竞争力评价指标体系，建议首先要提高体育的投入和产出比，提高体育事业发展效率，其次要充分开发和发展体育产业，以保障自身的"造血"功能。王飞[②]（2013）认为区域体育产业协同发展需要一种突破式的引导，地方政府可根据不同的参与主体从学习成功经验、宣传相关知识和普及政策法规三个角度入手，进一步提升区域整体对体育产业协同发展的思想认识。陈清等[③]（2018）提出体育产业的发展需要国家相关政策的支持和扶持，政府需要加快健全体育产业结构和政策体系，体育产业政策应顺应新时期发展，构建社会主义和谐社会，倡导体育产业政策的协调与可持续发展。李人可[④]（2019）建议应充分发挥政府的协调服务功能，自上而下进行大湾区体制机制创新，通过产业转移、产业共建、建设产业园区等多种方式，建设产业互补的长效机制。

其五为体育产业协同发展困境的明晰以及实现路径的推进，国内学者在实证研究中不断厘清现实困境、机遇与挑战，并不断提出推进策略以期推动区域体育产业协同发展。丛湖平等[⑤]（2004）认为区域间的行政区划、

---

① 徐小荷、余银、邓罗平：《区域体育竞争力评价体系的构建与实证研究——以两型社会试验区为例》，《南京体育学院学报（社会科学版）》2010 年第 3 期。

② 王飞：《区域体育产业协调发展中地方政府职能转变探析》，《沈阳体育学院学报》2013 年第 6 期。

③ 陈清、王晓均、彭松：《基于主成分分析——TOPSIS 法的区域体育产业综合竞争力研究》，《中国体育科技》2018 年第 3 期。

④ 李人可：《粤港澳大湾区城市群产业互补性分析及协同路径创新》，《新经济》2019 年第 11 期。

⑤ 丛湖平、张爱华、朱建清：《论我国东部省份体育产业区域发展模式的构建》，《体育科学》2004 年第 12 期。

政府官员的自利性等是导致体育产业区域协同发展中成本过高的主要原因。曹可强①（2006）在对长三角体育产业协同发展的研究中发现了体育产业部门之间的条块分割是制约区域体育资源自由流动以及跨区域合作开展的主要障碍。陈林会②（2012）通过对我国区域体育产业结构的研究，从打造川西特色体育集群、培育体育消费市场、规划体育产业园区等方面提出了推动四川地区体育产业发展的推进策略。廉涛③（2020）通过引入引力模型展开了对长三角地区体育产业协同发展的实证研究，从激发上海的龙头带动作用、培育协同发展的群众基础等方面提出了推动长三角体育产业协同发展的发展路径建议。

（2）粤港澳大湾区体育产业协同发展的研究概述

粤港澳大湾区体育产业协同发展的研究较少，其相关概念的提出最早可追溯到 2011 年。周良君等④（2011）在研究中指出粤港澳区域体育合作乃大势所趋，应构筑粤港澳区域体育发展的沟通渠道、共建交流平台并盘活区域体育资源以实现区域体育一体化的发展。此后研究一直为空白，直到 2017 年《深化粤港澳合作推进大湾区建设框架协议》签署后，粤港澳大湾区的发展得到了空前的瞩目，相关研究随即开始出现。周良君等⑤（2019）在宏观层面对大湾区体育产业协同发展做了较为全面的研究，在研究中对粤港澳大湾区体育产业协同发展的战略意义进行了深入的阐述，并指出了其存在着体育管理体制差异较大、缺乏统一的产业协调机制以及

---

① 曹可强：《论长江三角洲地区体育产业的一体化发展》，《上海体育学院学报》2006 年第 1 期。

② 陈林会：《区域体育产业增长极培育研究》，南京师范大学博士学位论文，2012 年。

③ 廉涛：《长三角体育产业一体化的理论与实证研究》，上海体育学院博士学位论文，2020 年。

④ 周良君、侯玉鹭、张璐：《粤港澳区域体育发展研究》，《体育学刊》2011 年第 3 期。

⑤ 周良君、肖婧莹、陈小英：《粤港澳大湾区体育产业协同发展研究》，《体育学刊》2019 年第 2 期。

要素流动受阻等困境，更就区域制度与增长极理论、产业分工与空间布局理论在此中的应用进行了理性思考，同时提出了管理体制的改革与创新、构建多元主体共同参与的发展合作机制等五个对策。肖婧莹等[1]（2019）以协同理论为基础，通过扎根理论的应用，从协同治理缺位、深层次协作不足等五个方面探讨了粤港澳大湾区体育产业协同发展中的现实困境，并从创新协同发展的体制机制等四个方面阐述了其破解路径。周良君等[2]（2020）指出法治是推动粤港澳大湾区体育产业协同发展中至关重要的因素，并在对当下大湾区体育产业协同发展的法律问题进行分析后从加强财税政策等五个方面提出了法治保障的路径。周良君等[3]（2021）结合修正引力模型与社会网络分析法对粤港澳大湾区体育产业空间关联网络做出了研究，并以此探讨了大湾区体育产业协同发展的模式。

三、文献评述

通过对国内外区域产业协同的研究综述可看出，从最初将协同理论引入产业经济之中到现如今的相关研究理论与方法系统的不断深化与拓展，区域产业协同在理论基础、概念剖析、协同机制与模式、协同困境与路径以及测算等方面均已形成了相对系统、全面的研究范式。区域体育产业协同研究仍处于起步阶段，粤港澳大湾区协同发展研究更少。后续在粤港澳大湾区体育产业协同发展的研究中应充分认识到当下研究的不足与迫切性，不断从区域产业协同发展以及其他区域的体育产业协同发展中进行经

---

① 肖婧莹、周良君：《粤港澳大湾区体育产业协同发展：困境与出路》，《中国体育科技》2019 年第 12 期。

② 周良君、赵毅、王强强：《论粤港澳大湾区体育产业协同发展的法治保障》，《西安体育学院学报》2020 年第 1 期。

③ 周良君、丘庆达、陈强：《粤港澳大湾区体育产业空间关联网络特征研究——基于引力模型和社会网络分析》，《广东社会科学》2021 年第 2 期。

验借鉴，并充分结合粤港澳大湾区的区位特点，以开展后续的研究。主要从以下几个方面展开：

（一）深化粤港澳大湾区体育产业协同发展的理论研究

在区域体育产业协同发展研究中，除了以上的应用层面研究外，还有很深的理论研究和渊源，可以追溯到20世纪初期以来形成的产业关联理论、产业集群理论以及区域空间功能分工、转移理论等。上述理论主要是对产业间贸易关系、区域经济差异现象、城市群空间功能分工关系的客观规律性描述和形成原因的解释。国内学界多从宏观、微观不同视域解释区域体育产业发展差异，主要集中在应用研究上，缺乏对理论基础的深入、科学的系统解释。因此，区域体育产业协同发展研究由于缺乏扎实的理论支撑往往受到质疑，其有效性局限于学者的经验层次。此外，在研究中"一体化发展"与"协同发展"时有出现混淆，故随后在本书中会不断丰富相关的理论基础，并厘清"协调发展"、"协同发展"与"一体化发展"三者概念。

（二）厘清粤港澳大湾区体育产业协同发展的机制

粤港澳大湾区体育产业协同发展机制研究仍为空白，其在一定程度上制约了粤港澳大湾区体育产业协同发展的研究。本书将从粤港澳大湾区体育协同发展的内在机理与动力机制入手，深入地剖析其协同发展的机制，并形成协同发展的系统框架，为后续更加深入的研究奠定理论基础。

（三）丰富粤港澳大湾区体育产业协同发展的实证研究

此前粤港澳大湾区体育产业协同发展的研究多在宏观层面上，其不能很好地反映出粤港澳体育产业发展的实践，研究成果亦无法与现实发展所呼应，无法准确地找到现实的落脚点，使研究显得较为空泛，在一定程度上会受到质疑。故在本书中，会努力贴近现实，回归实践，使得研究更接地气，更能反映出当下的真实情况，使研究结果能更好地服务于实践。文中实践篇的篇幅较长，对于粤港澳大湾区体育产业协同发展的历史、现实基础进行详尽的阐述与分析，且对体育产业协同发展的现状、跨境消费以及个案分析均有深入的研究论证。但由于当前体育产业的发展仍较为滞后，无法深入企业进行实证研究，无法获得企业的详细数据，故相关测度方法的应用仍较为匮乏，较难实现量化与质性研究的有机结合。这不仅是粤港澳大湾区体育产业协同发展中所存在的问题，更是我国区域体育产业协同发展普遍性的问题。

本章小结

本章从宏观与微观两个视角对粤港澳大湾区体育产业协同发展的相关研究进行了梳理与分析，旨在对现有研究有一个全面、深入的认识，为本研究的有效开展寻求新的研究方法以及强有力的论证依据，并在此基础上找到本研究的切入点与突破点。本章共分为三部分，即宏观上的文献计量分析，微观上的学术脉络梳理以及在此二者基础上展开的文献评述。

首先，基于 CiteSpace 对国内外现有文献展开系统的分析，通过基于 CiteSpace 展开的高、低频关键词分析，研究脉络、进展与热点分析，研究地理分布分析等对现有的国内外研究情况有一个全面的认识，特别是能够对当下研究的热点以及研究趋势有一个较为系统的认识，如当下粤港澳大湾区体育产业协同发展研究虽呈增长趋势，但研究热点仍是以体育产业这个整体为主，对产业细分类目的研究较少。该部分研究为后续研究中对热点问题的把握有着较为积极的作用。

其次，基于学术脉络对国内外现有文献进行深入的分析。一方面，通过对国内外区域产业协同发展概念的引入及演化，专业分工、产业聚集、产业转移等区域产业协同发展的重要推动力量以及区域产业协同发展的相关测度方法等的研究，不仅对区域产业协同发展的发展过程以及影响因素有了较为深入的了解，更对其研究方法与研究工具有了充分的认识。另一方面，通过对国内外区域体育产业协同发展的内涵、困境、机制、发展模式、发展政策等的研究，对区域体育产业协同发展有了更深入的认识。此外，更通过理论渊源、历史进程、协同机制、创新体系等方面对粤港澳大湾区（体育）产业协同发展进行了研究，深刻地认识到了粤港澳大湾区体育产业协同发展的独特性，能更精准地把握粤港澳大湾区体育产业协同发展过程中的优势与劣势，为后续的研究工作指明方向。

最后，基于上述分析，对相关文献展开评述，借鉴其中的研究经验、研究方法以及研究工具，并充分结合粤港澳大湾区的区位特点，明确了后续研究的主要方向，即深化粤港澳大湾区体育产业协同发展的理论研究、厘清粤港澳大湾区体育产业协同发展的机制以及丰富粤港澳大湾区体育产业协同发展的实证研究。

第三章　粤港澳大湾区体育产业协同发展的理论依据

一、核心概念界定

（一）协同发展

《辞海》中将协同解释为"同心合力""互相配合"。所谓协同，赫尔曼·哈肯（Hermann Haken，2005）在《协同学》中将其定义为："系统中诸多子系统之间的相互协调合作、联合作用或集体行为。"简言之，协同是指基于某种联系而有机结合在一起的两个事（生）物，在联合效果作用下形成的"1+1>2"的状态。

所谓协同发展，就是指协调两个或者两个以上的不同资源或者个体，相互协作完成某一目标，达到共同发展的双赢效果。它关注系统从无序到有序的共性，研究不同事物之间产生协同效应的机制。黎鹏（2005）从地理学、经济学视角将区域经济协同发展定义为区域内各地域单元（子区域）和经济组分之间协同和共生，自成一体形成高效和高度有序化的整合，实现区域内各地域单元和经济组分"一体化"运作的区域经济发展方式。

（二）协调发展

协调就其本义而言，具有"和谐""平衡"之意。《牛津哲学词典》中解释为"各方利益相一致的状态以及使各方利益都得到满足的手段"。刘海明（2010）认为协调发展是一个客观存在的社会发展系统，它强调运用系统论的方法，用全面视角处理发展中的问题，通过区域内的人口、资源、经济、科技、环境、资源等六个系统以及各系统内部各要素间的互动、合作和促进，最终形成社会发展的良性循环态势。

经济学角度谈区域间产业协调发展，是指不同区域的产业依据各自的比较优势而建立，通过合理的分工与相互协作，达到区域间产业的相互依存、有序运行、良性循环和共同进步，并促进区域整体目标实现的状态和过程。

（三）产业融合

产业融合发端于技术融合，最初研究电信、广播电视和出版业之间的融合，以及带来的不断在世界范围内显现的新兴服务。欧洲委员会"绿皮书"把产业融合视作在新条件下促进就业与增长的强有力的发动机，认为产业融合是指"产业联盟、技术网络平台与市场三者融合"。产业融合逐渐兴起为经济领域的普遍现象，形成了多种类型，但不论从哪个角度来界定，其最显著的特征皆为原有的产业边界的逐渐模糊。

根据马克思辩证唯物主义，产业融合属于分工范畴。它是企业为了追求利益的最大化，推动企业分工不断发展且替代社会分工，继而使社会分工内部化，其形成的新的分工体系是对现有分工体系的否定。伴随社会经济的发展，新的产业融合是社会分工体系的否定之否定。社会分工体系在分工与融合的辩证发展中呈螺旋式上升。产业融合是社会分工深化的一种模式，在分工与专业化的推进中，社会分工体系的发展呈线性逻辑，产业边界较为清晰。产业融合突破了产业边界，打破了原有的社会分工体系之中产业之间的关系，令社会分工体系的发展呈非线性的复杂关系网络，是对原有社会分工体系的解构与重组。

（四）产业协同

产业协同是由多元要素构成的复杂的开放系统，它既是动态的：产业协同是产业系统内的各子系统之间相互配合、协作，在关联、差异性的对立统一中寻求更高层次的协同效益；又是静态的：产业协同的发展离不开外部环境的支持，表现为其系统与外部系统，如社会、政治、生态等系统的有机统一，它不仅是一个经济命题，而且是集经济、制度、社会、生态等协同发展的政治命题，需在多元系统的融合发展中探索，寻求创新，故可将其视为集过程与状态、方法与结构于一体的有机统一。

（五）区域协同

区域协同指由于区域问题的复杂性，政府与其他非政府主体建立公私伙伴关系和协作互利网络。协同是一种多元主体之间持续和稳定的关系，需要建立新的权力结构和体系，这种沟通关系是正式的、多层次的，是一种集体协商。同时，协同还包括主体之间共享资源、共享收益和共担风险，是一种比合作和协调更高层次的集体行动。

（六）区域产业协同

区域产业协同发展是指区域内两个或两个以上的经济主体从追求各自独立的产业发展系统逐步演化为追求经济主体间产业的相互促进、共同发展，达到双赢互惠的过程。区域产业协同发展可以促进区域内各种产业发展要素的相互补给、高效整合和优化配置，有助于在产业发展过程中要素耦合效应、技术波及效应、产业关联效应和共生经济效应的发挥。

（七）粤港澳大湾区体育产业协同发展

粤港澳大湾区体育产业协同发展是将区域内各地区的体育产业子系统联合起来，在协作、互补和整体理念下组成一个自组织系统，使粤港澳大湾区体育产业从无序到有序，从低端到高端，实现"1+1>2"的整体效应[1]。粤港澳大湾区体育产业协同发展的过程就是体育系统产业化、秩序

---

[1] 肖婧莹、周良君：《粤港澳大湾区体育产业协同发展：困境与出路》，《中国体育科技》2019 年第 12 期。

化的演化过程，与产业协同发展原理大致相同，是土地、劳动、资本、技术等几大生产要素之间的协同，也是区域内各城市聚落之间的协同，还是区域内体育产业系统与其他产业系统多维度、多层次的协同。

粤港澳大湾区体育产业协同是一个由多元体育要素构成的复杂的开放性系统，需要各个体育产业子系统改革原有发展模式和机制，将发展视角宏观化，通过相互非线性作用产生整体效应，加强体育产业内部各业态的配合协作，在产业关联中建立秩序，在内部差异中寻求互补，带动区域内其他产业系统协同发展。

二、粤港澳大湾区体育产业协同发展的理论基础

协同发展是粤港澳大湾区经济发展的关键因素。本章从协同、共生、产业发展和利益相关者四个理论，剖析粤港澳大湾区体育产业协同发展的理论依据。

（一）协同理论

1. 协同理论的起源与发展

协同理论的创立者是德国斯图加特大学教授哈肯。他于 1971 年最早提出协同概念，并在此后不断完善和丰富该理论体系，1976 年出版的专著《协同学导论》系统地阐述了协同理论。协同理论产生的背景是西方国家在公共事务实践过程中发现公共治理目标的实现不仅仅依靠政府的单方参与，而是必须通过公共机构、私人机构和非营利组织等多方努力，多种机构在协同行动的过程中形成伙伴关系和网络结构。

在协同理论发展过程中，协同理论的概念争论由来已久，争论过程中学界形成了几点共识：第一，协同是一个持续不断的行动过程；第二，协同治理必须有一个总目标，所有行动都围绕总目标进行；第三，协同主体允许有各自利益诉求，但诉求必须是统辖在共同目标之下；第四，协同主

体多元化，政府与非政府组织协同合作；第五，协同行动指向公共事务；第六，协同过程中行动遵循正式或非正式的治理规则；第七，协同行动产生的效应是"1+1>2"。

国内协同治理兴起是在改革开放后，来源于西方的理论进入中国后经历从讨论到实践应用及克服水土不服的过程。国内学术文献最早使用"协同治理"始见于1990年，学术界对协同理论的集中研究主要是进入21世纪以后，特别是2008年以来文献数量稳步上升。

2. 协同理论的主要观点

协同理论认为，任何复杂的自然或社会系统，当在外来能量的作用下达到某种临界值时，子系统间就会产生协同作用，从无序变为有序，形成新的稳定结构。产业协同发展是指以协作的方式促进产业在空间上的合理分布与结构上的有序组织，并在此基础上达成资源共享和要素流动的目的。

3. 协同理论在本书中的应用

根据协同理论，一方面，粤港澳三地着力推动体育产业联动发展、融合发展，为粤港澳联合举办2025年全运会、构建大湾区城市体育发展联盟以及为大湾区赛马业协同发展提供指引。以联合办赛、协同发展等形式帮助大湾区各城市政府、体育企业、体育社会组织等形成对接，为区域间、部门间体育产业的有序良性竞争和相互依存打通渠道。例如，通过加强组织联动治理、建立项目合作模式等形式实现大湾区体育产业联动；通过构建两级联盟组织体系、协同创建资源共享平台等形式构建大湾区城市体育发展联盟；通过发展赛马彩票、赛马文化、赛马人才、赛马产业联盟实现赛马业协同发展；由全运会组委会领导粤港澳政府协同实施体育协调规划，协同明确粤港澳三地体育组织的工作职责、权限、协调相互关系。另一方面，协同理论助力粤港澳三地不断完善体育产业协同发展的体制机制、法治和政策保障，引导大湾区体育产业多层次合作，为体育产业要素流动提供有力支持，为更大规模、更深层次的合作交流提供有效保障，以此推动粤港澳体育人才、体育器材设施、资金等要素互联互通。例如，通过建立国家和粤港澳三方参与的体育产业管理协调机制、全面深化粤港澳体育产业规则对接、畅通粤港澳大湾区体育产业要素流动机制等，强化制度保障；在财税、融资、对外投资、信用体质和纠纷解决方面完善法治保障；从扶持性政策和功能性政策两个方面对大湾区体育产业协同发展提出具体的政策措施。

体育产业作为区域协同发展的重要着力点，其协同发展是指在区域内各部门间形成有效协调，与区域内其他城市形成有序良性竞争和相互依存的关系，从而解决体育产业内部结构不合理、区域内体育产业同构等问题。将大型体育赛事作为外部介入条件引入协同理论，探究和分析对区域体育场馆、赛事筹办、科技创新等方面协同发展的影响，有助于推动区域内部城市在不断磨合中达到由量变转向质变的效果，产生"1+1>2"的协同效应。

（二）共生理论

1. 共生理论的起源与发展

"共生"概念最早来源于生物学，指不同生物种属按某种物质联系生活在一起，在长期进化过程中逐渐与其他生物走向联合，共同适应复杂多变的环境，互相依赖，并各自获得一定利益的一种相互关系。"共生"概念最早是由德国生物学家贝里（Anton de Barry）于 1879 年提出的，后经范明特（Feminism）、布克纳（Photo-toxic）发展完善。共生理论研究主体间的相互联系、相互作用，以实现系统演变与优化，强调优势互补、资源共享、互利共赢。

20 世纪 50 年代开始，随着学科研究的分化与融合，最早运用于生物学领域的共生理论逐渐向人文学科渗透，在社会学、经济学、建筑学等学科中都得到广泛应用。共生现象不仅仅适用于生物之间，它也是一种普遍存在的社会现象。学者将共生理论引入社会领域，开启了共生理论研究的新视野。

2. 共生理论的主要观点

东亚学者对共生理论的发展作出了重要贡献。日本学者尾关周二倡导社会形态之间的"共生共存、兼容并蓄"；黑川纪章提出了"圣域论"，他将社会文化"共生"理解为"竞争、对立和斗争等关系存在的同时，彼此之间仍需要对方；即在相互认可彼此神圣不可侵犯的领域的同时，在共同的规则下保持竞争、对立关系，从而达到共生"。韩国李秉律将共生理论拓展到日益激烈的市场竞争中，他认为各企业之间的关系也必将"从竞争走向共生"。

在经济学领域，中国学者袁纯清博士在他的《共生理论——兼论小型经济》一书中较为系统地介绍了共生理论的概念、原理、分析方法及逻辑框架，他认为共生既是一种生物现象，也是一种社会现象；既是一种自然状态，也是一种可塑形态；既是一种生物识别机制，也是一种社会科学方法。

区域共生指区域单元与要素间相互联系、相互影响、相互牵制、相互促进、相互嵌套的基本状态，是实现区域协同与持续发展的重要路径。在共生理论指导下，共生现象形成自组织现象，共生要素之间相互吸引、补充与促进，达成合作与协调。区域内的各主体如城市、部门等合作同样如此，各主体利用自身优势，开展区域合作，进行专业化分工协作，错位发展，从而实现区域的整体发展。

3. 共生理论在本书中的应用

共生理论研究主体间的相互联系、相互作用，以实现系统演变与优化，强调优势互补、资源共享、互利共赢。体育产业融合是基于多业态交互、多主体协同、多机制联动、多要素协调、多模式推动而形成的共生关系，符合共生理论融合、共存、合作、互利、互补、共进的核心要义。粤港澳大湾区各城市在共生演化中存在双向或多向的利益交流机制，构成体育产业融合发展有效且稳定的系统。运用共生理论，有利于探究大湾区体育产业共生发展机制，构建共生发展模式，促进大湾区各城市体育产业融合、互惠、共生、共进发展。一方面，共生理论推动粤港澳大湾区体育产业实现共生发展。例如，通过完善大湾区体育产业布局、扩充大湾区体育产业人才储备、激活大湾区体育企业动能等实现大湾区各城市体育产业形成互利、互惠的关系，构成体育产业共生发展的必要条件。另一方面，粤港澳大湾区体育产业共生发展的过程就是处理共生单元间关系的过程，而共生关系的确立依赖于共生模式的调整。在共生理论指导下，粤港澳大湾区体育产业共生发展将形成连续性的互惠共生模式。例如，全运会组委会统筹大湾区各城市体育赛事资源优势，根据资源优势、办赛经验、办赛条件等对各城市体育赛事项目进行分配，减少城市间的恶性竞争；通过协同打造人才共育平台、举办粤港澳大湾区城市专项大赛和城市运动会等推进城市体育发展联盟的构建。

（三）产业发展理论

产业的发展过程实际上是一个社会再生产过程，任何一个产业的形成和发展既需要资本、土地、劳动力、技术等要素的供给，又需要市场需求的拉动，同时也需要国家宏观环境的支持和引导。在我国，"体育产业"这一概念大约出现于 20 世纪 80 年代中期，随着国家社会经济的发展和经济体制改革、产业结构的调整和产业分类的国际接轨，国务院将体育与教育、文化、卫生等部门一道列入第三产业中的第三层次，即"为提高科学文化技术水平和居民素质服务的部门"。近年来，关于体育产业发展的理论研究在体育界与理论界备受关注。

1. 产业关联理论

产业关联理论，又称投入产出理论，主要用精确的量化方法来研究产业之间质的联系和量的关系，属于产业经济学的"中观"部分。产业关联理论的研究最早可追溯到法国经济学家魁耐用来表明产业间贸易关系的《经济表》。1936 年，里昂惕夫以美国经济为调查样本，发表了多部门产业投入产出表，其中加入瓦尔拉的一般均衡理论方程，形成可进行现实数据计算的基本工具——计量经济模型。产业关联理论将"经济理论的空盒子"充实了经济事实和统计数字，把事实与理论很好地结合起来，其主要方法是运用产业关联表即投入产出表、里昂惕夫表。通过对产业关联表的定量分析，研究一国或一地区在一定时期内的社会再生产过程中产业间的技术经济联系，从而为经济预测、计划制定、政策研究、经济分析和经济控制服务。有研究发现，科技、居民可支配收入水平、城市人口状况与体育产业发展的关联关系呈现正向增强趋势。

2. 产业集群理论

产业集群作为一种新的产业空间组织形式，其主要特征是既竞争又合作。20 世纪 90 年代以来，随着产业集群的研究深入，许多国家和地区都试图通过培育产业集群来提高他们的竞争力。在城市规划和城市设计研究中，产业集群是一种经济聚集现象，主要由中小企业、伙伴企业、研究机构、行业协会、公共服务组织等组成，既是行为主体的一种结网、互动，又是一种通过市场化行为催生的产业组织形式，具有产业链长、互补性强、内部专业化分工精细、交易成本低、人力资源集中、技术先进、公共服务费用低等优势，因此具有强大的竞争力。

3. 产业协同理论

协同学理论是系统科学理论之一。1971 年德国物理学教授赫尔曼·哈肯提出协同概念，后于 1976 年系统地论述了协同理论，并出版了《协同学导论》。协同学主要研究远离平衡态的开放系统在与外界有物质或能量交换的情况下，如何通过自身内部协同作用，在时间、空间和功能上自发形成有序结构的理论。协同学理论解释了复杂、开放的系统内各子系统如何通过非线性的相互作用产生协同效应，当所产生的效应量达到临界点时，又如何通过系统的自发组织，推动整个系统走向有序状态。区域产业协同发展是指区域内的经济主体从独立追求各自产业发展逐步发展为追求各经济主体间产业的相互促进、优势互补、共同发展和利益共享的过程。区域产业协同发展已成为推动区域经济和宏观经济发展的重要路径①。

4. 产业发展理论在本书中的应用

本书将运用产业关联理论分析方法，从量的角度考察粤港澳大湾区体育产业与经济社会发展之间的各种投入和产出的经济联系与方式，分析湾区体育产业与经济社会发展的互动关系。

产业集群理论的运用主要体现在对大湾区体育产业发展基础、协同发展实践路径等方面的分析。实践证明，"深圳—香港—广州"作为全球第二大科技集群和大湾区的合作发展平台，正努力打造粤港澳"合力"的最佳交汇点。大湾区体育产业协同发展将打造赛事、消费、餐饮、住宿、交通、购物、观光、数字经济等多种产业群。

在协同学的分析视角中，粤港澳大湾区体育产业的全面融合包括湾区体育产业内部的要素融合以及湾区内体育产业与其他业态的融合。为达到粤港澳大湾区体育产业高质量协同发展目标，应在构建错位发展、优势互补的现代化体育服务业体系基础上，结合湾区城市的比较优势，利用湾区内体育产业的分工和集群形成体育产业新业态，从而推动形成新兴产业协同发展格局。

---

① 向晓梅、杨娟：《粤港澳大湾区产业协同发展的机制和模式》，《华南师范大学学报（社会科学版）》2018年第2期。

（四）利益相关者理论

1. 利益相关者理论的起源与发展

利益相关者理论最早来源于经济学领域，其源头可以追溯到经济学家亚当·斯密（Adam Smith）在《国富论》中提出的传统企业责任理念和市场的无形之手。利益相关者理论是20世纪60年代左右在西方国家公司治理实践中逐步形成和发展起来的，进入20世纪80年代以后其影响迅速扩大。1959年Penrose在《企业成长理论》一书中提出了"企业是人力资产和人际关系的集合"的观念，这为利益相关者理论的构建奠定了基石。1963年，斯坦福大学研究所给出了利益相关者的初始定义："利益相关者是这样一些团体，没有其支持，组织就不可能生存。"到1984年，弗里曼出版了《战略管理：利益相关者管理的分析方法》一书，明确提出了利益相关者管理理论。自20世纪90年代开始，利益相关者理论逐渐被应用于社会治理和公共管理等领域，不仅成为组织行为识别和分析的理论框架，而且成为协调利益相关者权益的理论依据。

2. 利益相关者理论的主要观点

利益相关者理论的核心观点包括：其一，利益相关者包括个体或群体，在实现目标过程中，参与形式可以是直接参与也可以是间接参与；其二，利益最大化是利益相关者的共同追求，个体或群体均与组织的生存发展密切相关，组织的作用是协调不同利益相关者的利益诉求，最终实现利益相关者之间的利益均衡；其三，利益相关者的权益获得建立在其向组织付出的关键性资源基础之上，投入资源的同时也会承担相应的风险；其四，利益相关者在组织中的地位和作用具有不可替代性，并对组织战略产生深刻影响。

3. 利益相关者理论在本书中的应用

从历史发展角度，梳理粤港澳大湾区体育产业协同发展的历史，无论是孤立期间香港体育对内地的支持，还是改革开放后体育交流的逐渐活跃，及至体育成为国家战略后的全方位发展阶段，粤港澳大湾区的合作与融合的趋势明显，利益交集越来越多，在向统一市场目标努力的过程中，利益各方不断克服政治制度、经济水平、社会风俗、心理习惯等困难，通过优化体育产业结构、调配人力资源、提升营商环境、加快制度创新等途径，共同推动大湾区体育产业高质量发展，实现各方利益最大化目标。

三、区域产业协同发展的动力机制

产业协同发展机制是在一定外部环境和内部条件下，通过正确处理产业系统中各要素之间的配置关系以及各系统之间的相互制约、相互作用和相互促进关系，使产业的协同组织功能更加完备优越，运行系统更为严密有序，产生的经济能量和社会能量更为丰富。

构建区域产业协同发展机制，形成协同发展的内在职能和管理方式，是区域产业协同发展的必然要求，只有在该机制良性运行的基础上，才能实现系统内外部相互作用、影响，不断突破产业发展瓶颈达到新的平衡。

（一）区域产业协同发展的内部动力机制

哈肯认为，自组织就是指该系统的未经外界的特定干预，独立形成了系统的结构和功能。在协同学指导下，只有自组织才能使区域产业系统摆脱混乱实现有序化、稳定化，达到自我优化和协同发展的目的。区域产业协同发展是宏观和微观全方面的自组织化，其本身就是自组织的过程。宏观上，自组织化是建立宏观调控机制、市场运行规范，完善经济体制相关法律法规等；微观上，则是实现村镇、社区等基层行政单位以及公民的民主化管理、自治。自组织化进程是衡量一个系统可持续发展潜力、增长活力的关键尺度，从根本上决定了系统内部的先进与否。京津冀城市群在开始探索协同的很长一段时间内自组织化落后，没有进化成自组织系统，市场未能发挥优化资源配置的作用，企业没能成为产业协同发展的主导力量，自组织发展缺乏内部动力，始终没有实现区域产业协同"1+1>2"的效果。

(二) 区域产业协同发展的外部动力机制

利益是调动区域产业系统中政府、市场、社会各主体积极性的物质能量和精神激励的综合，利益关系是各主体间的首要相互关系，系统中各主体的决策也服从于利益机制。区域内产业分工以利益为导向，产业会沿着区域内的利益差转移。区域协同就是区域内市场、政府、社会的协同，各主体从自身的角度出发，利益取向存在明显差异，只有建立合理的利益协调机制、完善分享机制、落实利益补偿机制，最大限度满足各要素的经济利益，才能建立规则，形成科学的区域协同机制，进而构成区域产业协同发展的外部动力机制。

一般而言，区域产业协同发展的外部动力机制包括沟通协调机制、利益共享机制、成本分担机制、生态补偿机制。其中，沟通协调机制要求突破区域行政边界，解除经济约束，促进要素自由流动，建立"中央—地方"的纵向协调机制和地方政府之间的横向谈判机制，统一地方政府行为。利益共享机制要求积极进行产业转移，改革落后产业布局和利益分配布局，建立科学的税收分享机制，避免地方保护主义。成本分担机制要求在交通一体化基础上解决外部性问题，通过合理的产权划定和成本分担，各主体联合完善城市间、区域间的基础设施建设。生态补偿机制要求践行"绿水青山就是金山银山"的理念，重视生态联防联控，积极发展节能环保的低碳经济、循环经济。

四、粤港澳大湾区体育产业协同发展的内在机理

（一）粤港澳大湾区体育产业协同发展系统框架

1. 要素系统

生产要素为经济学中的一个基本范畴，包括人、物及其结合因素。《政治经济学大词典》将其定义为在生产某种商品时所投入的各种资源。虽然国内外经济学界对生产要素的分类有着较多不同的看法，但在生产要素概念上却给出了趋同的界定：生产要素是人们在进行社会生产活动时所必需的一切条件、环境及资源，其具体形态与地位上的主次排序具有时代性、历史性与演变性特点。可见，生产要素并不是一个静止不变的概念，它具有历史性、社会性与经济性，与经济社会的物质生产及财富创造休戚相关，随着时代的发展不断变迁。

自威廉·配第在《赋税论》中提出"土地为劳动之母，劳动为财富之父"的"二要素论"后，生产要素在社会经济发展中不断演变，其"要素"不断扩充。随着数字技术的飞速发展，数据的重要性逐渐凸显，已成为生产投入的必需品，使知识的创造成为可能，并不断用于商品的生产与开发。2019 年，中共中央、国务院在《中共中央关于坚持和完善中国特色社会主义制度、推进国家治理体系和治理能力现代化若干重大问题的决定》中提出："健全劳动、资本、土地、知识、技术、管理、数据等生产要素由市场评价贡献、按贡献决定报酬的机制。"在政策上明确了数据的重要性，形成了"七要素论"。通过文献检索发现，一般情况下"生产要素"与"要素"作同义语使用，故此处要素为"七要素论"中的"要素"。

（1）劳动力

劳动是一种特殊的人类运动的形式。在生产运营的过程中，劳动是劳动力的支出与使用。马克思从商品的价值入手，阐述了劳动的二重性，

指出商品的价值由其社会必要劳动时间决定，且抽象劳动是商品价值的唯一源泉，并对劳动下了定义："劳动力的使用就是劳动的本身，劳动力的买者消费劳动力，就是让劳动力的卖者为其提供劳动。"劳动力的数量与治理对区域经济的增长与产业结构的形成起到了决定性的作用，特别是高质量的劳动力在很大程度上提高了其他生产要素的使用效率。舒尔茨的人力资本理论指出经济现代化过程是人力资本在经济中的地位提升，土地在经济中的地位下降。罗默、卢卡斯等在舒尔茨的人力资本理论的基础上提出了"新增长极论"，指出人力资本是最具有能动性的资本，是其他生产要素发展的基础，区域经济的增长在很大程度上依赖于人力资本的提升。

在社会劳动力再生产中，体育起到了培养、再生、保护、增强和恢复劳动力的作用，随着体育产业的迅猛发展及体育教育在教育体系中地位的逐渐提高，市场对体育人才的需求日益增加。粤港澳大湾区体育产业的协同发展离不开体育人才的聚集与互通，既要建设高水平体育人才高地，打造一支人才主力军，不但有高层次的复合型体育人才、科技领军人才，更应包含大批青年体育人才；又要畅通体育人才的互通，特别是畅通与港澳合作的渠道，携手港澳促进体育人才的协同发展，探索"居住在港澳，工作在内地"等形式，以实现粤港澳大湾区体育人才更顺畅地进行交流与合作。

（2）资金

新古典经济增长论指出经济的增长是劳动和资本的函数，由劳动力增长与资本积累共同决定。作为企业再生产与产业扩张的重要条件，资本积累对产业的发展起着重要的作用，而货币资本在其中的影响尤甚。马克思在《资本论》中对货币资本进行了分析，指出货币资本的两项作用：其一，货币资本是生产过程中的第一推动力。生产过程所涉及的一切预付资本（劳动力、生产资料、生产对象等）均要用货币进行购买；其二，货币资本是生产过程得以正常进行的必要条件。生产过程通过货币资本的不断累积实现了扩大再生产。

粤港澳大湾区是资金流入的热土，其2021年的经济总量超过13万亿元人民币，但与全球一流湾区对标，特别是在后疫情时代体育投资锐减的背景下，大湾区体育产业的资金相对匮乏。粤港澳大湾区体育产业协同发展需要资金的强力助推，要不断创新与完善筹措资金的渠道，探索多元化的融资方式，优化体育企业的资金链，推动体育产业"金融协同+产业创新"的集群发展以引领体育产业的转型升级。

（3）土地

土地资源是从地球环境中不断分离出用以支持人类生存与发展的基本物质与能量。土地作为资源是由其本身对人类社会需求的不可代替性所决定的：生产性是其自然属性，使用价值为其经济属性。土地资源是经济发展的基础，即使在现代经济发展中土地的地位有所下降，但由于其稀缺性及不可代替性，仍发挥着重要的作用。土地资源是各资源要素的附着物，其不可代替性体现在：离开了土地资源附着在其上的各种资源要素就无法生存与发展；并且，经济形态与产业结构发达的城市对土地资源的依赖程度往往较高，相较于其他资源要素，土地资源的稀缺性更为显著，经济活动对土地资源的需求量仍处在高位。

粤港澳大湾区体育产业协同发展需要对土地资源进行合理规划与利用。体育场地是体育产业发展的基础。《广东省体育场地设施空间规划（2020—2035年）》将体育设施空间与国土空间的规划衔接作为重点，不断增加体育用地，优化体育场地资源配置，补齐各区县场馆短板。香港与澳门经济发达，但土地面积小，体育场地设施缺乏，在未来粤港澳大湾区体育产业协同发展中应推进"腾笼换鸟"，积极探索创新土地资源的协同规划与利用，以提高土地的利用率。

（4）知识

新时代背景下，劳动的内涵与形态均发生了重大的变化，马克思的劳动价值论正在经受前所未有的挑战。劳动价值论中的核心观点是人们在活劳动中创造价值，活劳动与作为生产资料的死劳动相对，指在生产过程中脑力和体力的消耗。在马克思所处的工业经济时代，生产的核心是依靠体力劳动，体力劳动为创造价值的核心，并受到资本支配，故资本为核心生产力；但在知识经济时代，脑力劳动所占的比例显著增大，脑力劳动所创造出的知识逐渐取代资本成为核心生产力。知识资本是将知识转化为资本的过程，它由脑力劳动者创造，作为一种生产要素，在商品货币关系中创造出更高的剩余价值。知识资本可分为显性与隐性，其知识产权与人力资本构成显性知识资本，市场、管理、创新资本则为隐性知识资本。因知识资本的构成中多数已在其他要素中得以呈现，故此处主要针对知识产权与创新资本展开。

2022年3月31日正式发布的《广东省知识产权保护和运用"十四五"规划》指出，广东将全力推动粤港澳三地知识产权的合作创新与优势互补，旨在将大湾区打造成知识产权国际合作高地。粤港澳大湾区体育产业的协同发展需要知识的支撑，一方面不断创新及完善赛事、体育旅游等IP，提升体育产业知识产权创造与运用的保护及管理水平，强化知识产权对湾区内各类体育企业的导向作用；另一方面不断加强体育品牌的建设，推动湾区内体育企业实施商标战略，以此增加商品的内涵与附加值提高其市场竞争力。

（5）技术

技术是在生产及服务的过程中知识与经验、技巧的不断积累与改进。马克思对科学技术尤为重视。他将科学技术视作人类社会不断发展与进步的强大动力，认为科学技术把人从繁重的劳动中解放出来，使人有足够的时间与精力，从而推动了生产方式与生产关系的变革。技术要素是经济增长的重要源泉，技术的进步对其他生产要素边际产出的递增有着促进作用。罗默于 1992 年在世界银行发展经济学年会上提出，一个国家与地区经济的持续增长取决于其技术的进步。技术的进步是促进地区产业转型升级的重要因素，产业的发展均是从技术的重大突破上开始的，技术的差异是不同发展水平与不同产业结构的根本性原因。

中共中央、国务院在 2020 年 4 月 9 日印发的《关于构建更加完善的要素市场化配置体制机制的意见》中明确了完善要素市场化配置的具体举措，其中提到在技术要素方面，要着力激发技术供给的活力，不断促进科技成果的转化。

粤港澳大湾区正形成强大磁吸效应。大批高素质人才、产业化基地与研发平台均在此形成聚合效应，不断强化大湾区的科技创新活力。粤港澳大湾区体育产业的协同发展需要技术的带动。数字经济赋能体育产业高质量发展，使体育产业释放强大的活力；持续深化体育产业供给侧结构性改革，不断推动体育消费内容的提质扩容。近年来，作为中国奥委会的全资企业，承担着华体集团科技板块业务的华体融科在大湾区落地，与华为一起出台了《中国智慧体育场馆白皮书》，亦在科技标准制定、科技服务、产品研发、渠道拓展上与大湾区的企业深度合作。在未来，粤港澳大湾区要通过技术的革新不断加强体育产业的核心竞争力，优化产品的布局，借助数字技术使体育与文化、旅游、零售相融合，拓展消费新空间，并通过数字技术不断强化体育产业的治理能力。

（6）管理

管理是人类社会飞速进步的杠杆。管理水平的提高使人、财、物之间的结合愈发科学，从而提高工作效率，增强经济效益。在当代社会，管理可以使科学技术得到最为充分的发挥，使其相得益彰，不论技术是引进抑或是自己发明的，若离开了有效的管理，皆无法形成生产力。换言之，只有通过有效的管理，科学技术才能转换为生产力。随着生产中知识、技术、数据等高端要素地位的不断提升，社会对高水平管理的需求亦不断加大。

粤港澳大湾区体育产业协同发展需要管理的保障。随着"放管服"的持续深化，体育协会与行政部门脱钩的持续推进，权利逐渐让渡给市场，原有的一些管理手段无法适应市场化运作的发展。应不断创新管理方式，完善管理体系以提高其市场化运作效率，推动良性发展。对体育道路而言，体育企业在数字经济赋能与产业融合不断深化的发展过程中，以往的管理手段亦无法适应当下发展，亟待优化管理以促进企业的更好发展。

（7）数据

近年来，由于数字技术的不断升级，从数据中提炼生产的信息正在影响着人们的生活。安德雷斯·韦思岸将数据视为 21 世纪最重要的原材料，认为数据就是新石油。在数字经济时代，生产发展呈现网络化、精准化、智能化与定制化特征。它打破了传统生产模式的时空限制，通过收集与分析数据来组织社会生产、分配、消费等活动，将数据提升为最为核心的生产要素，极大地提升了生产效率，创造了更多的经济价值。数字经济下，大数据正在重塑体育产业帝国。NBA 凭借自身的数据优势，实现了从体育联盟到数字化体育联盟的转变，不仅通过大数据优化了球队的运营，亦通过大数据不断激发数字 NBA 的价值。此外，还充分把握住自身的数据资源优势，不断寻求与外部的合作，如与 SAP、Stats、ESPN、2K 游戏公司及腾讯等合作，利用大数据充分挖掘潜能和价值，带来了极为可观的收益。粤港澳大湾区体育产业协同发展需要以数据为依托，通过支持体育产业市场主体与政府共同构建粤港澳大湾区体育产业大数据中心、资源交易平台、融资平台等，实现体育产品供需的精准匹配，促进要素资源的畅通流动，提高全要素生产率水平。

2. 产业系统

传统意义上的产业系统是产品的生产体系，包括专门生产体系与相关生产体系。如体育产业，其专门生产体系主要指体育本体产业即体育主导产业，包括体育竞技表演业与体育健身休闲业，二者为整个体育产业的核心。相关生产体系为体育相关产业，涉及体育外围产业、体育中介产业等。其中体育外围产业包括体育用品业、体育建筑业、体育旅游业、体育博彩业等。体育中介产业则包括体育保险业、体育广告业等。随着体育产业的不断发展与消费者需求的持续扩大与升级，传统的体育产业体系已无法很好地满足新时代体育产业高质量发展的诉求。2019 年国务院办公厅印发的《体育强国建设纲要》对我国体育产业工作提出了更高的目标并作出了新的战略部署。《纲要》明确指出，要打造现代体育产业体系以实现体育产业的"更大、更活、更优"：在具体任务落实中，提出要完善体育全产业链条以促进体育与相关行业的融合发展，实现区域体育产业的协同发展；提出要加快数字技术与体育实体经济的深度融合以创新体育的生产、服务方式与商业模式，促进体育制造业的转型升级与体育服务业的提质增效。

在粤港澳大湾区体育产业协同发展持续推进的过程中，大湾区内体育产业的结构正在不断升级，表现为作为主导产业的竞技表演与休闲健身业的占比不断提升，且在产业融合的深化与数字技术的赋能下，产业链条不断拓展与升级，如穗港澳赛马产业等；大湾区内的体育产业布局亦在不断优化，不断涌现的体育产业园区与构建的体育资源平台正推动着区域体育产业的协同发展，如东莞市以华为实验室为核心平台打造运动健康特色产业集群的万汇云谷科技产业园等。把构建现代化体育产业体系作为体育产业发展的总抓手，绘制体育产业生态系统的蓝图：首先是构建体育生态产业链，在企业内、企业间建立产业链并延伸拓展到更大范围形成生态产业网络，实现资源更有效的利用；其次是打造产业集群，通过行业内竞争性的体育企业及其相关联的合作企业、供应商等在特定区域内的集聚，形成了一定空间范围内的体育产业高集中度，促使其成本降低，提高其市场竞争力；最后是搭建共生网络，通过企业之间跨产业相互合作的不断深化，产业间复杂、广泛的经济联系，其形成的共生网络促进了现实资源在产业间的相互利用与循环，展现出"互惠共生，互促共进"的双赢景象。故选择从产业链、产业聚集与产业关联三部分对粤港澳大湾区体育产业协同发展的产业系统进行描述。

（1）产业链

产业链的理论源于西方古典经济学中关于分工的研究，产业根据前后向的联系关系形成网络结构，产业链包含企业之间的产品、技术、供需、价值链等。按产业链中各企业之间的关系可将产业链分为资源带动型、需求拉动型与综合联动型。体育产业中的体育用品制造业属于技术推动型产业链，其产业链由密集型龙头企业占据产业链上游，并向中游企业提供设备与技术，处于中游的企业利用得到的技术与设备进行生产并向下游企业与消费者进行转移；体育产业中属于服务业的那部分，如体育健身休闲业、竞赛表演业等属于需求拉动型企业，其以产业链的最末端即消费者的需求为核心，以提高消费者满意度与为消费者提供个性化服务为核心价值观，整个产业链上的产业条呈现出集成度高、更替快、信息传播迅速的特点。完善的产业链强化了粤港澳大湾区体育产业协同发展，通过补链、延链、强链使粤港澳大湾区的体育产业链趋于完善，令产业间的协同作用得以发挥，实现产业价值的最大化，如大湾区赛马产业链的延伸与扩展，价值链的提升，推动了大湾区体育产业的协同发展。

（2）产业集聚

产业集聚强调企业在地理位置上的集中，其指不同的企业集中分布在同一地理空间内的集中，通过在区域内的集聚形成合理的布局与分工，大幅度减少企业原材料及运输成本，降低了交易费用，获得企业规模经济所带来的效益。产业聚集凭借其良好的产业互动模式与广泛的关联效益，在为区域经济发展带来强劲动力的同时亦较大地提高了其所在区域的竞争合力，夯实了其招商引资与承接产业转移的基础。产业集聚推动了粤港澳大湾区体育产业的协同发展。东莞的体育用品制造业依托创新孵化平台、高新技术企业这些强大的创新引擎，不断向智造转变，加速了体育产业集群的培育与发展，催生出一批体育产业集群。如万汇云谷科技园依托华为运动健康生态实验室的核心平台，不断引进与培育智能体育器材、可穿戴式智能装备等企业，建立与运动健康相关的体育用品的特色产业集群。广州越秀区的星之光数字体育产业园在区政府支持下，以星之光电器城为载体，将老旧电器音响批发市场整体专营为数字体育产业园，其以数字体育为主体，涵盖了数字体育全民健身、数字体育产业服务与数字体育新消费三大板块，成为粤港澳大湾区内首个国家数字体育产业创新示范项目与文体旅商融合发展的消费新业态项目。并在自身发展的同时辐射周边，带动了周边企业、市场等经营主体向数字体育产业转型升级，助力越秀区成为粤港澳大湾区数字体育产业高地。未来粤港澳大湾区体育产业集聚应打破行政区的桎梏，形成跨区域的产业园区，粤港澳大湾区根据当地的区位优势与产业特点及市场规律打造跨越行政区域的特色产业园区，提升体育产业整体的协调性与竞争力，以实现更高层次的区域产业协同。

（3）产业关联

产业关联是产业间中间投入与中间产出的关系，在社会再生产的过程中，各部门都通过一定的技术经济联系着投入与产出，这种各产业间广泛、复杂、密切的经济联系即为产业关联，其体现了社会再生产过程中各产业间的比例关系与变化规律。体育产业作为复合产业，其产品生产与服务消费等方面和多个产业部门产生联系，引发关联效应。《关于加快发展体育产业促进体育消费的若干意见》中指出产业关联是体育产业融合发展的基础与前提。在粤港澳大湾区体育产业协同发展中，体育服务产业对其他产业的关联度呈上升趋势，其主要表现在随着数字技术的不断发展，"体育+"与"+体育"的不断深化，产业融合已然成为大湾区中体育产业发展的趋势。

3. 环境系统

区域经济协同发展中的一个重要特征为其与系统外部的环境相协调，区域外部环境主要包括四大因素：政治环境、经济环境、文化环境、法律环境。区域经济系统从外部环境获取信息资源并同时作用于外部环境，对其产生一定作用，使这些信息在一定程度上对区域经济的发展产生影响。区域经济系统和外部环境系统之间呈现出互促共进的态势，二者之间保持着顺畅、和谐的关系，在相互影响、相互作用的基础上，实现区域经济资源配置的优化与经济效益的提升。

（1）政治环境

政治环境是一个国家或地区在一定时期内的政治大背景，在经济学中为企业市场营销活动的外部政治形势、方针政策的变化，其主要是指国家的政治制度及政府制定的政策、法规。当下的政治环境对粤港澳大湾区体育产业协同发展有着很大的促进作用，其利好的政策、法规频出。2019年，中共中央、国务院正式印发《粤港澳大湾区发展规划纲要》，将粤港澳大湾区的发展正式上升为国家战略，粤港澳大湾区体育产业协同发展作为共同推进大湾区体育事业和体育产业发展的重点，亦水涨船高。近年来《体育强国建设纲要》《广东省推进粤港澳大湾区建设三年行动计划（2018—2020年）》《全民健身计划（2021—2025年）》《关于金融支持粤港澳大湾区建设的意见》等的出台无一不昭示着政府对体育产业协同发展的鼎力支持。但内地在与港澳联动时仍需注意由于"一国两制"的独特制度环境而带来的一些阻碍。

（2）经济环境

从经济学角度来看，经济环境是指构成企业生产与发展的国家政策与社会经济状况，是影响消费者购买能力的主要因素，包括收入与消费模式等的变化，其主要由社会的经济发展水平、经济结构、经济体制及宏观经济政策构成。粤港澳大湾区体育产业协同发展所依托的经济环境相对较好，其体现在：①拥有雄厚的经济基础。大湾区经济发展的整体水平已处于全国领先地位，2021 年经济总量超过 13 万亿元人民币，且有 5 个万亿级城市。②产业发展迅速。大湾区内不仅体育产业的规模日益扩大，广东省在 2019 年达到了 5403 亿元人民币的体育产业规模，占 GDP 比重达 1.75%，而且产业的结构与布局亦不断优化，由单一的体育用品制造业的一枝独秀向竞赛表演、健身休闲、体育旅游等第三产业遍地开花发展，珠三角一小时体育圈初现雏形，体育产业集群也初具规模。③消费潜力较大。大湾区人均教育文化的支出明显高于全国人均水平，在后疫情时代亦保持稳定，并且居民对于体育消费的欲望较为强烈，其中健身休闲尤甚。④经济政策较好。作为我国开放程度最高、经济活力最强的区域之一，粤港澳大湾区的经济政策一贯较好，特别是在疫情影响下，其强调发展免税经济，刺激消费回流，并且在新的经济下行压力下进行宏观调控举措推进规模性减税降费以鼓励企业创新，极大地保证了企业的创新活力，增加了其竞争优势。但不可忽视"一国两制"的独特制度环境带来的"三种关税"对经济环境有一定的影响。

（3）文化环境

在经济学中，文化环境是指企业所处的社会结构、风俗习惯、价值观、文化传统、行为规范等，其是人类社会在长期发展历史过程中逐步形成的，制约着人们消费、需求等行为。粤港澳大湾区处于岭南版图之中，在历史上一脉相承，其文化同源、民俗相近，在语言上同用粤语，其饮食习惯亦相近，即使港澳两地由于历史原因深受西方文化的影响，但其文化本质上仍是同宗同源。在粤港澳大湾区体育产业协同发展中，区域间文化环境的相近有利于其体育产业的联动，以此推进产业协同发展。

（4）法律环境

从经济学角度来看，法律环境是指国家或地方政府颁布的法律法规、法令、条例等，其对企业的营销及市场消费需求的形成均有一定调节作用。法律环境对企业的管理与发展有着刚性约束的特性，表现在企业的筹资、投资、收益分配等均受法律法规的影响。在粤港澳大湾区体育产业协同发展中，应深刻地认识到其"一国两制"独特的制度环境带来的"三个法域"，三地的立法权与执法权截然不同，在一定程度上造成了产业协同发展时的资源要素流动不畅通。

（二）粤港澳大湾区体育产业协同发展机理

粤港澳大湾区体育产业协同发展过程中不仅要"立破并举"，建立统一规则，实现"有效市场"，更要破除不正当干预与不正当竞争，打造"有为政府"，同时推动"有效市场"与"有为政府"的统一，为粤港澳大湾区创造优越的营商环境，以此为体育企业成长提供良好生态。此外，

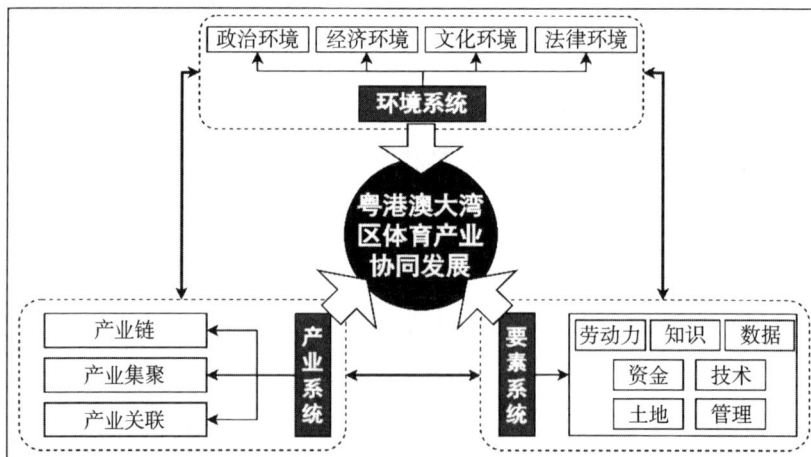

图 3-1 粤港澳大湾区体育产业协同发展系统框架

作为市场经济主体的体育企业应朝着"有成企业"的方向发展，不断追求卓越。故从市场调节、政府干预与企业调节三个方面阐述粤港澳大湾区体育产业协同发展机理。

1. 市场调节

市场经济体制因符合趋利避害的人类本性与优胜劣汰的自然法则，故具有无与伦比的长期效率和整体效率，对市场价值的尊重，积极构建市场经济体系是国家取得长足发展的基础。市场调节是在市场经济体制下，通过价值规律自发地调节经济的运行，即由供需的变化引起价格的波动，调节生产资料与劳动力在各部门中的分配，进行较为合理的资源分配，使企业将生产经营与市场直接联系起来，促进市场竞争。市场调节不仅能灵活地反映出供需关系，引导生产与消费，促使企业按需生产，还能让企业展开竞争以实现优胜劣汰，更可以激励企业与员工生产的积极性以激发经济的活力。市场调节是依靠市场机制对资源进行配置，其包括价格机制、竞争机制、供求机制与风险机制，其中价格机制为核心。在粤港澳大湾区体育产业协同发展过程中，市场调节起着举足轻重的作用，为了营造稳定、公平与透明、可预期的一流营商环境，其更多运用市场机制来进行资源的配置与调节。它通过市场这只"看不见的手"强有力地推动了体育产业的发展，不仅使一批体育企业如雨后春笋般不断涌现，繁荣了体育市场，更通过对供需平衡的不断探索：①通过数字技术赋能，利用大数据、区块链等实现个性化定制、供需精准匹配，减少无效的低端供给。②通过产业聚集、智能制造等扩大有效和中端供给，增强供给结构对需求变化的适应性和灵活性，提高全要素生产率。

随着市场经济的不断发展，市场调节的弊端亦暴露无遗，这只"看不见的手"亦会失灵，虽然调节了眼前的利益，但难以顾及全局与长远的利益，如粤港澳大湾区内体育健身休闲业的同质化竞争，运动休闲小镇缺乏本土文化支撑，过度依赖旅游业，主导产业模糊，同质化严重等现象，均是在市场调节下企业为了追求眼前的利益而未考虑长远的发展。更有甚者只是为了吃政策红利赚快钱，如健身房野蛮发展后产生的债务纠纷严重危害了产业的健康发展。此现象急需政府干预的介入。

2. 政府干预

有为政府的逻辑起点是围绕着市场失灵展开的，依据市场管不了、管不到、管不好、不愿管的境况去确立政府职能的范围，厘清作用事项以选择管理方式。政府干预的必要前提条件是市场调节存在一定的缺陷，为了及时纠正市场失灵，弥补市场调节的缺陷，政府需要扮演不同的角色，如正外部效应鼓励者、负外部效应消除者、宏观经济调控者或在财富再分配中去对市场进行适当的干预。不论政府要纠正与弥补何种类型的市场失灵，责任始终是"掌舵"而并非"划桨"，政府干预必须是适度且有效的调控，要避免无效干预与过度干预。在保证市场对资源配置起到的基础性作用前提之下，市场调节与政府干预相互之间通过取长补短以实现市场调节与政府干预二者之间的最优组合，在矫正市场失灵的同时，最大限度地消除政府失灵的根源，其采用的干预手段一般为法律手段与经济政策、计划指导、行政手段等。在粤港澳大湾区体育产业协同发展中，无法通过市场调节来改变的且对产业发展影响较明显的现象应该通过适当的政府干预拔除乱象，将其拨回正轨，如体育健身休闲业中传统健身房的同质化竞争滋生的健身房圈钱跑路，体育教育培训行业的应试培训等乱象，政府应强化监督与政策引导，完善相应法律法规，加强宣传与引导，以规范体育健身休闲与教育培训市场。当下，大湾区内的体育企业以中小微企业为主，在后疫情时代经济下行的压力下无法通过单一市场调节解决所面临的发展困境，高科技体育企业由于初期高投入、回报周期长、融资难等亦无法通过单一的市场调节来获得良好的发展，政府通过计划指导与行政指令，制定相应的发展战略并进行实施与监管；出台经济政策，如减免税收、专项扶持资金等，并督促政策落地以支持企业的发展。

3. 企业调节

虽然市场调节与政府干预为企业的发展提供有利的营商环境，但企业自身亦需充分利用此中优势，不断发展壮大，方能迈向"有成企业"。企业调节的原因一方面是企业自身情况发生了变化，需要进行调整以保证其运营效率，另一方面是企业外部环境已发生了变化或即将发生变化，其需要进行调节以适应环境的变化，有利于自身能更好地生存，其形式呈多样化，包括企业的战略调节、组织结构的调节、人力资源的调节等。茁壮成长的体育企业是粤港澳大湾区体育产业协同发展的保障，体育产业协同发展需要不断优化产业布局与产业结构，打造龙头企业发挥引领作用，强化创新链、提升产业链，其对大湾区内体育企业有了更高的诉求，企业要不断地进行调节以适应其发展：①企业战略的转变，从过去的野蛮生长逐渐向高质量发展转变，表现为注重品牌的塑造与品牌价值的提升，产业数字化与产业融合的不断深化等。②企业组织结构的优化，为了适应数字化、产业融合带来的变化，其组织结构逐渐向扁平化倾斜。③企业员工的提升，产业融合与数字化对员工有了更高的诉求，急需通过培训或引进完善企业人才队伍，建设一批既懂体育，又深谙管理、数字技术、旅游等的复合型人才。

综上所述，粤港澳大湾区体育产业协同发展就是要将各地区体育产业子系统联合起来，在协作、互补和整体的理念下，通过政府、社会、市场和企业的共同作用，利用体育要素流动、区域功能定位和体育产业分工与合作等，使大湾区体育产业的发展能从无序到有序，从低端到高端，从而推动大湾区体育产业整体发展，实现大湾区体育产业发展的效益最大化。

(三) 粤港澳大湾区体育产业协同发展的基本模式

世界主要发达湾区以及国内湾的形成与发展的经验表明，湾区规划应重视空间层次性、统筹协调发展。区域产业协同是各地方政府在国家有关部门指导下，全面统筹协调、共同制定区域产业发展规划，引导产业横向转移和纵向转型，实现以科技创新驱动产业升级、以价值链整合产业布局、以整体效应规范产业有序发展的良性格局，是各行政区内的产业部门在空间结构、产业链分布、产业政策与市场规则等方面形成的同质对接和共融。粤港澳大湾区的协同发展，需要合理定位，要形成互补互动的产业链条。应在合作模式、产业链重构等方面加强区域协同发展的机制创新。因此，本部分在前述部分的基础上，对粤港澳大湾区体育产业协同发展的基本模式和发展路径进行探讨，以期为粤港澳大湾区体育产业协同发展提供新的思路。

区域产业协同可从不同的视角进行划分，在产业的发展环境方面，可分为政策规划协同、分工布局协同、产能需求协同和产业创新协同；在产业链联结的方式方面，可分为垂直型产业协同、水平型产业协同和交错型产业协同；在协同的驱动力方面，可分为政府主导型产业协同和市场牵引型产业协同。因此，推动粤港澳大湾区体育产业协同发展，必须要构建多视角和多元化的协同发展模式。

1. 体育产业发展环境协同

体育产业发展政策规划、优惠举措等均汇聚并作用于体育产业协同，共同构成了体育产业发展的外部环境。

（1）体育产业政策规划协同

体育产业政策规划协同对加强大湾区内各行政区域体育产业和体育产业内各部门之间的交流、降低交易成本和不确定性以及促进人才、资金、技术、知识在产业间的流通和配置具有相当高的经济价值。大湾区体育产业政策规划协同的重点是在产业政策和创新政策之间、财政政策和产业政策之间、主导产业政策和其他产业政策之间、产业政策和区域政策之间实现统筹兼顾和有效协同。

（2）体育产业分工布局协同

专业化分工协作可以提高经济效益，而生产能力的优化布局是政府宏观统筹与企业市场配置资源相结合的结果。体育产业分工与产能布局的协同，有助于大湾区内体育产业的企业主体建立共生、互惠的关系，在产业链上实现从研发、设计、生产、销售、服务的纵向联结，或者形成开放式的横向互补的分工网或产业链。例如，大湾区高端体育用品制造业，由政府主导在广州设立高端体育用品人才培养中心和成果展览中心，在深圳设立高端体育用品高新技术产业研发中心，在东莞设立高端体育用品制造中心，在香港设立服务中心和销售中心，从而形成较好的产业分工布局协同，尤其是现代生产性服务业与制造业之间的协同，有效地降低交易成本，提升大湾区高端体育用品制造业的运行效率和竞争力。

（3）体育产业创新协同

大湾区体育产业的发展要靠创新驱动，而不是传统的劳动力以及资源能源驱动。体育产业创新体系包含知识创新、技术创新、生产组织方式创新、商业模式创新、市场需求创新等诸多复杂的形式。粤港澳大湾区是我国经济创新发展的高地，聚集了数量众多的创新型高新技术企业、科研水平出众的高等院校与科研机构，具有发达的信息源和信息网络。体育产业要充分利用大湾区内创新型人才、高等院校、科研机构和企业等区位优势，以创新驱动体育产业的发展。比如，传承和挖掘岭南传统特色体育文化和体育项目（咏春拳、舞龙舞狮等），推动岭南传统特色体育表演业的创新发展，推进岭南传统特色体育表演业知识创新、技术创新、组织方式创新、商业模式创新等多形式的产业创新协同。

（4）体育产能需求协同

体育产能需求协同的理想状态是体育产业企业生产能力能有效满足体育市场的需求，既不存在产能过剩也不存在满足不了市场需求的问题。粤港澳大湾区体育产业市场整体存在产能不足，市场需求得不到满足的现状。体育产业市场需求是分层次的，从地区市场到整个大湾区的区域市场，再到全国市场、国际市场、全球市场。从低端市场到中端市场，再到高端市场。随着需求的边界和层次逐渐扩大，需求的多样性也随之增加，供给的难度就越大，对体育产业企业产能需求协同的要求也就越高。粤港澳大湾区体育产业产能发展不仅要立足地区市场，而且要面向整个大湾区市场和国际市场；要提供不同层次的体育产品，特别是中高层次的体育产品，促进和推动体育消费，以实现体育产能需求的协同发展。

2. 体育产业链联结协同

从产业链的分布角度来看，产业协同是归属于同类产业的企业之间，或者分属于不同产业的企业之间，因生产环节的分布、生产要素的流动、生产能力的竞合、供应链的联结等原因而产生的相互关联。产业协同也是产业链分布的一种重要方式，粤港澳大湾区体育产业主要产业链联结协同可分为垂直型产业协同、水平型产业协同和交错型产业协同三种。

（1）垂直型产业协同

这是属于同一产业链不同产业层次的企业基于产品的上下游关系而在一定经济空间的协同。基于产业链融合的垂直型产业协同，强调产业链主企业的控制力、赢利能力和市场规模，由产业链主企业作为生产体系的组织者。将大湾区内已经发育良好且具有巨大潜力的体育项目或产业纵向延伸发展，形成垂直型产业协同，如赛马和配套马产业。香港赛马产业已经十分发达，赛马业作为一个产业链条完整、可塑性强、极具爆发力的体育产业项目，能纵深带动马匹培育、马匹贸易、赛马训练、马匹装备及奢侈品制造与销售等产业的发展。借助香港赛马产业中心和龙头地位，可带动广州市从化马匹训练中心发展赛马的培育与训练培育产业，引导作为全国制造业转型升级综改试点的佛山市发展马匹装备及奢侈品制造业，从而形成垂直型赛马产业协同。

（2）水平型产业协同

这是在不同产业链中处于相同或相近产业层次（环节）企业基于产品的互补性而形成的空间协同。粤港澳大湾区发展水平型体育产业协同通常有助于形成具有规模效益的、产业协同水平高的体育产业聚集区或体育产业集群。如充分利用粤港澳大湾区丰富的滨海、山地和航空资源，建立水平型体育健身休闲产业协同。依托绿道网、南粤古驿道，加快户外驿站、健身步道服务站、户外营地、自驾车房车营地设施配套建设，打造探险旅游、徒步穿越等特色户外休闲旅游，推动户外运动产业带发展。依托海岸资源，配套完善游艇和码头设施，培育游艇、邮轮、海上高尔夫等旅游新业态。丰富优化海洋旅游产品供给，大力开发潜水、海底探险、滑板、帆船、海钓等滨海体育旅游项目，形成点多线长面广的大湾区特色滨海健身休闲产业带，打造一批滨海健身休闲旅游示范基地。

（3）交错型产业协同

这是基于原材料、产品或市场的共同需要或产业分工而形成的空间协同。以体育竞赛表演业为例，可以根据湾区内居民对运动项目的偏好、拥有的职业体育俱乐部资源、场馆条件和交通状况，形成纵横交错的产业协同。借鉴 NBA 引进加拿大多伦多猛龙队的模式，组建粤港澳大湾区足球或篮球联赛，由香港、澳门和广东各地级市各派一支队伍参加。在香港、澳门、广州、深圳、东莞等核心城市竞赛表演业发展的推动下，逐步在中山、肇庆、江门、惠州等城市推动竞赛表演业训练基地、青训中心等配套产业协同布局。此外，充分利用香港居民热爱网球且缺少场地和高水平赛事的现状，大力支持深圳网球公开赛的发展；利用珠海及澳门丰富的滨海资源，推动发展 F1 摩托艇赛事和海上帆船赛事等；利用中山国际棒球小镇和佛山武术之乡等区位优势，发展棒球、武术等多元化赛事，以丰富大湾区体育竞赛表演业多样化产业空间协同布局。

3. 体育产业发展驱动力协同

推动区域产业协同方式主要有两种：政府自上而下的政策规划和市场的经济规律。

（1）政府主导型产业协同

粤港澳大湾区是我国市场经济发展最为成熟和完善的地区之一，市场在资源配置中起着决定性作用。但是市场经济的固有缺陷无法依赖市场自身，市场越是对经济要素的流动起决定性作用，就越要体现出政策的科学性和政府部门的规划力和执行力。粤港澳大湾区体育产业的健康发展离不开政府的宏观调控和科学规划。特别是体育高端制造业、全民健身产业、体育彩票业、体育医疗保健业等，事关体育产业发展全局和人民群众利益的产业，必须由政府主导，通过政策、规划引导其在整个大湾区协同发展。

（2）市场牵引型产业协同

在市场经济中，多数情况下相对于政府"有形的手"，市场这只"看不见的手"显得更加灵活和有效，由市场牵引的产业协同更加灵活多样。粤港澳大湾区体育产业的市场必须是充分竞争的，才能驱使体育产业在优胜劣汰下健康有序发展。充分利用香港市场成熟完善的经济制度和法律制度以及作为国际金融、航运和贸易中心拥有的高度开放、高度国际化的区位优势，布局发展体育金融产业和体育服务业，推动大湾区跨境体育产权交易与体育资源融资租赁，引入大湾区外的人才和资金流。同时，支持大湾区本土体育中介服务企业发展的同时，在市场牵引下，引进国际著名的体育经纪公司、体育管理企业等，从而形成市场牵引型体育服务业产业协同。

本章小结

本章主要研究粤港澳大湾区体育产业协同发展的内在机理，从要素系统、产业系统、环境系统三部分构建了粤港澳大湾区体育产业协同发展的系统框架，从市场调节、政府干预与企业调节三个主体角度阐述了粤港澳大湾区体育产业协同发展机理，并从体育产业发展环境协同、体育产业链联结协同、体育产业发展驱动协同等视角探讨了粤港澳大湾区多元体育产业协同发展模式。通过对大湾区内体育产业协同发展内在机理的深入分析，以期探索并创新出促进粤港澳大湾区体育产业协同发展的新路径。

构建粤港澳大湾区体育产业协同发展系统框架。首先，确定了要素系统的七个要素：第一，劳动力。建设高水平体育人才高地，畅通大湾区内人才互通渠道。第二，资金。探索多元化的融资方式，优化体育企业的资金链。第三，积极探索创新土地资源的协同规划与利用，提高土地的利用率。第四，知识。加强体育品牌的建设，增加商品的内涵与附加值，提高其市场竞争力。第五，技术。通过技术的革新不断加强粤港澳大湾区体育产业的核心竞争力。第六，管理。不断创新管理方式，完善管理体系。第七，数据。建立数字化平台，实现体育产品供需的精准匹配，促进要素资源的畅通流动，提高全要素生产率水平。其次，从三方面构建了产业系统：第一，产业链。通过补链、延链、强链使粤港澳大湾区的体育产业链趋于完善。第二，产业集聚。产业集聚为区域经济发展带来强劲推动力。第三，产业关联。体育服务产业对其他产业的关联度呈上升趋势。最后，从政治环境、经济环境、文化环境、法律环境四点构建了环境系统，阐述了大湾区内推动体育产业协同发展相关的利好政策；从经济规模、消费潜力、经济政策等分析了经济环境；明确了粤港澳文化在本质上同宗同源；认知到"一国两制"带来的"三个法域"。

从市场调节、政府干预与企业调节三个方面阐述了粤港澳大湾区体育产业协同发展机理：第一，市场调节。运用市场机制来进行资源的配置与调节，营造稳定、公平与透明、可预期的一流营商环境，通过市场这只"看不见的手"强有力地推动了体育产业的发展。第二，政府干预。通过政府干预去纠正市场失灵，亦可通过政府出台政策等去缓解大湾区内体育企业融资困难等问题。第三，企业调节。体育企业通过如战略转变、组织结构优化与员工提升等调节去适应在发展时自身情况及外部环境的变化。

第二篇　实践篇

第四章　粤港澳大湾区体育产业协同发展历史

粤港澳大湾区包括香港、澳门和广东省的9个地市，这11个城市同属珠江三角洲湾区经济带。明清以来，珠三角地区就是一个城市，同属广州府。粤港澳大湾区是由珠三角经济圈强化合作而产生的新地理概念。从学术界初步讨论到"粤港澳大湾区"国家发展战略的正式提出，前后历时20余年。自2015年以来，党中央和国务院积极推动粤港澳大湾区建设，随着《粤港澳大湾区发展规划纲要》的颁布，标志着以"9+2"为核心的粤港澳大湾区建设正式拉开序幕，粤港澳大湾区建设进入了实质阶段。[①] 要对区域产业发展开展研究，就要对区域产业发展的历史脉络有清晰的认识，因此，本章将对粤港澳大湾区体育产业发展的历史进行回顾总结，为进一步分析粤港澳大湾区体育产业发展的要素奠定基础。

---

① 万晓琼、王少龙：《数字经济对粤港澳大湾区高质量发展的驱动》，《武汉大学学报（哲学社会科学版）》2022年第3期。

一、粤港澳大湾区产业协同发展历程

从区域产业协同发展的作用机制看，区域产业协同发展的作用机制主要包括追求区域经济效益最大化、充分发挥地区比较优势、实现互利互赢等。纵观粤港澳三地体育交流与合作、体育产业协同发展的历史可以发现，粤港澳区域产业协同发展的过程，是由自发走向自觉的过程，而推动这种过程发展的根本动力是区域经济利益——追求地区经济发展和效益的最大化。粤港澳大湾区在资源禀赋差异与发展条件互补、市场力量与资本驱动、制度引导与政府的促进作用、外部环境变化与重大事件发生这四种主要力量的交替作用下，不断地向协同度高的融合方向演进。具体来看，粤港澳大湾区协同机制进化经历了孤立、扩散、共生三个阶段，协同水平随着阶段的演进而递增。

孤立阶段主要指新中国成立至改革开放前的时期。该时期内地相对闭塞，珠江三角洲地区对外开放程度很低；香港则依靠其优越地理位置和特殊政治地位，获得西方资本青睐，实现了跨越式的经济增长。由于政治上的差异，粤港澳三地鲜有合作，各自独立发展，区域协作主要由资源环境、发展条件推动，呈现出自然生长的态势。

扩散阶段是指改革开放后至 2014 年前的非制度性合作期间。粤港澳大湾区最初以香港为增长极，将土地、劳动、资本、技术等要素扩散至珠三角和澳门，通过市场资本驱动区域展开合作，联系仍不强。扩散阶段的区域协作主要集中在产业上，珠三角以低成本的土地、劳动力和宽松的金融政策承接香港的劳动密集型制造业转移，香港发挥自由港优势负责接单、销售和管理，粤港形成"前店后厂"模式。① 随着国家对外开放水平的不断提高，粤港澳大湾区要素流动加速，新兴业态不断涌现，逐渐建立起具

---

① 薛凤旋、杨春：《香港—深圳跨境城市经济区之形成》，《地理学报》1997 年第 S1 期。

备一定规模的产业协同体系。在扩散阶段后期,《CEPA 投资协议》《CEPA 经济技术合作协议》等一系列政策推动粤港澳大湾区的协作从"非制度性"向"制度性"演进,在制度的驱动引导下,区域产业协作向开拓国内大市场的服务业倾斜,产业关系更加紧密。

共生阶段是指粤港澳大湾区协同发展上升为国家战略的 2015 年至今这段时期。随着广东自贸区、"一带一路"合作倡议等规划的落地,粤港澳大湾区宏观上成为一个有机整体,加之信息、交通、网络的高速发展,比较优势与市场要素对区域协同的推动作用逐渐减弱,粤港澳大湾区建立起比经贸、合作更密切的协同发展关系。协同领域从初级的基础设施建设、工业分工拓展至快速交通设施建设、生产互补、制度规划等方面,协同方式由传统的双边合作转变为多边推进,协同体系、合作机制不断完善。

二、粤港澳大湾区体育产业协同发展历程

香港、澳门与内地的体育交流历史悠久。特别是香港在新中国成立后相当长一段时间充当了新中国与西方国家交流的桥头堡和窗口,在中国体育的外交史上,香港同样作出了不可磨灭的贡献。

纵观三地体育交流及体育产业协同发展的历史可以发现,三地体育交流可以分为五个阶段:孤立期间、改革开放后到香港回归前、香港回归后、以制度性合作为主导的快速发展阶段、大湾区建设开启。粤港澳体育交流由最初的香港对内地的支持到三地政府和民间多重合作,再到目前的全方位深度融合,三地体育交流史是一部新中国体育由弱变强的历史。

(一) 孤立期间香港体育对内地的支持 (1949—1978 年)

新中国成立初期,以美国为首的西方国家不承认新中国的合法地位,阻挠其他国家与中国建交,经济上实行封锁,军事上实行围堵,致使当时中国面临的国际形势非常严峻。由于香港的政治制度以及其特殊的身份及地理位置,在新中国被封锁孤立期间,香港长期起着内地与西方国家交流

的桥头堡和窗口作用，在进出口贸易和对外经济文化交流中具有不可撼动的地位，香港体育界在新中国体育对外交流过程中一直持积极支持态度。

1952 年中国决定参加第十五届奥运会，在等待国际奥委会的邀请通知过程中，中国运动员在香港积极备赛，获得香港当地体育界的积极支持，接到参赛通知时，奥运赛事已经过半。由于内地与台湾奥运会参赛合法身份的争议，中国决定退出奥运会，也中断了与国际体育长达 20 余年的交流。1973 年霍英东率香港体育界参观团赴北京、上海、广州等地参观体育比赛，这是香港与内地在"文革"之后的首次体育交流。也是在这次参观活动中，霍英东先生萌生了帮助内地体育重返国际舞台的想法。1977 年霍英东率队参加北京亚非拉足球邀请赛，一举打破了国际体育组织关于会员与非会员禁止比赛的禁令，引起国际体育组织对中国参与国际赛事合法身份的重视。为使香港与中国体育交流的正常化，霍英东于 1978 年提出创办省港杯的设想。

（二）改革开放后体育交流逐渐活跃（1979—1996 年）

改革开放后，粤港澳三地交流逐渐活跃，赛事和人员交流日渐频繁，港澳地区通过赛事组织及资金支持对内地乃至广东省的支持作用仍然明显。此阶段，粤港澳体育合作主要以社会团体和企业推动为主。

1978 年广东、香港两地足球界代表签订协议同意创办省港杯足球赛，从 1979 年开始每年在元旦与春节期间，两地各派一支球队参加主客场比赛，胜者获省港杯奖杯，并将球队名字镌刻在奖杯上。省港杯足球赛开启了粤港澳体育交流正常化序幕，为新中国体育走向世界揭开了序幕，也因此被称为"一个时代的符号"。20 世纪 80 年代开始，内地优秀教练和退役运动员加入香港队，推动了香港竞技运动快速发展，香港竞技体育项目推广和竞技体育成绩均获得较大提升。来自内地的国家队球员乔云萍与香港运动员齐宝华携手参加第 44 届世乒赛荣获双打季军。香港企业家通过设立体育基金会帮助内地建设体育场馆或奖励优秀运动员。霍英东先生捐资 1

亿港元于 1984 年设立的霍英东体育基金会，用于奖励奥运会冠军得主，每位冠军可获重达千克的纯金奖牌和 8 万美元奖金。

这种合作也带来了 20 世纪 90 年代香港竞技体育的飞速发展，涌现出了一批世界一流选手，在乒乓球和武术项目上成绩表现不俗，1999 年世界第五届武术锦标赛上获得奖牌总数第一的好成绩。1996 年李丽珊获得亚特兰大奥运会帆板冠军，这是香港自 1952 年参加奥运会以来第一次获得奥运会奖牌。此外，粤港澳三地还举办了多项由民间力量推动的体育和文化交流活动。在体育产业方面，形成了由香港负责研发和营销，东莞和佛山等负责制造的体育用品业"前店后厂"模式。

（三）香港回归后政府民间多重合作（1997—2002 年）

香港和澳门相继回归祖国，粤港澳三地体育交流更加顺畅频繁，交流领域更加广泛。原来由民间主导的体育交流，逐渐演变为政府民间多重合作交流模式。政府、社会团体和企业都在不同程度地推动三地的体育合作交流。

体育赛事交流由最初的单项赛事交流发展到共同参加综合性赛事，香港澳门 2001 年首次参加于广州召开的第九届全国运动会。赛事交流项目扩大到手球、曲棍球、田径、乒乓球、羽毛球、独木舟、武术、龙舟等项目，独木舟还发展为粤港澳台四角赛。三地参赛人员交流由赛事互访到球员互训，如广东省乒乓球、体操、击剑、游泳运动员应邀多次赴香港实现两地运动员一起训练交流比赛。

除此之外，三地多次共同举办行业体育比赛，加强行业交流。2000 年 9 月，广东省公安厅举办了首届粤港澳三地警察、保安体育交流会，为三地警务体育交流提供了难得的机会，增进了警务工作的沟通与合作，为维护三地社会和谐稳定，促进经济交流发展发挥了积极作用。

2002 年 12 月，借鉴"省港杯"赛事的成功先例，广东省体育局、澳门特别行政区政府体育发展局举办了首届"粤澳杯"足球赛，标志着粤港澳三地体育交流合作上升为一定程度上的政府行为。"粤澳杯"足球赛搭建起一座粤澳两地足球文化交流的桥梁，在很大程度上促进了两地体育的协作。

（四）以制度性合作为主导的快速发展阶段（2003—2016 年）

2003 年伴随着 CEPA 协议的签署，标志着内地与港澳的经贸合作关系进入服务业和服务贸易融合发展的新阶段。一方面旨在通过内地服务市场率先对港澳开放，以解决港澳优势服务业市场空间不足的问题；另一方面也是通过全面深化与港澳的经贸投资合作，不断探索内地服务业管理体制创新问题。广东协议、服务贸易协议、投资协议和经济技术合作协议等 CEPA 系列协议的先后签署，使得港澳与内地的经贸合作形成了健全的规则体系，为进一步加深内地与港澳融合发展搭建了制度架构，确立了港澳充分利用自身优势参与粤港澳大湾区、"一带一路"建设的制度保障。

一系列合作协议的签署，也为粤港澳三地的体育产业协同发展提供了合作指引和政策支持。2003 年 12 月，广东省体育局、香港特别行政区民政事务局、澳门特别行政区体育局联合签署了《粤港澳体育交流与合作协议书》，在《内地与香港、澳门关于建立更紧密经贸关系的安排》即将全面实施之际，粤港澳三地共同签署体育交流与合作协议，对全面贯彻 CEPA、充分利用体育在粤港澳地区的经济、社会发展中的优势互补、资源共享以及促进三地体育、文化、经济发展等方面都有着重要的意义。

香港企业家继承和发扬着体育基金会帮助内地建设体育场馆或奖励优秀运动员的良好传统。曾宪梓先生 2008 年设立曾宪梓体育基金会，捐资 1 亿港元奖励北京奥运会、伦敦奥运会和里约奥运会和东京奥运会夺取金牌的中国内地运动员，2012 年追加 1 亿港元奖励持续到 2036 年奥运会。

在三地体育交流与互动密切的基础上，体育产业也成为三地交流合作的重要内容。从 2004 年开始，粤港澳体育部门联合举办"粤港澳国际体育用品博览会",搭建粤港澳三地体育产业展示、交流、贸易和体验平台。该阶段还掀起了国际资本以香港为枢纽到广东投资体育产业和广东及国内资本借助香港开展国际化体育经营的浪潮。

香港的赛马运动闻名世界,得益于北京奥运会,香港成功举办奥运会马术赛事,这是香港与内地体育交流历史上的里程碑。同时,赛马每年能够创造巨大的经济价值,粤港两地的马产业合作具有良好的历史和巨大的潜力。2010年广州亚运马术比赛在从化举行,香港赛马会在技术及物资上提供全力支援与协助,协助广州亚运马术比赛顺利进行,此后又继续扩大规模,并将其更名为香港马会从化马场,标志着粤港两地的马产业交流与合作得到了进一步发展。2015年5月,广东省体育局与香港赛马会方面签订了五年期限的《马匹运动合作意向书》,双方协定将进一步整合双方资源,共同推广马术运动和马文化。

如表4-1所示,近年来,粤港澳大湾区体育文化交流活动日渐频繁,各类体育活动在拉动经济和促进体育产业发展方面发挥了巨大的作用。粤港澳的体育交流与合作主要集中在广州、深圳、香港等中心城市,与湾区其他城市的合作程度不高,但在这些具有国际影响力的大都市的推动下,将会形成一种高效的体育产业合作与分工。在当今文化融合发展的新趋势下,汇集湾区城市群的优势,促进区域体育文化优势共同发展,将有利于提升区域城市群的国际竞争力和影响力。

表4-1 2003—2016年粤港澳体育赛事合作信息表

举办时间	赛事名称	主办单位
2008年11月	"体育彩票·省港杯"体育记者足球锦标赛	广东省体育记者协会
2011年1月	穗港澳台公务员体育交流活动	广州市台办(首届)
2015年12月	"粤港杯"男子篮球赛	广东省篮球协会、香港篮球总会

（续表）

举办时间	赛事名称	主办单位
2016 年 3 月	粤港澳台四地中华武术交流大会	广东省海峡两岸交流促进会、珠海市体育总会

（五）以国家战略为主导的全方位发展阶段（2017 年至今）

2017 年，国家发展改革委、广东省政府、香港特别行政区、澳门特别行政区共同签署《深化粤港澳合作 推进大湾区建设框架协议》，开启大湾区建设进程。2019 年，中共中央、国务院印发了《粤港澳大湾区发展规划纲要》，大湾区建设进入全面加速实施阶段。大湾区建设为粤港澳三地体育交流开启了一个崭新时代，三地体育交流进入全面深入融合阶段。

广东省体育局、香港民政事务局和澳门体育局就具体合作内容和方式进行了座谈和交流，举办了一系列会议和论坛。各种体育社会机构纷纷组建，各种高端体育论坛纷纷召开。

2018 年由广东省教育厅指导，广州体育学院联合 60 个单位共同发起成立粤港澳大湾区体育教育与发展联盟，决定每年举行粤港澳大湾区学生体育节。2018 年 8 月启动粤港澳大湾区深港青年交流周。

2018 年 12 月 6 日，在深圳市举办了粤港澳大湾区体育产业发展论坛，以《构建粤港澳大湾区体育生态圈》为主题，以"聚力、开放、融合"为思路，探讨粤港澳大湾区体育产业创新与协同发展方向，共商体育产业发展大计，成为粤港澳大湾区体育产业协同发展的新起点。

大湾区体育赛事开展更是如火如荼。2017 年国内首个以"粤港澳大湾区"命名的体育赛事在东莞举行，此后举办了一系列以"粤港澳大湾区"命名的体育赛事，覆盖了足球、篮球、网球、马拉松、自行车、高尔夫球、游艇、帆船等 10 多个项目，参赛人数超过 10 万人次。大量的体育人才、资金、项目涌入湾区，政府、企业和社团组织共同联动，粤港澳体育产业进入全面合作阶段。表 4-2 为 2017 年至今粤港澳大湾区部分体育赛事交流活动。

表 4-2　2017 年至今粤港澳大湾区部分体育赛事交流活动

举办时间	赛事名称	主办单位
2018 年 11 月	粤港澳大湾区学生体育节	粤港澳大湾区体育教育与发展联盟（首届）
	广东省马术联赛香港赛马会杯总决赛（广州站）暨青少年锦标赛粤港澳台马术团体赛	广东省马术协会
2019 年 3 月	第四届广东省青少年体育嘉年华暨粤港澳青少年体育交流活动	广东省青少年联合会
2019 年 5 月	"黄飞鸿杯"南海·港澳传统狮精英大赛暨第 10 届樵山文化节	佛山市南海区文化广电旅游体育局、西樵镇人民政府
2019 年 7 月	粤港澳大湾区青少年体育文化交流会	广东省体育局
	粤港澳大湾区青年足球交流活动	广东省足球协会、广东省青年联合会、香港广东青年总会
2019 年 10 月	2019 年 "邹振先杯" 粤港澳大湾区青少年友好运动会	东莞市台港澳事务局、东莞市文化广电旅游体育局、东莞市教育局、东莞市大湾区办
2019 年 11 月	"太平洋建设杯" 粤港澳狮王争霸邀请赛	广东省龙狮运动协会
	"跃动广东"青少年冬夏令营暨粤港澳青少年体育文化交流活动（粤东站）	广东省体育局
	第一届"湾区杯"粤台港澳青年台商篮球广州邀请赛	广州市台协、广州市台协青年会
2020 年 6 月	2020 年深圳南山粤港澳大湾区国际象棋网络公开赛	深圳市南山区文化广电旅游体育局、深圳棋院
2020 年 11 月	第二届深圳南山粤港澳大湾区羽毛球混合团体邀请赛	深圳市南山区文化广电旅游体育局

（续表）

举办时间	赛事名称	主办单位
2021 年 4 月	"熊猫杯"粤港澳大湾区棒垒球赛	中国棒球协会、中国垒球协会、广东省体育局
2021 年 10 月	粤港澳大湾区青年自行车联赛	广东省自行车运动协会
	粤港澳大湾区网球公开赛	国家体育总局网球运动管理中心、中国网球协会、广东省体育局、广东省人民政府
2021 年 11 月	粤港澳大湾区赛艇邀请赛	深圳市南山区文化广电旅游体育局

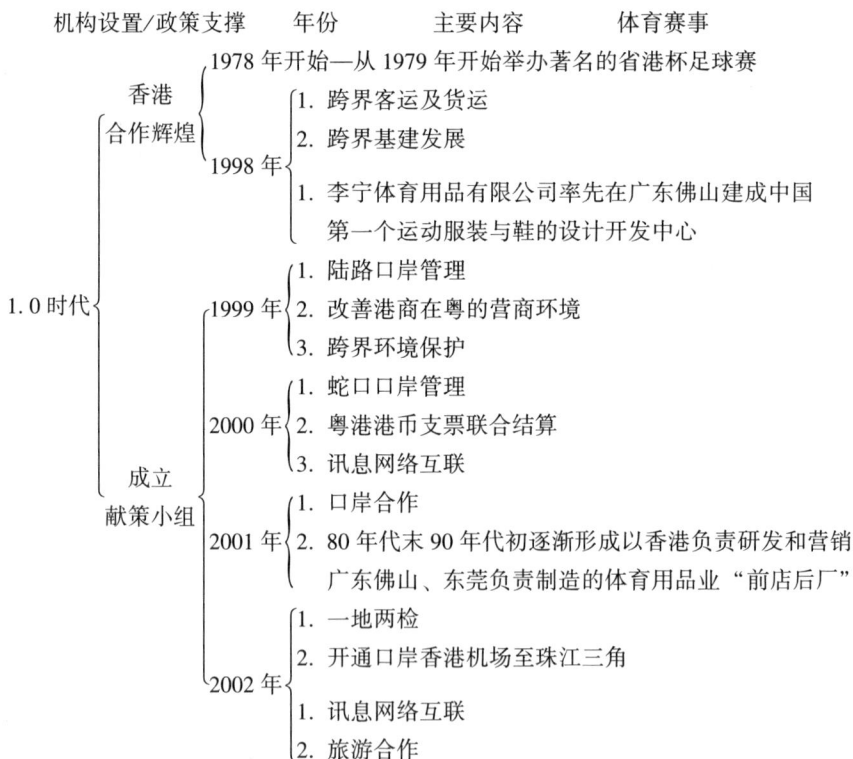

机构设置/政策支撑　　年份　　　主要内容　　　体育赛事

1978 年开始——从 1979 年开始举办著名的省港杯足球赛

1.0 时代

香港
合作辉煌

1998 年
1. 跨界客运及货运
2. 跨界基建发展
1. 李宁体育用品有限公司率先在广东佛山建成中国第一个运动服装与鞋的设计开发中心

成立
献策小组

1999 年
1. 陆路口岸管理
2. 改善港商在粤的营商环境
3. 跨界环境保护

2000 年
1. 蛇口口岸管理
2. 粤港港币支票联合结算
3. 讯息网络互联

2001 年
1. 口岸合作
2. 80 年代末 90 年代初逐渐形成以香港负责研发和营销广东佛山、东莞负责制造的体育用品业"前店后厂"

2002 年
1. 一地两检
2. 开通口岸香港机场至珠江三角
1. 讯息网络互联
2. 旅游合作

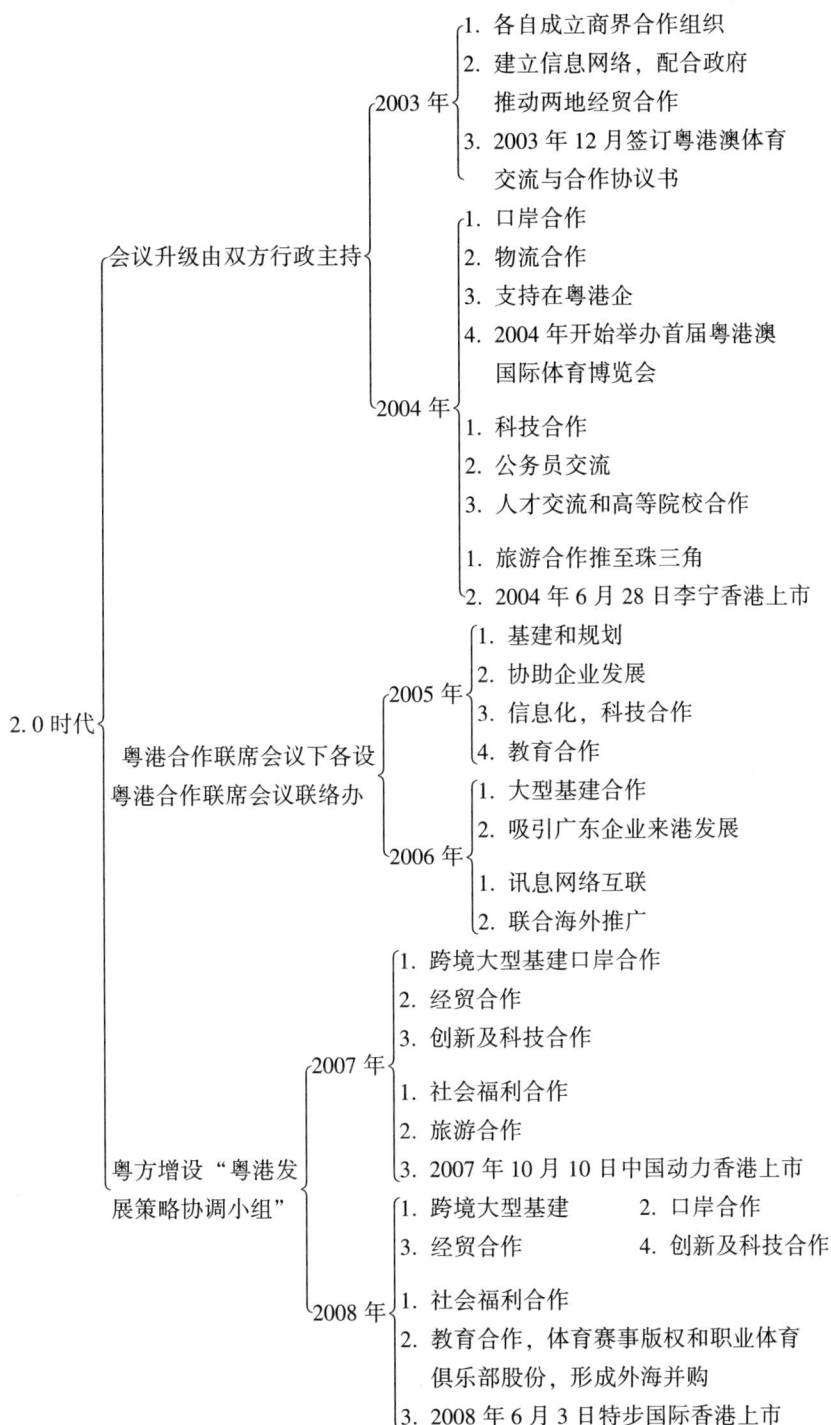

```
                                        ┌ 1. 各自成立商界合作组织
                                        │ 2. 建立信息网络，配合政府
                                2003 年 ┤    推动两地经贸合作
                                        │ 3. 2003 年 12 月签订粤港澳体育
                                        └    交流与合作协议书
                                        ┌ 1. 口岸合作
                                        │ 2. 物流合作
          会议升级由双方行政主持 ┤         │ 3. 支持在粤港企
                                        │ 4. 2004 年开始举办首届粤港澳
                                        │    国际体育博览会
                                2004 年 ┤ 1. 科技合作
                                        │ 2. 公务员交流
                                        │ 3. 人才交流和高等院校合作
                                        │
                                        │ 1. 旅游合作推至珠三角
                                        └ 2. 2004 年 6 月 28 日李宁香港上市
                                        ┌ 1. 基建和规划
                                        │ 2. 协助企业发展
                                2005 年 ┤ 3. 信息化，科技合作
          粤港合作联席会议下各设           │ 4. 教育合作
2.0 时代 ┤ 粤港合作联席会议联络办 ┤         ┌ 1. 大型基建合作
                                        │ 2. 吸引广东企业来港发展
                                2006 年 ┤ 1. 讯息网络互联
                                        └ 2. 联合海外推广
                                        ┌ 1. 跨境大型基建口岸合作
                                        │ 2. 经贸合作
                                        │ 3. 创新及科技合作
                                2007 年 ┤ 1. 社会福利合作
                                        │ 2. 旅游合作
          粤方增设"粤港发             │ 3. 2007 年 10 月 10 日中国动力香港上市
          展策略协调小组" ┤            ┌ 1. 跨境大型基建    2. 口岸合作
                                        │ 3. 经贸合作       4. 创新及科技合作
                                2008 年 ┤ 1. 社会福利合作
                                        │ 2. 教育合作，体育赛事版权和职业体育
                                        │    俱乐部股份，形成外海并购
                                        └ 3. 2008 年 6 月 3 日特步国际香港上市
```

101

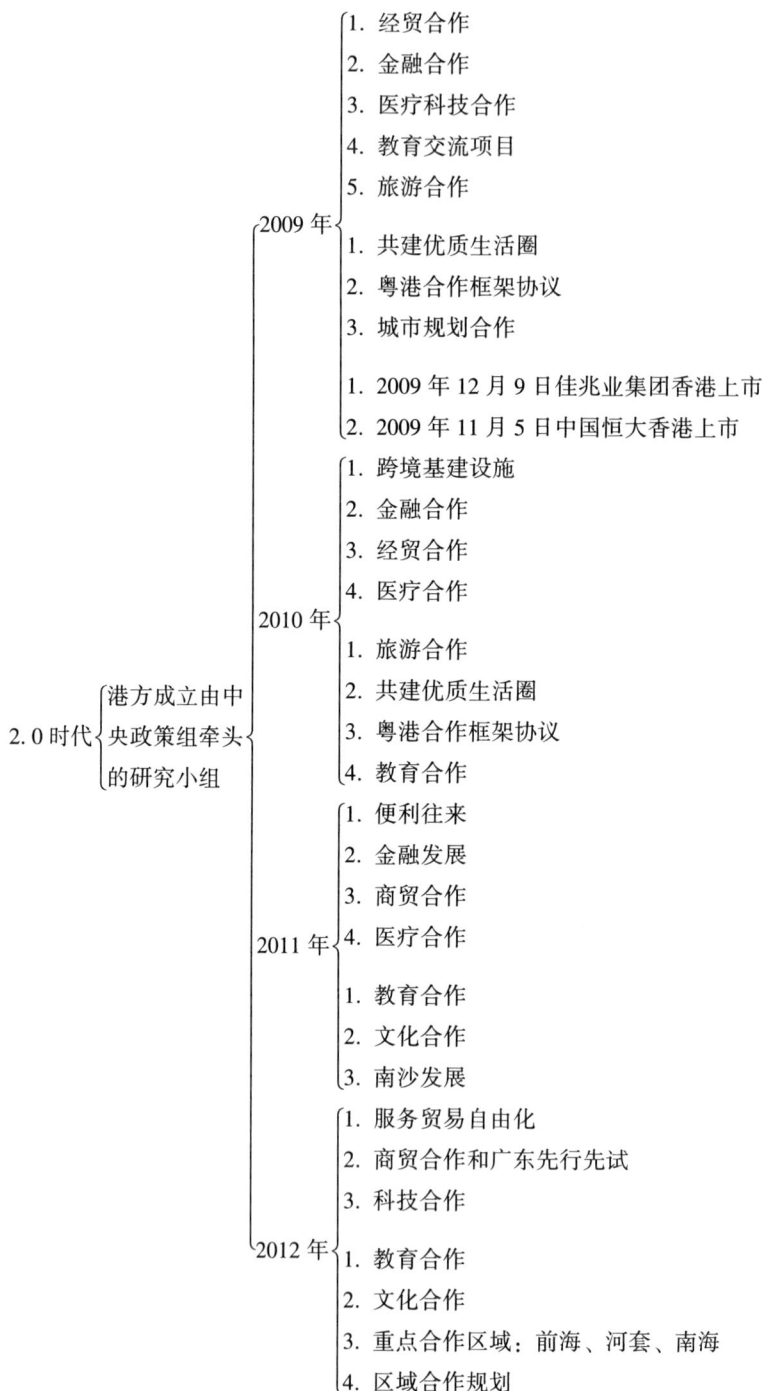

2.0 时代 — 港方成立由中央政策组牵头的研究小组

- 2009 年
  - 1. 经贸合作
  - 2. 金融合作
  - 3. 医疗科技合作
  - 4. 教育交流项目
  - 5. 旅游合作
  - 1. 共建优质生活圈
  - 2. 粤港合作框架协议
  - 3. 城市规划合作
  - 1. 2009 年 12 月 9 日佳兆业集团香港上市
  - 2. 2009 年 11 月 5 日中国恒大香港上市
- 2010 年
  - 1. 跨境基建设施
  - 2. 金融合作
  - 3. 经贸合作
  - 4. 医疗合作
  - 1. 旅游合作
  - 2. 共建优质生活圈
  - 3. 粤港合作框架协议
  - 4. 教育合作
- 2011 年
  - 1. 便利往来
  - 2. 金融发展
  - 3. 商贸合作
  - 4. 医疗合作
  - 1. 教育合作
  - 2. 文化合作
  - 3. 南沙发展
  - 1. 服务贸易自由化
  - 2. 商贸合作和广东先行先试
  - 3. 科技合作
- 2012 年
  - 1. 教育合作
  - 2. 文化合作
  - 3. 重点合作区域：前海、河套、南海
  - 4. 区域合作规划

2.0 时代 — 港方成立由中央政策组牵头的研究小组

2013 年
- 1. 口岸建设
- 2. 服务贸易自由化
- 3. 金融发展
- 4. 商贸合作
- 5. 科技合作

- 1. 社会福利合作
- 2. 旅游合作
- 3. 专业服务合作
- 4. 重点合作区域：南海、南沙

2014 年
- 1. 口岸建设
- 2. 跨境基建
- 3. 服务贸易自由化
- 4. 金融发展
- 5. 社会民生合作

- 1. 教育合作
- 2. 旅游合作
- 3. 文化交流合作
- 4. 专业服务合作
- 5. 重点合作区域：前海、横琴、南沙

2015 年
- 1. 服务贸易自由化
- 2. 金融合作
- 3. 创新及科技
- 4. 环境保护
- 5. 2015 年开始举办"粤港杯"男子篮球赛

- 1. 青年合作
- 2. 文化交流
- 3. 专业服务合作

2016 年
- 1. 金融合作
- 2. 创新及科技
- 3. 青年合作
- 4. 教育合作

- 1. 旅游合作
- 2. 专业服务合作
- 3. 重点合作区域：前海、南沙

3.0
时代

深化粤港
澳合作大
湾区建设
框架协议
（2017年）

- 1. 基础设施互联互通
- 2. 落实 CEPA 及框架协议
- 3. 打造国际科技创新中心

- 1. 构建协同发展现代产业体系
- 2. 共建宜居宜业宜静的优质生活圈
  —2017 年 9 月 27 日粤港澳大湾区（东莞）青少年田径邀请赛

- 1. 孕育国际合作新优势
- 2. 推进前海、南沙、横琴等粤港澳合作平台

关于建
立更加
有效的
区域协
调发展
新机制
的意见
（2018年）

建立区域战略等机制
　—2018 年 3 月粤港澳大湾区足球冠军联赛

以香港、澳门、广州、深圳为中心引领粤港澳大湾区建设
　—2018 年 4 月 28 日—5 月 2 日首届粤港澳大湾区
　　青少年冰球国际邀请赛

加强"一带一路"建设与粤港澳大湾区建设战略协调对换
　—2018 年 5 月—5 月 6 日"时代中国杯"首届粤港澳
　　大湾区乒乓球联赛

- 1. 推动粤港澳区
域合作互动
  - 2018 年 5 月 18 日粤港澳大湾区"九洲杯"蓝色
    海岸民宿万山群岛帆船赛
- 2. 粤港澳区域市
场一体化建设
  - 2018 年 8 月 12 日第二届大湾区青少年网球邀请赛
  - 2018 年 10 月第一届环粤港澳大湾区城市自行车
    挑战赛

粤港澳
大湾区
发展规
划纲要
（2019年）

- 1. 完善城市群和城镇发展体系
- 2. 建设国际科技创新中心
- 3. 加快基础设施互联互通
  —2019 年 1 月 4 日首届粤港澳大湾区网球赛

- 1. 构建具有国际竞争力的现代产业体系
- 2. 生态文明建设
  —2019 年 3 月 23 日从化马场演示性速度马术比赛

- 1. 建设宜居宜业宜静的优质生活圈
- 2. 共同参与"一带一路"建设
  —2019 年 12 月 5 日粤港澳大湾区青少年棒垒球赛

- 1. 共建粤港澳合作发展平台
- 2. 推进马匹运动及相关产业发展
  —2019 年 12 月 9 日"金田杯"

体育强国建设纲要—积极推进粤港澳等区域内体育协调发展
　—2019 粤港澳大湾区三人篮球赛

广东省人民政府关于发展战略性支柱产业集群和战略性产业集群的意见 { 重点发展十大战略性支柱产业集群和十大战略性新兴产业群

培育若干有全球竞争力的产业集群

国家"十四五"规划（2021年） { 1. 支持粤港澳大湾区形成国际科技创新中心

2. 推进粤港澳大湾区高质量建设

3. 支持香港、澳门各地区开展交流合作

—2021年8月26日2025年第十五届全国运动会将由粤港澳大湾区三地联合举办

3.0 时代

广东省"十四五"规划 {

1. 建设国际科技创新中心

2. 完善人才协调发展和交流合作机制

1. 新型信息基础设施体系

2. 大湾区交通网络

3. 有效实施合作交流机制

1. 重大合作平台建设（南沙、前海、横琴、顺德、江门）

1. 创新合作办学模式

2. 深化金融合作与改革

3. 优化协调区域发展格局

4. 构建海洋经济合作圈

1. 建立健全生态环境保护协作机制

2. 打造大湾区文化产业圈

3. 建设中医药协同创新联盟

1. 联合举办2025年全运会

2. 建设社会治安一体化联动协作防控机制

中共中央　国务院关于加快建设全国统一大市场的意见 { 在维护全国统一大市场环境下，优先开展粤港澳大湾区区域市场一体化建设工作，建立健全区域合作机制

全民健身计划（2021—2025年） { 支持粤港澳大湾区等区域联合打造全民健身赛事活动品牌

全面深化前海深港现代服务业合作区改革开放方案 {

1. 建立健全联通港澳接轨国际的现代服务业发展体制机制

2. 加快科技发展体制机制改革创新

1. 打造国际一流营商环境

2. 创新合作区治理模式

3. 对港澳扩大服务领域开发

1. 扩大金融业对外开放

2. 建设国际法律服务中心和国际商事争议解决中心

3. 健全海外投资保障机制

3.0 时代

横琴粤澳深度合作建设总体方案
1. 发展科技研发和高端制造产业
2. 发展中药工业
3. 推动粤港澳旅游自由行

1. 发展现代金融产业
2. 完善企业所得税优惠政策
3. 制定吸引和集聚高端人才政策
4. 一体化高水平开放新体系

1. 吸引澳门居民就业创业
2. 建立合作区与澳门社会服务合作机制
3. 推进基础设施互联互通
4. 共商共建共管共享新体制

广州南沙深化面向世界的粤港澳全面合作总体方案（2022 年）
1. 建设科技创新产业合作基地
2. 创建青年创业就业合作平台
3. 共建高水平对外开放门户
　　—2022 年 1 月省港澳青年排球锦标赛
　　—2022 年 3 月 28 日粤港澳大湾区精英拳击赛

1. 打造规则衔接机制对接高地
2. 建立高质量城市发展标杆
　　—2022 年 6 月永利杯大湾区 3×3 篮球邀请赛

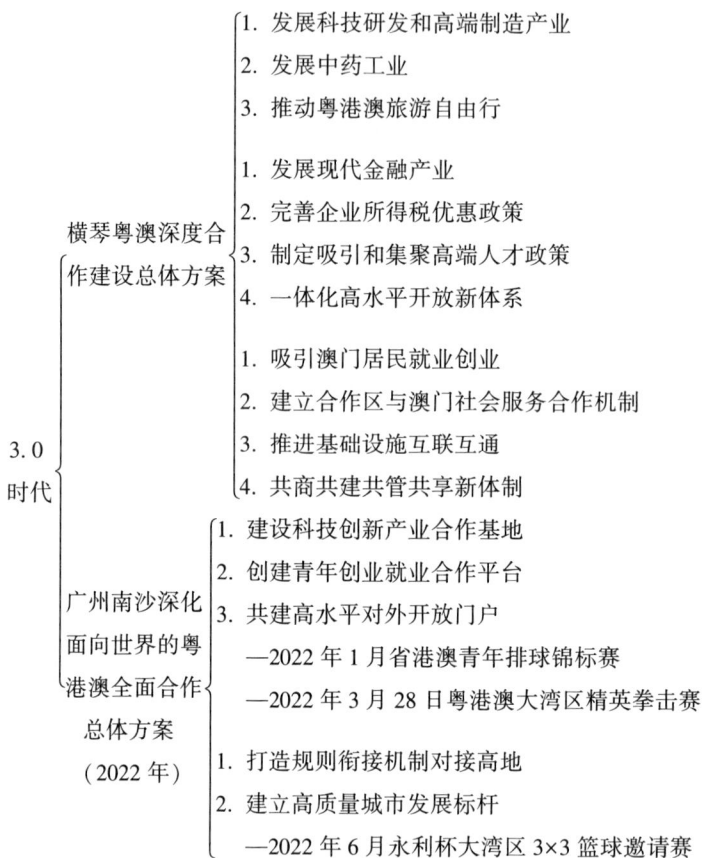

图 4-1　粤港澳三地体育交流与合作历程图（收集资料整理绘制）

综上所述，粤港澳三地的体育交流与合作，从最初以社会团体和企业推动为主的省港杯足球赛，到以政府参与推动形成《粤港澳体育交流与合作协议书》，再到以政府、社会团体和企业共同参与推动举办的一系列"粤港澳大湾区"体育赛事，可以看出，自《粤港澳大湾区发展规划纲要》发布以来，粤港澳大湾区的体育交流已进入了一个快速发展的时期，一大批运动项目的比赛竞相开展，为粤港澳三地的体育人才交流提供了有力的支持。

体育赛事的联系越来越紧密，同时在产业的融合方面也不断加深，经历了从单向到双向、从局部到全面、从单一到多样的发展历程。特别是

"前店后厂"的发展模式为体育产业的协同发展提供了重要机遇，港澳地区的体育制造产业逐步转移到广东，为广东的经济发展和体育产业发展作出了突出贡献。2003年，随着CEPA协议的签署，粤港澳三地的经贸合作迈入了新阶段，受惠于CEPA相关协议的措施，粤港澳大湾区体育产业发展的关税和非关税壁垒逐渐被打破，体育服务贸易的自由化进一步显现。2017年，粤港澳大湾区建设进入到国家战略层面，区域发展迎来了百年不遇的历史机遇，随着国家战略的逐步落地，三地的合作形成了蓬勃发展的局面，各项体育赛事相继展开，无论是赛事规模还是赛事种类都较以往取得了巨大进步，这些有利因素为粤港澳大湾区建设深入期体育产业的协同发展奠定了坚实的基础。

同时也应看到，粤港澳三地体育交流与合作以及体育产业协同发展也存在着下列不足：

一是目前粤港澳体育交流与合作集中体现在体育赛事领域的合作，交流与合作形式较为单一，其他业态的体育交流与合作较少，体育产业合作层次不高。

二是粤港澳体育交流与合作集中发生在广州、深圳和香港等核心城市，湾区其他地区相互之间的合作还相对匮乏，未形成有效的体育产业合作与分工机制。

三是在"粤港澳大湾区"建设国家战略背景下，大量体育人才、资金和项目不断涌入湾区。如何整合区域间体育资源要素、实现体育资源要素高效流动，将是粤港澳三地体育产业协同发展所面临的问题。

本章小结

粤港澳大湾区体育产业协同发展史与区域发展史密不可分。本章聚焦于粤港澳大湾区体育产业协同发展的历史，从粤港澳大湾区的经济体制改革、系统机制演进、国家战略调整等大环境发展中，细化分析体育产业协同发展的不同历史阶段，以粤港澳体育赛事合作、粤港澳大湾区体育交流活动为导向，探讨深入发展的道路。

在粤港澳大湾区协同发展的不同时期，主要驱动力有所不同。总的来说，粤港澳大湾区在资源禀赋差异与发展条件互补、市场力量与资本驱动、制度引导与政府的促进作用、外部环境变化与重大事件发生这四种主要力量的交替作用下，不断地向协同度高的融合方向演进。具体来看，孤立阶段（1949—1978 年），粤港澳三地合作关系松散，各自独立发展，区域协作主要由资源环境、发展条件推动，呈现出自然生长的态势；扩散阶段（1979—2014 年），市场资本的驱动力加强，区域协作主要集中在经贸方面，虽然在国家政策和制度规划的引导下，粤港澳大湾区逐渐建立起了一定规模的产业协同体系，但区域联系总体上仍不够强；共生阶段（2015 年至今），在国家战略的有力推动下，粤港澳大湾区协同领域从初级的基础设施建设、工业分工拓展至快速交通设施建设、生产互补、制度规划等方面，协同方式由传统的双边合作转变为多边推进，协同体系、合作机制不断完善。

在粤港澳大湾区体育产业协同发展历史研究中发现，香港、澳门与内地的体育交流历史悠久，可以分为五个阶段：孤立期间、改革开放后到香港回归前、香港回归后、制度性合作为主导的快速发展阶段、大湾区建设开启。孤立期间（1949—1978 年），在美国等西方国家的封锁下，香港凭借其特殊地位，始终积极联系和支持新中国体育对外交流，使国际体育组织重新重视中国参与国际赛事合法身份，建立起以"省港杯"为代表的香港与内地体育交流的设想，促进中国体育对外交流正常化。改革开放后到香港回归前的时期（1979—1996 年），粤港澳体育合作主要以社会团体和企业推动为主，省港杯足球赛、霍英东体育基金会等体育交流培育出许多世界一流选手。此外，多项由民间力量推动的体育和文化交流活动也如火如茶地展开。体育产业形成了由香港负责研发和营销，东莞和佛山等负责制造的体育用品业"前店后厂"模式。香港回归后政府民间多重合作期间（1997—2002 年），粤港澳三地体育交流更加顺畅频繁，交流领域更加广泛。赛事交流项目增多，参赛人员由赛事互访到球员互训，实现香港、内地运动员共同训练，"粤澳杯"足球赛等赛事的举办，标志着粤港澳三地体育交流合作上升为一定程度上的政府行为。由原来民间主导的体育交流，逐渐演变为政府民间多重合作交流模式。

在以制度性合作为主导的快速发展阶段（2003—2016 年），CEPA 系列协议先后签署，粤港澳大湾区融合发展政策相继落地，体育产业成为三地交流的重要内容，带动了国际资本以香港为枢纽到广东投资体育产业和广东及国内资本借助香港开展国际化体育经营的浪潮。在以国家战略为主导的全方位发展阶段（2017 年至今），粤港澳大湾区建设正式启动，随着规划纲要的印发，进入全面加速阶段，召开了一系列体育合作会议论坛，组建了各种体育社会机构，开展了一大批体育赛事交流活动，粤港澳三地的体育产业协同形成了蓬勃发展的局面。粤港澳体育交流由最初的香港对内地的支持到三地政府和民间多重合作，再到目前的全方位深度融合，三地体育交流史是一部新中国体育由弱变强的历史。

第五章　粤港澳大湾区体育产业协同发展的现实基础

区域体育产业协同发展既是建设"健康中国"的重要支撑，也是实现"体育强国"的坚实基础，更是推动区域协调发展战略、区域重大战略实施的重要抓手。作为中国开放程度最高、经济活力最强的区域之一，粤港澳大湾区建设不仅是新时期推动全面开放新格局的新尝试，也是推动"一国两制"事业的新实践。以体育产业为抓手，推动粤港澳大湾区协同发展、助力香港、澳门加快融入国家发展大局具有重要的现实意义。区域共享发展的本质是一种区域关系，其按照共享发展水平的不同，从低到高可分为四个阶段，即区域个体发展、区域协调发展、区域协同发展与区域一体化发展。目前粤港澳大湾区共享发展正处于协同发展阶段的实践期与一体化发展阶段的探索期，需以文化认同增进一体化发展的群众基础、以机制完善强化一体化发展的制度保障、以战略融通打造一体化发展的实操空间。① 经过数十年的发展，粤港澳大湾区正率先融入全球价值链体系，在体育产业发展基础方面已经具备一定的比较优势，正处于由"工业经济"向"服务经济"和"创新经济"的演化过程中。本章梳理粤港澳大湾区体育产业协同发展的现实基础，为促进粤港澳大湾区体育产业协同高质量发展提供参考与借鉴。

---

① 廉涛、黄海燕：《上海推动长三角体育产业协同发展的路径研究》，《体育学刊》2020 年第 6 期。

现实基础即以实事求是为原则，由经济、政治、社会等诸多要素所构成的整体现有状态。粤港澳大湾区体育产业协同发展的现实基础所包含的要素纷繁复杂，没有统一的分析标准与框架，若将所涉及的要素一一罗列，会略显繁杂，但只挑选一部分又会使之缺乏整体性与系统性。PEST分析作为一种对行业及企业所处的外部环境宏观因素的分析，是通过四个因素分析其外部环境，包括政治（Politics）、经济（Economy）、社会（Society）以及技术（Technology）①。SWOT分析作为一种组织战略选择的分析法，通常是将与研究对象密切相关的因素列举出来，其中包括组织内部优势（Strengths）、组织内部劣势（Weakness）、组织外部机会（Opportunities）以及组织外部环境风险（Threats）②。

PEST-SWOT是将PEST与SWOT综合起来的分析范式，能够将研究对象的外部宏观环境与内部微观环境整合起来。该模型能够在考虑内部优劣势以及外部机会、威胁的情况下，全面、系统地整合研究对象发展所面临的政治、经济、社会及技术因素，为其发展战略规划及科学决策等提供依据。③ 其适用范围较为宽广，且具有较强的运用性与可操作性，目前在经济管理、公共服务、教育等多个领域皆有应用。本章拟构建粤港澳大湾区体育产业协同发展现实基础的PEST-SWOT模型，为粤港澳大湾区体育产业协同发展的深入研究打下基础。

①　蒋明蓉、张亚斌：《基于PEST-SWOT模型的我国开放大学办学体系发展战略研究》，《成人教育》2020年第4期。
②　郑洪兰：《基于SWOT分析的高校图书馆面向农村信息服务策略研究》，《图书馆工作与研究》2013年第8期。
③　陆和建、李杨：《基于SWOT-PEST分析的基层公共文化服务社会化管理发展策略研究》，《图书情报知识》2016年第4期。

一、粤港澳大湾区体育产业协同发展现实基础的 PEST 分析

（一）政治因素分析

制约和影响研究对象的政治因素包括政治制度与体制、政局、法律法规等。对粤港澳大湾区体育产业协同发展的政治因素分析主要包括制度、政策及法律三个方面。

1. 制度

"一国两制"是粤港澳大湾区独特的制度安排。"一国两制"既是解决港澳历史遗留问题，推进祖国和平统一的最佳方案，又是维持港澳持续繁荣稳定的最佳制度安排。"一国两制"是党的二十大报告中重点阐述的关键治理与发展元素，习近平总书记在报告中提出的"长期坚持"论更为"一国两制"的稳定持续与生命活力提供了具有最高政治决断及法制保障意义的国家承诺和制度支撑。"一国两制"紧抓和平与发展两大时代主题，其涵盖了和平统一、制度与经济的现代化等基本功能，在中华民族伟大复兴的进程中即将释放更大的创造力。二十大报告准确定位了"一国两制"，将为实现中华民族伟大复兴发挥更好的作用，将其与"民族复兴"严格挂钩，并将"融合发展"作为二者的连接与作用机制，体现出对新时代使命及践行规律的深刻、准确把握与运用。党中央高度重视粤港澳大湾区公平发展与重塑全球化，始终坚持从"一国两制"的制度框架出发，根据粤港澳大湾区经济实际情况进行积极的谋划与践行，支持港澳采取与自身实际情况相符的发展路线。在过去的五年中，党中央为"一国两制"制度安全打下了优良的制度基础：其一，对港澳的国安法做出了配套的修改，确保了国家主权、安全及发展利益拥有强有力的法律保护，有效填补了该制度体系中关于国家安全法的漏洞；其二，对港澳的选举法以及选举制度进行了完善，确保了"爱国者治港"与"爱国者治澳"能得到严格的落实；其

三，对港澳融入国家治理与发展大局做出了引导，以粤港澳大湾区战略、"南沙方案"、"横琴方案"与"前海方案"等为战略框架，将"一带一路"作为建设倡议，为港澳的制度优化、经济转型、全球地位更新提供了独特机遇与发展动能。①

粤港澳大湾区体育产业协同发展必须全面贯彻"一国两制"的基本遵循，在保持制度活力的同时，并在新的实践中不断丰富和发展该制度，持续为区域融合注入新动能。一方面，在"一国两制"框架下，港澳保持原有的社会制度不变，且在制定体育政策等方面具有高度的自主权。这保障了体育产业的市场化发展，保持了原有的体育生态，并使其体育产业的市场化程度不断加深。如香港赛马产业的水平日益提高，已在全球马坛占据了领先地位，更引来了国际体育赛事的扎堆落户。如澳门举办的世界女排大奖赛、高尔夫公开赛以及 WTT 冠军赛等推动澳门"体育+旅游"发展与转型的不断探索。另一方面，"一国两制"实践的不断丰富为粤港澳大湾区体育产业的深度合作提供了契机。如 2025 年全运会由粤港澳共同承办，不仅是推进"一国两制"实践以及实现港澳繁荣的重要战略，更是以体育为切入点，将区域合作推向了一个新的高度，并以之为纽带，促进港澳融入国家发展大局。届时，粤港澳三地在各方面的融合发展上将会建立更紧密的联系，并推动粤港澳大湾区在体育的合作与发展上建立具有更加全面、紧密的合作交流体系，使之成为体育产业发展的广袤热土。

2. 政策

产业政策是政府调控经济发展的重要手段，是政府管理经济的基本工具。顺应经济规律的产业政策会促进经济的发展，特别是在"弥补市场失

---

①　田飞龙：《从二十大报告看"一国两制"的时代意义和制度价值》，2022 年 10 月 18 日，见 http://www.china.com.cn/opinion2020/2022-10/18/content_78472148.shtml。

灵的缺陷、实现赶超战略、促进产业结构合理化与高度化、实现产业资源的优化配置、增强产业的国际竞争力和保障国家的经济安全"① 等方面具有重要作用。一般认为，产业是社会总供给的基本来源，正常的产业政策应该能够准确地反映市场经济的客观要求。市场经济机制建立以来，为进一步优化市场资源要素配置，促进区域产业协同发展逐步成为我国区域经济工作的主线，在全国范围内逐渐形成了多层次、多形式、全方位的区域联动格局。从区域经济学角度看，构建新发展格局需要有与之相匹配的空间组织支撑。随着内地与港澳之间合作逐步深化，从"广深""珠三角""泛珠三角"逐步发展到"粤港澳大湾区"，增强了区域经济多极网络空间发展与产业联动格局的演进趋势。

进入 21 世纪以来，为塑造与新发展格局相匹配的空间组织，从以"点"带"面"、"点""线"交织到内地与港澳联动互动的发展新局面，国家和地方相继出台了一系列政策。2005 年 8 月广东省人民政府颁布的《珠江三角洲城镇群协调发展规划（2004—2020）》，明确以珠江口城市为核心，加强"粤港澳跨界合作发展地区"，首次正式提出"湾区"的概念。2010 年广东省政府和香港特区政府签订的《粤港合作框架协议》中提出了"粤港澳产业互补，促进中心城市联动发展"的构想。2014 年《深圳市政府工作报告（2014）》中首次提出了"湾区经济"，一年之后国家发展改革委等相关部委联合发布的《推动共建丝绸之路经济带和 21 世纪海上丝绸之路的愿景与行动》首次明确提出了"粤港澳大湾区"的概念。为进一步强化粤港澳大湾区产业联动发展，国家发展改革委、广东省人民政府、香港特别行政区政府和澳门特别行政区政府联合签署了《深化粤港澳合作推进大湾区建设框架协议》，提出了"粤港澳大湾区建设成为更具活力的经济区、宜居宜业宜游的优质生活圈和内地与港澳深度合作的示范区"的

---

① 苏东水：《产业经济学》，高等教育出版社 2005 年版，第 333—334 页。

建设目标。2019 年，中共中央、国务院正式印发《粤港澳大湾区发展规划纲要》，标志着发展粤港澳大湾区正式上升为国家战略，明确了"深化内地与港澳合作，支持香港、澳门融入国家发展大局，促进产业优势互补、紧密协作、联动发展"，并提出要"共同推进大湾区体育事业和体育产业发展"。随后，《体育强国建设纲要》《广东省推进粤港澳大湾区建设三年行动计划（2018—2020 年）》《全民健身计划（2021—2025 年）》《关于金融支持粤港澳大湾区建设的意见》等政策围绕服务粤港澳大湾区产业协同发展和体育产业发展提出了相关的要求（具体见表 5-1）。

表 5-1　粤港澳大湾区产业协同发展及相关政策梳理情况表

时间	颁发部门	政策名称	产业协同发展的核心内容
2005 年	广东省人民政府	《珠江三角洲城镇群协调发展规划（2004—2020）》	明确"粤港澳跨界合作发展地区"，首次正式提出"湾区"概念
2008 年	广东省政府	《珠江三角洲地区改革发展规划纲要（2008—2020 年）》	统筹跨行政区的产业发展规划，构建错位发展、互补互促的区域产业发展格局
2010 年	广东省政府和香港特区政府	《粤港合作框架协议》	推动粤港澳产业互补，促进中心城市联动发展
	国务院	《全国主体功能区规划》	增强与香港、澳门的优势对接与功能互补，推进与港澳地区的经济一体化
2012 年	国务院	《服务业发展"十二五"规划》	建设内地重点地区与港澳服务业重大合作项目，形成优势互补、协作配套的现代服务业体系
2014 年	深圳市第五届人民代表大会第六次会议	《深圳市政府工作报告（2014）》	首次提出"湾区经济"，重点打造湾区产业集群，加强与港澳台交流合作

时间	颁发部门	政策名称	产业协同发展的核心内容
2015 年	国家发展改革委、外交部、商务部联合发布	《推动共建丝绸之路经济带和 21 世纪海上丝绸之路的愿景与行动》	首次明确提出"粤港澳大湾区"概念，利用珠三角开放程度高、经济实力强、辐射带动作用大的优势，深化与港澳合作，打造粤港澳大湾区
2017 年	国家发展改革委、广东省人民政府、香港特别行政区政府、澳门特别行政区政府	《深化粤港澳合作 推进大湾区建设框架协议》	充分发挥大湾区不同城市产业优势，推进产业协同发展，打建国际一流湾区和世界级城市群
2018 年	中共中央、国务院	《关于建立更加有效的区域协调发展新机制的意见》	加强粤港澳大湾区建设等重大战略的协调对接，推动各区域合作联动
2019 年	中共中央、国务院	《粤港澳大湾区发展规划纲要》	深化内地与港澳合作，支持香港、澳门融入国家发展大局，促进产业优势互补、紧密协作、联动发展，建设宜居宜业宜游的优质生活圈
	国务院办公厅	《体育强国建设纲要》	积极推进粤港澳等区域内体育协调发展
	广东省委、省政府	《广东省推进粤港澳大湾区建设三年行动计划（2018—2020 年）》	发挥香港—深圳、广州—佛山、澳门—珠海强强联合的带动作用。联合港澳打造一批国际性、区域性体育品牌赛事
	国务院办公厅	《关于促进全民健身和体育消费推动体育产业高质量发展的意见》	以粤港澳大湾区为重点发展体育产业，培育一批具有较大影响力的体育城市

（续表）

时间	颁发部门	政策名称	产业协同发展的核心内容
2020 年	中国人民银行、银保监会、证监会、外汇局	《关于金融支持粤港澳大湾区建设的意见》	促进资金跨境流动和金融市场互联互通、扩大金融业对外开放、提升金融服务创新水平等
	广东省人民政府	《关于培育发展战略性支柱产业》	重点发展十大战略性支柱产业集群和十大战略性新兴产业集群，并培养若干有全球竞争力的产业集群
2021 年	国务院办公厅	《全民健身计划（2021—2025 年）》	支持粤港澳大湾区等区域联合打造全民健身赛事活动品牌
	中共中央、国务院	《全面深化前海深港现代服务业合作区改革开放方案》	扩大前海合作区范围，明确了推动前海合作区全面深化改革开放的目标
	中共中央、国务院	《横琴粤澳深度合作区建设总体方案》	划定了"粤澳深度合作区"的实施范围，确定了战略定位与发展目标
2022 年	中共中央、国务院	《关于加快建设全国统一大市场的意见》	优先开展区域市场一体化建设工作，建立健全区域合作机制，积极总结并复制推广典型经验和做法

现有粤港澳大湾区相关的产业政策呈现出几个特征：第一，规格高、影响大，共同推进大湾区体育产业发展是粤港澳大湾区战略的重要组成部分，也是体育强国、体育强省的重点建设内容；第二，有基础、有方向，经济实力、区域竞争力和体育产业资源的聚集力是大湾区体育产业协同发展的重要基础，联合打造一批国际性、区域性品牌赛事成为大湾区体育产业协同发展的重要突破方向；第三，抓贯彻、促落实，促进粤港澳大湾区体育产业协同发展、打造区域品牌赛事融入国家和地方体育专项政策，并成为重要措施内容。

3. 法律

新修订的《体育法》自 2023 年 1 月 1 日起施行，其对于粤港澳大湾区体育产业协同发展具有重要意义。一方面，法律是产业得以良性发展的保障。中国体育产业的市场化程度较低，在其发展过程中有着诸多问题，如其发展定位不明确，产业内容与体系不明晰等。新修订的《体育法》确定了体育产业的发展定位，并进一步明晰了体育产业的内容与体系。其明确提到"国家支持体育产业发展，完善体育产业体系，规范体育市场秩序，鼓励扩大体育市场供给，拓宽体育产业投融资渠道，促进体育消费"，"国家支持和规范发展体育用品制造、体育服务等体育产业，促进体育与健康、文化、旅游、养老、科技等融合发展"等。通过国家在体育产业发展中的引领作用，完善体育产业体系，不断壮大体育市场主体，创新消费场景，并推动体育产业与其他相关产业进行融合发展，不断增强体育产业发展的活力。另一方面，法律是区域经济竞争公平性的保障，可以最大限度地保护各要素在资源配置中的权益，在一定程度上能够破除区域壁垒，解决区域经济恶性竞争的循环，使粤港澳大湾区体育产业协同发展在法制框架中能得到有效的实施。粤港澳三地之间的法律障碍是体育产业协同发展的主要壁垒，是合作与发展所要解决的首要问题，其无法通过经济与行政主体协商来解决，只能依靠法律手段来实现。新修订的《体育法》有利于推动粤港澳大湾区体育产业的协同发展，其明确提出"国家建立健全区域体育产业协调互动机制，推动区域间体育产业资源交流共享，促进区域体育协调发展"，"国家支持地方发挥资源优势，发展具有区域特色、民族特色的体育产业"等。新修订的《体育法》强调要以合作交流为区域体育发展的基础，推动区域间体育产业资源要素的自由流动及优化配置，并且统筹考虑了地方的资源禀赋，指出要因地制宜，发展民族特色体育产业，在一定程度上有利于解决当下区域体育产业发展中同质化现象严重这一难题。

（二）经济因素分析

经济因素主要包括经济结构、财政与货币政策、能源与交通成本等，而粤港澳大湾区体育产业协同发展的经济因素分析主要从产业结构、交通网络及金融服务这三个因素展开。

1. 产业结构

产业结构是发展经济学中的概念，亦称为产业体系，是社会经济体系的重要组成部分。产业结构是指产业内部各生产要素之间、产业之间、时间、空间、层次的五维空间关系。改革开放以来，粤港澳大湾区城市群依托其优越的资源禀赋和良好改革环境，培育和打造出了较为完整的产业体系。粤港澳大湾区不仅产业规模庞大，拥有全国或全球竞争力明显的优势产业，其内部产业发展存在丰富的多样性以及明确的劳动分工。特别是在中国加入世界贸易组织之后，内地和港澳顺应产业结构升级的趋势，不断深化经贸关系，强化产业联动，与港澳地区分别签署《关于建立更紧密经贸关系的安排》，打破区域关税和非关税壁垒，通过互惠互利产业互补，实现区域共同繁荣，开启了以服务贸易自由化和贸易投资便利化为核心的横向产业联动时代。

依据各城市的产业情况，粤港澳大湾区呈现产业分工协作、城市错位竞争的趋势。香港致力于生产性服务业和创新型科技产业；澳门以旅游和文化促使经济多元发展；广州发挥岭南文化的凝聚作用，提升商贸、科技、文化等功能；深圳作为经济特区发挥创新型城市的引领作用，打造科技创新、产业创业中心；珠海、佛山、惠州、东莞、中山、江门、肇庆等城市则着力增强发展的协调性。这种多级共生、梯度发展、互补联动的产业分工，对推动区域经济快速发展非常有利（具体见表5-2）。

表 5-2 粤港澳大湾区产业特色表

城市	产业定位	特色产业
香港	国际金融中心、航运中心、贸易中心	仓储物流、金融和专业服务
澳门	博彩娱乐业为支柱带动投资发展	博彩业、金融业、公共服务业
深圳	金融中心、科创中心、航运中心	先进制造业、金融业、信息软件服务企业、交通运输业
广州	贸易中心，区域的文化、医疗、物流中心	电子信息技术、生物医疗健康、汽车、金融业
东莞	制造业中心（外贸型）	电子信息技术、化工、纺织服装、造纸、食品饮料、玩具、家具、电气机械
珠海	信息技术服务	电子信息技术、医药、新能源、海洋工程
中山	信息技术服务业、制造业	装备制造业、机器人
惠州	电子制造和石油化工为支柱	电子信息产业和石化产业
佛山	制造业中心（内贸型）	纺织服装业、食品饮料业、家具制造业、建筑材料、家用电力电器
江门	制造业	造纸、交通运输业、重卡和商用车产业、新材料、新能源及装备产业
肇庆	地域广阔，有望通过城市群融合在制造业方面取得突破	装备制造、新型电子产业等

当下，体育产业结构正在不断优化，体育产业布局亦日趋合理，已逐步构建珠三角"1小时体育圈"，围绕广州、深圳等核心城市培育发展了一批体育产业集群，逐渐由单一的体育用品企业聚合向竞赛表演、健身休闲、体育旅游等多种类型的集群发展，成为拉动经济增长的重要动力。香港的体育产业基础良好，赛马、帆船等项目比赛吸引着来自世界各地的参赛者、观摩者以及各类商业事务的参与（门票、纪念品、广告、博彩等），

对粤港澳大湾区体育产业资源要素的流动有重要影响①。澳门由于历史、场地、社会认同等多种客观条件限制，其体育产业发展还有较大空间。格兰披治大赛车、WTT 澳门冠军赛、国际龙舟赛等大型赛事活动也促进了澳门体育产业的快速发展，强化了与广东、香港的互联互通。虽然体育产业结构在不断优化，但粤港澳大湾区体育产业结构存在的问题仍较为明显。第一，粤港澳大湾区体育产业关联结构的水平不高，致使其结构效益溢出效应较低。体育产业结构内部各部门关联结构效应对体育产业发展水平具有决定性的影响，包括结构关联水平、结构关联质量以及结构关联程度三个方面②。当下粤港澳大湾区体育产业虽已形成内部环形网络，但产业内部的关联结构仍呈现为低密度的关联网络，各部门间产品交换量少，且关系较为松散③，表现为粤港澳大湾区内体育产业结构内部的各子行业间的相互关联程度较低，未形成良性互动。如体育教育与培训业在"三级训练体系"下，较多运动员仍局限于体育系统中，无法进入市场，难以参与到体育竞赛表演与健身休闲业中。因此也造成了体育人才短缺，并催生出一批"速成"的健身教练，令体育健身休闲业一度鱼龙混杂，对其良性发展造成影响。第二，粤港澳大湾区体育产业结构的布局仍不合理，虽已重视因地制宜，基于区域资源要素禀赋来发展有鲜明区域特色的体育产业，但始终是杯水车薪，其重复建设、结构趋同的现象仍较为突出。第三，粤港澳大湾区体育产业的内部产出结构仍不均衡，虽广东省在 2021 年的体育服务业总产出已超过体育用品制造业，为 3319 亿元，占比为 53.04%，但体

---

① 陈飞：《粤港澳大湾区体育产业区域特征与发展研究》，《广州体育学院学报》2020 年第
　　5 期。

② 蔡朋龙、刘广飞：《新时代我国体育产业结构优化的逻辑、目标与路径》，《体育学研
　　究》2021 年第 5 期。

③ 蔡朋龙、王家宏、方汪凡：《基于复杂网络视角下中国体育产业结构特征研究》，《中国
　　体育科技》2021 年第 3 期。

育竞赛表演活动的规模仍较小，仅为 39 亿元，占比为 0.62%，且其中大部分仍处于价值链的低端。

2. 交通网络

交通系统是城市发展的"血管"，保障着人才、资源的输送，也是维持城市之间相互交流的必要渠道。粤港澳大湾区拥有现代化交通网络结构，已达到世界先进水平。与国内其他地区相比，大湾区内交通联动能力强、协作水平高，在轨道建设、公路枢纽建设、港口和口岸枢纽建设、航空港建设方面都有较为合理的布局与规划，完备海陆空三种交通渠道。在航运方面，粤港澳大湾区坐拥广州港、深圳港、香港港等货运大港，以及珠海港、澳门港、佛山港等形成了实力雄厚、分工明确、服务于珠三角经济发展的世界级港口群，辐射华南、西南，面向世界的港口发展格局，发挥港口动力源高效拉动双循环作用[①]。在陆运方面，珠三角地区兴建了城际铁路交通网络，把粤港澳大湾区 9 城连接至香港和澳门。港珠澳大桥、广深港高铁等标志性工程建成运营，大湾区铁路运营里程近 2500 公里，其中高铁里程 1430 公里，"轨道上的大湾区"加快形成。值得一提的是，以广州为代表的大湾区城市正推动高铁线路引入中心城区。在完善的交通体系叠加便捷的通关政策，不仅提高了资源流动的便利性，还加快了国内外优质资源的聚集，推动了粤港澳大湾区产业协同发展。在空运方面，粤港澳大湾区内囊括了三座国家化机场，以及三家辅助空港，满足了粤港澳大湾区的航空运输需要，以及华南地区对航空运输的需求，港口集装箱吞吐量和机场吞吐量位于世界四大湾区之首。高速公路则作为粤港澳大湾区的内部沟通连接渠道，截至 2019 年 12 月，其通车里程已达到 4500 公里，且

[①] 韩永辉、赖嘉豪、麦炜坤：《粤港澳大湾区建设世界级产业集群与提升全球价值链能级研究》，《城市观察》2022 年第 1 期。

核心交通网络密度在 8.2 公里/百公里①。在未来规划中，还将增加 33 条
高速公路通道，其中 4 条通往香港，2 条通往澳门，大力完善"外通内连"
网络②。随着"硬联通"的全面推进，粤港澳大湾区"1 小时生活圈"已
基本形成，从香港驾车到珠海、澳门仅需 30 分钟，香港往来广州缩短至 1
小时以内，粤港澳三地口岸通关效率亦大幅提升。2023 年 1 月 8 日起港澳
与内地通关随着疫情防控的优化而全面恢复，便利的交通为粤港澳大湾区
体育旅游业的复苏带来了新机遇。即将举行的 2025 年粤港澳大湾区全运会
将进一步带动粤港澳大湾区体育旅游、竞赛表演业等的发展，届时便利的
交通将使跨区观赛、参赛、旅游成为常态，并不断推动粤港澳大湾区体育
产业协同发展。

3. 金融服务

粤港澳大湾区金融服务在中央惠港、惠澳政策下持续深化金融改革与
合作，在金融服务优化与互联互通上取得了积极的进展。首先，民生金融
服务得到了极大的提升。人民银行坚持民生金融的优先发展，其积极推动
粤港澳大湾区的跨境开户、缴税、支付、理财、购房等一系列便利服务的
开展。截至 2021 年底，港澳居民通过代理办证在内地完成开户达 18.4 万
个，港澳居民亦可通过微信、支付宝、云闪付钱包、澳门通 Mpay 钱包等
在内地进行电子支付，极大地提高了便利性。其次，粤港澳大湾区的跨境
贸易与融投资等便利性显著提高。通过提高本外币的兑换及跨境流通使用
的便利度，使三地间贸易往来愈发顺畅，不断落实跨境融资宏观审慎管
理，如外债登记，尤其是高新技术企业外债的便利化改革，为推动更高水
平的区域经济发展提供了支持，并积极推动人民币在粤港澳大湾区的跨境

---

① 郭跃文：《粤港澳大湾区建设报告（2020—2021）》，社会科学文献出版社 2021 年版。
② 国世平：《粤港澳大湾区规划和全球定位》，广东人民出版社 2018 年版，第 116—
117 页。

结算，2021 年跨境人民币结算规模已达到 3.8 万亿元，成为第一大跨境结算币种。再次，金融市场与金融基础设施的互联互通不断推进。内地与香港建立了债券通、理财通、股票通等互联互通机制，并在 2021 年 10 月相继开启了"跨境理财通"与"南向通"（债券通），于当年末参与试点的居民超 2 万人次，实现了 5855 笔、4.9 亿元的资金跨境汇入①。从此，绿色金融、金融科技等领域的合作不断深化。2020 年 9 月广州、深圳与港澳联合成立了绿色金融联盟，依托于港澳区位优势以及香港国际金融中心的地位，不断推进绿色金融的聚集与辐射。2021 年 10 月深圳于香港发行的50 亿元地方政府债券中，绿色债券就高达 30 亿元。最后，跨境金融风险防范能力不断提升。粤港澳大湾区金融部门已建立金融互通机制，在交流与合作中不断强化监管，有序推进跨境金融业务的风险评估，有效打击了洗钱与逃税等违法行为。

在粤港澳大湾区体育产业协同发展过程中，金融支持是中流砥柱，为体育产业的发展注入了生机与活力。政府金融支持与市场金融支持对体育产业发挥着同等重要的作用，但是随着市场化程度的不断加深，粤港澳大湾区的政府金融支持就变得越来越有限。一个行业只有能熟练地运用金融工具与理念才能被视为成熟，而市场金融支持是一个双方受益增值的过程，金融产业支持体育产业的同时亦在体育产业中寻求自身的发展机会。在 2018 年全国体育产业发展大会上，工行、农行等六家金融机构就与国家体育总局签订了合作协议，为体育产业的发展提供金融支持。中国银行广东分行亦与广东省体育局签署了《关于支持广东体育产业发展战略合作协议》，为体育产业的发展提供全方位的"体育+金融"深度合作。但当下粤港澳大湾区体育产业与金融产业的矛盾凸显，具体表现为体育产业的高投入低产出、产业链条长、投资回报慢等。

---

① 王信：《持续深化粤港澳大湾区金融合作》，《中国金融》2022 年第 13 期。

（三）社会因素分析

社会因素主要包括生活方式、文化传统、人口环境等，而粤港澳大湾区体育产业协同发展的社会因素分析主要从人口环境与文化传统这两个因素展开。

1. 人口环境

人口环境主要包括人口规模、年龄、分布等因素，根据与体育产业的关联度，本章重点分析粤港澳大湾区人口的规模及其消费。从第七次全国人口普查数据可以发现，我国人口正加速向都市圈或城市群集中。人口集聚是粤港澳大湾区不可逆转的发展趋势，过去10年间增长了39.02%，远高于全国平均5.38%的人口增速。人口集聚带动了区域城市产业群的高速发展，有利于提升粤港澳大湾区的劳动生产率和产业要素流动，也为粤港澳大湾区体育产业联动注入了新的活力。随着《粤港澳大湾区发展规划纲要》的颁布和共建人文湾区、休闲湾区等措施逐步实施，粤港澳三地之间、粤港澳大湾区与内地之间的产业联动更为紧密，又进一步促进了区域人口集聚的效应。人口集聚与产业发展的良性循环为粤港澳大湾区体育产业协同发展奠定了坚实基础。

粤港澳大湾区作为我国经济较为发达的地区，其居民收入水平比其他地区高。居民的收入水平会影响其消费能力，收入水平越高，居民的消费能力越强，可支配的收入也越多，对教育文化娱乐的消费支出也会增加。2019年全国人均教育文化娱乐消费支出为2513元，如表5-2所示，粤港澳大湾区人均教育文化娱乐消费支出整体高于全国平均水平，香港、广州、澳门等城市甚至高于全国平均水平2倍以上。2020年的数据显示，即使在疫情常态化影响下，粤港澳大湾区人均教育文化娱乐消费基本保持稳定。因此，粤港澳大湾区居民教育文化娱乐消费能力较强，即使在疫情的情况下，教育文化娱乐消费也没有受到太大影响。

教育文化旅游消费的水平能反映粤港澳大湾区居民对健身休闲的消费欲望，也能折射出粤港澳大湾区居民的体育消费水平，有利于促进粤港澳大湾区体育产业的协同发展。

表 5-3　2019—2020 年粤港澳大湾区人均教育文化娱乐消费支出

城市	2019 年	2020 年
香港	13093.67	—
深圳	4474.45	3712.63
东莞	4244	5879
广州	6149	4716
肇庆	1736.2	1889
佛山	4853	4017
澳门	5204.35	—
惠州	3326	2634
珠海	4742.53	3219
中山	2497	5289
江门	2669	1870

数据来源：各市统计局、《澳门统计年鉴》及《香港统计年刊》。

2. 文化传统

文化传统具有延续性。在香港澳门被殖民统治的百余年间，受殖民国家文化的影响，逐渐形成了具有本土化、个体性的市民文化，并削弱了对民族及国家的认同感与责任感。尤其香港在回归时经济发展水平远超内地，容易产生心理优越性。在此优越性的驱动下只注重"两制"而忽略了一国，导致在很长一段时间"市民教育"优先于"国民教育"，使得一批主体意识强、辨别是非能力较弱的青少年在少数"港独"人士的错误引导下，降低了对国家以及民族的认同。但是粤港澳大湾区的文化同源、人缘相亲、民俗相近。从历史变迁来看，首先，处于岭南版图中的粤港澳大湾区在历史上一脉相承。两千多年来，虽然政治制度不断变化，但港澳行政建制多隶属于广东，这一从属关系一直维持到近代。这种行政地域管理使港澳与珠江三角洲文化存在较强的共同性[①]。从地理空间来看，五岭隔断使粤港澳大湾区在地理上自成格局，而海洋性文化也是粤港澳大湾区文化传承的共性。粤港澳三地的文化是在海洋文明背景中孕育产生的，具有开放、进取、务实、创新等特点，使当地成为近代中国政治革命、文化创新、经济发展的先导，对我国的经济和社会产生重大影响。从语言风俗来看，粤港澳大湾区共讲粤语、共品粤菜、共赛龙舟、共观粤剧，具有深厚的岭南人文特色，在历史人口、语言和文化方面都具有高度的同一性[②]。从人口构成来看，香港人口以华人为主，约占 95%，大部分原籍为广东珠江三角洲；澳门汉族居民占全区总人口的 97%，华人大部分原籍也是广东珠江三角洲，因此港澳地区的人口来源大部分都与广东密切相关。总之，粤港澳三地文化同宗同源，都源于岭南文化，属于广府文化的范畴。由于历史原因虽然港澳文化受西方文化影响，但本质仍然是岭南文化的延伸，在社会习俗、宗教、语言信仰等方面保留着浓厚的岭南文化特色和传统。文化的同宗同源为粤港澳三地建设"人文湾区"打下了基础。在共建"人文湾区"的过程中，以体育为纽带，将增强大湾区的凝聚力。如以传统武术为抓手在湾区内开展武术交流合作、武术入校园等，以武术为载体强化民族的身份认同，进而推动大湾区文化繁荣发展。同时将推动岭南文化中具有代表性的龙舟、武术、醒狮等蓬勃发展，不仅使其中濒临失传的文化技艺得以保存，更将之作为世界性中华文化符号的品牌，将中国的体育文

---

① 闻瑞东、钟世川：《加强粤港澳大湾区文化整合的对策》，《改革与开放》2018 年第 20 期。

② 黄玉蓉、曾超：《文化共同体视野下的粤港澳大湾区文化合作研究》，《广州大学学报（社会科学版）》2018 年第 10 期。

化推向全世界。体育文化的不断发展不但能提高大众对中国体育文化的认同，亦能带动大众对体育的需求，进而推动粤港澳大湾区体育产业的协同发展。

（四）技术因素分析

技术因素主要包括创新机制、技术的开发与应用、社会技术人才等，而粤港澳大湾区体育产业协同发展的技术因素分析主要从科技创新及智库建设两个方面展开。

1. 科技创新

建立国际科技创新中心已然成为粤港澳大湾区在新时代发展中的一项重大发展命题，在时代变革的浪潮中，科技创新已成为区域协同发展的关键因素。在改革开放 40 余年中，粤港澳大湾区逐渐成为中国最重要的科技创新增长极之一，极具创新活力，其科技创新投入规模已与意大利、英国相当。预计到 2030 年可比肩旧金山湾区，达千亿美元级。特别是深圳的投入规模与强度已领先主要发达国家，达到 1510.8 亿美元，占 GDP 5.46%[①]。在《粤港澳大湾区发展规划纲要》颁布三年来，湾区内科技创新能力显著提升，并产生了一批高质量的创新成果。从科研论文发表来看，粤港澳大湾区成果显著，已可与世界一流创新集群比肩，2020 年粤港澳大湾区共发表论文 77279 篇，为纽约、东京湾区的 1.5 倍，但在质量上略有逊色，在顶级期刊等方面仍有一定差距，急待进一步提高质量。从数字技术的发展来看，粤港澳大湾区作为拥有最大面积、最多人口的湾区，其数字经济发展的潜力极大。《中国互联网发展报告 2021》中的数据显示，我国数字经济规模在 2020 年达到 39.2 万亿元，同比增长 9.5%，占总

---

① 刘毅、任亚文、马丽：《粤港澳大湾区创新发展的进展、问题与战略思考》，《地理科学进展》2022 年第 9 期。

GDP 的 38.6%，其中珠三角地区的数字经济规模已经超过 4 万亿元，占地区 GDP 比重高达 44.3%，且国内电子信息十强企业中的比亚迪、TCL、华为均在大湾区内①。近年来数字技术的发展与疫情的管控促使产业数字化进程持续增加，其规模不断扩大，2021 年深圳数字经济核心产业的 GDP 比重达到 30%，位居各大城市前列。伴随着 5G 与互联网技术的深入发展，数字贸易、技术与数据要素的协同已成为必然趋势。"数字湾区"的建设离不开以数据中心、以 5G 为代表的一批新型技术设施的建设。粤港澳大湾区数据中心的建设名列前茅，数据中心机组规模已达到 44.9 万架，约占全国总数的 20%。5G 的建设更为迅速，广东省在 2021 年共新建了 4.67 万座 5G 基站，累计达 17 万座，并计划实现 5G 的全覆盖。在 2022 年初出台的《中国互联网发展报告 2021》中提到要在 2025 年使数字技术与实体经济的融合取得较为显著的成效，产业数字化已逐渐成为粤港澳大湾区经济发展的重要动力，其中物联网、云计算与大数据在制造业上的应用率不断提升，服务行业亦有着较高的数字化水平，其中电子商务及信息消费的交易额稳居全国首位，且跨境电子商务交易额占全国的七成之多。目前香港在建立辐射东南亚及国内外的大数据中心，澳门亦在打造有着枢纽作用的跨国电子商务平台以及国际贸易展示平台。粤港澳三地通过建立合作发展基金、知识产权联盟、创新合作区以及实验室等不断地整合区域间科技创新要素。同时，利用产业园区引进各高校、企业、研究机构等主体，孵化出具有潜力的科技企业，并制定了面向市场的产学研高度一体化的体系，将各创新主体与市场通过"以产定研、以产促研"的方式进行双向对接。

云计算、物联网、大数据、人工智能、5G 等数字技术对粤港澳大湾区

---

① 　曾坚朋、王建冬、黄倩倩：《打造数字湾区：粤港澳大湾区大数据中心建设的关键问题与路径建构》，《电子政务》2021 年第 6 期。

体育用品制造业与体育服务业具有重要影响。粤港澳大湾区体育产业的发展与科技创新息息相关，体育场馆的数字化升级，室内外体育健身设施的智能化，以及体育用品制造业的数智化转型无不体现了科技创新对体育产业发展的重要作用。

2. 智库建设

智库是高端顾问、专家及复合型人才组成的高层次人才的聚集，其本质上是为经济和社会发展献计献策，也是人才强国战略中的重要体现，对社会发展与进步起着重要的助推作用。"湾区建设，智库先行"已成为学界所共同认同的观点，就其实践而言，在一定程度上代表了地区的综合竞争力，粤港澳大湾区的智库在"一国两制"中不断壮大，但由于政治、历史、社会等多方面原因，其形成了各具特色的发展格局。

广东作为改革开放的先行地，对人才的吸引力大，智库建设起步早且发展迅速。近年来随着粤港澳大湾区建设的全面推进，智库的发展势头强劲，总体数量不断增多、运作主体多元化、研究领域特色化。现已拥有超过 400 多家智库，其中 2 家高端智库，15 家省重点智库，并形成了党政智库、高校智库、社科院智库、企业智库及社会智库共同发展的体系①。当前，香港智库已进入"大发展、大繁荣"时期，拥有近 40 个智库，包括政府主导、大学附属以及民间综合三大类型②。香港智库在理论创新、舆论引导以及咨政建言等方面的作用日益显著，不仅受到中央与特区政府的重视，而且发挥着密切联系内地，并为国际交往献计献策的作用。澳门智库分为政府智库、社会智库与高校智库三大类，政府鼓励发展社会智库，并充分发挥在推进澳门贸易、人文往来中的桥梁中介作用。澳门

---

① 广东省社会科学课题组：《粤港澳大湾区智库发展报告（2018）：智库合作引领湾区未来》，广东省社会科学院 2018 年版，第 2—4 页。

② 明汇智库：《香港智库年报 2018》，2018 年，第 8—9 页。

的 9000 余个社团中，有部分已具备了智库的属性①，为澳门的繁荣与稳定献计良多。

体育智库建设能够汇聚各方英才，为粤港澳大湾区体育产业的发展献计献策。广东省成立了广东体育智库，汇聚了政府机构、省市单项组织、顶级专家学者及知名企业等各方力量。该智库的建立促进了体育人才的聚集与交流，为体育发展的政策制定和规划决策提供了专业支撑。广东体育智库以探索体育共享新生态为出发点，将构建产业发展新格局作为战略目标，整合各方资源并贯彻"互联网+共享+人才"的核心发展理念，打造完善的体育生态体系，推动体育产业的高质量发展。

二、粤港澳大湾区体育产业协同发展现实基础的 SWOT 分析

（一）优势分析

粤港澳大湾区建设是国家战略，这是大湾区体育产业协同发展最显著的优势。此外，还存在多重优势：第一，粤港澳大湾区建设规划为粤港澳大湾区体育产业协同发展提供了保障与契机。首先，强化区域基础设施的互联互通，如交通网络、信息通信等基础设施建设极大提高了要素在区域内流动的效率，为粤港澳大湾区通过数字赋能构建互联互通的智慧城市提供了保障，为体育产业协同发展创造了有利条件。其次，构建具有国际竞争力的产业体系，优化了产业的布局与结构，突出了区域特色，提升了价值链，在一定程度上有利于解决区域体育产业同质化的问题。再次，共同参与"一带一路"的建设，形成了全面开放的格局，为体育产业的发展提供了良好的营商环境与国际合作交流的机会，有助于提升粤港澳大湾区体育产业协同发展中产业国际循环的质量与水平。从次，建设粤港澳大湾区

---

① 赵恒煜：《粤港澳大湾区智库发展特征、问题及趋势研究》，《智库理论与实践》2022 年第 6 期。

合作发展平台、国际科技创新中心，聚集整合国内、国际资源，为粤港澳大湾区体育产业协同发展的推进以及创新提供了良好的氛围环境，鼓励和推动港澳青年进入大湾区内地城市创新创业[1]。最后，对生态文明、优质生活圈的建设，为作为绿色产业、公共服务与民生建设重要环节的体育产业的发展提供了契机。

第二，"一国两制"制度优势明显。一方面，粤港澳大湾区同属一国，在处理问题时同气连枝，有利于区域协调合作的开展，在一定程度上能够减少交易成本，且祖国始终是港澳繁荣稳定的坚强后盾。如2008年下半年爆发了国际金融危机，其对香港的经济造成了极大的冲击，一时间内需萎靡、出口放缓，中小微企业融资困难且经营举步维艰。作为香港坚强的后盾，中央迅速采取了行动，先后通过经济合作、基础建设等14个强有力的措施，帮助香港成功应对了金融危机，实现了经济的振兴。在中央强有力的领导下，粤港澳大湾区既可在面对国际激烈竞争时立足自身，畅通国内大循环，又可依托于港澳，加快畅通国际经济大循环。另一方面，粤港澳大湾区分属两制，保留了香港、澳门原有的社会制度与生活方式，有利于保持粤港澳大湾区长期的繁荣稳定，进而保持了港澳的国际地位与全球化优势。香港仍是全球第三金融中心，亦是重要的贸易、航运、国际创新中心；澳门仍是世界四大赌城之一，博彩业高居产业龙头位置。善用"一国之利，两制之便"的独特双重优势，创新有利于粤港澳大湾区体育产业协同发展的制度体系，为大湾区体育产业高质量发展提供优越的制度环境。

第三，日益完善的交通网络与互联互通机制为粤港澳大湾区体育产业协同发展创造了有利的条件。既推动了区域要素的流动，实现空间上的优化配置，又缩短了不同区域之间的时空距离，使经济活动可以辐射其他区

---

① 杨爱平、郑晓云：《港澳青年融入大湾区内地城市发展的行政推动机制研究——以港澳青年创新创业基地建设为例》，《青年探索》2022年第2期。

域，同时大大削减了区域间贸易往来的成本；鲜明的产业定位与特色对粤港澳大湾区体育产业协同发展具有积极的推动作用，大大减少了同质化竞争；优质的金融服务与金融服务互联互通的持续优化，特别是绿色金融，为粤港澳大湾区体育企业发展提供了便利，有效改善了体育企业的融资环境，大大推动了体育企业的发展。

第四，巨大的人口规模不仅是粤港澳大湾区体育消费的基础，更是打造体育人才高地的重要条件。湾区内建设优质生活圈，积极推动人文湾区、休闲湾区、健康湾区的建设，大力发展区域公共服务与民生事业，优化社会保障及治理合作，并大力打造教育、人才高地，不断拓展就业、创业空间亦为粤港澳大湾区体育产业协同发展创造了有利条件。同时，随着科技创新，尤其是数字技术在体育产业应用上的不断深化，通过数字交易平台等不断发展，为粤港澳大湾区体育资源的流动与聚集提供了极大便利，以此推动粤港澳大湾区体育产业协同发展的不断深化。

（二）劣势分析

粤港澳大湾区体育产业协同发展的劣势主要包括区域内存在各种壁垒、体育市场不够成熟、体育企业竞争力弱等。

第一，"一国两制"制度虽具有明显的制度优势，但"两种制度、三种货币、三个关税区"在一定程度上限制了粤港澳大湾区的深度融合发展。一方面，造成了区域协同立法不足。粤港澳大湾区的协同立法是多中心、准一体化的协同立法，不同于长三角地区的一体化立法模式，亦与京津冀地区的以首都为中心的协同立法模式迥异。在"一国两制"的制度下，港澳拥有独立的立法、司法、行政管理权，所沿袭的法律制度不同。香港沿袭英国法律制度，而澳门则沿袭了葡萄牙的法律制度，个中差异虽在某种程度上带来了制度互补的优势，但也会造成不小的制度摩擦，如在新冠疫情严格防控时期的人员流动的管控上存在较大差异。另一方面，区域要素流通不畅。在"一国两制"的制度下，由于不同的法律、关区以及不同货币而产生的法律问题、通关问题、税制问题等，构成了区域壁垒，在资源配置、要素流动、政策对接、分工合作等方面形成了阻碍，使其无法实现高效快捷，对市场互联互通造成了一定影响。在货币资金方面，内地与港澳之间的互通有着较多的限制，其中科研、PR、VC、创业等资金的跨境流动管理缺乏灵活性，为粤港澳大湾区的跨境电子支付市场带来了极大的不便；在货物运输方面，粤港澳大湾区由于关税的不同，以及管理体制、检查标准的差异，使信息共享受阻，通关效率较低；在人才流动方面，虽然正在逐渐开放专业资格证书的互认，但是仍有许多不足，且内地个税高、子女教育等方面仍未做到享受同等待遇，致使人才流动在一定程度上受到限制。

第二，广东与港澳的体育市场差异明显，广东省的体育产业的发展是以政府为主导，而港澳特区的体育产业的发展则是以市场为主导。以政府为主导，依托于政策的发展方式虽然能吸引社会资本涌入体育产业，但让一些企业陷入"投资热，变现难"困局，广东省的体育企业的发展滞后，多为中小微企业且同质性高，而且仍是以制造业为主，但仍处于价值链的中低端，缺乏高端产品，科技到产出的成果极为有限，体育竞赛表演业发展不畅。港澳则在一定程度上由于人口或土地的限制而制约了其发展，尤其是制造业的发展。

第三，虽然粤港澳大湾区在人口及经济规模上占据着很大的优势，但是群众的体育意识仍不强，相较于其他世界三大湾区而言，体育消费规模不大，体育物质消费占比高，高端体育消费不足。

虽然体育科技创新环境较好，但成果转换率低，中高层次体育人才缺口较大，体育人才培养模式单一。

（三）机会分析

粤港澳大湾区建设的稳步推进，以及健康中国、体育强国战略的深入实施，为粤港澳大湾区体育产业协同发展带来了巨大契机。

第一，未来将持续出台各种利好政策，并且目前政策实践中遇到的问题将会逐渐得到解决。法律的相关协作机制与协同执法水平也会稳步提高，届时要素流动、知识产权保护、环境保护等各领域都会得到快速发展。国家治理能力与治理体系不断向现代化迈进，为大湾区市场一体化提供强有力的保障，打造良好的营商环境。体育产业现在的市场化程度较低，但其可能因后发优势，在良好的营商环境中完成赶超，一跃成为区域支柱性产业。

第二，粤港澳大湾区将构建具有国际竞争力的产业体系，推动区域产业体系不断创新，壮大战略性新兴产业。深化产业供给侧结构性改革，同时加速现代服务业的发展。建设国际金融枢纽，完善粤港澳大湾区的金融服务体系，推进金融市场的互联互通，以此带动区域新模式、新业态的发展，形成优秀产业集群。推进生态文明建设，不断创新绿色低碳发展模式，形成绿色、环保的发展格局，并加速构建绿色产业体系。作为绿色产业的体育产业，在日益完善的基础设施建设以及绿色金融服务的支撑下，未来将迎来快速、可持续发展。

第三，随着健康中国与体育强国战略的实行，居民对体育的需求呈逐渐上升趋势。三年新冠疫情让全社会认识到"每个人都是自己健康的第一责任人"，更多人选择通过体育运动来强身健体，提高免疫力，增进健康。2025年全运会在粤港澳大湾区举办将催生多重机遇。首先，体育场馆、交通设施等将得到进一步的完善，不仅提升赛事承办能力，而且能培育新的体育产业增长带、增长极和增长点。其次，举办全运会有望促使大湾区政府部门间合作的流程优化，打通体制机制的瓶颈，改善营商环境，为体育产业提供更宽广的发展空间。再次，全运会将成为推动大湾区体育产业多元化和融合发展的催化剂，带动竞技赛事、媒体、培训等领域的增长，并吸引投资。最后，全运会将带来巨大的人流量，吸引大批国内外观众和游客涌入，并带动大湾区体育消费，刺激体育、餐饮、住宿、旅游等产业蓬勃发展。

第四，粤港澳大湾区建设国际科技创新中心，打造高水平的科创载体与平台，聚集整合国际资源，提升创新驱动力并激发粤港澳大湾区的内在潜力。通过科技的赋能，体育产业价值链将得到进一步提升，特别是体育产品制造业有机会脱离中低端的束缚，向高端迈进。

（四）威胁分析

粤港澳大湾区体育产业协同发展的威胁主要包括规则体系的碎片化、跨境金融监管法律机制的不完善、港澳青少年国家认同危机与其他区域的竞争以及数据跨境流动风险等方面。

首先，粤港澳大湾区的规则体系呈碎片化。除宪法外，粤港澳大湾区共享规则主要包括三地合作的城际协议及其附属规范性文件，包括《深化粤港澳合作推进粤港澳大湾区建设框架协议》《粤港澳大湾区发展规划纲要》等①。但是，在这些协议、文件中，不仅缺少产业合作等领域的相关实施方案与专项规划，而且缺乏违约责任、纠纷解决机制。在合作过程中若协议对一方不利，地方政府可通过不作为等手段逃避履行协议，导致合作效果得不到保障②；更存在产业合作、营商环境等相关配套政策不完善的现象，使政策难以落到实处，导致粤港澳大湾区体育产业合作难以有效实施。

其次，内地与港澳的货币发行、汇率形成机制与资本管理体制等方面存在较大差异，三地金融产业所依赖的法律体系迥异。尚未形成完整的跨境资金流动监管法律法规体系，缺乏适用于整个粤港澳大湾区的跨境资金

---

① 陈朋亲：《粤港澳大湾区规则相互衔接的制度复杂性与行为策略》，《学术论坛》2023年第46（03）期。

② 张学博、潘瑞：《区际合作中法律冲突及其困局破解——以粤港澳大湾区一体化为例》，《特区实践与理论》2021年第1期。

监管法律框架①，导致监管的不协调和漏洞，影响监管机构对跨境资金流动的有效管理，加大了金融风险的管控难度，使监管机构在面对跨境金融风险时难以迅速做出反应，进而影响整个粤港澳大湾区的金融体系稳定和健康发展，为大湾区体育产业协同发展的稳步推进带来了风险。

再次，港澳部分年轻群体，尤其是部分香港年轻人的国家认同感薄弱，甚至对国家存在抵触情绪②。这种认同危机为粤港澳大湾区体育产业协同发展带来了多方面的潜在隐患，不仅会破坏合作氛围，阻碍项目的推进，限制合作内容和领域，加剧文化冲突；更可能因青少年认同危机引起投资者和合作伙伴的犹豫，影响投资意愿，制约合作资金和资源的流动，使粤港澳大湾区体育产业协同发展的推进备受阻碍。

从次，随着数字经济的加速发展，数据已然成为重要的生产要素，数据的跨境流动对推动粤港澳大湾区资金、人员等要素流动起着重要作用。当前，数据安全已成为国家安全的重要组成部分，数据的跨境流动可能对国家安全造成一定的风险③。粤港澳大湾区数据跨境流动机制的建设仍处于初始阶段，不仅缺少数据产权的保护制度，妨碍跨境数据安全有序的流动④；而且缺乏统一的数据跨境流通标准与交易平台，使数据交易市场呈分割状态；更未形成协同的数据跨境流动监管机制，难以保障粤港澳大湾区体育产业协同发展中数据跨境流动的安全性，存在因相关数据滥用、泄露等带来的国家安全、经济风险的隐患。

---

① 毛艳华、李子文：《粤港澳大湾区非对称要素流动与市场一体化建设》，《学术论坛》2023 年第 46（03）期。

② 金晓艳、赫天姣：《粤港澳大湾区国际中文教育集群发展的 SWOT 分析》，《广州大学学报（社会科学版）》2022 年第 21（02）期。

③ 洪永淼、张明、刘颖：《推动跨境数据安全有序流动 引领数字经济全球化发展》，《中国科学院院刊》2022 年第 37（10）期。

④ 刘洋、董久钰、魏江：《数字创新管理：理论框架与未来研究》，《管理世界》2020 年第 36（07）期。

最后，长三角、京津冀以及世界三大湾区等区域的竞争，会给粤港澳大湾区体育产业协同发展带来一些潜在威胁，主要体现在人才竞争、资源竞争、市场竞争三个方面。首先，长三角、京津冀以及一些新一、二线城市不断优化人才政策，使国内体育人才争夺愈演愈烈，加大了大湾区体育人才流失的风险；世界三大湾区的体育企业与机构通过自身发展优势不断吸附世界优秀体育人才，使大湾区在国际体育人才争夺中备受压制。其次，长三角、京津冀等地区不断投入更多资源用于发展体育产业，而世界三大湾区本身就拥有更好的体育资源，这将使得大湾区在体育资源的争夺上面临竞争压力，如在有限的国际大型体育赛事争夺中，大湾区在顶级赛事的申办以及引进方面愈发艰难。最后，这些区域的市场规模较大，消费能力强，不断吸引国内外的体育品牌、赛事和媒体等涌入，使市场竞争愈发激烈，挤压大湾区的市场份额，限制了大湾区体育产业的发展。

三、粤港澳大湾区体育产业协同发展现实基础的 PEST-SWOT 模型

（一）PEST-SWOT 模型

将 PEST 与 SWOT 分析有机结合（如表5-4所示），PEST-SWOT 模型能够将研究对象的外部宏观环境与内部微观环境整合起来，通过该分析模型能够在考虑内部优劣势以及外部机会、威胁的情况下，全面、系统地整合研究对象发展所面临的政治、经济、社会及技术因素。

表5-4　PEST-SWOT 模型

		SWOT 分析			
		优势（S）	劣势（W）	机会（O）	威胁（T）
PEST 分析	政治（P）	PS	PW	PO	PT
	经济（E）	ES	EW	EO	ET
	社会（S）	SS	SW	SO	ST
	技术（T）	TS	TW	TO	TT

（二）粤港澳大湾区体育产业协同发展现实基础的 PEST-SWOT 模型构建

基于表 5-4 所示的 PEST-SWOT 模型与前文中对粤港澳大湾区体育产业协同发展现实基础的 PEST 及 SWOT 分析，构建如表 5-5 所示的粤港澳大湾区体育产业协同发展现实基础的 PEST-SWOT 模型。

如表 5-5 所示的粤港澳大湾区体育产业协同发展现实基础的 PEST-SWOT 模型，既可分析粤港澳大湾区体育产业协同发展的积极因素，又可分析制约因素。

四、粤港澳大湾区体育产业协同发展的战略选择

粤港澳大湾区体育产业协同发展的立足点在协同与发展，不仅要深化粤港澳大湾区体育产业合作与交流，更要推动体育产业的高质量发展。根据前文构建的粤港澳大湾区体育产业协同发展现实基础的 PEST-SWOT 模型，对粤港澳大湾区体育产业协同发展的战略选择提出针对性的建议。

（一）优化营商环境，加快培育和壮大体育市场主体

优化营商环境能为体育企业的发展创造良好的外部环境，其中包括融资渠道、服务效率、政策偏向等因素，能够加快培育和壮大体育市场主体。

首先，应针对体育企业融资难、融资贵问题进行精准施策。以提升金融服务水平为牵引，为体育产业发展创造良好的环境。创新体育金融产品服务，降低体育企业融资的成本，为体育产业的发展注入源源不断的"金融活水"；以协同发展、开发融合为突破，提升粤港澳大湾区金融支持体育产业发展的能级。注重大湾区内的金融协同，合力支持体育企业的发展，同时密切开展与其他省市的金融合作，并深化国际金融合作。坚持开放合作、互利共赢的原则，利用香港作为国际金融中心的优势，不断探索与国家金融市场在体育产业发展上合作交流的机制，利用国际金融的新机遇、

表 5-5　粤港澳大湾区体育产业协同发展现实基础的 PEST-SWOT 模型

		SWOT 分析			
		优势（S）	劣势（W）	机会（O）	威胁（T）
PEST 分析	政治（P）	PS "一国两制"的制度优势，新《体育法》及粤港澳大湾区建设战略下一系列利好政策为体育产业的协同发展提供了有利条件。	PW "两种制度、三种货币、三个关税区"形成的区域壁垒限制了大湾区体育生产要素资源的流通，同时影响了体育消费。	PO 粤港澳大湾区建设战略的不断推进，政策及其实践、法制保障等趋势向好，有望在未来创造良好的营商环境，推动体育产业后来居上。	PT 立法机制不完善，执法水平有待提升，会对办事效率产生影响，继而影响投资便利性，抑制合作的积极性，制约了大湾区体育产业协同发展。
	经济（E）	ES 产业特色鲜明、金融服务优化、交通网络完善有助于体育企业的发展，同时推动了与港澳体育贸易互联互通。	EW 内地与港澳体育市场的差异对大湾区体育产业协同发展产生了不利影响，同时体育企业的发展仍相对较为滞后。	EO 随着区域产业体系的不断创新，金融体系的不断完善，生态建设的不断深化，作为绿色产业的体育产业能得到更多支持而提升生产动能。	ET 金融监管的缺失将导致体育产业发展陷入无序状态，将对体育企业融资造成影响，不利于大湾区体育产业协同发展。
	社会（S）	SS 巨大的经济与人口规模是体育消费的基础，文化同源亦是大湾区体育产业协同发展的根之所系、脉之所维。	SW 居民体育意识仍不强，且体育消费支出更偏向于服装与器材，体育健身休闲业的发展在一定程度上受到了不利影响。	SO 随着健康中国、体育强化战略的深化及防疫管控松绑令居民更重视身体健康，未来体育市场需求将逐渐增加。	ST 庞大的人口涌入以及疫情后健康意识的增强，产生短期内的供需不平衡，可能造成同质化服务激增，影响体育健身产业。

（续表）

		SWOT 分析			
		优势（S）	劣势（W）	机会（O）	威胁（T）
PEST分析	技术（T）	TS 数字技术在体育产业应用的不断发展与深化推动了大湾区体育产业的协同发展，打造人才高地以及建设体育智库为协同发展提供了人才保障。	TW 体育科技创新转换为成果的效率不高，且中高层次人才匮乏，高层次人才培养不足，如体育管理学博士仍拿教育学博士学位，很少进入企业。	TO 建设国际科技创新中心为体育科技创新提供了良好环境，体育产业特别是制造业有望通过科技赋能摆脱中低端束缚，实现自身价值链的提升。	TT 缺少有效的跨区域科技协同创新的体系，致使中小微企业在这一环节中难以融入行业的创新生态之中，严重束缚了以中小微企业为主的体育产业的区域协同发展。

新标准、新秩序推动大湾区体育产业在国际市场上的发展；以安全稳健、精准发力为着力点，畅通体育产业发展的"金融血脉"，一方面根据体育产业的区位特色，差异化打造金融服务链，构建全链条、低成本的融资服务体系，同时把握住绿色转型的历史机遇，鼓励金融资源进入体育这一绿色产业中，以满足人民群众对美好生活的向往；另一方面坚持对金融风险进行监管，积极探索适合粤港澳大湾区的金融监管机制，利用数字技术，如区块链技术等打造公开透明的、多维度的、无缝隙的金融风险监管机制，以有效维护金融稳定，降低体育产业金融服务中的风险。

其次，应针对办事效率低的问题进行精准施策。持续深化体育赛事"放管服"的改革，切实提高政府的服务效能。作为体育产业发展的重要形式与原生动力，体育赛事随着疫情防控的"大松绑"逐渐恢复了昔日的繁荣。为推动粤港澳大湾区体育赛事健康有序的发展，应优化体育赛事的审批流程，鼓励大湾区体育赛事的合作与交流，并发挥体育赛事的拉动作用，促进产业的融合发展；加强体育赛事的监督管理，对于赛事活动的组织方案、紧急预案、合同、票据等均要有严格的规范；强化法律保障，根据新修订的《体育法》，对赛事中出现的赌博、兴奋剂以及侵犯体育知识产权等法律责任规定严肃处理，并深化大湾区内的司法交流合作，助力营造体育赛事法制化的营商环境。

最后，应针对政策协同不足进行精准施策。一方面，在体育总局指导下广东、香港、澳门共同制定《粤港澳大湾区体育发展框架》和体育产业发展专项规划，做好体育产业发展顶层设计。另一方面，从体育要素市场建设、优化体育产业布局、加快体育制造业转型升级、发展特色体育产业、打造体育产业集群等方面出台具体政策，各项政策要充分考虑跨境、跨领域（体育、旅游、文化、商业、教育、医疗等）协同，构建"1+3+9+X"的政策框架体系，打破行政壁垒。此外，大湾区要制定统一、高效的体育产业行业标准，加强规划衔接和机制对接，为体育产业高质量发展提供政策保障。

（二）调整产业结构，培育体育产业新业态、新模式

体育产业结构不合理，其中处于价值链中低端、同质化竞争等是困扰粤港澳大湾区体育产业协同发展的难题，应对此做出积极的调整。

首先，粤港澳大湾区的体育用品制造业仍是多依托于自然资源、劳动力等通过低端制造组装工作嵌入于全球产业链，处于价值链的中低端。但随着海外原料价格上涨，市场不稳定等因素，该发展方式的弊端逐渐显现出来，因此企业应加速转型升级，在保持原有优势的同时不断提升自身的核心竞争力。如发挥深圳科技创新的优势，一方面通过数字技术深挖消费者需求，做好"制造+服务"；另一方面，通过人工智能技术的广泛应用将"制造"升级到"智造"，提升资源利用率，降低成本，推动体育用品制造业向中高端迈进。

其次，作为体育主导产业的健身休闲业和体育竞赛表演业的占比不

高，对其他产业发展及经济增长的带动作用不强。应坚持市场驱动，遵循体育健身休闲与竞赛表演业的自身规律，以体制机制的创新激发粤港澳大湾区体育市场主体的活力；做到因地制宜，立足于区位特色，明确其发展重点，使体育竞赛表演业呈现出差异化发展，以此形成优势互补的联动发展格局；优化产业布局，发展以体育主导产业为主的产业集群，并完善行业标准体系的建设，推动其市场化运营，深化国际合作。

最后，粤港澳大湾区体育产业同质化竞争仍较为严重。应推进体育产业的融合发展，以体旅文商融合发展培育粤港澳大湾区体育产业的新业态、新模式，以"体育+"的形式为旅游、文化、商业、教育、医疗等其他产业赋能，有效地结合各方在技术与市场上的优势，延伸体育产业链并推动体育产品与服务的创新。

（三）强化数字赋能，加快推进体育产业数字化转型

在当前数字经济时代，通过数字赋能使体育产业与数字经济深度融合，最大限度释放数据价值，推动体育产业效率的提升①，因此应加快推进粤港澳大湾区体育产业数字化转型。

首先，应完善粤港澳大湾区体育产业的行业政策，以推动湾区内体育产业数字化转型标准落实。通过政府及相关利益主体的宏观指导，充分考虑体育产业数字化科技的特性，发挥体育行业协会的开拓精神，联合制定湾区内体育产业数字化的行业标准。同时，要认识到广东与港澳在相关标准制定方面可能存在的差异，并应充分考虑其融入国际市场中可能遇到的问题。

其次，应提升粤港澳大湾区体育产业数字化的核心技术水平。通过设

---

① 沈克印、林舒婷、董芹芹：《我国体育产业数字化转型的现实要求、发展困境与实践策略》，《武汉体育学院学报》2022 年第 8 期。

立专项基金，增加对大湾区体育产业数字化核心技术的投入，鼓励组建"政产学研用"的联合体[①]；通过构建体育产业数字化转型的人才培养模式，培养一批集数字技术、体育科学知识、经济管理知识于一身的复合型人才；利用港澳在国际大市场上的优势，深化大湾区体育产业数字化领域的国际合作，推动大湾区内体育企业与国际研发机构的合作交流，以利用外资企业中先进数字技术的溢出效应进行发展。

最后，应建立粤港澳大湾区体育产业数字化治理体系。推动大湾区内政府相关部门跨层级、地域、组织的互联互通，打造统一框架下的体育产业数字化的协同联动治理机制；破除体育产业数据的"孤岛效应"，建立大湾区体育产业公共数据资源的共享平台，并面向企业及公众提供公共数据的访问权限；完善相应的政策法规，强化对体育产业数据的监管力度，并建立相应的问责机制；提升体育产业数字化全球治理能力，为构建多边、透明、民主的全球体育产业数字化治理体系作出贡献，并积极推动我国体育产业数字化治理与世界接轨，融入全球大市场。

本章小结

本章主要是对粤港澳大湾区体育产业协同发展的现实基础展开研究，旨在厘清粤港澳大湾区体育产业协同发展的现实基础，并通过深入、系统的分析，认清当下优势与不足，把握其中的机会，防范可能出现的风险，为后续的研究与实践提供参考与帮助。

首先，对粤港澳大湾区体育产业协同发展的现实基础进行 PEST 分析。

---

① 孙晋海、王静：《"双循环"新发展格局下体育产业数字化转型路径研究》，《沈阳体育学院学报》2022 年第 5 期。

在政治因素层面，粤港澳大湾区体育产业协同发展全面贯彻"一国两制"的基本遵循，其制度优势显著；现有相关产业政策有着较高的规格与明确的方向，对粤港澳大湾区体育产业协同发展有着积极的推动作用；新修订的《体育法》中对区域体育产业的阐述有利于推动粤港澳大湾区体育产业的协同发展。在经济因素层面，粤港澳大湾区体育产业结构正在不断优化，体育产业布局亦日趋合理，但仍有较多不足；交通网络愈发完善，粤港澳大湾区"1小时生活圈"已基本形成；金融服务持续优化，在互联互通上取得了积极的进展，为体育产业的发展注入了生机与活力。在社会因素层面，人口聚集与居民体育消费的增长以及文化的同宗同源为粤港澳大湾区体育产业的协同发展创造了良好的基础条件。在技术因素层面，科技创新对体育产业的升级转型有着积极的推动作用，其中数字技术创新尤甚；体育智库的建设汇聚各方英才为粤港澳大湾区体育产业协同发展献计献策。

其次，对粤港澳大湾区体育产业协同发展的现实基础进行SWOT分析。其发展的优势在于粤港澳大湾区建设战略的内容及规划为其发展提供了保障与契机；"一国两制"制度优势明显；完善的交通网络推动了区域间要素的流动；人口规模带来了体育消费与人才的优势。其发展的劣势在于"两种制度、三种货币、三个关税区"在一定程度上限制了粤港澳大湾区的深度融合发展；内地与港澳体育市场的发展机制差异较大；人才缺口较大，科技转换成果效率亦较低。其发展的机会在于国家正在为推动体育产业高质量发展不断出台利好政策，建立金融枢纽、打造良好的营商环境、建立国际科技创新等均对作为绿色产业的体育产业的发展起着积极的推动作用。其发展的威胁在于区域法律选题缺乏前瞻性与针对性，协同执法水平不高，金融共享机制亦不完善，科技创新的合作模式仍存在"形式主义"的问题。

再次，基于对粤港澳大湾区体育产业协同发展现实基础的 PEST 分析与 SWOT 分析，构建出粤港澳大湾区体育产业协同发展现实基础的 PEST-SWOT 模型，以便于更直观、清晰地展现其中各因素起到的积极抑或制约作用。

最后，通过 PEST-SWOT 分析深入的了解其现实基础后，就其中重点，对粤港澳大湾区体育产业协同发展的战略选择提出具有针对性的建议。一方面，要优化营商环境，加快培育和壮大体育市场主体；另一方面，要调整产业结构，培育体育产业新业态、新模式。此外，更需强化数字赋能，加快推进体育产业数字化转型。

第六章　粤港澳大湾区体育产业协同发展的现状

依据产业协同发展的内涵，粤港澳大湾区体育产业协同发展包含三个方面的协同：一是湾区体育产业内部各个业态的协同发展；二是湾区城市之间区域体育产业的协同发展；三是湾区体育产业与外部环境的协同发展。据此，分别从粤港澳大湾区体育产业内部、城市之间、体育产业与外部环境等多个维度，对粤港澳大湾区体育产业及其协同发展的现状进行测量和评价分析。

一、粤港澳大湾区体育产业质量评价

对粤港澳大湾区各城市间的体育产业质量进行评估，可检测湾区城市之间区域体育产业的空间分布以及协同发展状况。对粤港澳大湾区体育产业质量评价的具体操作步骤：首先制定粤港澳大湾区体育产业综合质量评价指标原则，依此对指标进行筛选，构建出客观、全面的区域体育产业综合质量评价指标体系，并运用熵值法对粤港澳大湾区各个城市的体育产业质量进行系统合理的综合评价。

（一）粤港澳大湾区体育产业质量评价体系的构建

1. 构建原则

（1）综合性原则

现有区域体育产业空间关联的研究多采用个别指标（如体育产业产值

及人均体育场地面积），不能客观全面地衡量一个区域真正的体育产业发展水平及综合质量。体育产业的内涵相当丰富，具体包括体育产业发展规模、体育产业发展环境、体育产业发展资源等多方面内容，仅仅运用体育产业产值及人均体育场地面积来衡量区域体育产业发展水平，测度区域体育产业综合质量有失偏颇。因此，须综合考量体育产业的五个维度来构建区域体育产业综合质量评价体系，力求客观全面反映区域体育产业发展水平。

（2）考虑区域经济发展水平

国际经验表明，体育产业是滞后于经济发展的产业形态，只有人们满足了基本物质需求后才会参与体育活动，进行体育消费，也只有区域经济发展水平进入了中等收入阶段后（人均 GDP 超过 6500 美元），区域体育产业才会爆发式增长。因此，区域经济发展水平与区域体育产业发展水平及发展潜力密切相关。在衡量区域体育产业发展水平，测度区域体育产业综合质量时考虑区域经济发展水平因素十分必要。

（3）兼顾总量及平均指标

区域体育产业总量指标（如体育产业增加值、体育场地总面积）仅仅反映区域体育产业发展水平的"量"，即总规模、总水平，然而由于各区域规模大小异同，仅有代表"量"的总量指标进行直接的比较显然不合理，还需要采取平均指标（如人均体育产业增加值、人均体育场地面积）来衡量区域体育发展水平的"质"，即平均水平。因此，须综合考虑区域体育产业发展的总量指标和平均指标来衡量区域体育产业发展的"量"与"质"。

（4）可操作性原则

在严格依照以上三项原则的基础上，评价指标选取还需要遵循可操作性原则。第一，指标需要尽可能地简化，要严格围绕着体育产业的内涵及其特征，挑选与研究内容直接相关性大的指标，剔除冗余性大的指标。第二，要遵循指标资料可获取性原则，指标资料要能从区域统计年鉴、体育统计报告及各大官方网站中获得。

2. 指标选取过程

在遵循构建体育产业质量指标体系四项原则和参照大量国内外相关的研究成果的基础上，借鉴他人[1][2][3][4][5][6]研究成果，从宏观因素、产业规模、公共环境、基础资源、成长能力等 5 个准则层，共选取 21 项指标构建了粤港澳大湾区体育产业竞争力综合质量评价体系（见表 6-1），具体指标进行选取过程如下：

（1）宏观因素。大量的研究表明，经济水平和人口规模是影响区域体育产业发展的重要因素[1][2][4]，夯实的经济基础和充沛的人口资源有利于体育产业蓬勃发展。国民生产总值、人均可支配收入、城市化水平是衡量区域经济发展水平的常用指标，城市常住人口则最能直接反映区域人口规模。因此，本书选取国民生产总值、人均可支配收入、城市化水平、城市常住人口四个指标来代表区域经济人口水平，进而代表区域体育产业综合质量的宏观因素。

---

[1]　卢金逵、倪刚、熊建萍：《区域体育产业竞争力评价与实证研究》，《体育科学》2009 年第 6 期。

[2]　张玉金：《我国省域体育产业可持续竞争力评价模型及应用研究》，《成都体育学院学报》2017 年第 5 期。

[3]　李颖、刘翠娥：《基于网络层次分析法的我国体育产业竞争力评价指标体系构建》，《河北经贸大学学报》2010 年第 3 期。

[4]　张欣：《基于模糊理论的体育产业竞争力评价》，《广州体育学院学报》2017 年第 1 期。

[5]　纪培端：《我国体育产业竞争力评价与实证研究——以江苏省为例》，《调研世界》2019 年第 12 期。

[6]　包海丽：《我国体育产业发展的评价指标体系与动态分析研究》，《广州体育学院学报》2019 年第 3 期。

（2）产业规模。产业规模是反映区域体育产业综合质量的最直观的指标，同时也是区域体育产业质量的核心影响因素。体育产业增加值[2][3][4][5]、大型体育赛事[2]、大型体育场馆[1][2]、体育彩票[3][4]及体育产业增加值占GDP的比重[5]被国内学者视为衡量区域体育产业规模及体育产业质量重要影响因素。因此，本书选取以上4个指标代表区域体育产业规模。

（3）产业环境。使用产业政策环境、活动参与环境、产业消费环境来代表体育产业环境。政府体育相关支出[4]是反映体育产业政策环境常用的指标，全民健身活动次数[2]则多用于反映活动参与环境。人均体育消费则常用于反映产业消费环境[2]，但是粤港澳大湾区多个城市均缺乏该指标的官方统计，因此用人均体育彩票销售额指标来代替人均体育消费指标。

（4）基础资源。纪培端[2]使用基础设施资源及体育人力资源指标来代表区域体育产业资源质量。但是，体育组织资源与人力资源及设施资源的重要程度相当，因此宜把体育机构数量同样纳入产业基础资源评价指标中。体育场地面积、体育场馆数量是评价区域基础设施资源的重要指标[2][3][4]，体育人口拥有量[2]、社会体育指导员数量[6]则能代表区域体育产业人力资源，体育机构是体育组织的重要组成部分，须选取体育机构数量来

① 张玉金：《我国省域体育产业可持续竞争力评价模型及应用研究》，《成都体育学院学报》2017 年第 5 期。

② 纪培端：《我国体育产业竞争力评价与实证研究——以江苏省为例》，《调研世界》2019 年第 12 期。

③ 卢金逵、倪刚、熊建萍：《区域体育产业竞争力评价与实证研究》，《体育科学》2009 年第 6 期。

④ 张欣：《基于模糊理论的体育产业竞争力评价》，《广州体育学院学报》2017 年第 1 期。

⑤ 李颖、刘翠娥：《基于网络层次分析法的我国体育产业竞争力评价指标体系构建》，《河北经贸大学学报》2010 年第 3 期。

⑥ 包海丽：《我国体育产业发展的评价指标体系与动态分析研究》，《广州体育学院学报》2019 年第 3 期。

代表区域体育组织资源。

（5）成长能力。体育产业成长能力是指体育产业在未来发展中有可能呈现出来的成长性。借鉴李颖等人的经验[②④⑤]，采用体育人口占比，人均体育产业增加值[②]、人均体育场地面积[④]和每万人体育指导员数量[⑤]三个均值指标来刻画体育产业成长能力。

表6-1　体育产业质量评价体系表

目标层	准则层	指标层	单位	来源
体育产业质量	宏观因素	X1：国民生产总值	亿元	卢金逢（2009）；张　欣（2017）；张玉金（2017）；纪培端（2017）
		X2：人均可支配收入	元	卢金逢（2009）；李　颖（2010）；纪培端（2017）
	产业规模	X3：城市常住人口	万人	卢金逢（2009）
		X4：城市化水平	%	卢金逢（2009）
		X5：体育产业增加值	亿元	张　欣（2017）；包海丽（2019）；张玉金（2017）；纪培端（2017）
		X6：大型体育赛事活动次数	次	张玉金（2017）
		X7：大型体育场馆	个	张玉金（2017）；纪培端（2017）
		X8：体育彩票销售额	亿元	卢金逢（2009）；张　欣（2017）
		X9：体育产业增加值占GDP比重	%	张　欣（2017）；李　颖（2010）；包海丽（2019）；张玉金（2017）；纪培端（2017）

目标层	准则层	指标层	单位	来源
体育产业质量	公共环境	X10：政府体育相关支出	万元	卢金逵（2009）；张 欣（2017）；纪培端（2017）
		X11：全民健身活动次数	次	包海丽（2019）
		X12：人均体育彩票消费额	元	李 颖（2010）
	基础资源	X13：体育场地面积	万平方米	纪培端（2017）
		X14：体育场馆数量	个	纪培端（2017）；张 欣（2017）；李 颖（2010）
		X15：体育人口拥有量	万人	李 颖（2010）
		X16：体育机构数量	个	张 欣（2017）；包海丽（2019）
		X17：社会体育指导员数量	人	包海丽（2019）；纪培端（2017）
	成长能力	X18：体育人口占比	%	李 颖（2010）
		X19：人均体育产业增加值	元	李 颖（2010）
		X20：人均体育场地面积	平方米	纪培端（2017）
		X21：每万人体育指导员数量	人	包海丽（2019）

3. 分析方法

在多指标综合评价的过程中，通过何种方法确定各个指标权重是一个核心关键的问题。目前，指标综合评价方法包括主观赋权法、客观计算法及主客观混合评价法。常见于以下四种方法中：德尔菲法、因子分析法、层次分析法和熵值法。

（1）德尔菲法

德尔菲法（又称专家调查法）是一个常见的主观性赋权方法，常用于社会学研究。德尔菲法的基本流程是：将所要预测的问题交给多位（3位及以上）专家，征得专家的意见后，对专家的建议进行整理、归纳、统计，然后再匿名反馈给各专家，再次征求意见，再集中，再反馈，直至得到一致的意见。

（2）因子分析法

因子分析法是通过测算系列指标内部存在的相关性，并将相关性较强的变量归结为若干个不相关的综合因子，用综合因子反映原来所有指标的大部分信息。因子分析法基本思路：根据相关性强弱程度把指标进行分组，使得同组内指标的相关性较强，但不同组指标相关性较弱或不相关，每组指标代表一个基本单元，即公共因子。

（3）层次分析法

层次分析法（又称 AHP）是指将决策相关的元素分解成目标、准则、方案等若干个层次，在此基础上进行定性和定量的决策分析的方法。基本思路是：利用树状的层级结构，将复杂的决策问题在同一层级中区分为多个简单的子问题，并且再独立分析每一个子问题。

（4）熵值法

熵值法能通过判断某个指标的离散程度确定指标权重，该方法被广泛运用于各种产业业态的综合评价当中。在熵值法计算中，指标的信息熵值越大，指标值的变异程度越大，则该指标在综合评价中的作用越大。本书设 $m = 11$，$n = 21$。X_{ij} 为第 i 个城市的 j 项指标的原始数值，其中 $i = 1$，2，$\cdots$，11；$j = 1$，2，$\cdots$，21；X'_{ij} 为 X_{ij} 标准化后的指标值。熵值法计算步骤如下：

A. 原始数据标准化：

$$X'_{ij} = \frac{X_{ij} - \min(X_{1j},\ X_{2j},\ X_{3j},\ \cdots,\ X_{nj})}{\max(X_{1j},\ X_{2j},\ X_{3j},\ \cdots,\ X_{nj}) - \min(X_{1j},\ X_{2j},\ X_{3j},\ \cdots,\ X_{nj})}$$

（6-1）

B. 计算各指标同度化。计算第 j 个指标下第 i 个地区在该指标中所占的比重（P_{ij}）：

$$P_{ij} = \frac{X'_{ij}}{\sum_{i=1}^{m} X'_{ij}} (i = 1, 2, \cdots, m; j = 1, 2, \cdots, m) \tag{6-2}$$

C. 计算评价指标的熵值：

$$e_j = - K \sum_{i=1}^{m} P_{ij} \ln(P_{ij})$$

式中，$K = 1/\ln(m)$，$e_j >= 0$。 $\tag{6-3}$

D. 计算评价指标的差异系数：

$$g_i = 1 - e_j \tag{6-4}$$

E. 计算评价指标的权重：

$$W_j = \frac{g_i}{\sum_{j=1}^{n} g_i} (j = 1, 2, \cdots, n) \tag{6-5}$$

F. 计算各个城市体育产业综合质量得分：

$$F_i = \sum_{j=1}^{n} W_j P_{ij} \tag{6-6}$$

四种方法各有利弊。为了尽量客观公正地评价区域体育产业质量，选取熵值法进行操作。

表6-2　不同评价方法优缺点

方法	优点	缺点	属性
德尔菲法	取各家所长，集思广益，准确程度高	过程相对复杂，耗时相对较长	主观
因子分析法	规避主观因素带来的影响	对数据要求高，不能反映全部信息	客观
层次分析法	简洁实用，直观易懂	定量数据较少，定性成分多，相对不易信服	主客观混合
熵值法	精确程度和可信程度较高	计算过程相对烦琐，不适用于庞大数据量的计算	客观

根据上文，本书构建了 5 个维度，21 个三级指标的区域体育产业质量评价体系。为了解决多指标变量间信息的重叠问题，避免主观赋权法带来的随机性、臆断性，力求运用客观赋权法来确定 21 个指标的权重。考虑到因子分析法对数据要求比较苛刻，数据需满足正态，同时也无法提取数据的全部信息。因此，应用熵值法确定体育产业质量 21 个指标的权重及粤港澳大湾区 11 个城市的体育产业综合质量。

（二）粤港澳大湾区体育产业质量评价

1. 数据来源

由于粤港澳大湾区 11 个城市统计年份和口径的差异，考虑到数据获取的可能性，选取 2018 年粤港澳大湾区 11 个城市的统计数据，个别缺失数据采用 2017 年统计数据作为补充。统计数据均来源于对应年份的广东省 9 市《统计年鉴》和《国民经济和社会发展统计报告》、香港的《香港统计年鉴》《康乐及文化署年报》《香港赛马会年报》《香港统计月刊》，澳门的《澳门统计年鉴》和粤港澳大湾区 11 个城市体育相关部门提供的体育产业数据资料及官方网站公布的数据资料。

2. 粤港澳大湾区体育产业质量测算结果

利用熵值法对 2018 年粤港澳大湾区 11 个城市，5 个子系统 21 个指标的数据进行相关处理，测算出各城市体育产业质量综合得分及各子系统得分，见表 6-3。

（1）粤港澳大湾区体育产业质量基本情况

从城市体育产业质量来看，体育产业质量排名前 4 位的城市分别为香港（1.9668）、广州（0.5805）、深圳（0.5207）、澳门（0.4889），香港成为体育产业发展的"领头雁"，这与香港多年来营造的体育产业投融资环境和群众体育环境密切相关。从整体区域产业质量看，通过聚类分析粤港澳大湾区 11 个城市可划分为体育产业极发达区域（得分>1）、体育产业

表6-3　2018年粤港澳大湾区体育产业质量得分及排序

市别	宏观因素		产业规模		产业环境		基础资源		成长能力		体育产业质量	
	得分	排序	得分	排序	得分	排序	得分	排序	得分	排序	质量	排序
香港	0.1850	1	0.6353	1	0.8170	1	0.2095	1	0.1199	2	1.9668	1
广州	0.1725	2	0.1096	2	0.0125	3	0.1859	3	0.1000	4	0.5805	2
深圳	0.1722	3	0.0725	3	0.0098	4	0.1922	2	0.0740	5	0.5207	3
澳门	0.0832	6	0.0340	5	0.1186	2	0.0198	11	0.2333	1	0.4889	4
佛山	0.0910	4	0.0355	4	0.0098	5	0.0851	5	0.0687	8	0.2901	5
东莞	0.0858	5	0.0337	6	0.0095	6	0.0924	4	0.0679	9	0.2893	6
惠州	0.0491	7	0.0195	7	0.0059	8	0.0562	6	0.0734	6	0.2041	7
珠海	0.0386	10	0.0153	9	0.0052	9	0.0252	10	0.1093	3	0.1936	8
中山	0.0465	8	0.0130	10	0.0064	7	0.0461	8	0.0699	7	0.1819	9
江门	0.0416	9	0.0122	11	0.0041	10	0.0493	7	0.0415	11	0.1488	10
肇庆	0.0346	11	0.0193	8	0.0040	11	0.0384	9	0.0419	10	0.1383	11

发达区域（1>得分>0.45）、体育产业较发达区域（0.45>得分>0.25）和体育产业欠发达区域（得分>0.15），见图6-1。

将产业质量与城市结合绘制形成粤港澳大湾区体育产业质量空间分异图（见图6-1），可以看出，粤港澳大湾区体育产业质量发展形成了四个梯度：体育产业极发达区域、发达区域、较发达区域和欠发达区域。其中，体育产业极发达区域包含香港；体育产业发达区域包含广州、深圳、澳门；体育产业较发达区域包含佛山、东莞；体育产业欠发达区域包括惠州、珠海、中山、江门、肇庆。

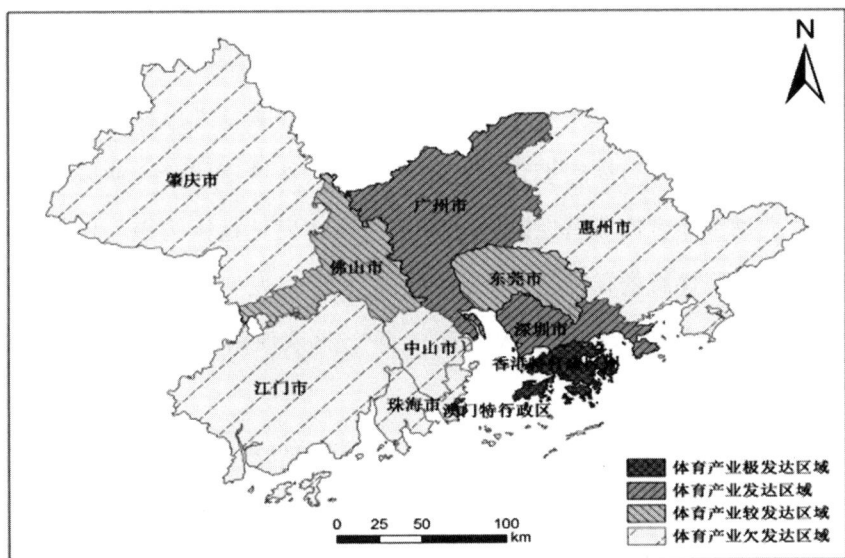

图6-1　粤港澳大湾区体育产业质量空间分异

从城市体育产业质量与城市综合发展水平看，城市体育产业质量与城市综合发展水平存在着一定的逻辑关联，具体表现为城市综合发展水平越高，城市体育产业质量越大，例如香港的城市综合发展水平和城市体育产业质量均为区域第一，肇庆的城市综合发展水平和城市体育产业质量均为区域倒数第一。

（2）粤港澳大湾区体育产业发展的均衡状况

从城市体育产业质量分析，香港的体育产业质量为 1.967，是肇庆的 14.2 倍，城市之间体育产业质量相差巨大。从不同发达程度的区域分析，体育产业极发达区域的体育产业质量为 1.967，体育产业发达区域为 1.590，体育产业较发达区域为 0.579，体育产业欠发达区域为 0.867，香港所代表的体育产业极发达区域体育产业质量要高于体育产业较发达和欠发达两个区域 7 个城市的体育产业质量之和，区域体育产业质量极其不均衡。综上所述，粤港澳大湾区城市间体育产业质量相差巨大，区域发展极其不均衡。

（3）粤港澳大湾区体育产业质量的梯度分布

从地理位置分析，大湾区体育产业质量及分布呈现以珠江口周边城市为核心向非珠江口周边城市逐级递减特征。从城市体育产业发展程度分析，大湾区体育产业呈现以体育产业（极）发达地区为核心向体育产业欠发达地区递减的梯度分布。区位条件、经济发达程度及城市体育产业发展进程的迥异是粤港澳大湾区体育产业呈现由内向外逐级递减的原因。

粤港澳之间经济发展水平差异较大，经济发展水平的差异也导致了各城市体育产业发展的不均衡。粤港澳大湾区体育产业发展不平衡的客观现状是粤港澳大湾区体育产业协同发展的基础，也是重要内在驱动力，对推动粤港澳大湾区体育产业协同发展产生重要的影响。

二、基于引力模型的粤港澳大湾区体育产业空间关联特征分析

粤港澳大湾区体育产业质量的分析可看出单个产业的发展水平及其空间分布。然而，如果要了解湾区内城市间体育产业的空间关联强度特点，则需借鉴引力模型做体育产业空间关联的测量。结合修正引力模型和社会

网络分析方法（SNA）①，实证分析粤港澳大湾区体育产业空间关联网络特征，并探讨粤港澳大湾区体育产业协同发展模式。

（一）测度方法

常见测试产业空间关联强度的方法主要有四种：合作论文数据、格兰杰因果检验、距离法和引力模型。这四种方法的优缺点见表6-4。

表6-4　四种产业空间关联测度方法的优缺点比较

测度方法	优点	缺点
合作论文数据	可直接高效计算出区域间空间关联强度	采用指标单一，无法客观全面反映区域体育产业质量；无法提供有效的体育产业空间关联关系
格兰杰因果检验	可提供有效的区域体育产业空间关联关系	对滞后阶数的选择过于敏感，一定程度上降低网络结果特征分析的精确性
距离法	可测算体育产业空间关联强度	无法提供有效的体育产业空间关联关系
引力模型	可提供多值有效的体育产业空间关联关系；模型有较大的改进空间，使用相对灵活	理论研究不足

（二）引力模型及修正

与其他三种方法相比，引力模型不仅更适用于截面数据分析，而且能综合考虑地理距离因素，国内学者将引力模型广泛应用于经济、金融、旅游、交通、科技创新及能源消费等领域的空间关联结构的分析，国外学者

① 廉涛、黄海燕：《上海推动长三角体育产业协同发展的路径研究》，《体育学刊》2020年第6期；周良君、丘庆达、陈强：《粤港澳大湾区体育产业空间关联网络特征研究——基于引力模型和社会网络分析》，《广东社会科学》2021年第2期。

将引力模型先后引入经济学、社会学等学科问题的分析。[1]

与国外相比，我国体育产业统计数据相对匮乏。因此，选择引力模型来测量粤港澳大湾区城市间体育产业空间关联关系更适合研究的需要。

引力模型的基本公式为：

$$F_{ij} = K \frac{M_i M_j}{D_{ij}^b}$$

式中：F_{ij} 为地区 i、j 间的体育产业空间关联作用强度；b 为距离衰减系数；M_i、M_j 分别为地区 i、j 的某种规模；D_{ij} 为地区之间的距离；K 为引力常量。

在应用上，近年来不同学科对引力模型的应用进行了修正，总结归纳见表6-5。

基于上述各大领域的研究经验做法，并结合粤港澳大湾区体育产业经济属性与特质，对引力模型引入粤港澳大湾区体育产业空间关联网络分析时，对引力模型修正如下：

$$F_{ij} = K_{ij} \frac{M_i M_j}{d_{ij}^b} \tag{6-7}$$

$$TF_i = \sum_j F_{ij} = \sum_j K_{ij} \frac{M_i M_j}{d_{ij}^b} \tag{6-8}$$

式中：F_{ij} 为地区 i、j 间的体育产业空间关联作用强度；b 为距离衰减系数取2；M_i、M_j 分别为地区体育产业 i、j 的综合质量；TF_i 为地区 i 的空间关联总量；d_{ij} 为地区之间的公路最短时间距离。

---

[1]　汤放华、汤慧、孙倩：《长江中游城市集群经济网络结构分析》，《地理学报》2013年第10期。

表6-5 不同学科领域引力模型修正及核心指标的测度方法汇总表

研究对象	修正的引力模型	质量（M）	距离（D）	参数（K）	出处
城市经济	$F_{ij} = GM_iM_je^{-\beta d_{ij}}$	对 GDP、人口总数等共计 12 个指标进行综合测度			彭芳梅（2017）
	$F_{ij} = K_{ij}\dfrac{M_iM_j}{D_{ij}^2}$	$M_i = \sqrt{P_iG_i}$	城市间运输的时间成本和货币成本	$K_{ij} = \dfrac{M_i}{M_i + M_j}$	余振宇（2003）
	$F_{ij} = \dfrac{\sqrt{M_i}\sqrt{M_j}}{D_{ij}^2}$	$M_i = PG$	城市间最短公路交通距离	$K_{ij} = \dfrac{G_i}{G_i + G_j}$	孙孝武（2020）
旅游经济	$F_{ij} = \dfrac{\sqrt{P_iV_i}\,\sqrt{P_jV_j}}{D_{ij}^2}$	$M_i = \sqrt{P_iG_i}$	城市间公路交通距离		虞虎（2014）
	$F_{ij} = K\dfrac{M_iM_j}{D_{ij}^2}$	$M_i = \sqrt{P_iV_i}$	$D_{ij} = \dfrac{1}{2}\left[\dfrac{T_{ij}}{\sum \dfrac{T_i}{n}} + \dfrac{T_{ij}}{\sum \dfrac{T_j}{n}}\right]$	K 为引力常数，一般为 1	陈永林（2012）
创新联系	$F_{ij} = K\dfrac{M_iM_j}{nd_{ij}}$	对实验发展人员研究与实验发展经费内部支出经费衡量创新生产的投入等共计 9 个指标进行综合测算	城市地理距离	K 为引力常数，一般为 1	王艳（2018）

（续表）

研究对象	修正的引力模型	质量（M）	距离（D）	参数（K）	出处
物流经济	$F_{ij} = K_{ij} \dfrac{\sqrt{P_i G_i} \ \sqrt{P_j G_j}}{D_{ij}^{\ 2}}$	$M_i = \sqrt{P_i G_i}$	城市间公路交通最短距离	$K_{ij} = \dfrac{G_i}{G_i + G_j}$	李作志（2017）

注：为便于观察比较，该表对上述引力模型中内涵一致而符号表达形式不一的有关指标做了规范统一；G 为城市经济规模（GDP）；P 为城市非农业人口/年末总人口/旅游接待总人次；V_i 为城市旅游业总收入；D_{ij} 为城市间公路交通距离。

模型修正过程如下：（1）为了反映区域体育产业发展水平，首先构建一个综合全面的体育产业质量评价指标体系来测度粤港澳大湾区体育产业综合质量，以此代替体育产业规模；（2）由于体育产业关联的形成主要是由于体育产业各种要素流动，关乎到各个城市的可达性，用传统模型的空间地理距离来测算明显不恰当，因此本书选用城市之间公路最短时间距离来测算，数据来源于 2020 年 6 月 2 日高德地图的实时统计，详细结果见附件 1；（3）鉴于城市间体育产业要素流动具有方向性，即城市间体育产业空间关联关系也具有方向性，为有效分析粤港澳大湾区体育产业空间关联结构特征，则需还原城市间体育产业空间关联关系的方向，公式修正如下：

$$\mathop{R}_{i \to j} = K_{ij} \frac{M_i M_j}{d_{ij}^b}; \ \mathop{R}_{j \to i} = K_{ji} \frac{M_i M_j}{d_{ij}^b}; \ K_{ij} = \frac{M_i}{M_i + M_j}; \ K_{ji} = \frac{M_j}{M_i + M_j} \quad (6-9)$$

$$P_i = \sum_j \mathop{R}_{i \to j} = \sum_j K_{ij} \frac{M_i M_j}{d_{ij}^b}; \ N_i = \sum_j \mathop{R}_{j \to i} = \sum_j K_{ji} \frac{M_i M_j}{d_{ij}^b} \quad (6-10)$$

式中：$R_{i \to j}$ 为城市 i 对城市 j 的空间作用强度，$R_{j \to i}$ 为城市 j 对城市 i 的空间作用强度；P_i 为城市 i 对外作用强度的总和，反映内部网络中城市 i 对其他城市的影响力；N_i 为所有城市对城市 i 作用强度的总和，反映内部网络中城市 i 受到其他城市的作用强度。

（三）体育产业空间关联度测度

将粤港澳大湾区各个城市的体育产业综合质量及城市间的最短距离时间代入修正后的引力模型公式，可得出粤港澳大湾区城市间体育产业空间关联矩阵，结果见表 6-6。

表6-6 粤港澳大湾区体育产业空间关联矩阵

城市	香港	广州	深圳	澳门	佛山	东莞	惠州	珠海	中山	江门	肇庆
香港		0.0500	0.3318	0.1164	0.0273	0.0405	0.0279	0.0691	0.0248	0.0163	0.0078
广州	0.0147		0.0143	0.0109	0.0742	0.0287	0.0065	0.0069	0.0131	0.0126	0.0096
深圳	0.0878	0.0129		0.0142	0.0082	0.0182	0.0140	0.0095	0.0071	0.0048	0.0024
澳门	0.0289	0.0092	0.0133		0.0070	0.0054	0.0026	0.1266	0.0113	0.0071	0.0023
佛山	0.0040	0.0371	0.0046	0.0042		0.0064	0.0023	0.0037	0.0065	0.0091	0.0044
东莞	0.0060	0.0143	0.0101	0.0032	0.0063		0.0053	0.0028	0.0050	0.0035	0.0017
惠州	0.0029	0.0023	0.0055	0.0011	0.0016	0.0038		0.0010	0.0015	0.0011	0.0006
珠海	0.0068	0.0023	0.0035	0.0501	0.0025	0.0018	0.0009		0.0053	0.0034	0.0009
中山	0.0023	0.0041	0.0025	0.0042	0.0041	0.0031	0.0013	0.0050		0.0067	0.0012
江门	0.0012	0.0032	0.0014	0.0022	0.0047	0.0018	0.0008	0.0026	0.0055		0.0015
肇庆	0.0005	0.0023	0.0006	0.0007	0.0021	0.0008	0.0004	0.0006	0.0009	0.0014	

为了更好地比较粤港澳大湾区城市间体育产业空间关联强度，本书将粤港澳大湾区体育产业空间关联矩阵进一步进行修正，可得修正后的粤港澳大湾区体育产业空间关联矩阵，见表6-7。

表6-7　修正后的粤港澳大湾区体育产业空间关联矩阵

城市	香港	广州	深圳	澳门	佛山	东莞	惠州	珠海	中山	江门	肇庆
香港	0.00	49.96	331.84	116.40	27.27	40.53	27.93	69.07	24.79	16.35	7.76
广州	14.75	0.00	14.35	10.90	74.23	28.67	6.53	6.92	13.13	12.59	9.59
深圳	87.85	12.87	0.00	14.18	8.25	18.16	13.98	9.51	7.12	4.85	2.36
澳门	28.93	9.18	13.32	0.00	7.00	5.45	2.62	126.60	11.29	7.15	2.33
佛山	4.02	37.10	4.60	4.15	0.00	6.36	2.25	3.71	6.47	9.11	4.39
东莞	5.96	14.29	10.09	3.23	6.34	0.00	5.35	2.76	4.99	3.47	1.74
惠州	2.90	2.30	5.48	1.09	1.59	3.77	0.00	0.96	1.46	1.06	0.58
珠海	6.80	2.31	3.54	50.13	2.47	1.85	0.91	0.00	5.32	3.37	0.87
中山	2.29	4.11	2.49	4.20	4.05	3.14	1.30	5.00	0.00	6.68	1.18
江门	1.24	3.23	1.38	2.17	4.67	1.78	0.77	2.59	5.47	0.00	1.53
肇庆	0.55	2.29	0.63	0.66	2.09	0.83	0.39	0.62	0.90	1.42	0.00

（四）粤港澳大湾区体育产业空间关联特征分析

1. 城市体育产业个体特征分析

通过修正后的粤港澳大湾区体育产业空间关联矩阵，可测算出各个城市的 TF_i、P_i、N_i、P_i-N_i 指标，结果见表 6-8。

表 6-8　粤港澳大湾区 11 个城市体育产业特征

序号	市别	P_i	N_i	$P_i - N_i$	$TF_i = P_i + N_i$
1	香港	711.91	155.29	556.63	867.20
2	广州	191.66	137.63	54.03	329.29
3	深圳	179.13	387.71	−208.58	566.85
4	澳门	213.87	207.13	6.74	421.00
5	佛山	82.15	137.96	−55.81	220.12
6	东莞	58.23	110.55	−52.32	168.77
7	惠州	21.19	62.03	−40.85	83.22
8	珠海	77.55	227.74	−150.18	305.29
9	中山	34.46	80.93	−46.48	115.39
10	江门	24.83	66.04	−41.21	90.87
11	肇庆	10.37	32.33	−21.96	42.70
	均值	145.94	145.94	0	291.88

（1）城市体育产业空间关联指标描述

从城市体育产业空间关联总量 TF_i 看，11 个城市的体育产业空间关联总量均值为 291.88，其中 TF_i 大于 400 的城市包括香港（867.20）、深圳（566.85）、澳门（421.00），TF_i 小于 100 的城市包括肇庆（42.70）、惠州（83.22）、江门（90.87）。从城市对外作用强度总和 P_i 看，总量排名前四的分别是香港（711.91）、澳门（213.87）、广州（191.66）、深圳（179.13），该四城对外核心关联城市依次为深圳、珠海、佛山及香港。从城市对内作用强度总和 N_i 看，总量高于均值（145.94）的分别是深圳（387.71）、珠海（227.74）、澳门（207.13）、香港（155.29）。从城市对外净作用强度总和（P_i-N_i）看，仅有香港、广州、澳门对外净作用强度总和大于 0，其他城市均小于 0，说明香港、广州、澳门 3 个体育产业核心城市"辐射效应"要大于"虹吸效应"，其他城市均为港穗澳三城"辐射效应"的受益者，并且深圳与珠海对外净作用强度总和最少，所以深圳与珠海是港穗澳三城"辐射效应"核心受益者。

（2）体育产业空间关联总量分异特征明显

从城市体育产业空间关联总量分析，香港体育产业空间关联总量 TF_i 均排名区域第一，为 867.20，是肇庆（42.70）的 20.3 倍，两城市之间的体育产业空间关联总量差距比体育产业质量的差距（14.2 倍）还要大，说明区域城市间体育产业关联总量差异明显。此外，香港、广州、深圳、澳门四城体育产业空间关联总量之和为 2184.33，占区域关联总量（3210.69）的 68%，说明区域体育产业关联总量分布均衡，区域体育产业关联总量过度依赖港深穗澳四大体育产业发达城市。观察发现，城市体育产业综合质量与体育产业空间关联总量呈现正相关关系，具体表现为城市体育质量越高，城市体育产业空间关联总量越大，说明总体上城市体育产业综合质量与体育产业空间关联总量存在一定的逻辑联系。

综上所述，粤港澳大湾区体育产业空间关联总量存在明显的空间分异及非均衡性分布特征。

（3）以香港为核心的"一超多强"格局基本形成

根据前文所述 P_i、N_i 的定义，城市自身 P_i-N_i 的大小在一定程度上代表其所处空间的地位。一般来讲，城市的（P_i-N_i）为正值代表其在区域处于较发达地位，且其正值越高，其所处区域的地位越核心（彭芳梅，2017）。粤港澳大湾区 11 个城市中，（P_i-N_i）为正值的区域仅有香港、广州、澳门三个城市，并且香港（P_i-N_i）值（556.63）排名第一，是排名第二广州（54.03）的 10 倍，说明香港、广州和澳门是区域体育产业核心城市，且香港为区域的绝对核心城市。深圳对粤港澳大湾区 8 个城市均有中等强度（$F_{ij}>5$）的体育产业空间关联，说明尽管深圳（P_i-N_i）值为负，但同为区域体育产业核心城市。此外，佛山、东莞、珠海 TF_i 值大于 150，惠州、中山、江门和肇庆 TF_i 值小于 150。综上所述，粤港澳大湾区体育产业空间关联网络的"一超（香港）+多强（广州、深圳、澳门）"格局已经基本形成，其中佛山、东莞、珠海为核心城市主要辐射城市，其余城市为边缘城市。

2. 城市间体育产业空间关联特征分析

通过修正后的粤港澳大湾区体育产业空间关联矩阵，归纳提炼出城市之间不同关联强度区间的体育产业空间关联数，见表 6-9。特别说明，关联数是指两两城市之间形成关联的组合，关联强度 $F=F_{ij}+F_{ji}$。

表 6-9　不同体育产业空间关联强度的关联数归纳表

关联强度区间	0—10	10—20	20—50	50—100	100—500
关联数	26	14	9	2	4

（1）城市间体育产业空间关联基本描述

粤港澳大湾区体育产业空间关联关系总数为 55 个，其中关联强度在区间 100—500 的有 4 个，在区间 50—100 的有 2 个，在区间 20—50 的有 9 个，在区间 10—20 的有 14 个，在区间 0—10 的有 26 个，说明关系关联强度大于 50 的关联数极少，仅有 6 个，大部分关系关联强度都小于 20，有 40 个。其中，关联强度最大的关系为"深圳—香港"，值为 419.69，关联强度最小的关系为"肇庆—惠州"，值为 0.97。

（2）整体网络稳定性低，空间关联逐级递减

通过测算得到粤港澳大湾区体育产业关联矩阵，进而运用 ARCGIS 软件绘制粤港澳大湾区体育产业空间网络图（见图 6-2），用节点的大小代

表城市体育产业的质量，用连接线的粗细代表城市间体育产业关联的强弱。当临界值等于 0 时，网络每一个节点均对网络其他节点产生关联，网络各节点产生闭环，网络关联主要集中在珠江口周边体育产业发达城市，非珠江口周边体育产业欠发达城市网络关联总量明显较弱。当临界值等于 5 时，区域边缘城市体育产业关联数锐减。当临界值等于 10 时，网络关联数进一步减少，个别体育产业欠发达城市已经脱离网络，与其他所有城市关联中断，网络中城市间所有的关联均通过香港、广州、深圳、澳门四大体育产业发达城市完成。综上所述，粤港澳大湾区体育产业空间关联网络稳定性不高，城市间体育产业关联较弱，网络空间关联及空间溢出效应过度依赖港深穗澳四城的辐射效应和中介效应，缺乏合理的梯度中心城市作为层级增长极；整体网络关联从珠江口周边体育产业发达城市向非珠江口周边体育产业欠发达城市逐级递减。

（3）部分城市关联紧密，协同发展初具基础

"深圳—香港""佛山—广州""澳门—香港""珠海—澳门"的体育产业空间关联总量超过 100，为网络中紧密程度最大的城市体育产业空间关联，这种贡献值极强的关联可称为"强关联"关系。"强关联"关系形成的根本原因是城市体育产业综合质量高、城市间距离小，在现实中表现为城市间体育产业要素流动频繁，存在一定程度的区域体育产业协同。"深圳—香港""珠海—澳门"的体育产业协同历时已久，是典型的"一国两制"基本国策下各大配套政策持续倾斜的成果。其中，"深圳—香港"的协同先后经历了体育用品制造业的"前店后厂"模式、体育赛事合作交流及跨境体育产业投融资模式，正在进行的是体育产业价值链垂直分工、体育相关标准互认互通及发展环境共同塑造阶段。"佛山—广州"的协同模式则倾向于体育设施、体育信息及体育标准一体化，和体育产业生产要素供给、体育政策协同化。另外，在网络所有城市的体育产业空间关联当中，关联强度低于 10 的关联数有 40 个，占总数的 73%，关联强度大于 50

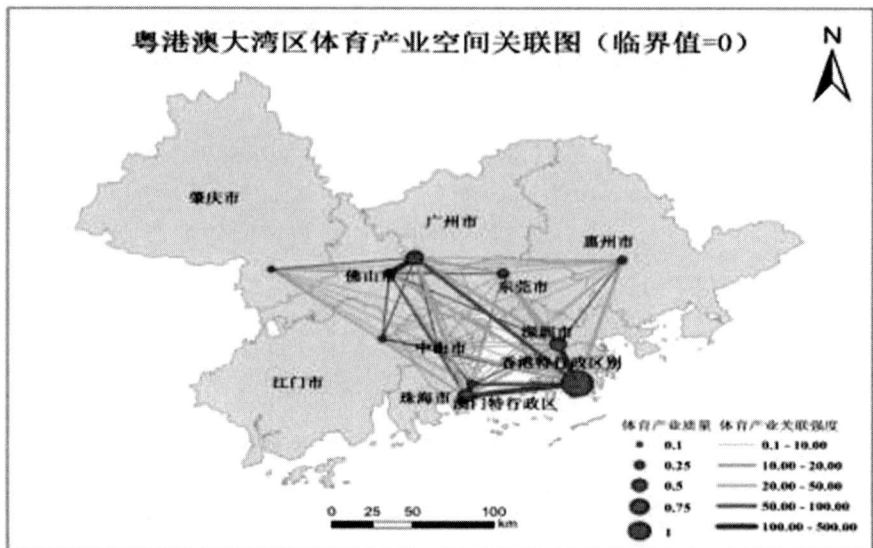

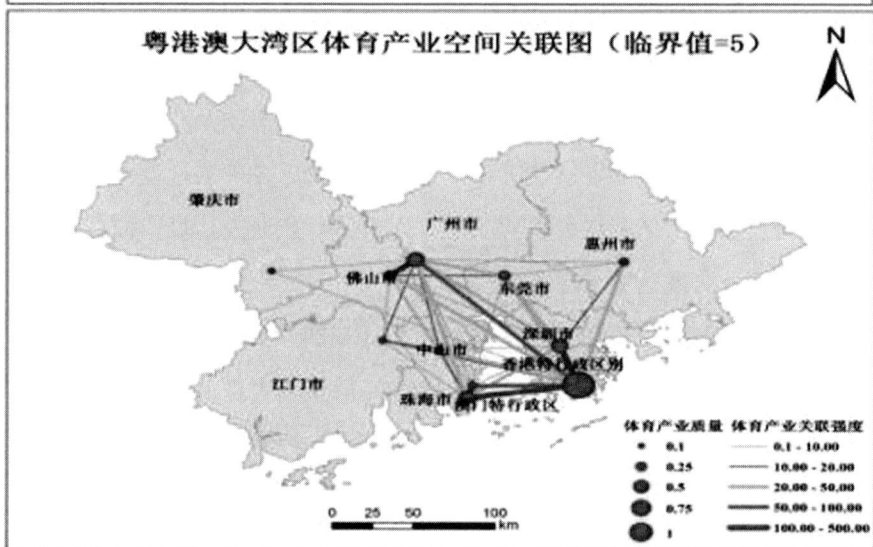

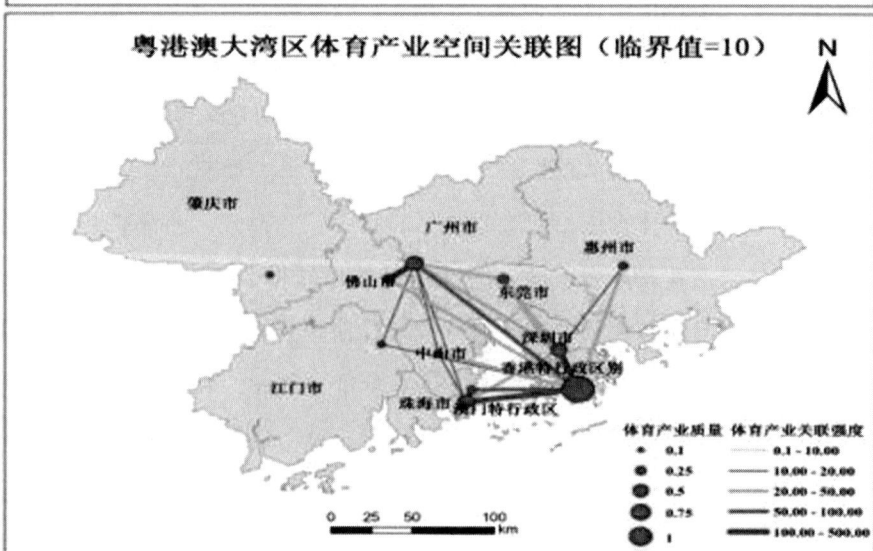

图 6-2 粤港澳大湾区体育产业网络空间结构

的关联数仅有6个，占总数的11%，说明尽管粤港澳大湾区局部区域存在一定程度的体育产业协同，但是整体协同水平偏低，处于初级阶段。

三、基于社会网络分析的粤港澳大湾区体育产业空间关联网络结构分析

（一）社会网络分析法

社会网络分析也称为社会网络理论或社会网络科学，起源于1930s，分别在1950s和1970s经历了两次黄金发展期①。过去40年，社会网络分析方法发展迅猛，以"社会网络分析"为主题的论文呈指数式增长，研究范围已突破了局限于研究社会学与社会心理学界限，应用到了经济学、管理学、人类学、物理学、数学、计算机科学等学科领域②。至今，社会网络分析已成为一种针对关系数据的跨学科分析方法和新型理论范式③。尽管我国学者运用社会网络分析对多个领域做了很多有益性研究，但是目前社会网络分析研究在国内仍处于起步阶段。④

---

① 张应语、封燕：《社会网络分析回顾与研究进展》，《科学决策》2019年第12期。

② Oliveira, M., Gama, J., "An Overview of Social Network Analysis", *Wiley Interdisciplinary Reviews Data Mining & Knowledge Discovery*, 2012, pp.99-115; Chen, J., Chang, Z., "Rethinking Urban Green Space Accessibility: Evaluation and Optimizing Public Transportation System through Social Network Analysis in Megacities", *Landscape and Urban Planning*, 2015, pp.150-159; Balkundi, P., Kilduff, M., "The Ties That Lead: A Social Network Approach to Leadership", *Leadership Quarterly*, 2006, pp.941-961; Wäsche, H., Dickson, G., Woll, A., et al., "Social Network Analysis in Sport Research: an Emerging Paradigm", *European Journal for Sport and Society*, 2017, pp.138-165.

③ Breiger, R. L., Boorman, S. A., Arabie, P., "An Algorithm for Clustering Relational Data with Applications to Social Network Analysis and Comparison with Multidimensional Scaling", *Journal of Mathematical Psychology*, 1975, pp.328-383.

④ 邵云飞、欧阳青燕、孙雷：《社会网络分析方法及其在创新研究中的运用》，《管理学报》2009年第9期。

近几年，社会网络分析应用于区域产业空间关联和网络结构已成为研究热点。刘华军等基于 1995—2012 年中国省际能源消费数据，利用社会网络分析对能源消费空间关联的网络结构特征及其效应进行了经验考察。[①] 金浩等采用社会网络分析和 QAP 回归分析方法探究了我国区域创新网络空间关联特征和影响因素。[②] 刘艳等基于引力模型和社会网络分析方法对京津冀物流空间联系强度、方向、空间布局进行了研究。[③] 体育领域方面，少数学者运用社会网络分析方法对体育机构[④]、运动技术[⑤]、专业运动员[⑥]、体育旅游[⑦]、体育彩票[⑧]、体育研究热点[⑨⑩]等方面进行了实证研究。袁园媛等以组织间网络理论为基础，采用社会网络分析法对上海体育旅游组织间合作关系进行了研究。曹卫华、李博等采用社会网络分析法分别对不同的足球赛事的传球表

① 刘华军、刘传明、孙亚男：《中国能源消费的空间关联网络结构特征及其效应研究》，《中国工业经济》2015 年第 5 期。

② 金浩、王平平、赵晨光：《我国区域创新网络评价与空间关联研究》，《当代经济管理》2019 年第 5 期。

③ 刘艳、王小臣：《京津冀物流空间联系研究——基于引力模型》，《商业经济研究》2019 年第 15 期。

④ 杨红英：《基于社会网络分析的我国体育机构合作研究》，《北京体育大学学报》2016 年第 9 期。

⑤ 曹卫华：《基于社会网络分析的西班牙 Tiki-Taka 战术打法的传控特征分析》，《成都体育学院学报》2019 年第 4 期；李博、王雷：《社会网络分析法研究足球比赛传球表现的可行性分析》，《北京体育大学学报》2017 年第 8 期。

⑥ 黄谦、荀阳、丁建岚：《中国专业运动员整体社会网络特征分析》，《武汉体育学院学报》2016 年第 7 期。

⑦ 袁园媛、黄海燕：《上海体育旅游组织间合作关系研究——基于社会网络分析法的分析》，《中国体育科技》2018 年第 6 期。

⑧ 李凌、张瑞林：《体育赛事观赏与竞猜型体彩的影响效果探析——基于二元热情模型的研究视域》，《体育与科学》2017 年第 2 期。

⑨ 殷鼎：《我国民族体育热点问题的社会网络分析》，《首都体育学院学报》2014 年第6 期。

⑩ 曹卫华、邵兵兵：《基于共词分析法的我国民族传统体育文化研究热点评析》，《西安体育学院学报》2019 年第 1 期。

现进行了分析，探析社会网络分析法用于足球比赛传球表现研究的可行性。黄谦等从整体社会网络结构的微观、中观和宏观三个层次，对我国专业运动员的整体社会支持网络和讨论网络进行了研究。

本书选择社会网络分析法研究粤港澳大湾区体育产业空间结构特征有以下三方面考虑：第一，社会网络分析极少运用到我国区域体育产业研究中，此举旨在用社会网络结构的视角审视我国区域体育产业；第二，网络分析法具有全局性分析的特点，可以避免传统空间计量分析方法"相邻"或"相近"的局限；第三，社会网络分析方法可以揭示粤港澳大湾区体育产业空间结构特征，分析各个区域在整体网络中的空间影响。

（二）社会网络分析测度指标

空间结构特征测量方法主要包括分形理论模型和社会网络分析方法，考虑到分形理论模型通常忽略城市质量因素，故选择社会网络分析方法来分析粤港澳大湾区体育产业空间关联网络结构。引用社会网络分析方法中的整体网络特征、中心度、核心—边缘模型、凝聚子群等方法对粤港澳大湾区体育产业空间结构展开研究。

1. 整体网络特征

网络密度、网络关联度、网络等级度和网络效率通常是整体网络结构特征刻画的主要指标。其中，网络密度是城市体育产业空间关联的紧密程度，网络密度越大，城市间体育产业空间关联越紧密，粤港澳大湾区体育产业空间网络结构对各城市的体育产业影响越大。网络关联度则反映体育产业空间关联网络自身的稳健性与脆弱性，网络关联度越大，体育产业空间关联网络越稳健。网络等级度则反映网络中各城市非对称可达度，网络等级度越高，体育产业空间关联网络中各城市间的等级差异越大，越多城市处于网络中的边缘从属地位。网络效率反映体育产业空间网络中城市间的连接效率，网络效率越低，城市间关联越多，城市空间溢出效应越显著，体育产业空间关联网络越稳定。

2. 中心度

中心度是社会网络分析的研究重点，通常使用度数中心度、中间中心度和接近中心度对各节点的网络结构特征进行分析。度数中心度反映城市在体育产业空间网络的中心位置程度，度数中心度越高的城市，与更多的城市存在体育产业关联，越处于网络的中心地位。中间中心度反映城市在多大程度上控制其他城市间的体育产业关联，中间中心度越大的城市，越能控制其他城市间进行体育产业关联，越处于网络的中心。接近中心度反映某个城市进行体育产业关联过程中不受其他城市控制的程度，接近中心度越高的城市，与其他城市存在更多体育产业直接空间关联，越是网络中的核心城市。

3. 结构洞

结构洞是指体育产业节点在体育产业网络中的非冗余的连接，非冗余性的体育产业节点被结构洞所连接。[①] 体育产业节点拥有结构洞的位置越多，对其他节点的控制力和影响力就越强，在网络的优势地位就越凸显。伯特的结构洞指数主要考虑有效规模、效率、限制度、等级度四个指标，其中限制度为最重要衡量指标。有效规模是衡量体育产业节点与相关联的产业节点之间的非冗余关系，有效规模越大，网络联系的冗余度越低，获取异质性知识的能力越强。效率也是体育产业节点与其他相关联的节点，是节点的有效规模与实际规模之比。限制度是衡量体育产业节点在自己的网络中拥有运用结构洞的能力，限制度越大，节点受限制水平越高，运用结构洞的能力越低。等级度是指限制性在多大程度上集中在一个体育产业节点身上，当领域中的所有节点限制度相当时，等级度就越小，当领域中所有节点限制度都集中于一个节点时，等级度就越大。

---

① 刘军：《整体网分析：UCINET 软件实用指南》（第三版），上海人民出版社 2019 年版。

4. 核心—边缘模型

利用核心—边缘模型可判断体育产业节点城市在网络中所处的位置，并估计体育产业节点城市的"核心度"，可以直观、科学地分析在粤港澳大湾区体育产业空间关联网络中各城市的重要程度及所处的"核心—边缘"地位。核心度越高的城市，在网络中的地位越重要，越处于网络的中心。

5. 凝聚子群分析

根据体育产业节点的关联程度可将网络分为若干个内部密切关联的"小群体"并对每一个"小群体"呈现的特征作进一步剖析，以判断城市之间体育产业的关联情况和全面深入分析体育产业网络。

(三) 粤港澳大湾区体育产业空间关联网络建立

1. 粤港澳大湾区体育产业空间关联矩阵二值化

根据测算得出的体育产业空间关联矩阵，使用软件绘制体育产业空间关联网络图。考虑数据的适用性，遵循可对比性，选取体育产业关联强度阈值 $p=5$，当 $P_{ij}>p$ 时，城市间体育产业关联强度赋值为1，表示城市 i 和城市 j 体育产业存在关联关系；当 $P_{ij}<p$ 时，城市间体育产业关联强度赋值为0，表示城市 i 和城市 j 体育产业不存在关联关系。以下是经过二值化处理后的体育产业空间关联矩阵。

表 6-10　二值化后的粤港澳大湾区体育产业空间关联矩阵

城市	香港	广州	深圳	澳门	佛山	东莞	惠州	珠海	中山	江门	肇庆
香港	0	0	1	1	0	0	0	0	0	0	0
广州	0	0	0	0	1	1	0	0	0	0	0
深圳	1	0	0	0	0	1	0	0	0	0	0
澳门	1	0	0	0	0	0	0	1	0	0	0

城市	香港	广州	深圳	澳门	佛山	东莞	惠州	珠海	中山	江门	肇庆
佛山	0	1	0	0	0	0	0	0	0	1	0
东莞	1	1	1	0	1	0	0	0	0	0	0
惠州	1	1	1	0	0	1	0	0	0	0	0
珠海	0	0	0	1	0	0	0	0	0	0	0
中山	0	1	0	1	1	0	0	1	0	1	0
江门	0	1	0	0	1	0	0	1	1	0	0
肇庆	0	1	0	0	1	0	0	0	0	1	0

2. 粤港澳大湾区体育产业空间关联网络绘制

将原来的粤港澳大湾区体育产业空间关联矩阵数据导入 Ucinet 软件中，经过二值化处理并将处理后的处理转换为".##h"的格式，最后通过 Netdraw 软件将粤港澳大湾区体育产业空间关联进行可视化处理，可得图6-3。

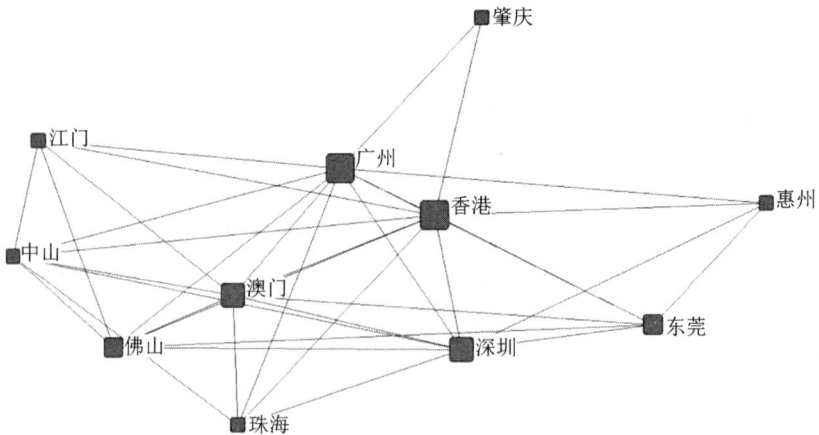

图6-3 粤港澳大湾区体育产业空间关联网络

（四）粤港澳大湾区体育产业空间关联网络结构特征

1. 整体网络特征

（1）网络密度为0.464，说明粤港澳大湾区城市间体育产业空间关联程度较低，网络对节点的影响较小，城市节点间平均关联程度及体育产业网络功能亟待进一步提高。（2）网络关联度为1，表明粤港澳大湾区任意城市之间都存在关联关系，网络具有良好的通达性。（3）网络等级度为0.453，说明粤港澳大湾区体育产业整体网络空间溢出效应达到中等水平，体育产业中等发达城市均存在空间溢出效应。（4）网络效率为0.596，说明网络中存在较多的冗余连接，各城市间体育产业空间溢出存在较明显的多重叠加现象。

表6-11 整体网络结构特征值

年度	密度	网络关系数	网络关联度	网络等级度	网络效率
2018	0.464	51	1.00	0.453	0.590

2. 中心性

（1）节点中心度。表6-12、图6-4显示，香港、广州节点中心度均为100，领先其他城市，表明香港、广州与湾区其他所有城市均产生体育产业直接关联，对湾区其他所有城市具有明显的空间溢出效应，处于粤港澳大湾区体育产业空间网络中绝对核心地位。深圳、澳门、佛山节点中心度低于香港、广州，但是优于其他城市，说明深圳、澳门、佛山体育产业与其他城市存在着一定程度的空间关联，属于网络中的重要节点。惠州、珠海、江门、肇庆4个城市节点中心度低于平均值，说明这些城市与其他城市存在较弱的空间关联，是网络中的边缘节点。产业规模小、地理位置偏远、城市经济发展水平低可能是造成这一结果的重要原因（刘华军等，2015；陈金丹和黄晓，2017）。

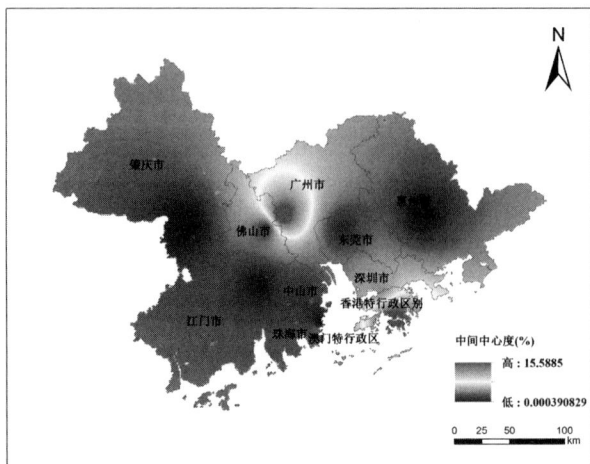

图6-4 粤港澳大湾区体育产业空间关联网络中间中心度

（2）接近中心度。表6-13显示，香港、广州、深圳、澳门4个城市的接近中心度高于均值76.67，说明这4个城市是网络中的核心节点，在粤港澳大湾区体育产业协同发展中发挥主导作用。其中，香港、广州接近中心度均达到100，远高于其他城市，说明香港和广州位于网络的中心，形成体育产业关联时均不受其他城市影响。珠海、江门、惠州、肇庆4个城市接近中心度排名最低，主要依附距离较近的网络核心节点城市，与其他欠发达城市竞争关系大于合作关系，在网络中表现为"远离"其他城市。

（3）中介中心度。表6-13、图6-5显示，粤港澳大湾区11个城市的中介中心度总和为42.22，香港和广州均排名第一，中介中心度总和为31.18，占总值的73.86%。香港是粤港澳大湾区体育产业网络的核心，广州是粤港澳大湾区珠江西岸体育产业网络的核心，网络中大部分体育产业关联通过香港、广州完成，两个城市发挥了重要的中介和桥梁作用。深圳、澳门、佛山、东莞及中山5个城市中介中心度均为正值，共计11.04，占总值的26.14%，在网络中仍扮演"中间人"角色，属网络受益者。惠州、珠海、江门、肇庆4个城市中介中心度均为0，这些城市体育产业发展受到发达城市的限制，在网络中不具有中介作用，属于网络边缘区域。

表6-12 中心性分析

城市	出度	入度	节点中心度	排序	接近中心度	排序	中介中心度	排序
香港	10	5	100.00	1	100.00	1	15.59	1
广州	10	5	100.00	1	100.00	1	15.59	1
深圳	8	5	80.00	2	83.33	2	4.04	2
澳门	8	4	80.00	2	83.33	2	3.00	3
佛山	4	5	70.00	3	76.92	3	1.44	4
东莞	5	5	60.00	4	71.43	4	1.11	5
惠州	1	4	40.00	6	62.50	6	0.00	6
珠海	3	4	50.00	5	66.67	5	0.00	6
中山	1	7	70.00	3	76.92	3	1.44	4
江门	1	5	50.00	5	66.67	5	0.00	6
肇庆	0	2	20.00	7	55.56	7	0.00	6
均值	4.64	4.64	65.45	—	76.67	—	3.84	—

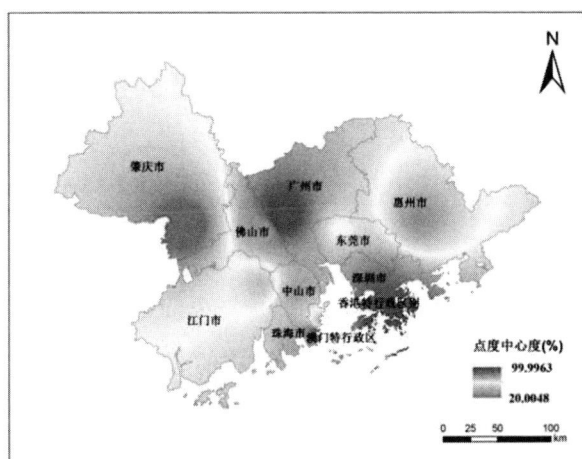

图6-5 粤港澳大湾区体育产业空间关联网络节点中心度图

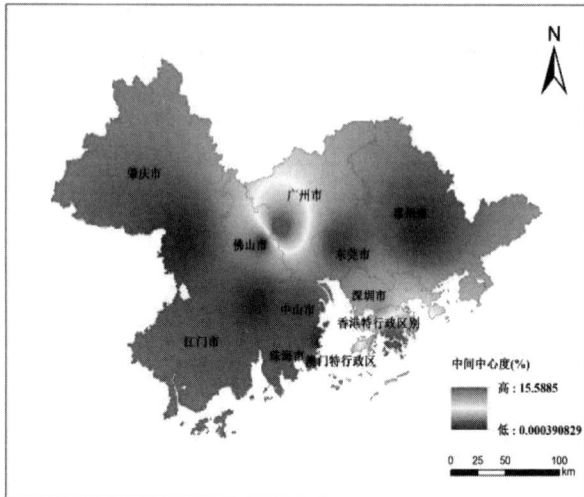

图 6-6　粤港澳大湾区体育产业空间关联网络中介中心度图

3. 结构洞

根据结构洞指数算法，利用某某软件连接某某软件进行计算，可以计算出粤港澳大湾区 11 个城市体育产业网络的有效规模、效率、限制度及等级度，其计算结果见表 6-13。

由表 6-13 可知，在粤港澳大湾区体育产业网络中，香港与广州有效规模与效率最高，分别为 5.97 与 5.90、0.60 与 0.59，遥遥领先于其他城市，表明香港与广州和其他城市保持着紧密联系，冗余度最少，具有绝对的控制力与影响力，在网络中起到核心带动作用。广州与香港体育产业质量相差悬殊，但两城在网络中的地位却如此雷同，具体原因包括两个方面：（1）香港距离深圳较近，香港与其他城市的连接和深圳与其他城市的连接之间产生一定的冗余度，故降低了两者的有效规模及效率；（2）作为珠江西岸唯一的体育产业核心城市，广州对珠江西岸佛山、江门、中山、肇庆四城具有绝对的影响力及控制力，且不容易受其他城市影响。深圳、澳门和中山仅次于香港与广州，有效规模在 3—5 之间，效率在 0.45—

0.55 之间，对其他城市具有较强的控制力与影响力，是网络中重要的组成部分。深圳、澳门是传统的体育产业强市，对其他城市具有一定的支配能力容易理解。中山体育产业质量远低于佛山、东莞等城市，其有效规模及效率却高于佛山、东莞等城市具体包括两个原因：（1）中山地理位置相对优越，既受珠江西岸广州、佛山、江门、珠海、澳门五城的影响，同时也受珠江东岸的香港、深圳两城影响，在网络中充当部分珠江东西岸城市连接的作用；（2）中山与其他 8 个城市的连接中，有 5 个连接值在 5—7.2 之间，而网络进行二值化处理时，断点值取 5，恰好满足了其他城市对中山的作用。

表 6-13　结构洞分析

城市	有效规模	效率	限制度	等级度
香港	5.97	0.60	0.38	0.11
广州	5.90	0.59	0.38	0.11
深圳	4.08	0.51	0.41	0.08
澳门	3.83	0.48	0.42	0.07
中山	3.38	0.48	0.43	0.03
佛山	2.94	0.42	0.44	0.05
东莞	2.35	0.39	0.46	0.06
江门	2.33	0.47	0.45	0.03
珠海	1.71	0.34	0.49	0.07
惠州	1.00	0.25	0.56	0.06
肇庆	1.00	0.50	0.64	0.00

从限制度来看，肇庆、惠州的限制最大，说明这些城市的体育产业发展对其他城市的依赖程度较高，处于网络中的边缘区域。香港、广州限制度最小，说明香港、广州受限制程度最低，是网络中的核心枢纽，起到网络关联的关键引领作用。深圳、澳门限制度较小，结构洞能力较强，处于

网络中的次核心地位。总体而言，香港、广州结构洞水平最高，在网络中处于绝对优势地位，拥有较多的竞争机会和非替代性区位优势。因此，充分利用香港、广州在网络中的优势地位将有利于促进粤港澳大湾区区域体育产业协同发展，提高粤港澳大湾区体育产业整体质量。深圳、澳门结构洞水平较高，对其他城市体育产业影响较大，但整体网络辐射能力仍远低于香港、广州，说明其体育产业质量具有较大的进步空间，未来对深圳、澳门体育产业的重点发展将是区域体育产业发展的重要一环。

4. 核心—边缘模型

采用核心—边缘绝对模型对粤港澳大湾区体育产业空间关联网络进行分析。表6-14显示，香港、广州、深圳、澳门、佛山、东莞6个城市为核心区域，惠州、珠海、中山、江门、肇庆5个城市为边缘区域，核心—边缘模型的拟合度为0.711，说明粤港澳大湾区体育产业呈现"核心—边缘"结构。研究发现：（1）核心区域网络密度为0.867，边缘区域网络密度为0.150，两者相差5.78倍，说明粤港澳大湾区体育产业空间关联网络存在较大层次结构差异；（2）核心区域到边缘区域的密度为0.633，边缘区域到核心区域的密度为0.100，两者相差6.33倍，说明核心区域城市空间溢出效应远大于边缘区域，边缘区域空间溢出效应对核心区域依赖程度较高。进一步采用核心—边缘连续模型对粤港澳大湾区体育产业空间关联网络进行分析，测算出各个城市的核心度（见表6-15），按照核心度大小将网络划分为核心圈层（核心度在0.35以上：香港、广州）、半边缘圈层（核心度在0.29—0.35：深圳、澳门、东莞、佛山）及边缘圈层（核心度在0.29以下：其余城市），说明粤港澳大湾区体育产业空间关联整体网络呈现以香港、广州为双核心，深圳、澳门、东莞、佛山为次核心，周边城市为边缘区的空间圈层形态分布。

表 6-14　核心—边缘结构组成

核心—边缘分析				
核心—边缘区	城市（核心度）		密度	
			核心区域	边缘区域
核心区域	香港（0.364）、广州（0.365）、深圳（0.343）、澳门（0.332）、佛山（0.294）、东莞（0.310）		0.867	0.633
边缘区域	惠州（0.249）、珠海（0.273）、中山（0.277）、江门（0.256）、肇庆（0.214）		0.100	0.150
现实数据与理想模型的拟合度			0.711	

5. 凝聚子群分析

运用 Ucinet-Concor 进行聚类分析，采用最大分割深度为 2，集中标准为 0.2，最终得出粤港澳大湾区体育产业空间关联网络的 4 个凝聚子群，见图 6-7。香港、广州、深圳、澳门、佛山为子群 1，形成"省会+特区+强关联城市"城市组合；东莞、惠州为子群 2，为珠江东岸非核心城市，均受香港与深圳的溢出效应影响；珠海、肇庆为子群 3，分别为澳门、广州的体育产业依附城市；中山、江门为子群 4，两者核心度较低且相互间存在较强连接。研究发现：（1）尽管珠江东岸城市均在子群 1 和子群 2，

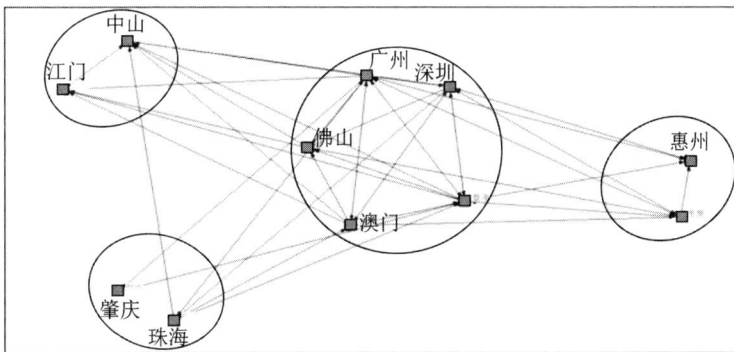

图 6-7　凝聚子群结果图

珠江西岸城市均在子群1、子群3、子群4，但是粤港澳大湾区体育产业关联网络未能和"珠中江""广佛肇""深莞惠"都市圈相吻合，说明粤港澳大湾区体育产业协同发展水平仍然较低，滞后于区域经济协同发展水平；（2）粤港澳大湾区体育产业空间关联网络总体呈现由内到外的圈层结构，见图6-8。

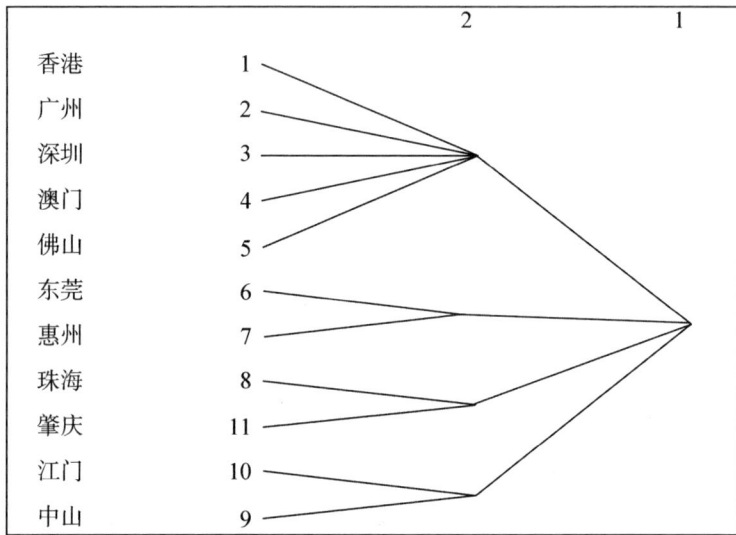

图6-8　凝聚子群分布图

四、粤港澳大湾区体育产业分布

（一）粤港澳大湾区优势体育产业分布

粤港澳大湾区11个城市在经济发展水平、产业结构发展和土地资源上的差异导致了各城市体育产业发展水平和体育产业结构的差异，同时也促使各地形成了具有自身特点和优势的体育产业。

在体育用品业方面，深圳在高端体育用品研发方面占据优势，东莞、佛山、中山等地则有较多的体育用品制造和加工企业。在体育服务业方面，中国香港有发达的体育资本市场，完善的赛马和游艇产业链；中国澳门的体育旅游业、体育博彩业持续火爆；广州、深圳依托其强劲的综合实力，拥有较多的体育场地设施，在体育竞赛表演业和体育健身休闲业等方面都有较大优势；珠海、肇庆、惠州则依托其地理优势和土地资源，在体育旅游、户外运动等方面发展迅速（详见表6-15）。

表6-15　粤港澳大湾区各城市优势体育产业

城市	优势体育产业
香港	赛马业、体育金融服务业、体育用品销售业
澳门	体育休闲旅游业、体育博彩业
广州	体育竞赛表演业、体育健身娱乐业、体育产品销售业、体育会展服务业
深圳	体育用品研发、体育金融服务业、体育竞赛表演业、体育互联网服务业
珠海	体育产品制造业、体育竞赛表演业、大众健身服务业、电子竞技、滨海运动休闲产业
东莞	体育用品制造业、篮球竞赛表演业
中山	传统体育文化服务业、青少年体育培训业
佛山	传统体育竞赛表演业、传统体育文化旅游业、体育智能装备制造业
江门	传统体育特色小镇、中国排球训练基地
肇庆	休闲健身娱乐业、户外运动业
惠州	健身娱乐业、体育竞赛表演业、体育旅游业

资料来源：根据大湾区各地体育产业数据资料整理。

（二）粤港澳大湾区体育产业区位熵

区位熵常用来反映某地区某一产业在整个区域的专业化程度。用粤港澳大湾区各城市体育产业区位熵，可以衡量大湾区各城市体育产业发展的差距。在一定程度上也能反映区域体育产业协同发展内涵中的体育产业与外部环境之间的协同关系。

由于数据的可得性，研究采用大湾区文化、体育和娱乐业的区位熵代表体育产业的区位熵。尽管会有偏差，但文化、体育和娱乐业同作为新时代的朝阳产业，三个产业之间融合程度非常高，其区位熵能在一定程度上反映大湾区各城市体育产业发展状况的差距。

陈燕等（2018）对粤港澳大湾区各城市文化、体育和娱乐业区位熵计算结果显示，香港、澳门、广州的区位熵大于 1，与其他城市相比，城市文化、体育和娱乐业发展更具优势。

表 6-16　2016 年粤港澳大湾区各城市文化、体育和娱乐业的区位熵

香港	澳门	广州	深圳	珠海	东莞	佛山	中山	肇庆	江门	惠州
2.010	30.469	1.547	0.770	0.498	0.353	0.425	0.379	0.600	0.583	0.515

数据来源：陈燕、林仲豪：《粤港澳大湾区城市间产业协同的灰色关联分析与协调机制创新》，《广东财经大学学报》2018 年第 4 期。

表 6-17　粤港澳大湾区体育产业发展数据统计表

城市	人均消费支出[①]（元）	体育场地[②]（个）	体育产业机构[③]（个）	常态化品牌赛事名称
香港	205315	2635	—	"M"品牌系列赛事，包括环球帆船赛、香港马拉松、香港马术大师赛、香港国际七人榄球赛、世界女排联赛、香港国际龙舟邀请赛、香港网球公开赛、香港壁球公开赛、香港公开羽毛球锦标赛等
澳门	301004	752	—	澳门国际龙舟赛、澳门国际排联世界女子排球联赛、武林群英会、澳门格兰披治大赛车、澳门国际马拉松等
广州	38398	17743	4168	广州国际马拉松、广州国际女子网球公开赛、国际羽联世界巡回赛、国际攀联中国攀岩公开赛、广州国际龙舟邀请赛等

（续表）

城市	人均消费支出[1]（元）	体育场地[2]（个）	体育产业机构[3]（个）	常态化品牌赛事名称
深圳	36480	12736	6947	中国杯帆船赛、WTA 年终总决赛、深圳国际马拉松、NHL 女子冰球联赛、中国乒乓球公开赛等
珠海	32151	1669	614	WTA 超级精英赛、环中国国际公路自行车赛等
东莞	30688	11925	1544	CBA 篮球赛（东莞站）等
佛山	31303	12652	917	佛山国际龙舟赛、高尔夫欧巡挑战赛、武战世界功夫争霸赛等
中山	27631	6127	569	全国棒球公开赛等
肇庆	17883	6343	211	肇庆国际马拉松赛、肇庆定向赛等
江门	20459	7811	331	世界排球联赛（江门站）等
惠州	23779	7067	665	全国橄榄球系列赛等

数据来源：①数据为 2016 年大湾区各城市居民人均消费支出，数据来源于 2017 年各地区统计年鉴；②内地 9 个市数据来源于广东省第六次体育场地普查情况报告，澳门、香港数据来源于《澳门统计年鉴》和《香港统计年鉴》；③数据来源于广东省体育局体育经济处，香港、澳门统计口径不一致，按缺失值处理。

结合各地区统计年鉴、广东省第六次体育场地普查情况报告以及从广东省体育局体育经济处等获得的数据，整理成粤港澳大湾区体育产业发展数据统计表。可以看出，在人均消费支出方面，香港和澳门的人均消费水平远远超过内地 9 市，具有较强的体育消费能力。在体育场馆方面，粤港澳体育场馆分布不均衡，体育场馆主要集中在粤中地区，场馆数量也由中心地区逐渐向外围递减。在体育产业架构体系方面，广州、深圳和港澳较其他城市更加完善，拥有众多的体育产业机构与组织。在体育赛事方面，广州、深圳和港澳已形成了一系列有影响力的体育品牌赛事，而内地其他城市虽有各自优势的区域体育赛事，但其赛事影响力较小，未能形成赛事品牌效应。

由此可知，粤港澳之间经济发展水平差异较大，经济发展水平的差异也导致了各城市体育产业发展的不均衡。粤港澳大湾区体育产业发展不平衡的客观现状是粤港澳大湾区体育产业协同发展的重要内在驱动力，将持续驱动粤港澳大湾区体育产业协同发展。

本章小结

体育产业资源空间分布是粤港澳大湾区体育产业联动发展的基础，本章主要基于现有研究基础，对粤港澳大湾区体育产业综合质量评价指标体系的构建原则及指标选取进行说明，构建客观全面的区域体育产业综合质量评价指标体系，并运用熵值法对粤港澳大湾区各个城市的体育产业质量进行系统合理的综合评价，并为测度粤港澳大湾区城市间体育产业空间关联提供可靠性的数据支撑。

粤港澳大湾区体育产业综合质量评价体系的构建主要遵循综合性原则、考虑区域经济发展水平、兼顾区域发展的总量指标及平均指标、可操作性原则这4项基本原则，在此基础上参照大量国内外相关的研究成果，从宏观因素、产业规模、公共环境、基础资源、成长能力等5个准则层，共选取21项指标构建了粤港澳大湾区体育产业竞争力综合质量评价体系，并对现有评价方法进行阐述及综合对比考虑，最终应用熵值法客观地确定体育产业质量21个指标的权重及粤港澳大湾区11个城市的体育产业综合质量。经过测算，得出粤港澳大湾区体育产业质量基本情况，结果表明粤港澳大湾区体育产业发展不均衡、粤港澳大湾区体育产业质量由内向外逐级递减。

在对传统的引力模型进行系统修正后，对粤港澳大湾区城市间体育产业空间关联强度进行测度，得出粤港澳大湾区城市间体育产业空间关联矩阵，并在此基础上分析城市体育产业的个体特征和城市间体育产业空间关联特征。对城市个体特征的分析结果表明，香港、广州、澳门3个体育产业核心城市"辐射效应"要大于"虹吸效应"，其他城市均为港穗澳三城"辐射效应"的受益者，且深圳与珠海对外净作用强度总和最小，深圳与珠海是港穗澳三城"辐射效应"核心受益者。同时可以发现体育产业空间关联总量分异特征明显、以香港为核心的"一超多强"格局基本形成。对城市间体育产业空间关联特征分析的结果表明，粤港澳大湾区城市整体网络稳定性低，空间关联逐级递减、部分城市关联紧密，协同发展初具基础。

利用社会网络分析法对粤港澳大湾区体育产业空间关联网络结构进行分析，得出网络密度、网络关联度、网络等级度、网络效率等整体网络特征；从节点中心度、接近中心度、中介中心度等维度进行中心性分析；利用结构洞指数算法，计算出粤港澳大湾区11个城市体育产业网络的有效规模、效率、限制度及等级度；利用"核心—边缘"模型判断体育产业节点城市在网络中所处的位置，并估计体育产业节点城市的"核心度"，分析在粤港澳大湾区体育产业空间关联网络中各城市的重要程度及所处的"核心—边缘"地位；通过凝聚子群分析，判断城市之间体育产业的关联情况和全面深入分析体育产业网络。

基于以上分析，得出粤港澳大湾区体育产业资源存在分布不均、尚未形成核心城市群、可能存在极化效应、尚未形成各类体育产业资源联动的发展模式、澳门体育产业仍有待进一步发展等问题。并提出促进广深港三城体育产业资源联动、强化澳门与其他城市在体育产业发展方面的联系、聚焦广深佛港呈现集聚特征的体育产业资源进行发展、积极探索珠三角与香港、澳门体育产业资源流通与联动路径，促进粤港澳大湾区体育产业资源优化分布及高效利用的对策。

第七章　粤港澳大湾区体育产业协同
发展的主要问题及成因

粤港澳大湾区涉及一个国家、两种制度、三个关税区、三个法律体系，"9+2"的组成模式超越任何一个城市群的定位。政治制度、法律制度、管理体制、经济发展水平、要素禀赋等客观差异的存在，使得粤港澳大湾区体育产业协同发展面临阻碍。本章将对当前粤港澳大湾区体育产业协同发展的主要问题和成因进行分析，为后续研究提供参考借鉴。

一、粤港澳大湾区体育产业协同发展的主要问题

（一）"一国两制三区"形成制度障碍，协同机制不健全

粤港澳大湾区相较于世界其他湾区及国内长三角、京津冀等地区的最大特殊性，是粤港澳三地在"一国两制"框架下进行跨境协作与交流。粤港澳三地在现有行政体制下，既有两种制度、三种货币、三个关税区、四个核心城市，又有不同的管理体制、法律体系和市场机制，这导致三地在政府功能、规划内涵及执行力等方面也存在差异，使得粤港澳大湾区体育产业发展面临制度障碍。

1. 缺乏宏观层面的顶层设计，区域协同政策滞后于粤港澳大湾区发展

"一国两制三法域"是粤港澳大湾区区别于世界其他湾区的最大制度差异。这既是一种优势，有利于内地和香港、澳门发挥各自优势，实现区域发展协同互补，但同时也对区域乃至国家制度供给侧结构性改革提出了

重大挑战。表现在服务领域的合作，包括贸易和法律体系的建设，尤其是在推进粤港澳服务贸易自由化过程中，合作事项涉及 CEPA 框架下内地与港澳作为独立关税区的政策协调，很多事权属于中央有关部门，三方自主协商范围较小①。

因此，现有"一国两制"框架下的宏观协同机制对粤港澳大湾区的协同发展只能进行一定限度的整合，难以发挥统领全局的作用。这种政策、机制上存在的滞后性会导致粤港澳大湾区内部资源的整合效率低于最优边界。该局限性也体现在体育产业领域。在 2019 年 2 月中共中央、国务院正式印发的《粤港澳大湾区发展规划纲要》（以下简称《规划纲要》）中提出要共同推进大湾区体育事业和体育产业发展，联合打造一批国际性、区域性品牌赛事。《规划纲要》的发布旨在推动区域经济协同发展，实施创新驱动发展战略，成为粤港澳大湾区发展的里程碑②。《规划纲要》充分肯定了体育产业对粤港澳大湾区建设的作用，但关于体育产业的内容较为宽泛，缺乏可操作性。尚未出台有关粤港澳大湾区体育产业协同发展的宏观规划，缺乏国家层面的制度安排。

2. 现有合作协调机制虚化，缺乏统一的体育产业协调机制

粤港澳三地就合作过程中出现的差异分歧探讨交流，进行"两制磨合"，是推动粤港澳大湾区协同发展的关键因素。先前广东、香港、澳门三地政府之间曾经形成过高层联席会议制度，后来升级完善为由各方政府主要负责人出面主持的粤港、粤澳联席会议。但该会议举办频率低、会期时间短，仅对一些基本的合作原则和意向达成初步共识，具体事项和问题未有深入探究和落地。"粤港合作联席会议"下设了"粤港文化体育合作专责小组"，以推动两地体育合作与交流。然而该专责小组仍是地方层面

---

①　蔡赤萌：《粤港澳大湾区城市群建设的战略意义和现实挑战》，《广东社会科学》2017 年第 4 期。

②　中共中央、国务院：《粤港澳大湾区发展规划纲要》，2019 年。

的合作机制，难以满足当下粤港澳大湾区体育融合的现实需求。为了加强三地间协调合作的深度和广度，国家发展改革委员会牵头与粤港澳共同签署四方协议。协议规定，四方每年都要举行一次定期磋商，主要就粤港澳大湾区发展中的重要问题和合作事宜进行协调，由四方和相关机构商议并确定年度重点工作，共同推动粤港澳大湾区的协同发展。但该协商合作机制是建立在一些已经达成一致意见的事项之上，而未形成共识的事项往往不能得到解决，协同发展的力度和权威性也就大打折扣。由于合作平台和协调机制不够完善，加上受行政区划影响产生的壁垒，三地间行政沟通、协调和合作的成本也大大增加。粤港澳大湾区的体育产业合作协议，大部分都是在《规划纲要》颁布前签署的，这与粤港澳大湾区的总体规划和当前体育产业协同发展的实际需要相违背，滞后于粤港澳大湾区发展。因此，在现实基础上如何建立长效的合作协调机制，实现规则制度的"软联通"成为粤港澳大湾区体育产业协同发展的一大难题。

（二）区域产业结构失衡，产业同构现象严重

当前，新冠疫情仍在全球肆虐，贸易保护主义不断抬头，对全球价值链、产业链和供应链形成冲击和破坏，加上新一代人工智能技术引起的产业革命，全球产业链和价值链正在加速重构，对粤港澳大湾区产业协同发展提出了一系列严峻挑战。粤港澳大湾区的产业基础和产业规划，主要集中在现代智能化制造、高科技、绿色产业、金融服务、航运贸易、高端专业服务产业等若干重点产业领域。粤港澳大湾区"9+2"组成的城市群在社会经济发展水平、资源配置和产业结构等方面存在较大程度的失衡现象，影响了协同发展的效率。最直观的体现就是经济产出方面，全国城市 GDP 排名前 10 中，深圳、广州分列在上海、北京之后，成为全国 GDP 第三和第四的城市。深圳、广州、佛山等城市的人均 GDP 比全国平均水平要高出两三倍，江门、肇庆等城市的人均 GDP 则相对较低。

同时，粤港澳大湾区各城市的资源禀赋相近，导致三地间发展模式从互补性向替代性发展模式转变，容易导致产业同构现象的发生。具体来看，结构相似系数反映两个城市产业结构的趋同程度，过高和过低都不利于区域产业协同发展。如果两个城市的制造业结构相似系数接近1，表明两者制造业结构趋同，存在重复建设和产业同构问题。依据《广东统计年鉴（2019）》制造业数据计算，在粤港澳大湾区的城市之间，深圳与惠州的结构相似系数为0.939，深圳与东莞为0.990，珠海与惠州为0.806，珠海与中山为0.951，佛山与中山为0.860，惠州与东莞为0.938。反映出粤港澳大湾区许多城市之间的产业结构相似系数过高，说明产业的同构性明显。在第三产业领域，珠三角积极推动第三产业转型，使得金融服务、物流和会展业发展迅猛，产业发展逐渐与港澳趋同，形成同质化竞争。以体育竞赛表演业为例，大湾区内部呈现出一定的同质化倾向。香港、广州、深圳和珠海都拥有专属的网球公开赛。一系列大型网球赛事的集聚体现了粤港澳大湾区竞赛表演业的特色与优势，但这种集聚现象也形成了区域内部竞争的态势。近几年"马拉松热潮"风靡全国，大湾区的广州、佛山、深圳、东莞、珠海等城市也纷纷举办马拉松赛事。但与始于1981年的澳门马拉松和1997年开始的香港马拉松相比，这些城市的马拉松赛事体系尚未成熟，缺乏地域特色，品牌效应尚未形成。

区域间的竞争是促进区域产业发展的重要举措，但不能过度追求竞争，应看到区域合作的重要性。同质化竞争容易造成资源浪费和效益低下，会对粤港澳大湾区体育产业的综合竞争力产生不利影响。

（三）行政区域条块分割，要素流动不畅

粤港澳大湾区与一些世界著名湾区相比，虽然拥有雄厚的资源和雄厚的产业基础，但却始终未能跻身全球湾区的领头羊行列，地方行政权力干预以及行政分界不同是重要的阻碍因素。行政分界的存在是粤港澳大湾区协同发展的一把"双刃剑"，既是机遇，也是挑战。粤港澳大湾区在行政主体上有着不同的行政边界和区域，在行政区划上有着不同的科层区别，与中央政府的关系也存在着差异，进一步影响了粤港澳大湾区地方政府的效用和管理。协同发展是区域多目标下的共赢，其意味着各自产业之间能够相互影响、相互感应。未来在诸多保障措施中，应特别重视粤港澳三地增量利益共享机制、环境保护和治理以及新兴产业培育等。在未来规划实施过程中，要能对协同发展水平进行客观度量①。

广东与香港、澳门之间的边境代表着"两制"之间的边境，属于中央政府部门管理，对人、财、物等方面的流动都有严格的管制；而香港、澳门之间的边境管理又因历史原因有着其特点；而广东省内城市间同属"一制"，制度性障碍较少，要素间的流动较为便利，但由于中央主导型产业政策弱化，地方主导型产业政策兴起，地方政府拥有较大的资源配置权和相对独立的经济利益。地方城市之间存在着竞争，这在一定程度上也可理解为边界的阻隔效应。通过设置过高的进入壁垒分割区域，并对一些市场行为加以干预、限制。

要素流动不畅主要体现在以下三个方面：

1. 人员流动不畅

一是港澳居民前往内地城市工作和居住时，无法便捷享受到当地居民同等的社会福利，其通行证在许多地方无法与内地居民身份证等同使用。二是内地人力资源市场的国际化程度较低，对外籍劳动力的限制较多。香港和澳门国际化程度高，拥有大量的外籍劳动力，内地对外籍人员的壁垒使大湾区难以充分利用高端人才要素；粤港澳三地的体育资格认证制度及标准不一，港澳地区的人才引进制度门槛较高，导致一些教练员、指导员及体育管理人才无法很好地在两地间流动。

---

① 孙虎、乔标：《京津冀产业协同发展的问题与建议》，《中国软科学》2015 年第 7 期。

2. 跨境通关程序烦琐，物资流通不畅

大湾区有三个独立关税区，区域物流通关的衔接问题是推进大湾区融合的重要环节。目前，三地海关、检验、检疫程序不统一，极大影响了清关效率，延长了大湾区企业进出口贸易的资金周转时间。大湾区内部物资流动缺乏有效的管理机制和保障，如三地进行体育器材设施的运送时，须经进、出口手续，并交纳有关设施及设备之关税。三地间一些商品与服务条例条规各不相同，与大湾区协同发展存在冲突。

3. 资金的流通受到了严格的限制

内地对港澳公司的投资仍有很大的制约，如在体育赛事方面，由于需要同时满足三地的有关法规和审批条件，粤港澳联合承办体育赛事难度较大。另外，广东省在举办体育赛事、开展体育培训等方面对香港、澳门的体育企业和组织设置了更高的准入标准，使港澳公司在广东体育产业中的发展举步维艰[①]，一定程度上阻碍了内地对港澳的投资与贸易，使大湾区无法有效发挥香港作为国际金融中心所带来的良好营商环境、国际化司法制度、资金自由流动等优势。

二、阻碍粤港澳大湾区体育产业协同发展的成因

(一) 宏观层面

1. 行政体制的差异

粤港澳大湾区政府间关系和治理模式因其"一国两制"的制度特殊性，与世界上著名湾区及国内的长三角及京津冀地区相比有所不同。由于香港、澳门两个特别行政区的存在，粤港澳大湾区内享有三个独立关税区

---

① 周良君、肖婧莹、陈小英：《粤港澳大湾区体育产业协同发展研究》，《体育学刊》2019年第2期。

及三地各自独有的法律体系。在"一国两制"基本政治制度的背景下，享有高度自治权的港澳政府在大湾区中的战略发展地位必然会优于其他地市。但从网络型府际治理的角度来看，三地都应是平行的行政主体，具有不同的行政事权①。从实际出发，由于港澳事务的特殊性和敏感性，大湾区协同发展涉及的港澳跨境流通方面的事权实际属于中央，这些事权由中央各个相关部委负责执行。由于在区域内没有统一的决策机构，政府间的协同合作需要中央部门出面协调，所以现有的合作是不完全的合作，是有局限性的合作。例如服务业的合作需要法律制度及营商环境等方面的建设，合作事项涉及 CEPA 框架下内地与港澳作为独立关税区的政策协调，三方自主协商的范围都受限于事权，集中于中央的有关部门，在推进粤港澳服务贸易自由化的过程中显得尤为明显。区域协调与治理机制是粤港澳大湾区制度协同发展的重要议题，横向的协调与治理是大湾区的薄弱环节，尤其是基层政府部门，涉及港澳的一切事务都需要走向上级汇报请示的垂直沟通系统，难以与港澳地区的相关部门进行直接沟通协调。鉴于三地在政治、法律、货币、税收等方面不同的制度安排，市场和创新要素要不断地在不同的环境中流动。不同地区之间如何错位发展，优势互补，防止相互阻隔、恶性竞争，需要区域间政府之间的有效交流与协调。

2. 立法司法体系的差异

粤港澳三地在"一国两制三法域"的宪法体系下，具有不同的法律理念、立法和司法体系、执法模式、法律渊源和不同的空间适用范围。第一层次的差异体现在广东省和香港、澳门两个特别行政区之间的立法权冲突。《中华人民共和国立法法》（以下简称《立法法》）规定，地方政府拥有制定地方性法规的权力，但不能与宪法、法律、行政法规相冲突；全

---

① 陈文理、喻凯、何玮：《府际治理：构建粤港澳大湾区网络型府际关系研究》，《岭南学刊》2018 年第 6 期。

国人大常委会对其制定的地方性法规进行全面审查，并有权撤销不符合宪法、法律、行政法规的。而香港和澳门实行高度自治，根据《中华人民共和国香港特别行政区基本法》和《中华人民共和国澳门特别行政区基本法》的规定，除了有关国防、外交和其他按本法规定不属于特别行政区自治范围的法律之外，所有在特别行政区管辖范围内的各项法律，均由特区政府立法机关商议制订并通过，并经行政长官签署、公布后方能生效；特别行政区立法机关制定的任何法律，须报全国人大常委会备案，备案不影响该法律的生效，且不得同基本法相抵触；全国人大常委会的审查范围仅限于中央管理的事务及中央与特区关系的条款，如认为立法会制定的部分法律不符合基本法关于该两类条款的规定，则可将有关法律发回，发回的法律立即失效，该法律的失效，除特别行政区法律另有规定外，无溯及力①。相较于广东省，香港、澳门的立法权限更为广泛和自主。

第二层次的差异为广东省 9 个城市间的立法权冲突。9 个地级市都是设区的市，按照《立法法》第七十二条的规定，各市人大和常务委员会在不与宪法、法律、行政法规以及广东省的地方性法规相冲突的前提下，可以对城乡建设与管理、环境保护、历史文化保护等方面的事项制定地方性法规。而深圳和珠海作为经济特区，根据《立法法》第七十四条说明，其市人大根据全国人大的授权决定，在遵循宪法的规定以及法律和行政法规的基本原则的基础上，可以根据具体情况和实际需要对法律、行政法规、地方性法规作变通规定，在各自范围内实施。由于全国人大的授权决定往往都是原则性规定，这就赋予了经济特区法规广泛而灵活的立法权限。尤其是分别位于深圳前海和珠海横琴的两个自贸片区，根据《立法法》第十三条以及全国人大及其常委会的相关授权决定，其就行政管理等领域的特

---

① 郭丽莎：《粤港澳大湾区立法协同机制探讨——基于京津冀和长三角的立法协同经验》，《广东行政学院学报》2020 年第 4 期。

定事项还可暂时调整或停止适用法律的部分规定。此外，从行政级别来看，广州、深圳是副省级城市，深圳还是计划单列市，拥有特殊的经济管理权限。2019年，中共中央、国务院发布的《关于支持深圳建设中国特色社会主义先行示范区的意见》对深圳的战略定位之一是作为"法治城市示范"①。基于上述法律和国家政策规定，广东9市所拥有的地方立法权是不平等的，深圳、广州、珠海3市的地方立法权限显著大于其他6市，深圳和珠海甚至可以对广东省地方性法规作变通规定。这种立法主体众多且行政级别不一的情况大大削弱了协商成效，导致大湾区立法协同机制难以构建。基于差异性，三地属于不同的法律管辖区和不同的关税区，各自实行相对独立的海关、出入境管制，客观上对人员、资金、货物、资讯等的自由流动形成制度性壁垒。同时，由于法治水平不均衡，港澳特别是香港法律界或多或少对内地法治尚缺乏足够信赖，成为与内地法律合作进展缓慢的一个重要因素。这集中体现在司法协助领域。港澳与内地迄今尚未达成刑事司法协助安排，民商事司法协助的范围也极其有限，司法判决不能自由流通，市场一体化的司法支撑远远不够。

作为我国在体育法律方面的基本法，《中华人民共和国体育法》自1995年颁布以来，经过二十余年的历程及数次修改修订，已成为中国体育工作的一座里程碑。但是2022年6月24日修订、2023年1月1日起正式施行的《体育法》第七章才增加了体育产业的相关条款，而在国家颁布的一系列行政法规中也不见体育产业的踪迹，与体育产业相关的一些要求更多是以规范性及制度性文件的形式呈现，并无法律效力。因此，粤港澳大湾区体育产业的法律制定缺乏法理基础，稍显"无法可依"。《中华人民共和国香港特别行政区基本法》第一百四十三条提到"香港特别行政区政府

---

① 中共中央、国务院：《关于支持深圳建设中国特色社会主义先行示范区的意见》，2019年。

自行制定体育政策",以及 2015 年香港民政事务委员会向立法会提交的
《香港的体育发展》里对于香港现行体育政策的全面检讨可看出香港特区
政府在制定体育法律方面拥有较大的自主权力,但无论是体育法律乃至体
育产业法律都处于空白的状态。澳门特别行政区根据《中华人民共和国澳
门特别行政区基本法》第一百二十七条"澳门特别行政区政府自行制定体
育政策",相继出台了一系列有关体育的法律法规,但体育产业相关的法
律法规制定还比较欠缺。如何搭建金字塔式体育产业法律体系,在三地不
同政治体制、法律文化的背景下订立统揽全局的体育产业法律法规及具体
细则是实现三地体育产业协同发展关键所在。

(二) 中观层面

第一,粤港澳三地始终未能建立完善的跨境治理"决策—执行—监
督"机制。

一方面,许多跨境公共事务的决策需要中央主导,超出了地方政府的
决策范畴。另一方面,由于行政体制与地方治理权力的差异,无论是粤港
澳三地政府还是大湾区 11 个城市,不同主体的综合实力、宪制地位、管治
权力存在较大差异,形成了权力碎片化或分割的行政执行场域,最终导致
城市政府间"各自为政"的窘境①。

第二,内地和港澳政治制度、管理体制和经济运行机制存在较大差
异,影响了粤港澳市场一体化进程。

首先,粤港澳大湾区城市间市场开放程度不高,导致交易成本相对
偏高,影响了经济活力。其次,粤港澳大湾区内部还长期存在城市间
的无序竞争、产业结构雷同、区域分工合作不明显、区域重复建设等
问题。最后,粤港澳大湾区缺乏跨区域的产业服务平台和一体化产业

---

① 杨爱平:《粤港澳大湾区世界级城市群治理体系创新的路径选择》,《华南师范大学学报
(社会科学版)》2021 年第 6 期。

链信息服务平台，影响了产业链规则衔接和机制对接，导致重复建设和同质竞争。

第三，知识产权法律体系差异大，纠纷解决平台缺位。

一方面，粤港澳三地在知识产权法律方面仍存在较大差异，适用于粤港澳大湾区的统一知识产权规则尚未形成，诉讼纠纷解决等模式仍然难以高效推进。另一方面，粤港澳知识产权法规和管理体制不同、知识产权保护中心等服务平台缺位，导致知识产权案件审理制度性成本高，制约了粤港澳协同处理知识产权安排[①]。

（三）微观层面

1. 体育市场主体培育力度低，企业多而不强

市场主体是经济活动的主要参与者、就业岗位的主要提供者、技术进步的主要推动者，在经济社会发展中发挥着十分重要的作用。因此，加快培育壮大多元市场主体，对提升经济内生动力、推动高质量发展具有重要意义。体育产业市场主体主要由大型体育企业、个体工商户、营利性社团组织及体育俱乐部等组成，并向社会提供体育产品与服务。聚焦粤港澳大湾区体育产业市场主体发展，一方面，粤港澳大湾区的大型体育企业数量较少，其产品市场占有率低，国际品牌影响力有限。新华网《2021 中国体育上市公司年度市值榜单》相关数据显示，在我国 40 家体育产业上市公司中，粤港澳大湾区中的体育公司仅占 6 家，市值超过 100 亿元人民币的仅有 3 家，分别为华立集团、东鹏饮料和比音勒芬[②]。另一方面，粤港澳大湾区体育产业市场主体主要以中小微企业和特许经营个体为主，存在资

① 韩永辉、麦炜坤、沈晓楠：《粤港澳大湾区打造高质量发展典范的实现路径研究》，《城市观察》2023 年第 1 期。

② 新华网：《中国体育上市公司 2021 年市值首破万亿元，28 家收获正增长》，2022 年 1 月 25 日，见 http://www.xinhuanet.com/2022-01/25/c_1128294927.htm。

金短缺、融资困难、企业间恶性竞争、产品同质化严重，缺乏差异化思维、产品质量不高、人才流通渠道不畅等问题，未能很好地发挥产业集聚效应，制约了其市场竞争力，从而进一步影响了粤港澳大湾区体育产业的协同发展。

2. 湾区创新水平不平衡，体育产学研创新能力有待提高

从世界体育产业发展演变历程来看，创新是推动我国体育产业高质量发展的重要力量。体育市场主体创新能力不足影响了粤港澳大湾区体育产业协同发展的水平。粤港澳大湾区内各地的科技创新水平差距较大，深圳、广州、香港的协同发展基础良好，科技创新水平领先，辐射带动力较强。但粤港澳大湾区科技创新水平评价等级为一般以及较低的地区数量超过地区总数的二分之一，占比约为 63.6%。总体上看，粤港澳大湾区的科技创新水平处于中等偏下。根据国际专业资讯服务提供机构科睿唯安评选出的"2018—2019 年度全球百强创新企业与机构"中，中国仅有 3 家企业上榜，而地处粤港澳大湾区的华为和比亚迪入选，与此同时，东京湾地区有 20 家、旧金山湾区 20 家、纽约湾区 5 家入选①，体现出粤港澳大湾区乃至全中国的大型企业由于缺乏自主创新的能力而陷入"低端困局"，对于区域经济发展将造成一定的不利影响。以体育用品制造业为例，粤港澳大湾区的企业在产品生产时优先以外观设计为主，在新材料、新工艺等核心技术创新层面与国际上的大型体育用品企业相比有着一定差距。尽管大数据、人工智能等先进数字科技手段已经开始为一些体育企业所运用并衍生出了新的业态，但目前也仅处于起始阶段，并未很好地实现两者结合并带来丰厚的产品附加值。随着社会经济与人民生活水平的不断提高，体育

---

① 中国新闻网：《2018—2019 年度全球百强创新机构发布 中国大陆三家上榜》，2019 年 1 月 23 日，见 https://baijiahao.baidu.com/s？id = 1623448845168768562&wfr = spider&for = pc。

产品及服务的需求呈现出不断升级的态势。但供给端要素资源成本的不断上涨促使体育企业降低成本而产出更多的低质和无效供给，与用户的高品质需求形成鲜明反差，背后反映出的真相是区域内体育产业创新氛围不足，体育企业创新思维急需升级。其次，教育科研实力不均衡。粤港澳大湾区是我国高新技术企业、创新型企业和创新人才的重要集聚地，香港、广州和深圳聚集了一批世界一流的高校、科研机构和知名企业，但其他地区教育和科研实力却严重不足。从研发机构数量来看，2019 年，大湾区 9 市省级新型研发机构数量分别为广州 19 家、珠海 6 家、深圳 4 家、佛山 3 家、东莞 3 家、肇庆 2 家、中山 1 家、惠州 1 家、江门 1 家。粤港澳大湾区拥有国家重点实验室 46 家，其中广东省 28 家、香港 16 家、澳门 2 家。据统计，香港受高等教育人才占常住人口的比例高达 26.18%，深圳也达到了 25.19%，而东莞只有 15.74%。

产学研体系作为国家创新系统的核心，对促进产业创新起到重要作用。《中华人民共和国国民经济和社会发展第十四个五年规划和 2035 年远景目标纲要》中明确提出建立以企业为主体、市场为导向，企业、高校和研究机构高度融合的技术创新体系。体育企业作为最了解市场需求的创新研发主体，与高校学府的合作交流，将对方显著的人才、知识、技术优势应用到体育产业中，加强产学研合作的广度和深度，探求更为多样化的深度合作模式并逐步形成校企战略联盟，促进体育产学研协同创新发展，进而成为破解粤港澳大湾区体育产业协同发展瓶颈的有效途径。目前，我国体育产学研协同创新深度不够，科技成果转化率不高，主要与体育企业自身的学习吸收能力及开放度有关[①]，在体育产学研协同发展的过程中也出现了一些问题，如体育企业与学研机构之间缺乏稳定长效的合作机制，产

----

① 段艳玲、刘兵：《我国体育产学研协同创新动力机制实证研究》，《体育科学》2019 年第 1 期。

学研合作缺少真正的法律约束力，容易在利益分配等方面产生分歧，致使双方合作中断或暂停；在政府引导方面，国家体育总局在全国布局一批重点实验室，汇聚具有影响力的体育学研机构及体育企业，实现体育产学研协同创新的合作模式。美中不足的是，由于受到协同创新观念普及不到位、缺乏政府支持等因素制约，这些重点实验室的投产运行效果并未达到预期①。

本章小结

随着《粤港澳大湾区发展规划纲要》和《中华人民共和国国民经济和社会发展第十四个五年规划和 2035 年远景目标纲要》等一系列政策文件的颁布，粤港澳大湾区建设进入了新的历史阶段，也被赋予了新的历史使命。推进粤港澳大湾区体育产业协同发展是贯彻落实国家战略政策、推动经济高质量发展、满足人民美好生活的现实需要和必然选择。然而，如何在"一国两制三法域"间实现粤港澳大湾区体育产业的高质高效协同发展，是当前粤港澳大湾区建设面临的一大重要问题。本章着眼于目前粤港澳大湾区协同发展及体育产业协同发展过程中出现的主要问题，并就其成因进行剖析，为后续研究提供参考借鉴。

粤港澳大湾区体育产业协同发展目前存在的主要问题包括制度机制障碍、产业结构失衡及要素流动不畅等：（1）"一国两制三法域"间的制度机制障碍，体现为缺乏宏观层面的顶层设计，区域协同政策滞后于粤港澳大湾区发展；现有合作协调机制虚化，缺乏统一的体育产业协调机制。（2）区域产业结构失衡，产业同构现象严重，具体表现在三地城市经济发

---

① 扶晓政、林向阳、林治翔：《市场机制和政府引导下体育产学研协同创新：演化博弈及仿真分析》，《福建师范大学学报（自然科学版）》2021 年第 5 期。

展类型单一，关联度不强，产业链条不完整，尚未形成紧密的产业合作，具有较强的同质化倾向。（3）行政区域条块分割，要素流动不畅。原因主要来自宏观、中观和微观三个层面：宏观层面包括两地的行政体制、法律体系间的差异是造成目前困境的主要因素；中观层面包括区域间政府在管理能力、治理理念的差异；微观层面则是体育产业微观主体培育力度低、创新能力有待提高。

第八章　粤港澳大湾区跨境体育消费研究

随着粤港澳大湾区国家战略的深入推进，促进资源跨境流动和居民跨境消费正成为拉动内需、促进经济增长和文化交流的重要手段。目前，粤港澳大湾区存在多个边界，城市之间的互联互通程度高、资源互补性强，在吸引大湾区居民和外国消费者进行跨境体育消费方面具有得天独厚的优势。因此，研究粤港澳大湾区跨境体育消费对促进大湾区社会和经济发展具有重要意义。为探寻粤港澳三地居民跨境体育消费的影响机制，促进大湾区跨境体育消费，本章将运用 S—O—R 模型，采用结构方程模型（SEM）对 1159 名受访者的样本进行分析，利用 AMOS 21.0 对研究所提出的假设进行检验。运用多群组比较方法对广东、香港、澳门居民跨境体育消费影响机制进行研究，评估各种因素对粤港澳大湾区居民跨境消费行为的不同影响。

历史上关于边境地区的研究主要围绕冲突和联系展开，其中冲突是早期研究的主要内容[1]。然而近几十年来，在全球流动性增强的背景下，研究边境地区的联系成为学术界关注的热点。跨境区域的合作逐渐从贸易合作拓展到了教育、社会福利、移民、环境措施、经济发展和旅游等方面[2]。随着

---

①　Prescott J.R.V., *Political Frontiers and Boundaries*, Routledge, 2014.

②　Timothy D.J., Teye V.B., "Political Boundaries and Regional Cooperation in Tourism", *A Companion to Tourism*, 2004, pp.584-595.

新冠疫情封控措施的解除，中国的消费市场逐渐复苏①，并迎来一轮居民报复性消费②。因此，解封后带来的旅游流量暴增和疫情后全民大健康意识的加强为研究后疫情时代跨境消费者的体育行为提供了一个重要的契机。

目前关于休闲体育消费和跨境旅游的研究已经很多，但研究跨境体育消费的文献却寥寥无几，特别是不同文化群体的休闲旅行者对休闲体育消费的行为感知研究。同时仅有少数实证研究探讨了体育观赏行为，而很少探索跨文化的体育参与行为③。以单向流动消费者为对象的研究多，而以双向流动消费者为对象的研究少，特别是多群组比较的研究更少。由于粤港澳大湾区是一个独特的区域，存在多个边界，城市之间的互联互通程度很高，可以吸引当地居民和外国消费者，更重要的是吸引具有体育消费倾向的旅行者的持续流动。因此，研究跨境体育消费具有很强的现实意义。此外，在中国面临以新旧动能转换为核心的经济转型中，研究大湾区消费者的行为，对粤港澳大湾区的社会和经济发展同样具有重要意义④。

一、理论模型

刺激—有机体—反应（S—O—R）模型已经被广泛应用于消费者行为研究，其基本框架假定外部刺激（S）导致内部有机体反应（O），进而导致行为反应（R）⑤。目前已有许多研究采用S—O—R模型作为他们预测消

---

① Qi W., "Economic Recovery from COVID-19: Experience from the People's Republic of China", *Asian Development Bank*, 2021.

② Liu Y., Cai L., Ma F., et al., "Revenge Buying After the Lockdown: Based on the SOR Framework and TPB Model", *Journal of Retailing and Consumer Services*, 2023.

③ Alhemoud A.M., Armstrong E.G., "Image of Tourism Attractions in Kuwait", *Journal of Travel Research*, 1996, pp.76-80; MacKay K.J., Fesenmaier D.R., "An Exploration of Cross-cultural Destination Image Assessment", *Journal of Travel Research*, 2000, pp.417-423.

④ 李颖川：《中国体育产业发展报告（2020）》，社会科学文献出版社2021年版，第311页。

⑤ Mehrabian A., *Russell J.A.*, *An Approach to Environmental Psychology*, The MIT Press, 1994.

费者反应和决策的理论框架①。虽然 S—O—R 模型已被广泛应用在一般消费者行为预测上②，但由于体育消费的体验性，S—O—R 模型也可以作为理解体育消费者行为的关键理论框架，并已被广泛应用在相关研究背景中，如体育赛事③，体育场景与氛围④和服务场景⑤。

　　S—O—R 模型在粤港澳大湾区体育消费背景下具有高度相关性，因为它可以帮助确定影响该地区消费者行为的关键决定因素。S—O—R 模型可以帮

① Casaló L.V., Flavián C, Ibáñez-Sánchez S., "Influencers on Instagram: Antecedents and Consequences of Opinion Leadership", *Journal of Business Research*, 2020, pp.510-519; Sun J., Chen P.J., Ren L., et al., "Place Attachment to Pseudo Establishments: An Application of the Stimulus-organism-response Paradigm to Themed Hotels", *Journal of Business Research*, 2021, pp.484-494; Shin H.H., Jeong M., "Does a Virtual Trip Evoke Travelers' Nostalgia and Derive Intentions to Visit the Destination, a Similar Destination, and Share?: Nostalgia-motivated Tourism", *Journal of Travel & Tourism Marketing*, 2022, pp.1-17.

② Lee S., Ha S., Widdows R., "Consumer Responses to High-technology Products: Product Attributes, Cognition, and Emotions", *Journal of Business Research*, 2011, pp.1195-1200; De Nisco A., Warnaby G., "Urban Design and Tenant Variety Influences on Consumers' Emotions and Approach Behavior", *Journal of Business Research*, 2014, pp.211-217.

③ Kim K.A., Byon K.K., Baek W, et al., "Examining Structural Relationships Among Sport Service Environments, Excitement, Consumer-to-consumer Interaction, and Consumer Citizenship Behaviors", *International Journal of Hospitality Management*, 2019, pp.318-325; Temerak M. S., Winklhofer H., "Participant Engagement in Running Events and Why it Matters who Else Takes Part", *European Sport Management Quarterly*, 2021, pp.1-24.

④ Perroux F., Wakeeld K.L., Blodgett J.G., Sloan H.J., "Measurement and Management of the Sports-cape", *Journal of Sport Management*, 1996, pp.15-31; Uhrich S., Benkenstein M., "Physical and Social Atmospheric Effects in Hedonic Service Consumption: Customers' Roles at Sport Events", *The Service Industries Journal*, 2012, pp.1741-1757; Jang W., Byon K.K., Yim B.H., "Sportscape, Emotion, and Behavioral Intention: A Case of the Big Four US-based Major Sport Leagues", *European Sport Management Quarterly*, 2020, pp.321-343.

⑤ Bitner M.J., "Servicescapes: The Impact of Physical Surroundings on Customers and Employees", *Journal of Marketing*, 1992, pp.57-71; Hightower Jr R., Brady M.K., Baker T.L., "Investigating the Role of the Physical Environment in Hedonic Service Consumption: An Exploratory Study of Sporting Events", *Journal of Business Research*, 2002, pp.697-707.

助确定可能提高体育服务质量和促进该地区体育产业发展的潜在干预措施。在粤港澳大湾区跨境体育消费研究框架中，对粤港澳大湾区体育产品和服务的评价可以视为刺激，包括粤港澳大湾区提供的餐饮、交通、购物以及各种其他服务和体验等各个方面。个人态度可以视为该模型的有机反应部分，反映了消费者对体育服务的情感和认知反应，包括感觉、信念和看法。最后，行为意愿可以视为行为反应，是指个体倾向于进行某种特定的消费行为，如参加体育活动或参加体育赛事。

二、研究假设

通常，边界被认为是产品、服务、资本和人员流动或向外流动的障碍。然而，国家和文化之间的差异可以促进跨境消费和流动①。例如，Law和Au（2000）发现跨境购物和休闲活动是旅行的组成部分②。而体育活动是人们可以参与的重要休闲活动，如观看体育赛事、冲浪、攀岩、赛车、马拉松等。通过对跨境消费和参与性体育消费文献的分析，本书确定了影响个体跨境体育消费态度和行为意愿的 8 个维度，包括产品或服务因素、餐饮因素、住宿因素、交通因素、购物因素、观光因素、通关因素和货币兑换因素。假设上述因素对消费者行为意愿产生正向影响，个人态度在其中起着中介作用。研究假设图见图 8-1。

（一）产品或服务因素

媒体、全球化沟通交流和流动性的增加使得全球消费者之间的相似性随之增加③。学者们认为，跨境购物的主要动机是产品的价格和质量、售

---

① Sheveleva A., "Cross-Border Consumption within Kostomuksha and the Kainuu Region", 2010.

② Law R., Au N., "Relationship Modeling in Tourism Shopping: A Decision Rules Induction Approach", *Tourism Management*, 2000, pp.241-249.

③ Cornwell T.B., Drennan J., "Cross-Cultural Consumer/Consumption Research: Dealing with Issues Emerging from Globalization and Fragmentation", *Journal of Macromarketing*, 2004, pp.108-121.

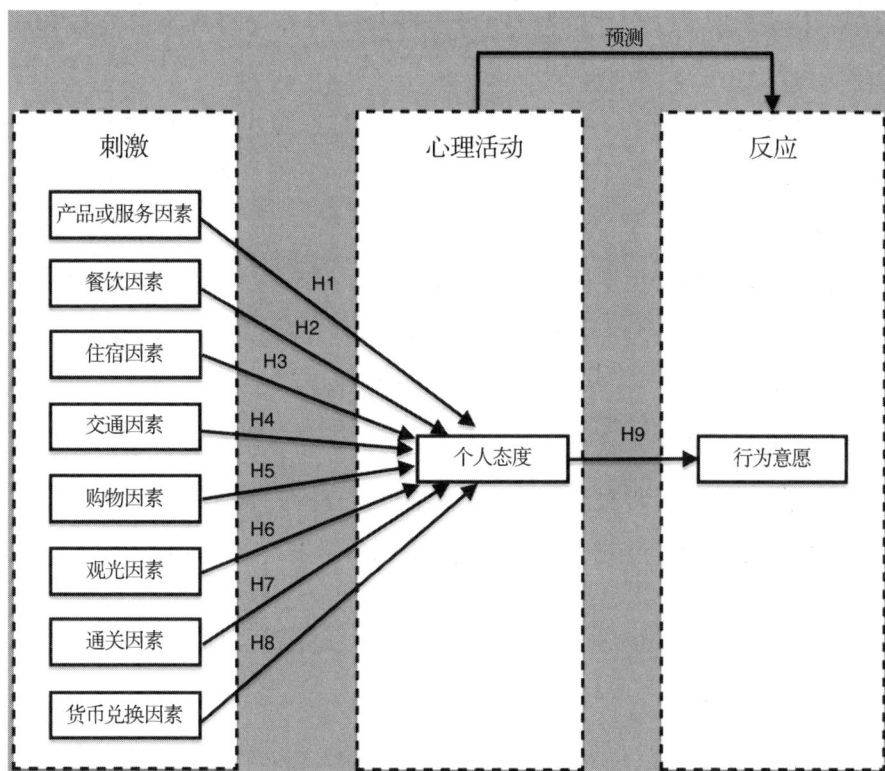

图 8-1　研究假设图

前服务、商店设施和选择的多样性等经济优势①。例如，Friberg 等（2022）

---

① Wang D., "Hong Kongers' Cross-border Consumption and Shopping in Shenzhen: Patterns and Motivations", *Journal of Retailing & Consumer Services*, 2004, pp. 150–159; Ghaddar S., Brown C., "The Cross-border Mexican Shopper: A Profile", *Research Review*, 2005, pp. 46–50; Lau H., Leo Y., Sin L. Y., et al., "Chinese Cross-border Shopping: An Empirical Study", *Journal of Hospitality & Tourism Research*, 2005, pp. 110–133; Asplund M., Friberg R., Wilander F., "Demand and Distance: Evidence on Cross-border Shopping", *Journal of Public Economics*, 2007, pp. 141–157; Dmitrovic T., Vida I., "An Examination of Cross-border Shopping Behaviour in South-East Europe", *European Journal of Marketing*, 2007, pp. 382–395.

发现外国价格的变化对挪威商店的销售情况具有驼峰型需求弹性变化[1]。Kluser（2023）发现邻国之间的价格差异能吸引人们进行跨境购物[2]。此外，满足顾客象征性需求的品牌往往会增强价值感知，并获得更多的青睐[3]，而消费者对品牌归属国的总体认知会影响其对该地相关产品或品牌的评价及其购买行为[4]。

在跨境体育消费中，体育产品或服务的专业程度、品牌及媒体的影响程度、环境及场馆（地）设施条件、优惠的吸引程度等是主要的产品或服务因素[5]。卢淑莹等（2021）发现各省市区域内部入境游客的分布和流动与各地服务接待水平因素密切相关[6]。因此，产品或服务的质量会影响消费者的售后满意度及再次消费行为。基于以上分析，本书提出：

H1：在跨境体育消费中，产品或服务因素对个人态度具有显著影响。

---

① Friberg R., Steen F., Ulsaker S.A., "Hump-shaped Cross-price Effects and the Extensive Margin in Cross-border Shopping", *American Economic Journal*：*Microeconomics*, 2022, pp. 408-438.

② Kluser F., *Cross-Border Shopping*：*Evidence from Swiss Household Consumption*, Universitaet Bern, Departement Volkswirtschaft-CRED, 2023.

③ Steenkamp J.B.E., Batra R., Alden D.L., "How Perceived Brand Globalness Creates Brand Value", *Journal of International Business Studies*, 2003, pp.53-65；Bairrada C.M., Coelho F., Coelho A., "Antecedents and Outcomes of Brand Love：Utilitarian and Symbolic Brand Qualities", *European Journal of Marketing*, 2018, pp.656-682.

④ Han C.M., "Country Image：Halo or Summary Constructs", *Journal of Marketing Research*, 1989, pp.222-229；Pharr J.M., "Synthesizing Country-of-origin from the Last Decade：Is the Concept Still Salient in an Era of Global Brands?", *Journal of Marketing Theory & Practice*, 2005, pp.34-35.

⑤ 王淋燕、周良君、李洋洋：《粤港澳大湾区跨境体育消费实证研究——以广东居民赴香港参加体育赛事为例》，《广州体育学院学报》2020 年第 5 期。

⑥ 卢淑莹、陶卓民、李涛：《泛长三角区域入境游客空间格局与意象研究》，《地理研究》2021 年第 1 期。

（二）餐饮因素和住宿因素

餐饮和住宿是旅游消费的首要内容和最基本组成[1][2]。作为人类社会必不可少的一种物质文化，饮食已经成为以社会、文化和政治形式使人与人、人与地方发生紧密联系的媒介[3]。余凤龙等（2021）发现旅游者饮食舒适度对旅游的消费体验具有重要影响[4]。随着我国居民消费水平的提高，旅游消费呈现上升趋势，以星级酒店为代表的标准化旅游住宿服务快速发展。旅游消费者期望酒店服务更加休闲、菜肴更加丰盛、为顾客的游览提供咨询信息和交通服务等[5]。国际游客可以从交通、住宿、艺术、语言、食品、媒体、货币、休闲活动等方面体验和学习外国本土文化[6]。吴丽云等（2015）基于消费感知角度，发现餐饮消费者最关注的前五位要素是食物、环境、服务、价格和便利性[7]。

跨境消费取决于低价格、高质量、多选择性等因素。粤港澳三地文化特色、传统习俗、地理环境各有不同，造就了三地不同的美食和住宿特

① Eric Amuquandoh F., Asafo-Adjei R., "Traditional Food Preferences of Tourists in Ghana", *British Food Journal*, 2013, pp.987-1002.

② Frisvoll S., Forbord M., Blekesaune A., "An Empirical Investigation of Tourists' Consumption of Local Food in Rural Tourism", *Scandinavian Journal of Hospitality and Tourism*, 2016, pp.76-93.

③ 蔡晓梅、刘晨：《人文地理学视角下的国外饮食文化研究进展》，《人文地理》2013年第5期。

④ 余凤龙、潘薇、徐羽可：《旅游者饮食舒适度构成要素及影响机制研究》，《人文地理》2021年第4期。

⑤ 苏嘉杰：《顾客体验价值与酒店服务质量研究》，华东师范大学硕士学位论文，2005年。

⑥ Funk D.C., Bruun T.J., "The Role of Socio-psychological and Culture-education Motives in Marketing International Sport Tourism: A Cross-cultural Perspective", *Tourism Management*, 2007, pp.806-819.

⑦ 吴丽云、陈方英：《基于网络评论内容分析的餐饮消费者行为研究》，《人文地理》2015年第5期。

色。丰富的特色美食与住宿、适宜的价格和美好的体验会吸引消费者产生消费与再消费行为。基于以上分析，本书提出：

H2：在跨境体育消费中，餐饮因素对个人态度具有显著影响。

H3：在跨境体育消费中，住宿因素对个人态度具有显著影响。

（三）交通因素

Thompson 等（2007）发现，目的地公共交通质量对游客重游有影响[1]。李艳等（2014）发现市内交通便捷对游客重游意向有显著正向影响[2]。卢淑莹等（2021）发现区域内部入境游客的分布和流动与各地交通条件因素密切相关。同时，交通成本在旅游目的地选择过程中起到了至关重要的作用[3]。不同收入水平的旅游者会通过不同的时间支出和费用支出来获得自己最大的旅游效用[4]。Timothy 等（1995）发现，距离边境越远的加拿大消费者，跨境美国所购物品价值越大，跨境购物频率越小[5]。Wang（2004）调查发现，居住地距离深圳关口越近的香港居民，其跨境购物的次数越多。在跨境体育消费中，交通的成本及便利与否会客观影响消费者的跨境意愿。基于以上分析，本书提出：

H4：在跨境体育消费中，交通因素对个人态度具有显著影响。

---

[1] Thompson K., Schofield P., "An Investigation of the Relationship between Public Transport Performance and Destination Satisfaction", *Journal of Transport Geography*, 2007, pp.136-144.

[2] 李艳、曾菊新、程绍文：《城市环境供给的游憩者满意度及对重游意愿的影响——基于游客与居民差异的分析》，《人文地理》2014年第6期。

[3] Martin C.A., Witt S.F., "Substitute Prices in Models of Tourism Demand", *Annals of Tourism Research*, 1988, pp.255-268.

[4] 殷平：《旅游交通成本对旅游目的地空间竞争的影响研究》，《地域研究与开发》2012年第6期。

[5] Timothy D.J., Butler R.W., "Cross Border Shopping: A North American Perspective", *Annals of Tourism Research*, 1995, pp.16-34.

（四）购物因素

旅游购物的行为与环境之间存在微妙的关系。消费者经常将购物与假期以及与工作有关的旅行结合起来。国际跨境购物不仅可以满足消费者的购物需求，还可以为游客提供休闲、愉悦、异域体验等多方位的感受[1][2]。同时，价格对跨境体育消费产生重要的影响。学者们研究发现，跨境购物和消费受价格差异等经济因素的影响较大[3][4]。Wang（2004）在对香港消费者的研究中发现，78%的被调查者认为深圳低廉的产品和服务价格是他们跨境消费的主要原因。雷超（2011）发现，对于体验属性产品，价格是影响跨境购物最重要的市场属性[5]。另外，支付方式的改变促进了消费方式的改变[6]。移动支付能刺激消费，使消费过程变得更加便捷、愉悦，有利于居民消费需求的稳定提升，从而推动经济持续发展[7]。在跨境体育消费中，购物环境、支付方式、价格等都会客观影响消费者的跨境意愿。基于以上分析，本书提出：

---

[1] Burns D.J., Lanasa J.M., Lackman C.L., "Outshopping: An Examination from a Motivational Perspective", *Journal of Professional Services Marketing*, 1999, pp.151-160.

[2] Moscardo G., "Shopping is the Destination Attraction: An Empirical Examination of the Role of Shopping in Tourist Destination Choice and Experience", *Journal of Vacation Marketing*, 2004, pp.294-307.

[3] Di Matteo L., Di Matteo R., "An Analysis of Canadian Cross Border Travel", *Annals of Tourism Research*, 1996, pp.103-122.

[4] Banfi S., Filippini M., Hunt L.C., "Fuel Tourism in Border Regions: The Case of Switzerland", *Energy Economics*, 2005, pp.689-707.

[5] 雷超：《市场属性与产品属性对跨境购物意愿的影响》，暨南大学博士学位论文，2011年。

[6] 刘向东、张舒：《移动支付方式与异质性消费者线下消费行为》，《中国流通经济》2019年第12期。

[7] 王晓彦、胡德宝：《移动支付对消费行为的影响研究：基于不同支付方式的比较》，《消费经济》2017年第5期。

H5：在跨境体育消费中，购物因素对个人态度具有显著影响。

（五）观光因素

个体的享受和流动高度依赖于与环境的互动①。而观光休闲是大多数旅游产品和服务的重要内容。消费者可以通过生态环境、人文景观等当地特色旅游资源，获得休闲、愉悦、异地体验等多方位感受。观光、度假和休闲娱乐是游客在区域往返中重要的动力来源②，而区域内部入境游客的分布和流动与各地资源禀赋因素密切相关。因此，丰富的资源环境会吸引消费者进行跨境行为。粤港澳大湾区地处我国南端，拥有良好的气候、广阔的海域面以及森林植被等自然禀赋。良好的区位优势为大湾区体育产业的发展提供了丰富的体育赛事和旅游资源，聚集了高净值、高收入的本地居民，更吸引消费倾向高、活力强的年轻人不断涌入，是跨境体育消费最主要的客源地。基于以上分析，本书提出：

H6：在跨境体育消费中，观光因素对个人态度具有显著影响。

（六）通关因素

通关是制约跨境流动性非常重要的因素。口岸的通关能力以及对方口岸对游客的具体管理制约从基础上制约游客的出入境③。一般而言，在其他条件既定的情况下，居民倾向于选择赴签证条件相对便利的区域旅游。

---

① Yim M.Y.C, Chu S.C., Sauer P.L., "Is Augmented Reality Technology an Effective Tool for E-commerce? An Interactivity and Vividness Perspective", *Journal of Interactive Marketing*, 2017, pp.89-103.

② Kreck L.A., "The Effect of the Across the Border Commerce of Canadian Tourists on the City of Spokane", *Journal of Travel Research*, 1985, pp.27-31; Dilley R.S., Hartviksen K.R., Nord D.C., "Duluth and Thunder Bay: A Study of Mutual Tourist Attractions", *The Operational Geographer*, 1991, pp.9-13.

③ 张金山、曾博伟、孙梦阳：《跨境游客往来便利化的制度分析及对策研究》，《旅游学刊》2016年第2期。

研究表明，免签目的地的数量对出境旅游率（人均出境过夜旅游人次数）具有正向影响①。相反，签证限制会使双边客流量大幅度降低②。此外，通关口岸规则不一致、信息不对称，边境地区的通关程序、文化差异、安全问题等因素也会构成旅游障碍③。在跨境体育消费中，通关次数限制、办理通行证的便利与否、通关是否快捷等相关方面会客观影响消费者的跨境意愿。基于以上分析，本书提出：

H7：在跨境体育消费中，通关因素对个人态度具有显著影响。

（七）货币兑换因素

在跨境消费中，持有货币的升贬值对跨境消费者有重要的影响。Campbell 和 Lapham（2004）发现相对价格变化会导致需求发生重大变化，从而导致大量跨境流动④。成英文等（2014）发现实际汇率变动是影响国际旅游需求最主要因素之一，并可以解释国际出境旅游需求大部分波动现象⑤。贾惠婷（2019）、胡宗彪等（2019）的研究均发现汇率对旅游具有显著影响⑥。Burstein 等（2022）发现跨境购物在两个反事实的情况下获得

① 刘祥艳、蒋依依、吕兴洋：《签证便利度对出境旅游的影响——基于面板数据的实证分析》，《旅游学刊》2018 年第 12 期。

② Neumayer E., "Visa Restrictions and Bilateral Travel", *The Professional Geographer*, 2010, pp. 171-181.

③ 黄爱莲：《基于游客感知的国家边界旅游障碍研究》，《商业研究》2011 年第 2 期。

④ Campbell J. R., Lapham B., "Real Exchange Rate Fluctuations and the Dynamics of Retail Trade Industries on the US-Canada Border", *American Economic Review*, 2004, pp.1194-1206.

⑤ 成英文、王慧娴、张辉：《实际汇率和收入影响下的国际出境旅游需求变动趋势——基于 55 个国家面板数据的分析》，《经济管理》2014 年第 3 期。

⑥ 贾惠婷：《一带一路沿线国家来自中国游客旅游量的影响因素分析》，《经济问题探索》2019 年第 7 期；胡宗彪、周佳：《汇率水平、汇率波动对服务业出口增长的影响——跨国证据与中国表现》，《江汉论坛》2019 年第 8 期。

了大量的福利收益，包括 2015 年瑞士法郎的升值①。汇率的高低、兑换方式和手续费等相关方面会直接影响跨境消费频率与消费水平。近年来，随着人民币不断升值，港澳居民到内地消费的成本不断增加，广东居民到港澳消费的成本逐渐减少。基于以上分析，本书提出：

H8：在跨境体育消费中，货币兑换因素对个人态度具有显著影响。

（八）个人态度

Woodside 等（1989）认为，"旅游意愿"指的是游客在特定时间内访问特定目的地的感知可能性②。情绪是享乐消费的核心组成部分，能够用来解释旅行者的体验和行为③。游客满意对游客的重游意向具有直接影响④，这种关系即使在短期、中期、长期的重游意向上也存在⑤。游客对目的地产品或服务的整体满意将诱发其重游倾向或推荐意向⑥。同时，跨境

① Burstein A.T., Lein S., Vogel J., "Cross-border Shopping: Evidence and Welfare Implications for Switzerland", *Working Paper*, 2022.

② Woodside A.G., Lysonski S., "A General Model of Traveler Destination Choice", *Journal of Travel Research*, 1989, pp.8-14.

③ Hosany S., Gilbert D., "Measuring Tourists' Emotional Experiences Toward Hedonic Holiday Destinations", *Journal of Travel Research*, 2010, pp.513-526.

④ Kozak M., "Repeaters Behavior at Two Distinct Destinations", *Annals of Tourism Research*, 2001, pp.784-807; Lee S., Ha S., Widdows R., "Consumer Responses to High-technology Products: Product Attributes, Cognition, and Emotions", *Journal of Business Research*, 2011, pp.1195-1200; 粟路军：《服务认知要素、消费情感和旅游者忠诚的关系——以厦门城市旅游者为例的研究》，《经济管理》2012 年第 7 期；Papadimitriou D., Kaplanidou K., Apostolopoulou A., "Destination Image Components and Word-of-mouth Intentions in Urban Tourism: A Multigroup Approach", *Journal of Hospitality & Tourism Research*, 2018, pp.503-527.

⑤ 许春晓、朱茜：《求新动机、满意度对重游间隔意愿的影响——以凤凰古城旅游者为例》，《旅游科学》2011 年第 5 期。

⑥ 翁莉：《上海城郊景区旅游者重游行为分析》，《旅游科学》2005 年第 2 期。

购物不仅是一种休闲活动，也是一种社会互动途径①。Yang（2006）发现跨境消费不仅取决于经济联系，还涉及社会互动方面②。中国消费者更喜欢亲密伙伴推荐的产品③。Piron（2001）研究表明，约三分之二的跨境购物者和家人一起购物，约四分之一是和朋友一起购物④。此外，Papadimitriou 等（2018）发现旅游者与他人分享美好回忆的意愿反映了他们的积极态度，而这种态度与行为意愿相关。基于以上分析，本书提出：

H9：在跨境体育消费中，个人态度对行为意愿具有显著影响。

三、研究设计

（一）问卷设计

调查问卷设计分为三部分：跨境体育消费经历、态度与行为意愿量表、个人基本信息。在调查问卷编制上，采用李克特七级量表，依序为 1—7 分，分别代表非常不同意至非常同意。态度与行为意愿量表共分为 10 个维度，分别是产品或服务因素（Q6—Q10）、餐饮因素（Q11—Q13）、住宿因素（Q14—Q16）、交通因素（Q17—Q19）、购物因素（Q20—

① Mares N., "Impacts of the Single European Market on the Spatial Structure of the Netherlands and the Relation Between the Netherlands and the Federal Republic of Germany", *Universität Dortmund：Institut für Raumplanung*, 1990；Leal A., López－Laborda Julio J., Rodrigo F., "Cross－border Shopping：A Survey", *International Advances in Economic Research*, 2010, pp. 135－148.

② Yang C., "The Pearl River Delta and Hong Kong：An Evolving Cross－boundary Region Under 'one country, two systems'", *Habitat International*, 2006, pp.80－86.

③ Chi T., Zheng Y., "Understanding Environmentally Friendly Apparel Consumption：An Empirical Study of Chinese Consumers", *International Journal of Sustainable Society*, 2016, pp. 206－227.

④ Piron F., "International Retail Leakages：Singaporeans Outshopping in Malaysia", *Singapore Management Review*, 2001, pp.35－58.

Q22)、观光因素（Q23—Q25）、通关因素（Q26—Q28）、货币兑换因素（Q29—Q31）、个人态度（Q32—Q35）及行为意愿（Q36—Q39）。问卷的测量因子及题项改编自以往相关文献（见表8-1)①②③④⑤⑥。

表8-1　跨境体育消费影响因素表

影响因素	序号	测量题项	来源
产品或服务因素	Q6	跨境消费的体育产品或服务质量好，专业化水平高。	Wang（2004）；Choi et al.（2008）；雷超（2011）；冯利伟等（2019）
	Q7	跨境消费的体育产品或服务品牌影响力大，媒体曝光率高。	雷超（2011，2013）；冯利伟等（2019）
	Q8	跨境体育消费的环境氛围好。	Wang（2004）；Choi et al.（2008）；雷超（2011，2013）
	Q9	跨境消费的体育产品或服务优惠力度大。	Wang（2004）；Choi et al.（2008）；雷超（2011，2013）
	Q10	跨境体育消费的场馆（地）设施条件优越。	Wang（2004）；雷超（2011，2013）

①　冯利伟、钱梦莹、宋彪：《中国公民赴蒙古国旅游的意愿及影响因素分析》，《管理现代化》2019 年第 2 期。

②　雷超：《产品外部属性对跨境购物意愿的影响》，《旅游学刊》2013 年第 12 期。

③　Lord K.R., Putrevu S., Parsa H.G.,"The Cross-border Consumer: Investigation of Motivators and Inhibitors in Dining Experiences", *Journal of Hospitality & Tourism Research*, 2004, pp. 209-229.

④　李鹏、张进晖：《签证制度对跨境消费行为的影响研究》，《华南师范大学学报（自然科学版）》2013 年第 5 期。

⑤　Baker J., Levy M., Grewal D.,"An Experimental Approach to Making Retail Store Environmental Decisions", *Journal of Retailing*, 1992, p.445.

⑥　林源源、钱晓燕、邵佳瑞：《服务质量、障碍感知、体验价值与旅游行为意图的关系研究——基于青少年视觉障碍者的实证》，《阅江学刊》2020 年第 6 期。

（续表）

影响因素	序号	测量题项	来源
餐饮因素	Q11	进行跨境体育消费时，目的地城市特色美食丰富。	雷超（2011，2013）
	Q12	进行跨境体育消费时，目的地城市餐饮费用适宜。	Lord et al.（2004）；雷超（2011）
	Q13	进行跨境体育消费时，目的地城市餐饮口味适宜。	雷超（2011，2013）
住宿因素	Q14	进行跨境体育消费时，目的地城市酒店品质好。	雷超（2011，2013）
	Q15	进行跨境体育消费时，酒店住宿费用适宜。	雷超（2011）
	Q16	进行跨境体育消费时，酒店提供配套产品如租车或旅游信息。	雷超（2011，2013）
交通因素	Q17	进行跨境体育消费时，目的地城市交通方便。	Wang（2004）；雷超（2011）
	Q18	进行跨境体育消费时，目的地城市交通费用适宜。	Lord et al.（2004）[①]；雷超（2011）
	Q19	进行跨境体育消费时，目的地城市交通可在线预约。	Wang（2004）；雷超（2011）
购物因素	Q20	进行跨境体育消费时，目的地城市购物环境好。	Wang（2004）；Choi et al.（2008）；雷超（2011，2013）
	Q21	进行跨境体育消费时，目的地城市购物支付方式方便。	Choi et al.（2008）；雷超（2011）
	Q22	进行跨境体育消费时，目的地城市购物物美价廉。	雷超（2011，2013）

（续表）

影响因素	序号	测量题项	来源
观光因素	Q23	进行跨境体育消费是因为目的地城市旅游资源丰富。	Lord et al.（2004）
	Q24	进行跨境体育消费是因为目的地城市旅游信息便捷。	雷超（2011，2013）
	Q25	进行跨境体育消费是因为目的地城市旅游诚信较好。	雷超（2011，2013）
通关因素	Q26	进行跨境体育消费时，目的地城市不受通关次数限制。	李鹏等（2013）；雷超（2011）
	Q27	进行跨境体育消费时，目的地城市办理通行证方便。	Wang（2004）；李鹏等（2013）；雷超（2011）
	Q28	进行跨境体育消费时，目的地城市通关快捷。	Wang（2004）；李鹏等（2013）；雷超（2011）
货币兑换因素	Q29	汇率变动（如您本地所用货币贬值）不增加跨境体育消费的成本。	Wang（2004）；Choi et al.（2008）；雷超（2011）
	Q30	进行跨境体育消费时，目的地城市兑换货币方便。	Choi et al.（2008）；雷超（2011）
	Q31	进行跨境体育消费时，目的地城市兑换货币手续费低。	Choi et al.（2008）；雷超（2011）
个人态度	Q32	我认为跨境体育消费是很有意义的。	雷超（2013）
	Q33	我认为跨境体育消费对丰富我的人生阅历有帮助。	雷超（2013）
	Q34	我认为跨境体育消费是一种美好的经历。	Lord et al.（2004）；雷超（2013）
	Q35	我期待跨境体育消费。	Lord et al.（2004）；雷超（2013）

（续表）

影响因素	序号	测量题项	来源
行为意愿	Q36	我愿意进行跨境体育消费。	Baker et al.（1992）；雷超（2013）；冯利伟等（2019）
	Q37	我愿意推荐朋友或家人进行跨境体育消费。	Baker et al.（1992）；雷超（2013）；冯利伟等（2019）
	Q38	如果我的朋友或家人计划跨境体育消费，我愿意陪同。	雷超（2013）；冯利伟等（2019）
	Q39	我乐意分享自己进行跨境体育消费的经历。	林源源等（2020）

　　调查问卷的设计涉及多个阶段，旨在改进和调整问卷的题项内容。最初，课题组邀请了三位具有跨境体育消费理论知识的专家学者检查原始版本的调查题项。根据专家们的反馈意见，课题组对调查问卷进行了适当增加与调整。随后，课题组用修改后的调查问卷对 692 名广东居民赴香港参加体育赛事者进行了预调查。被调查者涵盖了不同职业人群，包括学者、专业人士、公务员、个体经营者和本科生。最后，课题组又用修订后的版本进行了一次更广泛的预调查，包括 266 名澳门居民赴珠三角参加体育赛事者以及 782 名珠三角居民赴澳门参加体育赛事者，并通过实证分析得出问卷具有良好的聚合效度和区分效度。两次预调查确定的调查题项最终作为本次研究的调查内容。

　　（二）数据收集

　　本次调查方式采用问卷星进行线上发放调查问卷，调查对象为广东、香港、澳门三地居民，抽样方法为滚雪球抽样。滚雪球抽样法可以通过在被调查者之间推荐具备研究目标总体特征的其他调查对象，再由这些人提供更多调查对象，依次类推获得更大样本量，被调查者彼此之间都较为相似①。

---

①　Biernacki P., Waldorf D., "Snowball Sampling: Problems and Techniques of Chain Referral Sampling", *Sociological Methods & Research*, 1981, pp.141-163.

该抽样法允许对自然互动单位进行抽样，例如在社交网络上建立的群组①。因此，课题组采用这种方法将调查问卷分发给尽可能多的跨境体育消费者。课题组首先将线上问卷推送给了一些体育协会，如香港赛马会和澳门田径总会，以及一些网络团体，如马拉松跑团。然后，所有被调查者都被邀请将问卷的链接转发到社交网络。此次调查共回收问卷1177份，其中有效问卷1159份，有效率为98.5%。跨境消费人口变量描述统计表见表8-2。其中男性710人（61.3%），女性449人（38.7%）；广东居民457人（39.4%），香港居民153人（13.2%），澳门居民549人（47.4%）；超过60%的被调查者具有本科及以上学历；有过跨境消费经历528人（45.6%），无跨境消费经历631人（54.4%）。

表8-2　跨境消费人口变量描述统计表

类型		数量	所占百分比（%）
是否跨境消费	是	528	45.6
	否	631	54.4
居住地	广东居民	457	39.4
	香港居民	153	13.2
	澳门居民	549	47.4
性别	男	710	61.3
	女	449	38.7
学历	高中及以下	275	23.7
	大专	150	12.9
	本科	503	43.4
	硕士	190	16.4
	博士及以上	41	3.5

---

① Teng X., Bao Z., "Factors Affecting users' Stickiness of Fitness Apps: An Empirical Study Based on the SOR Perspective", *International Journal of Sports Marketing and Sponsorship*, 2022.

（续表）

类型		数量	所占百分比（%）
年龄	24 岁及以下	320	27.6
	25—34 岁	237	20.4
	35—44 岁	296	25.5
	45—54 岁	159	13.7
	55—64 岁	107	9.2
	65 岁及以上	40	3.5
跨境消费频率 （n＝528）	每年 2 次及以上	272	51.5
	每年一次	140	26.5
	两年一次	39	7.4
	三年一次	20	3.8
	三年以上一次	57	10.8
跨境消费城市 （n＝528）	香港	216	40.9
	澳门	232	43.9
	广东省内	80	15.2
消费所用币种 （n＝528）	人民币	384	72.7
	港币	66	12.5
	澳门元	78	14.8

学者们对足够的样本量有不同的看法。例如，Hair 等（2010）建议每个变量和相应题项的样本量为 10—15 名参与者是合适的[①]。基于这一看法，本书共 45 个题项，因此样本量应在 450（45×10）至 675（45×15）或以上才能符合推荐标准。其他学者如 Tabachnick 等（2007）和 Green（1991）建议使用以下公式来确定样本量：$N \geqslant 50 + 8m$（其中 N 代表所需

---

① Hair J.F., Black W.C., Babin B.J., et al., *Multivariate Data Analysis*：*A Global Perspective*（Vol.7），Pearson Prentice Hall, Upper Saddle River, N. J., 2010.

的最小样本量，m 代表包含的题项数)[1]。将此公式应用于本书，最小样本量需要大于 410（$N \geqslant 50 + (8 \times 45) = 410$）。此外，采用公式 $n = (Z\alpha/2 \; x \; \sigma / E)^2$，在 95% 置信区间下，$Z\alpha/2 = 1.96$，$\sigma$ 为 0.502，E 为 0.03（王淋燕等，2020），得出 1076 名参与者的样本量能够满足必要的样本量准则。参考以上多位学者的观点，本次调查获得的 1159 份样本量符合所有建议的样本量标准。

四、研究结果

采用 Bonferroni 进行事后多重比较，发现广东居民和香港居民在餐饮因素的平均分数上有显著性差异（广东>香港，p = 0.004），交通因素的平均分数上也有显著性差异（广东>香港，p = 0.005），其他方面则没有显著性差异。具体结果见表 8-3。

表 8-3　三地居民跨境消费影响因素差异比较

类型 （n=1159）	x±S			ANOVA	
	广东居民 （n=457）	香港居民 （n=153）	澳门居民 （n=549）	F	p
产品或服务因素	2.9168±1.22356	2.8784±0.99611	2.9122±1.02256	0.072	0.930
餐饮因素	2.7651±1.2522	2.4205±1.16401	2.6047±1.10196	5.537	0.004
住宿因素	3.0073±1.21172	2.7974±1.12015	2.8944±1.06793	2.374	0.094
交通因素	2.9241±1.22597	2.5904±1.06479	2.7735±1.09147	5.380	0.005
购物因素	2.7885±1.18264	2.6144±1.0659	2.7049±1.06345	1.590	0.204

---

[1] Tabachnick B.G., Fidell L.S., Ullman J.B., *Using Multivariate Statistics* (Vol. 5, pp. 481-498), Pearson, Boston, M.A., 2007; Green S.B., "How Many Subjects Does It Take to Do a Regression Analysis", *Multivariate Behavioral Research*, 1991, pp.499-510.

（续表）

类型 （n=1159）	x±S			ANOVA	
	广东居民 （n=457）	香港居民 （n=153）	澳门居民 （n=549）	F	p
观光因素	2.7017±1.17964	2.8017±1.21482	2.8075±1.09614	1.155	0.315
通关因素	2.9657±1.35941	2.7734±1.49544	2.7875±1.16108	2.744	0.065
货币兑换因素	2.9847±1.28627	3.0458±1.29386	3.0783±1.21165	0.701	0.496
个人态度	2.5241±1.24372	2.4444±1.24744	2.6521±1.09457	2.551	0.078
行为意愿	2.5377±1.25757	2.3905±1.27405	2.623±1.1242	2.365	0.094

根据温忠麟和叶宝娟（2014）提出的中介效应检验流程，本书采用验证性因子分析（CFA）对测量模型进行评估，然后采用结构方程模型考察跨境体育消费态度在体育消费影响因素和体育消费意愿之间的中介作用[1]。其中，跨境体育消费影响因素（包括产品或服务因素、餐饮因素、住宿因素、交通因素、购物因素、观光因素、通关因素和货币兑换因素）为模型中的自变量；跨境体育消费个人态度为模型中的中介变量；跨境体育消费行为意愿为模型中的因变量。采用 AMOS 21.0 软件对全部样本进行验证性因子分析，结果表明，测量模型与总样本数据具有较好的拟合性（χ^2 = 1929.575；df = 490；RMSEA = 0.050；CFI = 0.958；NFI = 0.945；TLI = 0.952），适合采用结构方程模型进行分析。

为了进一步了解三个地区的影响因素，课题组分别对广东、香港和澳门的样本进行了中介效应模型检验。所得模型拟合指数如表 8-4 所示。数据表明，在三个模型中，除了香港群体的拟合指数有待改善之外，其他两个群体拟合指数尚可接受。接下来采用结构方程模型中多群组比较的方法，设定未限制模型（M1）和结构系数相等模型（M2），两个模型的拟合

---

[1]　温忠麟、叶宝娟：《中介效应分析：方法和模型发展》，《心理科学进展》2014 年第5 期。

结果如表 8-4 所示。结果发现，以上多组模型与数据的拟合均良好，RM-SEA = 0.038。与 M1 相比，M2 的 $\Delta X^2 = 107.634$，$\Delta df = 66$，$p < 0.001$，M1 和 M2 有显著的差异，说明中介效应模型存在显著的区域差异。

表 8-4　各区域模型比较的拟合指数

Model	卡方	df	RMSEA	CFI	NFI	TLI
广东数据模型	1542.57	490	0.069	0.933	0.905	0.923
香港数据模型	1111.09	490	0.091	0.867	0.788	0.848
澳门数据模型	1285.679	490	0.054	0.948	0.919	0.94
M1：非限定模型	3942.149	1470	0.038	0.931	0.894	0.921
M2：限定模型	4049.783	1536	0.038	0.93	0.892	0.923

进一步按照地区分组，将模型的各路径效应分解，结果如表 8-5 所示。广东居民在通关因素与个人态度之间的回归系数显著（b = 0.18，p = 0.029），其他两个地区居民在这两条路径中的回归系数均不显著，这表明只有广东居民的跨境购物态度受到通关因素影响。澳门居民在餐饮因素（b = 0.22，p = 0.032）、购物因素（b = 0.312，p = 0.039）、观光因素（b = 0.251，p = 0.045）和货币兑换因素（b = 0.178，p = 0.013）这四个因素与个人态度之间的回归系数显著，其他两个地区在这四条路径中回归系数均不显著，这表明只有澳门居民跨境购物的个人态度受到餐饮因素、购物因素、观光因素和货币兑换因素的影响。同时，三个地区居民在产品或服务因素与个人态度之间的回归系数显著（p<0.05），这表明三个地区居民跨境购物的个人态度都受到产品或服务因素影响。此外，三个地区居民购物的个人态度与行为意愿之间的回归系数显著（p<0.001），这表明三个区域居民跨境购物的行为意愿都受到个人态度的影响。

表 8-5 各区域模型效应分解

影响路径	全样本		广东		香港		澳门	
	b	p	b	p	b	p	b	p
产品或服务因素→个人态度	0.293	<0.001	0.328	<0.001	0.494	0.019	0.178	0.009
餐饮因素→个人态度	0.137	0.043	0.075	0.633	-0.164	0.561	0.22	0.032
住宿因素→个人态度	-0.351	0.013	-0.176	0.597	-0.185	0.555	-0.359	0.315
交通因素→个人态度	0.016	0.894	-0.196	0.558	0.033	0.942	0.003	0.985
购物因素→个人态度	0.42	0.005	0.579	0.118	1.377	0.296	0.312	0.039
观光因素→个人态度	0.128	0.191	0.066	0.776	-0.403	0.465	0.251	0.045
通关因素→个人态度	0.083	0.044	0.18	0.029	-0.02	0.836	0.105	0.211
货币兑换因素→个人态度	0.156	0.002	0.056	0.637	-0.174	0.594	0.178	0.013
个人态度→行为意愿	0.997	<0.001	0.93	<0.001	1.111	<0.001	1.034	<0.001

　　由于很大一部分参与者之前没有参与过跨境体育消费，我们进一步分析了原因。本次研究共调查了 631 名未跨境参与体育消费者，由于缺少两名消费者的数据，因此仅将 629 名消费者的数据纳入统计分析，结果如表 8-5 所示。从表 8-6 可知，本研究所调查的未跨境参与体育消费者没有参加的原因排在前三位的分别是没有机会进行跨境体育消费，缺乏闲暇时间和通关不方便。原因大致可分为 4 个层次：第一层次包含 3 项，分别是"没有机会进行跨境体育消费""通关不方便""没有消息来源"，说明没有参与跨境体育消费的原因与跨境体育消费产品或服务的宣传力度不够以及跨境政策限制有关。第二层次包含 4 项，分别是"缺乏闲暇时间""工作负担重，很疲惫""没有朋友或家人陪同""经济实力不足"，说明在当前经济下行环境下，人们工作压力大，经济负担重，外出参加或陪伴他人参加跨境体育消费的机会较少。第三层次包含 3 项，分别是"对现有的体育运动环境很满意""不喜欢体育运动""没有感兴趣的体育项目"，这说明仍存在对体育重要性认识不足现象。第四层次的几个选项虽比例较低，如"身体不适宜进行跨境体育消费""其他"，但也应予以充分注意。通过归纳总结发现，未跨境参与体育消费的原因主要是两岸居民跨境参与体育消费的途径有限。由此可见，发展跨境体育消费参与人口的潜力巨大。

表 8-6　未跨境消费的原因统计表 （n＝629）

原因	主要原因 n(%)	次要原因 n(%)	第三原因 n(%)	总计
没有机会进行跨境体育消费	149(23.7)	103(16.4)	86(13.7)	338(53.8)
缺乏闲暇时间	135(21.5)	78(12.4)	56(8.9)	270(42.8)
通关不方便	82(13.0)	70(11.1)	116(18.4)	268(42.5)
没有消息来源	30(4.8)	107(17.0)	108(17.2)	244(39.0)
经济实力不足	64(10.2)	70(11.1)	58(9.2)	192(30.5)

（续表）

原因	主要原因 n(%)	次要原因 n(%)	第三原因 n(%)	总计
工作负担重,很疲惫	41(6.5)	62(9.9)	44(7.0)	147(23.4)
没有朋友或家人陪同	31(4.9)	53(8.4)	47(7.5)	131(20.8)
对现有的体育运动环境很满意	23(3.7)	35(5.6)	48(7.6)	106(16.9)
不喜欢体育运动	58(9.2)	7(1.1)	9(1.4)	74(11.7)
没有感兴趣的体育项目	10(1.6)	18(2.9)	41(6.5)	69(11.0)
身体不适宜进行跨境体育消费	1(0.2)	18(2.9)	9(1.4)	28(4.5)
其他方面	5(0.8)	8(1.3)	7(1.1)	20(3.2)
总计	629	629	629	

注：括号外为人数，括号内为所占该原因等级的百分比。未跨境消费者共 631 人，由于 2 人数据缺失，故纳入 629 人进行统计分析。

五、讨论分析

研究结果表明，在三个地区中，个人态度显著地调节了产品或服务因素与行为意愿之间的关系。这与以往学者们研究发现的跨境消费的主要动机是产品的价格和质量、售前服务、商店设施和选择的多样性等优势结论一致。香港与广东在体育用品业方面形成的"前店后厂"合作模式已持续多年，广东在体育用品的制造和加工方面已形成一定规模且质量过硬。近年来，随着国内体育产业的高质量发展，港澳居民对国内的体育产品或服务质量，特别是对广东地区的体育产品或服务质量逐渐认可。同时，粤港澳大湾区的健身休闲项目也在不断丰富，尤其近年来海洋体育休闲产业发展迅猛①。目前，粤港澳大湾区正从初级滨海体育休闲向深海远洋深度体

---

① 周良君、丘庆达：《海洋体育休闲，是粤港澳大湾区美丽风景，更是美好生活（二）》，《中国体育报》2020 年 5 月 21 日。

验发展，游艇、帆船、水上运动等项目年增幅已达 30%—40%。港澳居民到广东跨境参与体育消费可选择的产品服务内容愈加丰富。

研究发现，餐饮因素、住宿因素、购物因素、观光因素、通关因素和货币兑换因素均对香港居民跨境参与体育消费的个人态度影响不明显。这可能与香港是粤港澳三地中经济最发达的城市、香港与广东交流密切、文化同根同源以及在餐饮、住宿等方面能够很好适应有关。通关因素对广东居民的影响大于港澳两地居民，这与广东居民在"一国两制"政策下受通关次数限制而港澳居民不受限制有关。研究同时发现，餐饮因素、购物因素、观光因素、货币兑换因素对澳门居民个人态度的影响大于广东与香港两地居民。国际游客可以从交通、住宿、艺术、语言、食品、媒体、货币、休闲活动等方面体验和学习外国本土文化。以往研究表明，餐饮因素、购物因素、观光因素、货币兑换因素等被视为出境购物旅游消费的重要影响因素。Wang（2004）通过对香港居民北上深圳消费的形式和动机进行研究，认为香港居民的跨境消费活动兼具功利性和娱乐性，其中大部分开支为服务费用。而持有货币的升贬值也会对跨境消费者产生重大影响。澳门是我国面积最小的省级行政单位，陆地面积只有32.9平方公里，自然禀赋资源非常有限，主要以博彩服务业为支撑产业。同时，广东与香港、澳门交界是中国境内独有的区域边境，三地使用的货币分别有人民币、港币和澳门元三种，其中澳门元币值最小。因此，餐饮、购物、观光、货币兑换等因素会直接影响澳门居民跨境消费的频率和金额。

与研究假设相反，交通因素并没有显著影响三个地区居民的个人态度。这与以往研究表明交通因素被视为出境购物旅游消费的重要影响因素之一不太一致。但这与粤港澳大湾区"1小时生活圈"的形成有着密不可分的关系。与国内其他地区不同，中央已经实施了多项政策来刺激粤港澳大湾区的发展，如《"十四五"现代综合交通运输体系发展规划》和《粤港澳大湾区发展规划纲要》。据统计，随着港珠澳大桥、广深港高铁和广州南沙国际邮轮母港的开通，以及区域机场的建设，大湾区交通网络快速发展。因此，在粤港澳大湾区跨境体育消费的背景下，交通因素的影响可能较小。

本章小结

为探寻粤港澳三地居民跨境体育消费的影响机制，促进大湾区跨境体育消费，本书运用刺激—有机体—反应（S—O—R）模型帮助确定影响粤港澳大湾区消费者行为的关键决定因素以及可能提高体育服务质量和促进大湾区体育产业发展的潜在干预措施。采用验证性因子分析（CFA）对测量模型进行评估，然后采用结构方程模型（SEM）对1159名受访者的样本进行分析，考察跨境体育消费态度在体育消费影响因素和体育消费意愿之间的中介作用，并利用AMOS 21.0对研究所提出的假设进行检验。为了进一步了解广东、香港和澳门三个地区的影响因素，本书分别对三个地区的样本进行了中介效应模型检验，并运用多群组比较方法对广东、香港、澳门居民跨境体育消费影响机制进行研究，评估各种因素对粤港澳大湾区居民跨境消费行为的不同影响。

研究结果显示：（a）个人态度对行为意愿具有积极影响，在广东、香港和澳门三个地区中，个人态度显著地调节了产品或服务因素与行为意愿之间的关系；（b）个人态度在产品或服务、餐饮、住宿、购物、通关、货币兑换6个影响因素和行为意愿之间具有中介作用；（c）个人态度在交通和行为意愿之间没有中介关系，交通因素并没有显著影响广东、香港和澳门三个地区居民的个人态度；（d）与香港和澳门居民相比，通关对广东居民的个人态度具有更加显著的影响，餐饮、购物、观光和货币兑换4个影响因素对澳门居民个人态度的影响比对广东和香港居民个人态度的影响更大。

第三篇 路径篇

第九章 经验借鉴：国外湾区和国内
区域体育产业经验借鉴

粤港澳大湾区是我国开放程度最高、经济活力最强的区域之一，在国家发展战略中具有重要地位。《粤港澳大湾区发展规划纲要》提出要将粤港澳大湾区建设成富有活力和国际竞争力的一流湾区和世界级城市群。纵观美国纽约湾区、旧金山湾区和日本东京湾区等世界一流湾区，体育产业是湾区发展动力和成长活力的重要来源，对提升湾区政治影响力、经济贡献力和社会凝聚力具有重要作用。粤港澳大湾区体育产业发展不仅是湾区经济发展的新动能，也是湾区融合发展的催化剂，对加快人文湾区、休闲湾区和健康湾区的建设具有重要意义。

近年来，受益于粤港澳大湾区高质量发展的稳步推进和国家对体育产业重视程度的不断提升，粤港澳大湾区体育产业发展环境不断优化，综合实力逐渐提升。但与世界三大湾区以及国内长三角、京津冀等城市群相比，粤港澳大湾区体育产业协同发展起步相对较晚，体育产业发展还面临产业政策效果不明显、产业要素流动受阻、产业合作深度和宽度不足等问题。因此，通过借鉴世界三大湾区以及国内长三角、京津冀区域体育产业发展的共性经验，有利于粤港澳大湾区探索一条符合大湾区特色的体育发展之路。

一、世界三大湾区体育产业发展特征与共性经验

（一）世界三大湾区体育产业发展特征

美国的纽约湾区、旧金山湾区和日本的东京湾区是目前世界公认的最具活力的三大湾区。经过多年的发展，世界三大湾区结合各自的区域产业优势，选择了符合自身需求的体育产业发展之路。

1. 纽约湾区体育产业发展特征

纽约湾区被称为纽约大都市区，是以纽约为中心的美国东北部大西洋沿岸城市群组成。纽约湾区以"金融湾区"著称，其发达的金融业和商贸业让纽约成为全球经济的领导者。借助天然的地理优势、发达的现代金融业和完善的交通网络，纽约湾区吸引了众多的国际体育组织和体育企业，并引进了一批高端体育赛事落户。纽约湾区汇聚了包括 NBA 总部、NHL 总部、NFL 总部、MLB 总部、MLS 总部在内的五大美国职业联盟总部，并拥有纽约洋基、纽约尼克斯、新泽西篮网、纽约流浪者等众多知名的职业体育俱乐部。此外，湾区还有美国网球公开赛、纽约马拉松、美国高尔夫公开赛等一批具有影响力的体育赛事。纽约湾区形成了以"国际体育总部+体育赛事+体育服务"为特色的体育产业生态系统。

2. 旧金山湾区体育产业发展特征

旧金山湾区是典型的"科技湾区"，在全球高科技创新活动中具有重要的引领地位，著名的硅谷就在这一区域内。借助于高科技产业的发展，旧金山湾区的体育产业发展也呈现"高科技"的特征，如著名的美国里维斯智能球场就坐落于此。里维斯智能球场被称作全球最高科技的体育场馆，通过体育与科技的深度融合，为球迷提供了各种个性化、丰富化和娱

乐化的体验。此外，旧金山湾区也汇聚了一批具有影响力和符合自身特色的体育赛事，如旧金山马拉松、环加州自行车赛、美洲杯帆船赛等。旧金山湾区借助高科技赋能，走上了以"体育+科技"为特色的体育产业创新发展之路，形成了体育科技+体育赛事的发展体系。

3. 东京湾区体育产业发展特征

东京湾区是世界上人口最多、城市基础设施最为完善的大都市圈，是世界产业、港口、商贸和消费中心，被称为"产业湾区"，其雄厚的经济基础和发达的服务业为体育产业发展提供了优越的环境。东京湾区的体育营销和体育经纪业非常发达，拥有索尼、佳能和电通体育公司等众多知名的体育服务企业。此外，东京湾区也举办了一系列重大的综合性体育赛事，如东京奥运会、韩日世界杯和橄榄球世界杯等，这些重大赛事也为湾区带来了重要发展契机。借助于服务业的发展，东京湾区也逐渐形成了"体育娱乐+体育赛事"为特色的体育产业发展体系。

表 9-1　世界三大湾区体育产业发展情况

湾区名称	体育产业情况
纽约湾区	**体育产业特色：**国际体育总部+体育赛事+体育服务 **代表性体育赛事：**美国网球公开赛（1978）、纽约马拉松（1970）、帝国大厦垂直跑（1977）、世界杯（1994）、高尔夫 PGA 锦标赛（1916）、波士顿马拉松（1897） **大型体育场馆：**麦迪逊广场花园（1879）、扬基体育场（1912）、纽约大都会球场（1962）、纽约花旗球场（1964）、纽约长岛体育馆（1972）、纽约网队体育馆（2009）、亚瑟·阿什球场（1997） **职业体育俱乐部：**纽约洋基（1901）、纽约城足球俱乐部（2013）、纽约尼克斯（1946）、纽约巨人（1925）、纽约喷气机（1959）、布鲁克林篮网（1976）、纽约大都会（1962）、纽约流浪者队（1926）、纽约岛人（1972）、新泽西魔鬼（1974）、纽约红牛（1996）、纽约自由人（1997）、费城 76 人队（1939）、费城老鹰队（1933）、费城飞人队（1967）、华盛顿奇才队（1961）、华盛顿首都队（1974）、华盛顿红皮队（1937）、华盛顿国民队（1969）

（续表）

湾区名称	体育产业情况
旧金山湾区	**体育产业特色：**体育科技 + 体育赛事 **代表性体育赛事：**旧金山马拉松、美国冲浪公开赛、环加州自行车赛、美洲杯帆船赛 **大型体育场馆：**旧金山大通中心球馆（2019）、AT&T Park（1877）、Oriole Park（1976）、里维斯体育场（2016） **职业体育俱乐部：**旧金山巨人（1883）、奥克兰运动家（1901）、金州勇士（1946）、圣荷西鲨鱼（1991）、旧金山 49 人（1944）、奥克兰突袭者（1960）
东京湾区	**体育产业特色：**体育娱乐 +体育赛事 **代表性体育赛事：**东京网球公开赛（1973）、东京马拉松（2007）、奥运会（1964、2020）、韩日世界杯（2002）、柔道赛事、相扑比赛 **大型体育场馆：**东京奥林匹克主体育场（1940）、东京体育场（2000）、东京新国立竞技场（2019）、东京巨蛋体育馆（1988）、东京体育馆（1964）、横滨国际综合竞技场（1998）、埼玉 2002 体育场（2002）、等等力陆上竞技场（1962） **职业体育俱乐部：**FC 东京（1935）、东京电击（1948）、读卖巨人（1934）、东京养乐多燕子（1950）、东京绿茵（1969）、横滨湾星（1949）、横滨水手（1972）、横滨 FC（1999）、川崎前锋（1955）、千叶罗德海洋（1950）、埼玉西武狮（1949）、浦和红钻（1950）、柏太阳神（1940）、湘南比马（1968）、大宫松鼠（1964）、町田泽维亚（1989）

资料来源：根据相关文件和新闻报道整理。

（二）世界三大湾区体育产业发展共性经验

虽然世界三大湾区体育主导产业各有侧重，体育产业发展的动力与特色不尽相同，但也拥有一些共性经验。

1. 具有优越的产业发展环境

世界三大湾区体育产业发展离不开其优越的产业发展环境。雄厚的经济实力、完善的基础设施、优质的人才资源和包容开放的文化特质是三大湾区体育产业发展的基础。首先，雄厚的经济实力吸引了世界众多的体育市场主体和高端的体育资源集聚，促进了湾区体育产业高质量发展。其次，完善的基础设施是湾区内人才、资金、信息、物资等体育要素高效流动的重要保障。世界三大湾区都拥有高度发达的立体交通网络，辐射全球的航线、便捷高效的高速公路、铁路、轻轨系统大幅缩短了体育人口的通勤时间，提高了湾区内体育竞赛表演业、体育旅游业、体育休闲业等产业要素的流动速率，降低了体育企业的运营成本。特别是湾区丰富的国际航线与国际港口为国际大型体育赛事举办及跨国体育用品贸易提供了便利。再次，世界三大湾区是世界知名高等院校的重要聚集地，丰富的人力资源及高素质人才为湾区体育产业高质量发展提供了智力支持。最后，世界三大湾区都具有国际化、多元化和开放包容的文化特质，为体育产业的发展提供了最适宜的土壤。

2. 政府、市场和社会机制共同推动湾区体育产业发展

世界三大湾区的体育产业发展充分利用了政府、市场和社会三位一体机制，通过市场机制的资源配置作用，政府机制的规划决策作用和社会机制的监督助推作用，共同推动湾区体育产业发展。东京湾区实行政府与社会组织相结合的体育管理模式，国内和国外的体育活动主要依靠社会组织，而政府只是作为规划和政策制定部门，通过定期颁布相关的政策规划来保障湾区体育产业的发展，并较少对市场进行直接干预。纽约湾区和旧金山湾区没有直接管理体育活动的政府部门，主要依靠各级体育协会和体育组织来进行相应的体育活动，湾区相关的体育规划由政府和体育社会组织共同编制。

3. 完善的法律保障体系

法治在保障世界三大湾区体育发展中扮演了重要的角色。无论是纽约湾区、旧金山湾区还是东京湾区在体育发展方面都有完善的法律保障体系。如日本湾区有《体育振兴法》《体育彩票法》《体育场馆法》，纽约湾

区和旧金山湾区有《奥林匹克和业余体育法》，各类体育法律法规保障了湾区体育的有序发展。同时，三大湾区的政府都不直接介入对体育的争端处理和管理。如日本东京湾区中政府主要起到指导作用，体育管理主要依靠运动员的合同制度和俱乐部的会员制度等，纽约湾区和旧金山湾区中政府也不介入到相应的争端处理，争端解决主要依靠行业自身的制度和规则来进行，给湾区体育产业发展提供了广阔空间。此外，在保险制度方面，纽约湾区、旧金山湾区和日本湾区都有完善的保险市场，在对群众体育、学校体育和职业体育方面都有不同的保险险种，保障了不同人群和领域体育活动的开展。

4. 重视湾区内体育产业协同发展的整体合力

世界三大湾区都注重城市群的体育产业协同，以此促进湾区体育产业的整体发展。三大湾区根据各城市的地理位置、基础资源和优势产业确定体育产业发展方向。通过城市间的产业互补和优势互补，围绕体育产业链的上游、中游和下游进行协同发展，从而形成完善的体育产业体系，促进湾区体育产业的整体发展。如纽约湾区通过明确的分工协作和合理的功能定位，使得区域内的体育产业结构出现多元化和互补性的格局，湾区核心城市集聚了体育竞赛表演、体育咨询服务等高端体育服务业，而外围城市承接了体育制造业转移和相关体育配套服务功能。

5. 科技创新助推湾区体育产业发展

世界三大湾区的体育产业发展都离不开科技创新的助力，借助于三大湾区强劲的科学研发能力，体育与科技的深度融合成为三大湾区体育产业高质量发展的重要助推器。例如，坐落于旧金山湾区的勇士队就是高科技的先驱者，被称为"科技之队"。勇士队从训练到休整都融入了高科技的力量，SportVU 系统、Shottracker 的感测器、Athos 智能压力衣、Catapult Sports 的无线 GPS 装置以及 Neuroon 睡眠眼罩等帮助球队实时记录球员的运动轨迹、运动状况以及休息状态等，通过精确的人工智能算法，为球员训练提供专业指导。

二、国内长三角、京津冀区域体育产业发展特征与共性经验

（一）长三角体育产业一体化发展特征

长三角地区是我国区域一体化水平最高的地区。2020 年长三角体育产业总规模达到 10519.42 亿元，实现增加值 3522.98 亿元，占同期长三角 GDP 的 1.4%[①]。"十三五"期间，长三角所包括的上海市、江苏省、浙江省和安徽省均在体育产业总值超千亿元的省/直辖市名单中。经过多年的发展，长三角体育产业一体化也呈现出符合其自身特色的发展特征。

1. 产业布局各具特色

在体育产业布局上，长三角各城市都形成了独具特色的产业布局。上海以体育竞赛表演业为核心，通过营造都市体育文化氛围带动体育场馆服务、体育中介服务、体育传媒与信息服务、体育用品销售等服务经济发展。在空间布局上，上海逐渐形成了"一核两带多点"的体育产业布局体系，推动体育产业项目落地、功能集聚、能级提升[②]。江苏省是长三角地区体育产业总规模最大的地区，在体育企业数量、质量方面位居全国前列。江苏省凭借区域内的高新技术产业，已经培育了一批创新型体育企业在新三板上市。2019 年底，全省共有各类体育产业法人单位及产业活动单位 36572 个，并建设了一批体育赛事服务平台、体育文化平台和智慧体育产业园等。浙江省依托本省山、海、江、湖等自然资源优势，优先发展运动休闲户外产业，推行"体育+"与旅游、新农村、生态建设等融合发展，

---

① 新华网：《沪苏浙皖规划体育产业一体化发展》，2022 年 3 月 19 日，见 https://www. ndrc.gov.cn/xwdt/ztzl/cjsjyth1/xwzx/202203/t20220319_1319600.html？code=&state=12。

② 上海市人民政府：《上海市体育产业发展实施方案（2016—2020 年）》，2017 年。

形成了一批山地运动、水上运动、海洋体育等国家示范运动休闲产业基地和项目。当前，浙江省国家体育产业基地总数位列全国第一，并建设了数字体育创新发展示范区、全域户外运动示范区、亚运遗产综合利用示范区、时尚体育消费中心和智能体育制造中心等①。安徽则以合肥都市圈为中心，打造"具有国际知名度的体育之城"。皖北承接周边产业转移，形成体育用品制造业聚集区；皖江以健身器材装备制造为重点，发展高端智慧体育装备制造产业；皖南以黄山—太平湖—九华山为核心，发展体育旅游、户外运动休闲、体育赛事、健身养生等产业②。

2. 区域产业联动发展

上海市、江苏省、浙江省、安徽省依靠各自产业资源优势互通、互补，因地制宜、由浅入深，通过签署《长三角体育产业项目合作备忘录》充分发挥三省一市体育产业的优势和特色，携手共同推进长三角体育产业一体化发展。三省一市以赛事项目为"杠杆"发展休闲健身、体育旅游，户外运动等形成了一批特色突出的地区合作项目，毗邻地区形成"两轴""三带""五圈"的一体化发展布局③。如定期开展长三角运动休闲体验季，杭州—黄山跨省联手共建世界级自然生态文化旅游廊道建设，两省合力保护生态空间，推动户外休闲运动的良性发展。

此外，长三角地区积极推动相关产业的融合发展，如长三角地区利用汽车制造业优势发展汽车运动项目，促进汽车运动与科技、康养、文化、教育深度融合，满足区域消费需求、深化全方位合作。

3. "政策+平台"的区域体育共建模式

2012年由上海市体育局、江苏省体育局和浙江省体育局牵头，达成

---

① 浙江省发改委、浙江省体育局：《浙江省体育改革发展"十四五"规划》，2021年。

② 安徽省人民政府：《体育强省建设方案》，2021年。

③ 上海市体育局、江苏省体育局、浙江省体育局、安徽省体育局：《长三角地区体育产业一体化发展规划（2021—2025年）》，2021年。

"二省一市"区域体育产业合作共识，标志着长三角地区从政府制度层面推进的区域体育产业一体化治理模式开始启动。2014年安徽省体育局加入长三角体育一体化发展，自此三省一市的协作框架基本成型。通过政府带头打破行政区域划分所导致的行政分割和市场割据问题，长三角合作范围不断扩大，规划衔接也逐步加强。

在平台合作层面，长三角组建了长三角体育一体化联席会议，成立了长三角体育一体化研究中心，建设了长三角地区体育大数据平台，定期组织编撰长三角体育产业发展系列蓝皮书等权威出版物，为长三角规划发展提供科学依据。同时，长三角体育竞赛联盟定期发布《长三角品牌体育赛事目录》，实现跨区域联动办赛工作常态化，赛事资源共享互补（见表9-2）。

表9-2　长三角体育产业框架搭建成果

长三角体育产业政策保障、平台合作	
政策保障	《长三角地区体育产业一体化发展三年行动计划（2018—2020年）》 《长江三角洲区域汽车运动产业一体化发展战略合作框架协议》 《长三角地区体育一体化高质量发展的若干意见》 《长三角体育产业项目合作备忘录》 《关于支持长三角生态绿色一体化发展示范区高质量发展的若干政策措施》 《长三角地区体育产业一体化发展规划（2021—2025年）》
平台合作	长三角体育一体化联席会议 中国长三角国际体育休闲博览（连续举办11届） 长三角体育产业高峰论坛（连续举办3届） 七届长三角运动休闲体验季（连续举办7届） 长三角地区体育产业协作会 长三角地区体育大数据平台 长三角体育一体化研究中心 长三角体育竞赛联盟

资料来源：根据相关文件和新闻报道整理。

（二）京津冀体育产业协同发展特征

京津冀城市群是我国北部地区的重要城市群，对于促进环渤海经济区发展和带动北方腹地发展具有重要的意义。其中，体育产业以其产业融合性、经济带动性等特点在推动京津冀协同发展中起到重要作用。2022 年冬奥会的成功举办以及冰雪产业的普及，更是让京津冀体育产业在空间布局、产业链延伸、产业品牌打造等方面有了新的突破。

1. 政策引领区域体育产业协同

2014 年 7 月，京津冀三地体育局签订了《京津冀体育协同发展议定书》，三地在体育服务业、体育赛事活动、体育用品制造业、成立京津冀体育产业协会、建立京津冀体育产业工作联席会议制度等方面展开合作[①]。随后，为落实《议定书》以及相关国家战略要求，京津冀三地陆续联合制定了一系列规划，并且三地体育部门各自也出台相关配套政策或文件解读。这些政策为京津冀三地体育部门、社会组织、企业等领域携手举办精品体育赛事、建设环京津体育健身休闲圈、推进体育产业协同发展等多个方面提供了有力的保障（见表 9-3）。

表 9-3　京津冀体育产业框架搭建成果

京津冀体育产业政策保障、平台合作	
政策保障	《京津冀体育协同发展议定书》 《深入推进京津冀体育协同发展议定书》 《京津冀体育产业协同发展规划》 《京津冀健身休闲运动协同发展规划（2016—2025 年）》 《京津冀体育产业协会战略合作框架协议》

---

① 国家体育总局：《京津冀签署体育协同发展议定书优势互补》，2014 年 7 月 16 日，见 ht-tps://www.sport.gov.cn/n20001280/n20745751/n20767349/c21096027/content.html。

（续表）

京津冀体育产业政策保障、平台合作	
平台合作	京津冀体育产业资源交易平台 体育场地网络信息服务平台 京津冀体育产业发展研讨会 京津冀体育产业大会 京津冀体育产业联盟

资料来源：根据相关文件和新闻报道整理。

2. 冬奥赛事推动产业协同

京津冀联合筹办冬奥会、冬残奥会过程中，破除了多重行政壁垒和体制障碍，加快了"一小时交通圈"的形成，京唐城际、京滨城际等铁路陆续开通，为三地之间资源整合、优势互补，产业发展要素流通提供了实现的基础。北京借助 2022 年冬奥会的契机，通过转移部分"非首都功能"产业，为周边城市发展提供资源，促进区域分工合作。首钢打造"城市复兴新地标"，延庆建设"最美冬奥城"，张家口打造"亚洲冰雪旅游度假目的地"带动城市经济发展，吸引冰雪、绿色能源等企业落户延庆和张家口，加大了新兴产业和现代服务业在三大产业中所占的比重。同时，冰雪产业作为京津冀经济发展新引擎，为周边市县实现脱贫致富，依靠冰雪运动和休闲旅游等绿色产业，崇礼摆脱国家级贫困县帽子，2019 年实现旅游收入 20.5 亿元[①]，成为驰名中外的滑雪胜地。

此外，冬奥会、冬残奥会为京津冀留下一批丰厚的冬奥遗产，根据国家统计局报告显示，自冬奥会 2015 年申办成功到 2021 年 10 月，我国有 3.46 亿人参与冰雪运动，全国冰雪运动参与率达到 24.56%[②]，高水平的体

---

① 澎湃新闻：《崇礼，冰雪之城｜摘掉贫困帽子，端起冰雪"金饭碗"》，2022 年 6 月 9 日，见 https://www.thepaper.cn/newsDetail_forward_16515435。

② 京报网：《冬奥要闻｜冰雪运动从点燃激情到大众参与》，2022 年 2 月 12 日，见 https://news.bjd.com.cn/2022/02/12/10041492.shtml。

育场馆设施，也为未来承接体育赛事创造条件，进一步促进全民健身与全民健康的深度融合，为当地百姓带来了实实在在的红利。

(三) 国内长三角、京津冀区域体育产业发展共性经验

1. 政府搭台，构建良性互动合作机制

从长三角体育产业一体化和京津冀区域体育产业协同的发展历程可知，现阶段区域体育产业发展主要是以政府为主导、企业和社会组织等多方主体参与协作的发展模式。一是长三角、京津冀地区依托政府部门成立相关联席会，通过行政权力在各区协调各方利益，着力推进全方位、全领域、全链条的合作，以"自上而下"的方式打破由行政区划所导致的行政分割和市场割据问题。二是通过开展长三角国际体育休闲博览、京津冀体育产业大会等活动，"自下而上"地组建政、企、研多层次、多领域的区域交流平台，形成政府搭平台，企业为主体，市场为导向的多方参与沟通合作机制。

2. 联办大型赛事，推动区域产业协同

在冬奥会申办和筹办期间，京津冀就建成了一个四通八达的交通网络，实现了京津冀"一小时交通圈"。这一交通网络的建设不仅为冬奥会的顺利举办提供了便利，也为三地的城市发展奠定了坚实的基础。同时，京津冀地区通过借力冬奥会，成功打破了地域限制和行政壁垒，进一步促进了区域间的协调发展。在申办过程中，三地共同努力，解决了环保、医疗、教育、旅游等领域的问题，为京津冀地区的经济和社会发展作出了突出贡献。此外，通过与冬奥会相关产业的深度融合，京津冀地区能够加速实现不同产业之间的互利共赢。各地可以共同利用冬奥会的契机，推动了体育与旅游、文化、科技等产业的融合发展，创造了更多发展空间。这种产业融合不仅能够带动京津冀地区的经济发展，也能够提升人民群众的生活质量和幸福感。

三、对粤港澳大湾区体育产业协同发展的启示

从世界三大湾区以及国内区域体育产业发展的共性经验看，优越的产业发展环境、三位一体的发展机制、完善的法治保障、高效的产业协同、科技创新助力以及大型体育赛事的联办等是其体育产业高质量发展的重要保障。综上，本章提出了对粤港澳大湾区体育产业发展的启示。

（一）完善和创新大湾区体育产业发展的体制机制

粤港澳大湾区体育产业发展亟须完善和创新符合时代要求、区域特点以及国家战略目标的体制机制。一是加强顶层设计。在"粤港澳大湾区建设领导小组"的指导和国家体育总局的业务和技术支持下，结合广东、香港、澳门的实际情况，由三地体育行政部门共建"粤港澳大湾区体育发展委员会"，主要承担区域体育发展的领导、协调、管理等宏观统筹工作。在此基础上设立"粤港澳大湾区体育发展联席会议制度"，加强粤港澳三地、11个城市体育行政部门之间的联系与互动。二是三地政府部门协作定期编制《粤港澳大湾区体育产业发展规划》。统筹协调湾区内财政、税收、金融、土地和公共服务等政策，通过建立全局性、针对性和延续性的体育产业规划机制来解决湾区体育产业发展的问题。三是探索"一事三地""一策三地""一规三地"改革创新举措。推进广东与港澳在市场准入、标准认定、产权保护等方面接轨，促进各类体育要素高效便捷流动。四是以大数据为核心，推动体育产业体制机制创新。粤港澳三地建立统一的数据标准，相互开放数据端口，在数据采集应用、数据交易、创新创业等领域为体育产业发展提供共享的公共应用平台，促进湾区体育产业协同发展。

（二）充分发挥体育组织和企业的主体作用

在世界三大湾区以及长三角和京津冀区域的体育产业发展进程中，政府、市场和社会三位一体机制共同推动了湾区体育产业的发展。一是发挥

体育社会组织的平台作用。加强广东省及9个城市单项运动协会的组织建设与实体化改革进程，成立以体育组织与体育企业为主体的"粤港澳大湾区体育发展联盟"，凸显协会的平台服务功能，主动与港澳地区体育协会联系与合作。通过赛事活动、培训交流等措施，鼓励香港、澳门地区体育协会来内地开展体育活动，推动粤港澳三地体育资源的流通。二是激发体育企业市场服务手段。鼓励大湾区内腾讯体育、万达体育、佳兆业文体、珠江文体等为代表的优秀企业升级总部职能，扎根粤港澳，以市场化服务为手段，持续推动粤港澳三地体育资源要素的流通。此外，充分利用粤港澳大湾区民营经济活跃的优势，积极培育、挖掘一批优秀的体育企业，吸引港澳地区人才在内地创办体育企业，为大湾区体育产业发展服务。

（三）实现区域体育产业分工与优势互补的发展体系

湾区内体育产业协同发展的整体合力是世界三大湾区体育产业发展的共性经验。在充分考虑粤港澳各地在体育产业发展目标以及传统优势业态的基础上，通过分层次、重协同、促融合、抓特色等方式建成布局合理、功能完善、门类齐全、特色鲜明的大湾区体育产业发展体系，从而实现粤港澳大湾区体育产业的融合互动和共同发展。如在各城市重点体育业态发展方面，广州、深圳和香港作为湾区内综合实力最强的三个地区，在体育场地、人力资源、配套设施和组织赛事经验上都有着其他地区不可比拟的优势，可重点发展体育竞赛表演业；深圳、东莞和佛山在科技创新和用品制造方面实力雄厚，产业体系齐全，可重点发展体育用品制造业；澳门、珠海、惠州则可以利用得天独厚的自然资源，重点发展滨海体育旅游业等。通过错位发展和优势互补，形成多个中心城市联动、产业链条衔接配套、产业政策协同联动的协同分工体系。同时，充分发挥大型综合性运动会的效益，通过多中心联动，带动其体育产业整体发展。如可以以香港、澳门、广州、深圳为龙头，由粤港澳大湾区"9+2"城市共同申办奥运会或世界杯等大型体育赛事。

（四）以科技创新为核心带动湾区体育产业发展

随着互联网、人工智能、超材料以及新能源等技术的快速发展，体育与科技的深度融合将是未来体育产业发展的新方向。世界三大湾区体育产业发展的共性经验也表明科技创新将助力大湾区体育产业的高质量发展。粤港澳大湾区体育产业的发展应借助大湾区强劲的科技创新实力，加快新知识、新技术和新工艺在体育产业领域的应用，促进大湾区体育产业的技术变革。在国家政策方面，应鼓励更多的科技企业投入体育领域，在税收、投融资等政策方面向体育科技企业倾斜。同时，鼓励更多的体育企业与大湾区的高等院校和顶尖科研机构合作，取得一批具有自主知识产权和符合国际技术标准的体育产品和服务，培育具有全球竞争力的体育品牌，扩大湾区体育产品和服务的对外出口。利用湾区优必选、寒武纪等人工智能企业，丰富体育产品的智能化体验。利用华为、中兴通讯等高科技企业的优势，打造智慧体育场馆。此外，加快推动粤港澳大湾区在"互联网+体育"领域的突破。以线上体育为切入点，重塑大湾区在体育用品制造业和体育服务业的发展优势，促进粤港澳大湾区体育产业的融合发展。

（五）充分发挥高端竞赛表演业的协同引领作用

大型综合性运动会、顶级职业联赛等高端竞赛表演业是体育产业的核心产品，对于促进体育消费、满足群众多样化的体育需求、提升新兴产业和现代服务业在城市中的比重具有重要意义。一是在未来三年内粤港澳大湾区要抓牢全运会契机，完善湾区体育产业高质量发展保障，借鉴冬奥会经验，积极探索一套适合三地体育产业发展的创新机制，逐步打破区域行政壁垒。二是借助 2025 年全运会营造湾区体育文化氛围，提升湾区内居民体育消费热情，推动体育产业与文化旅游、金融服务、高新科技融合发展，为今后申办 2030 年世界杯、2036 年奥运会做准备。三是改变大湾区体育产业头部资源不足问题，在足球、篮球、排球、手球、冰球、橄榄球等领域培养职业俱乐部与职业联赛，利用"体育+""+体育"继续壮大赛马、赛车、拳击、网球、帆船产业，打造大湾区职业俱乐部聚集地。最后，结合国家战略放眼全国，联手长三角、京津冀、北部湾、成渝经济圈等超级城市群，共同探索国内职业联赛内循环体系，引导竞赛表演观众回流，打造大湾区赛事聚集地。

（六）以健身休闲产业为纽带，增进湾区城市间"软联通"

在粤港澳大湾区打造成健康湾区、休闲湾区和人文湾区的过程中，健身休闲产业将起到重要作用。大力发展健身休闲运动可提高湾区内居民身心健康水平，是有效落实健康中国战略的重要抓手，也是实现粤港澳大湾区宜居宜业宜游的优质生活圈的突破口。借鉴世界三大湾区以及长三角、京津冀等经验，粤港澳大湾区可以以健身休闲产业为纽带，增进大湾区城市间的"软联通"。一是通过"健身休闲赛事+会展"，筹办大湾区户外休闲体验季，向大众推广高端、新兴的运动项目。通过举办大湾区健身休闲系列赛事，增进湾区居民沟通交流。举办健身休闲会展，将大湾区在汽车、邮轮游艇、航空飞行器等制造业优势与体育融合，培育新业态。二是通过共同建设粤东、粤西、粤北休闲体育运动旅游带，形成健身休闲运动利益共同体，进而推动各区域共同签署生态环境保护规划，将绿水青山转化金山银山红利惠及湾区内每个城市。三是依托"政府+市场+社会"的健身休闲智库联盟，共同将以往珠三角运动休闲旅游规划、广东省健身休闲规划的成果融入大湾区健身休闲规划。在保留原有城市群的个体优势前提下，逐渐安排产业转移，大力发展区域分工合作明确的大湾区健身休闲产业，持续为粤港澳大湾区协同发展注入新动力。

本章小结

体育产业以其高度的融合性、渗透性、关联性，成为粤港澳大湾区经济发展的必备引擎，也是未来粤港澳大湾区产业协同发展的重要内容。粤港澳大湾区作为中国"一国两制三关税区"的特殊区域，在制度差异等因素影响下，体育产业发展还面临产业政策效果不明显、产业要素流动受阻、产业合作深度和宽度不足等问题。本章通过对世界三大湾区以及国内长三角、京津冀等区域体育产业发展特征和共性经验的梳理，旨在为大湾区体育产业协同发展提供借鉴。

在对纽约湾区、旧金山湾区、东京湾区世界三大湾区体育产业发展特征的研究发现，世界三大湾区体育产业发展的共性经验表现在具有优越的产业发展环境；政府、市场和社会机制共同推动湾区体育产业发展；完善的法律保障体系；重视湾区内体育产业协同发展的整体合力；科技创新助推湾区体育产业发展。在对长三角体育产业一体化和京津冀体育产业协同发展研究中，其共性经验表现在政府搭台，构建良性互动合作机制；联办大型赛事，推动区域产业协同。

结合世界三大湾区以及国内区域体育产业发展的共性经验，本章提出粤港澳大湾区体育产业发展的启示：完善和创新大湾区体育产业发展的体制机制；充分发挥体育组织和企业的主体作用；实现区域体育产业分工与优势互补的发展体系；以科技创新为核心带动湾区体育产业发展；充分发挥高端竞赛表演业的协同引领作用；以健身休闲产业为纽带，增进湾区城市间"软联通"。

第十章 粤港澳大湾区体育产业协同发展
路径一：产业联动发展

世界主要发达湾区以及国内湾区发展的经验表明，湾区规划应重视空间层次性、一体化、联动发展（刘艳霞，2014）。区域产业联动是各行政区内的产业部门在空间结构、产业链分布、产业政策与市场规则等方面形成的同质对接和共融（张明之，2017），粤港澳大湾区的联动发展，需要合理定位，要形成互补互动的产业链条（蔡赤萌，2017）。应在合作模式、产业链重构等方面加强区域协同发展的机制创新（左晓安，2017）。

国外学者对湾区体育产业发展的研究由宏观的产业规划深入，细化到湾区内体育产业发展策略，以及体育产业与城市群发展的关系。具体包括：第一，分析如何借助湾区内优越的资源禀赋，举办高端体育赛事，开展海上休闲娱乐活动，带动整个产业链相关行业的发展。在纵向巩固和发展体育产业链的同时，在横向空间维度上形成体育产业集聚区（Peter，2011）。第二，从体育与城市相互促进关系的视角，研究湾区城市群与体育产业集群耦合发展的规律（Lang & Knox，2009；Hall P. & Pain K.，2006）。然而，与国外大湾区相比，粤港澳大湾区面临一个国家、两种制度、三个关税区等复杂背景，体育产业联动发展难度前所未有。

一、粤港澳大湾区体育产业联动发展路径的理论框架

（一）构建基础

现有学者对区域产业联动路径形成的机理进行了有益的探讨，虽然暂时没有形成统一的框架体系，但是对本研究的开展提供了较好的理论参考价值。粤港澳大湾区体育产业联动发展既要考虑体育产业发展、市场主体培育等内核因素，又要考虑区域经济水平、文化环境等外部因素，其发展路径的构建应首先明确参与其中的主体及其行为，提出产业联动发展是指在一定环境下联动主体实施联动行为并承担联动后果的规则，是联动主体间相互作用的手段和过程。其中，联动主体是指实施联动行为受联动效应影响的政府机构、社会组织以及经济主体；联动行为是指联动主体之间通过调整产业要素、厂址区位、竞合关系谋求联合变动，通过发掘市场需求提升竞争力的行为；联动效应是指实施产业联动行为给联动主体、联动主体所在区域以及经济主体所属产业带来的后果，其中最理想的结果是区域产业结构得到优化，产业竞争力得以提升，但是如果联动过程中不注重经济效益与社会效益的统一，也可能造成产业结构同质化、环境破坏等负面影响。

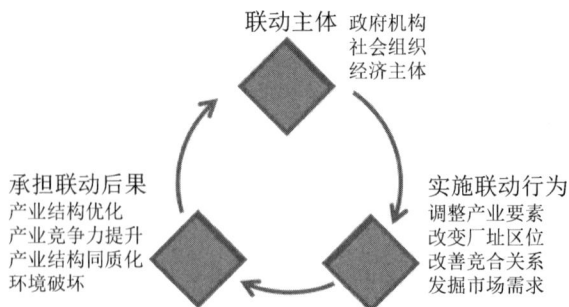

图 10-1　产业联动机制图

其次，基于多个主体实施多样行为的繁复现实，粤港澳大湾区体育产业联动还需进一步整合联动因素及手段。其中，生产要素流动方式和实施环境，是大湾区产业联动的重要因素，生产要素的流动意味着在开放的市场中生产要素可追求更高效的利用，可带来更高价值的产出，想推动产业联动的资源基础，而生产要素的流通又依赖于市场的建设，市场是大湾区体育产业联动的手段。不论是资源要素流动，还是经济主体的市场活动，都离不开区位空间的联系与合作，空间属性本身就是产业的属性之一。空间联动作为区域产业联动发展路径的重要载体，既突出了产业联动的空间属性，又符合粤港澳大湾区体育产业联动发展的实际情况。

综上所述，粤港澳大湾区体育产业联动发展的路径具体可以从四个维度进行构建。第一是资源维度，体育产业资源要素是粤港澳大湾区体育产业联动的对象，也是引发产业联动的基本条件；通过资源要素的互通互补，优化粤港澳大湾区的资源配置。第二是市场维度，市场是粤港澳大湾区体育产业联动的手段，通过产业链上下游市场之间的联系，最终实现粤港澳大湾区体育产业聚集和产业融合。第三是主体维度，粤港澳大湾区体育产业联动离不开政府、企业和社会组织的联动与协作，通过多主体的联动共同推动湾区体育产业的发展。第四是空间维度，空间是粤港澳大湾区体育产业资源主体和市场联动所依托的区域范围，通过空间联动发挥地区相对优势，最终形成差序格局。

资源联动要求资源能够在区域和产业间自由流动；市场联动则强调建设统一市场以及需求对生产的指导作用，以获取经济和社会效益；主体联动是指在政府和社会组织的协调下，企业间依据生产联系，构建合作联盟，减少产业价值的流失；空间联动要求利用区域相对优势，在企业集聚于绝对优势区的趋势下，发掘产业弱势区的相对优势，改善产业弱势区的投资环境，促成区域内有效合作。

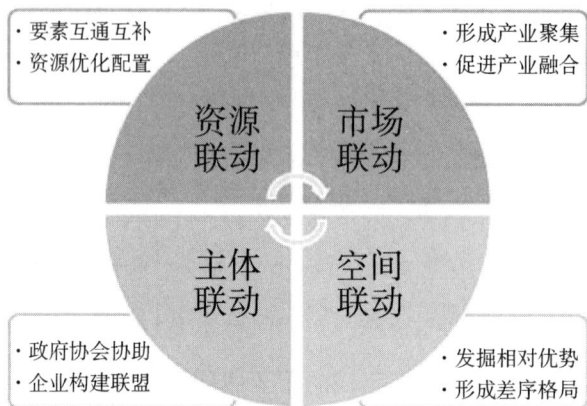

图 10-2　粤港澳大湾区体育产业联动发展路径的理论框架图

（二）构建框架

1. 资源联动是重要方式

　　资源要素是区域产业发展的基本构成单元，其联动是推动产业联动得以实现最为基本的方式。粤港澳大湾区资源要素的联动已成为连接区域内经济要素、推动圈层整体能级提升的重要路径。资源联动路径可从资源互通互补和优化配置两个方面进行构建，首先要求资源能够自由流动，资源流动缘于资源的区域价格差异以及获利需求，是资金、人才等可流动要素在空间上的变化。如果粤港澳大湾区内部之间或者是大湾区与外部之间没有产业资源要素联动，也就意味着失去了粤港澳大湾区整体能级的基础。其次要求通过资源联动，进一步优化粤港澳大湾区资源配置，对不同类型和不同区域的资源进行再分配，提升要素生产率，从而使产业扩容增值。资源联动是产业联动微观层面上的表现，也是产业联动最基本的方式。其实质是通过构建一系列协作机制，消除阻碍资源流动的区域壁垒，通过提高资源的边际收益以促进区域产业发展。

2. 市场联动是重要内容

　　市场联动路径可由打造统一市场，关注市场需求出发进行构建。市场包括两种类型即资源要素市场、商品服务市场，由于前文已对资源的流动整合进行介绍，此处的"统一市场"着重强调商品和服务在区域内的自由流通和被消费。市场联动意味围绕粤港澳大湾区体育产业链上下游建立供需互促、产销并进的区域统一市场。贺轩、员智凯从产业链的视角认为市场联动分为垂直的供需市场联动和横向的协作市场联动，其中垂直关系是市场联动的主要结构，通常将其划分为产业的上、中、下游关系，而横向关系主要是指市场间的联动协作。研究表明，围绕产业链上下游的市场联动是区域产业联动形成的主要原因，推动产业链上下游市场之间协同联动①，是支撑区域产业高质量发展的必要条件②。反之，如果某一产业各个市场前后脱节和上下分割，将导致生产要素和商品不能自由流动，经济效率不高。推进市场联动，建立统一市场就是为了"打破地方保护和市场分割，打通制约经济循环的关键堵点，促进商品要素资源在更大范围内畅通流动"③。

3. 主体联动是重要抓手

粤港澳大湾区体育产业主体联动路径是按照政府主导、企业、社会组织共同参与的方式予以构建，共同提高资源配置效率、降低制度性交易成本、防范化解风险，从而促进粤港澳大湾区体育产业整体发展。政府在区域产业联动中起着宏观引导和服务职能，政府联动关键在于打破区域行政壁垒，通过制定产业规划和政策来促成区域的合理分工，加强区域内部交通等基础设施建设，提升区域通达度，减少产业要素流动障碍，无差异地提供公共产品，建立有约束力的区域通用规范来破解恶性竞争等集体非理性行为，提高产业竞争力和区域整体实力。企业、协会出于共同的利益而

---

① Weintraub A., Epstein R., "The Supply Chain in the Forest Industry: Models and Linkages", *Springer US*, Vol.62, 2002.

② 刘志彪：《产业链现代化的产业经济学分析》，《经济学家》2019 年第 12 期。

③ 中共中央、国务院：《关于加快建设全国统一大市场的意见》，2022 年。

结成的产业联盟，是位于市场和企业中间的一种组织形态，采用整合资源、共担风险的长期合作模式。产业联盟是一种区域主体之间的高级合作模式，联盟成员之间地位平等，独立运作，但同时能共享信息，开展制度化合作，在更大范围内更好地调配资金、劳动力等资源。相较于产业区位转移和产业空间集聚，产业联盟强调的是成员间自发形成的关系网络，并将市场行为内化为联盟内部协作行为，是一种较为高级的产业联动方式。与此同时，它对文化、社会、法律、制度等因素要求较高。

4. 空间联动是重要载体

随着粤港澳大湾区产业联动的逐步深入，区域产业发展的空间结构正在发生深刻变化，区域各个城市正在成为承载产业发展的主要空间形式。空间联动路径可由发掘相对优势，形成差序格局出发进行构建。不论交通通信技术如何发达，产业必然存在于一定的物理空间。空间联动表现为基于区域的相对优势，运用产业转移和产业集聚等手段，增强区域产业间的联系，形成区域产业发展的差序格局。产业区位转移是指在产业发展过程中，为有效利用区域间的比较优势，某产业从某地区转移到另一地区的行为和过程，它不是简单的生产要素流动，而是使用要素的整个或部分生产系统的转移。相对于要素流动，产业区位转移是产业主体有目的的空间转移，能够直接利用移入地的资源并重构生产网络，减少生产和交易成本。产业转移意味着空间上的产业分工，加强了移出地和移入地的产业联系并推动着地区发展。一般来说，产业区位转移的内容主要为处于价值链低端的产业环节，而转移方向大多是从发达地区移向欠发达地区。产业空间集聚是指产业主体集体选址于某一区域，并逐渐吸引其他产业主体落户于集聚地的现象和过程。产业空间集聚必然伴随着生产要素流动和产业区位转移现象，但它与这两者有明显的区别，即它强调的是产业主体连带着生产要素和生产活动向区域的集中过程，具备更宽松的产业包容性和更明显的空间指向性。产业空间集聚不仅意味着空间上的产业分工与合作，更重要的是发挥了凝聚作用，有助于构建产业联动发展所需要的生产网络和区际关系网。

二、粤港澳大湾区体育产业联动的实现路径

（一）构建的原则

一是坚持高位推动。贯彻落实粤港澳大湾区规划纲要、体育强国规划纲要等国家战略，建议在粤港澳大湾区建设领导小组的指导下，构建"粤港澳大湾区体育发展管委会"，并作为粤港澳大湾区体制机制改革、先行先试的重要内容推动。通过重大赛事引领、建立联席会议制度、定期调度等方式确保体制机制创新落实落地。

二是坚持协调联动。粤港澳三地政府发挥牵头抓总作用，三地体育行政部门统筹联动，在政策指导、方案把关、项目建设、督促检查、考核评价等方面实现协同、联动。

三是坚持项目带动。通过体育赛事引领、全民健身创新、人才培养共享、数字科技集成等重大体育项目带动，创新粤港澳大湾区体育体制机制并形成一批具有良好效果的体育实践。

（二）基本思路

粤港澳大湾区体育产业联动发展既要解决工作层面的问题，又要解决制度层面的问题，还要解决体育创新发展的问题。在构建以国内大循环为主体、国内国际双循环相互促进的新发展格局，推进国家治理体系和治理能力现代化背景下，要根据粤港澳大湾区经济社会发展的实际情况和发展动态，在总结经验、把握发展规律的基础上，按照一个目标、两个层次、三个维度、四个平台和五位一体的总体思路，在体育产业联动发展思路上取得突破，增强体育发展的活力与动力。如图 10-3 所示，一个目标是指以实现粤港澳大湾区体育高质量发展为目标；两个层次是指政府层面与社

会层面；三个维度是指机构、职能、制度三个方面；四个平台是指构建体育赛事平台、全民健身平台、后备人才培养平台和体育信息数据平台；五位一体是指构建政府、体育部门、体育协会、体育企业和群众五位一体的体育生态系统。

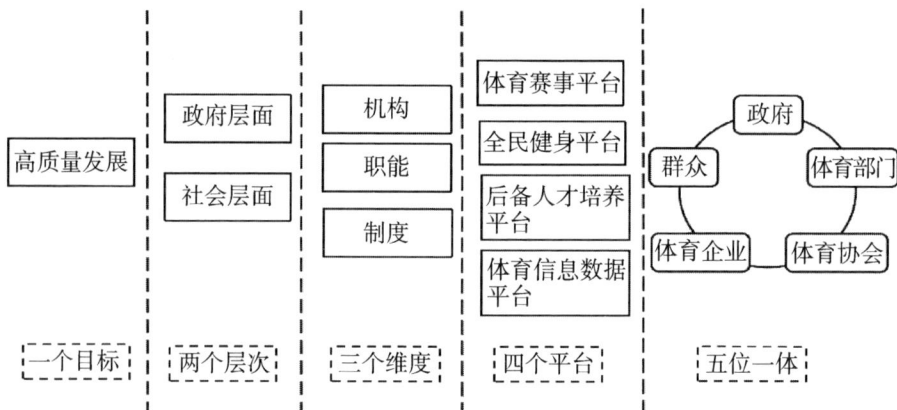

图 10-3　粤港澳大湾区体育产业联动构建思路图

（三）实现路径

在实现路径方面，可采用以高质量发展为目标、以项目产业为抓手、以体育协会为平台、以体育企业为主体、以市场服务为手段、以数字科技为创新的思路进行改革创新。

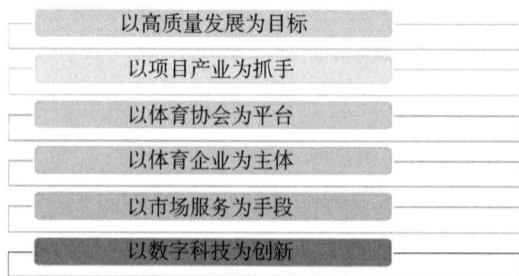

图 10-4　粤港澳大湾区体育产业联动的实现路径图

1. 凸显高质量发展目标

党的十九大提出，我国经济已由高速增长阶段转向高质量发展阶段，正处于转变发展方式、优化经济结构、转换增长动力的攻关期，建设现代化经济体系是跨越关口的迫切要求和我国发展的战略目标。新时代粤港澳大湾区体育体制机制改革要担负重要的责任，要加快通过转变粤港澳大湾区体育发展方式，运用粤港澳大湾区协同举办品牌赛事，创新全民健身服务，培育体育多元人才、扩大体育消费规模，促进体育产业发展、引领体育服务升级、拉动区域协同发展等方式，为粤港澳大湾区体育高质量发展和区域体育核心竞争力全面提升服务。

2. 形成多元项目服务体系

充分发挥粤港澳大湾区体育赛事平台、后备人才培养平台、全民健身平台和信息数据平台的作用，根据具体项目的市场环境与技术基础，推动粤港澳大湾区城市间的体育资源流动与体制机制创新。

体育赛事平台：一是举办国际级、国家级综合性运动会。粤港澳三地联合申办 2025 年全运会，并以此为契机，推动三地政府的协同合作，科学、合理地破除制约体育人才、资金、资源自由流动的不利因素，如通关限制等。在此基础上，建议粤港澳大湾区协同申办 2032 年奥运会，率先示范社会主义现代化国家的体育先进性。二是积极举办粤港澳大湾区城市联赛，打造大湾区自有 IP 品牌赛事。建议根据运动项目产业的特征和粤港澳大湾区的特征，可尝试推动足球、篮球、羽毛球、网球等市场化程度较高的项目，打造城市联赛，拉动粤港澳三地间的交流。三是实现体育赛事资源相互预留。粤港澳大湾区体育赛事观赏、参赛等名额相互预留。如广州马拉松、深圳马拉松等赛事可预留若干跑友名额给港、澳地区跑友，反之亦然。

后备人才培养平台：一是着眼于培养高水平体育后备人才，整合粤港澳三地"训、科、医、教、服"资源，构建区域体育后备人才培养的协同体系，实现优势互补，为奥运争光战略服务。二是统筹粤港澳三地高水平体育训练基地资源，有计划、分阶段实现基地共享计划，为后备人才培养服务。三是开展教练员协同提升计划，依托粤港澳大湾区高校、科研院所、训练基层及人才资源，根据粤港澳大湾区的项目优势与人才优势，实现互联、互帮、互补计划，共同提升区域内高水平体育教练员水平。

全民健身平台：一是加强粤港澳大湾区全民健身工作联动，在体育公共服务标准、体育空间共享、体育活动互联方面，形成一批示范项目。二是在全民健身人才资格认证和等级评定方面实现相互衔接、认同。三是体育社会组织建设方面，加强沟通与协作，开展多元化的区域群体活动赛事。

信息服务平台：依托区域内信息科技的优势企业，积极推动移动互联网、云计算、大数据、物联网等信息技术、数字科技与体育服务的结合，共同建设粤港澳大湾区体育信息服务平台，为区域内体育赛事、全民健身、体育消费等提供迅捷的信息服务。

3. 充分发挥体育社会组织的平台作用

加强广东省体育协会及9个城市体育协会的组织建设与实体化改革进程，凸显协会的平台服务功能，主动与港、澳地区体育协会联系与合作，通过赛事、活动、培训、会议等交流措施，鼓励港、澳地区体育协会来内地开展体育活动，推动粤港澳三地体育资源的流通。

4. 激发体育企业市场服务手段

考虑到香港、澳门地区体育项目的运行机制主要是依托企业，采用市场化的资源配置方式。建议鼓励粤港澳大湾区区域内以腾讯体育、万达体育、佳兆业文体、爱奇体育、珠江文体等为代表的优秀企业升级总部职能，扎根粤港澳，以市场化服务为手段，持续推动粤港澳三地体育资源要素的流通。充分利用粤港澳大湾区民营经济活跃的优势，积极培育、挖掘一批优秀的体育企业，吸引港澳地区人才在内地创办体育企业，为大湾区体育协同发展服务。

三、粤港澳大湾区体育产业联动的保障

湾区发展是区域经济城市和经济社会协同发展的高级形态，粤港澳大湾区是中国开放程度最高和经济活力最强的区域，也是我国体育事业和体育产业高质量创新发展的核心区域。新时代，在全面深化改革、全面扩大开放新格局、推进粤港澳大湾区建设和体育强国建设的时代背景下，粤港澳大湾区体育体制和运行机制创新路径的构建是粤港澳大湾区协调发展的核心问题。从高质量发展的角度来看，粤港澳大湾区体育体制和运行机制的创新是实现区域协同发展，消除区域内体育管理行政割据和实现体育资源、要素、服务的自由流通和协同发展的重要因素。创新构建科学、合理的体育体制和灵活、多元的运行机制，充分发挥区域内部各地区的比较优势，是提升粤港澳大湾区体育发展竞争力的有效途径。

（一）加强组织联动治理，推动体育政策创新

在《粤港澳大湾区发展规划纲要》下，在"粤港澳大湾区建设领导小组"的指导和国家体育总局的业务、技术支持下，结合广东、香港、澳门实际情况，由三地体育行政部门共建"粤港澳大湾区体育发展委员会"，主要承担区域体育发展的领导、协调、管理等宏观统筹工作。在此基础上设立"粤港澳大湾区体育发展联席会议制度"，加强粤港澳三地、11个城市体育行政部门之间的联系与互动。在三地政府部门的支持下，共同颁布《粤港澳大湾区体育协同发展的指导意见》，讨论、协商、解决粤港澳大湾区体育发展过程中的体制、机制性问题，并有针对性开展一批专项课题研究，以及公布粤港澳大湾区体育发展的合作项目库和储备项目库。

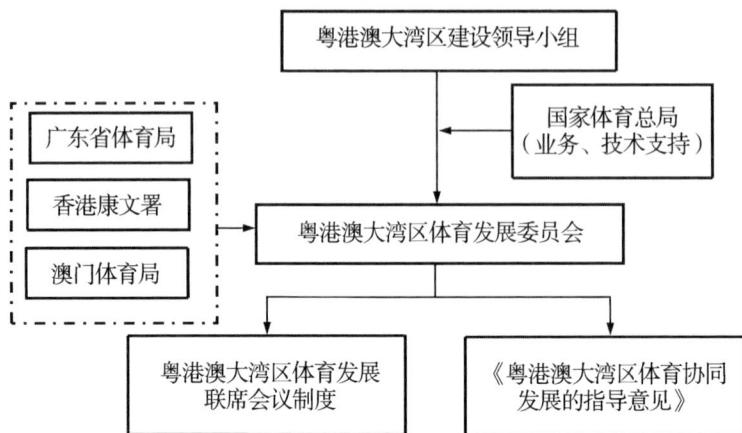

图 10-5　粤港澳大湾区体育机构创新示意图

（二）建立项目合作模式，构建生态合作体系

以体育赛事举办、后备人才协同培养、体育空间共享互利、体育数据信息交流、体育人才资质互认等体育项目合作为基础，体育行政部门在宏观层面主动协调、沟通，相关体育社会组织、体育企业化创新市场机制，不断丰富粤港澳项目合作内容，以精准合作为主题，加强对具有市场潜力、风险相对可控的项目拓展力度，构建城市、政府、协会、企业、群众五位一体的生态合作体系。可以借鉴改革开放以来，粤港澳三地其他领域的合作经验，在"粤港澳大湾区体育发展委员会"指导下，成立体育组织与体育企业为主体的"粤港澳大湾区体育发展联盟"，并有针对性地设置体育赛事、全民健身、后备人才培养和体育信息数据四个平台，创新运行机制，为粤港澳大湾区更大规模、更深层次体育合作与交流提供有效路径和一揽子解决方案，推动粤港澳三地体育资源、资金、人才等互联互通。

（三）梳理城市体育空间，推动跨境体育交流

体育场地、空间是粤港澳大湾区体育协同发展的基础，也是体育体制机制创新的内在保障。粤港澳大湾区体育体制机制创新的实现，离不开城市体育空间的支持与保障。贯彻落实《国务院办公厅关于加强全民健身场

地设施建设发展群众体育的意见》，对粤港澳大湾区的体育场馆、空间进行全面梳理，按照"分类管理、重点明确"的工作策略，对重点项目、重点场馆、重点城市与重点区域进行规划与提升，为粤港澳大湾区体育赛事联动、全民健身跨境互动、体育消费资源共享等奠定基础。

（四）创新城市体育联动，提升改革创新效果

粤港澳大湾区体育体制机制创新除在机构、职能、制度三个维度予以实现外，以重大项目引领，推动管理体制与运行机制、政府资源和社会资源、政策支持和外部资源的整合、协调与联动。建议充分发挥大型综合性运动会的综合效益，以粤港澳大湾区联合举办 2025 年全运会为实验，强化粤港澳三地政府部门、体育行政部门、体育社会组织、体育企业、群众之间的互联、互通，推动体育资源的共享、共建，实现粤港澳三地共赢。若条件成熟，可提出申办 2032 年奥运会，为党的十九届五中全会提出的"2035 年基本实现社会主义现代化远景目标"贡献大湾区的体育力量。

四、粤港澳大湾区体育产业联动的案例——穗港赛马产业联动

穗港赛马产业联动事关穗港两地赛马产业合作发展，是粤港澳大湾区赛马产业联动的小范围实践，对理解赛马产业体系，扩大联动范围，扩展相关产业合作意义重大。

（一）穗港赛马产业联动的背景

香港赛马蜚声国际，但受土地、人力等资源限制，需谋求向外发展，位置近、人缘亲、合作多的广州成为首选。借助 2010 年广州亚运会的机缘，香港赛马会参与到亚运会马术项目的筹办工作中，在赛事结束后继续投资建设从化马场，并取得运营权。从化马场位于广州市从化区良口镇，占地约 150 万平方米，包含国际标准的跑道、马厩、马医院等设施，改建后于 2018 年 8 月正式启用，是内地规模最大、水平最高的马场综合体，是

国内首个世界级马场和纯血马匹训练基地，也是内地第一个、世界第五十三个无马疫区马场。从化马场自启用以来不断对接粤港经济和社会规则，成为穗港赛马产业合作的典范。2019 年在从化受训的马匹共赢得 139 场赛事，而且每六匹香港头马中便有超过一匹在出赛前曾于从化受训，从化马场提供的驯养调教和康复服务质量可见一斑。香港赛马会还积极发掘从化马场潜力，举办纯演示性速度马术比赛，证明其具备运营赛马赛事的软硬件条件。从化马场所在的无疫区是国内首个农业部评估验收的、首个欧盟评估认可的无规定动物疫病区，不仅保障了广州亚运会马术比赛，而且为日后赛马产业化运营留下宝贵遗产，有助于中国内地马匹出口国际市场，为粤港澳大湾区赛马产业参与国际竞争与合作创造了条件。

另外，由于赛马产业链条长，行业跨度大，能创造巨大的经济与社会效益。国内不仅有新疆、内蒙古等传统牧区制定马产业发展规划，而且有海南、武汉借政策东风布局赛马产业，杭州借亚运会之机建设无疫区，形成多地谋求赛马产业发展的局面。基于以上情况，2020 年 7 月广州市政府正式提出要发挥广州的产业基础和发展潜力，运用香港赛马的经验和影响力，推进穗港赛马产业联动发展，并发布相应的工作方案。

（二）穗港赛马产业联动的举措

1. 资源维度——注重赛马产业要素流通与维护

穗港赛马产业的资源联动体现在马匹、兽药、饲料、生物制品跨境流动的便捷性与安全性，以及兽医、练马师等产业人才的资格互认与跨境执业上。香港赛马会采用从化马场与沙田马场两地双向运营模式，一是从化承担赛驹的调教驯养和康复任务，二是在沙田举办赛马比赛，穗港两地存在高频率、大批量的赛马运输，也即产业核心资源的流动。为此，广州海关连同香港渔农自然护理署就粤港往返马匹，制定并实施疫病监测计划，互认马匹监测结果。粤港海关积极对接赛马通关、检测和检疫规则，探索一体化的赛马跨境监管模式，开发赛马跨境检疫电子监管系统，采取一次审批多次往返等赛马跨境监管措施，推进智慧海关建设，将赛马单程跨境时长由 6—8 小时压缩至 4—5 小时。除了赛马跨境流动，从化马场的运营还推动了兽药、饲料饲草、生物制品等产业要素的跨境流动，在满足农业农村部相关要求的前提下，从化马场可以直接进口香港批准使用的兽药、饲料等相关物品。同时两地的赛马产业人才流动也在加速，在香港注册的兽医能到从化马场提供兽医服务，在从化设厩的练马师也在增加，在 2020—2021 年马季，在香港和从化两地设厩的练马师增至 16 位。

从化无疫区作为一个独特的地理空间，是两地合作的重要场地资源和平台。拥有内地唯一的大型无规定马属动物疫病区使广州区别于海南、武汉等赛马城市，无疫区是把双刃剑，既带来了机会，也潜藏着危机，发挥无疫区独特的优势首先就要求加强无疫区管理维护的组织机构、人才队伍、设施设备建设，切实保持无疫状态。

2. 空间维度——打造"一核、两轴、三区"的格局

穗港赛马产业的空间联动是以广州市从化区良口镇为核心，以 G105 国道和广深港高速公路、广清高速和广州环城等高速公路为两条发展轴，并以从化区良口镇为重点发展区，从化其他区为协同发展区，广州其他地区为全面发展区，形成赛马产业集聚发展。此外，从化马场项目是产业联动过程中典型的产业区位转移手段，是香港赛马会基于比较优势的变化，通过跨区域投资，转而开发利用从化的自然和社会资源，把部分马匹调教驯养甚至是赛事环节转移到从化，将从化带入了香港赛马产业价值链。并且在赛马产业区位转移过程中，区域限制被打破，协作规则被建立，赛马产业生产要素得以自由流动，有利于进一步打造赛马产业集群。虽然目前广州赛马产业集聚仍处于初级阶段，但是香港赛马会一方面计划开展从化马场的第二期建设工程，包括扩建马房、训练及公众设施；另一方面加强与广州政府的交流，共同商讨马匹隔离检疫场、马匹医院的建设方案，完善区域内发展赛马产业的配套设施，有意识地将从化马场所在的良口镇打造为赛马产业核心区，将从化打造为集体育运动、休闲娱乐于一体的赛马产业集聚区。

3. 主体维度——突出政府与香港赛马会的作用

2021年5月在粤港合作联席会议后，广东省政府与香港特区政府成功签订《粤港马产业发展合作协议》《关于共同促进穗港赛马产业发展框架协议》等穗港赛马合作文书，从顶层设计层面为穗港赛马产业联动发展指明了方向。穗港共同调查研究区域内赛马产业基础与潜力，编制穗港赛马发展规划，目前《从化区马产业发展规划》已编制出台。此外，穗港共同商讨与国内外赛马发达地区的合作计划，就马匹繁育、马匹交易、赛马赛事、产业人才等重点环节展开合作，制定穗港赛马合作计划。在此过程中香港康文署、广州市体育局、文化广电旅游局、两地海关等多个政府部门参与其中，这些合作不仅直接对马匹运动及产业产生了积极影响，而且加深了两地互通互信，营造了开放合作的社会文化氛围。

香港赛马会是穗港地区赛马产业领域的龙头性经营主体，尽管它不是企业，而是非营利组织，并不直接参与具体业务的运营，但通过投资建立的三家子公司，对区域赛马产业产生了重要影响。香港赛马会协助广州市从化区发展成为大湾区世界级马匹产业中心。为保障对马匹的需求，香港赛马会投资建设"从化马匹训练中心"，拓展产业发展的地理空间，通过完善马匹训练、康复设施逐步为马匹繁育业务打下基础。长期以来香港赛马会都在发掘从化马场的潜力，马场最多可容纳600匹马，在2020—2021年马季，马匹平均数目上升至大约340匹。

4. 市场维度——打造"养马+驯马+赛马"的模式

穗港赛马产业联动强调"合作联动、互利共赢"，通过依托香港赛马会从化马场和利用从化无马疫区的独特功能，以赛马赛事和活动为先导，以赛马文旅为支撑，打造"养马+驯马+赛马"的发展模式，形成相对完整的产业链。广州着力通过延伸上下游产业链，探索赛马产业与文化、体育及旅游的融合，补足赛马产业增值环节，优化赛马产业结构，提升赛马产业综合竞争力。同时构建穗港赛马产业体系，以国际赛事为引领，打造多级赛马竞赛体系；培育马术表演、骑乘体验等产业环节；谋划打造马匹交易平台、马具生产制造基地、马术小镇。推进赛马产业融合发展，促进赛马与文化旅游、教育培训、会议会展以及公益慈善的融合。

具体来说，基于广州的经济水平和消费市场情况，重点发挥赛马的引领作用，打造以赛马赛事、马术表演和骑乘体验为代表的核心产品；打造马匹贸易、马匹驯养、赛马产业人才培训、马具销售以及赛马+乡村、赛马+温泉、赛马+会议会展等拓展产品；打造马术小镇、马文化产业园等综合产品。

（三）穗港赛马产业联动的启示

由上可知，穗港赛马产业联动思路在资源流动与整合、多样主体的协作配合以及"养马+驯马+赛马"的产业体系等方面，基本符合前文所述粤港澳大湾区赛马产业联动路径的观点。只是两地赛马产业联动是从香港赛马会从化马场项目出发，关注从化无疫区的资源优势更强调广州市从化区的主体地位，从而设计出以广州市从化区良口镇为核心的空间布局。但是该联动是以香港赛马会为示范，注重速度赛马业务，对马术运动和马术培训企业给予的关注不够，并且受限于穗港两地的产业基础，区域内布局相对完整的产业链存在难度，该策略更适用于粤港澳大湾区这一广阔的地理区域。尽管如此，穗港赛马产业联动依然带来了有益启示。

首先，打造"政府—协会—企业"三个层次互动机制，政府制定赛马产业相关的政策规划，开展联席会议，协调跨境管理、产业合作、利益分配以及税收征缴等问题；广东省马术协会、马业协会发挥产业自治组织的作用，主动对接香港赛马会以及澳门赛马会，开展粤港澳大湾区赛马产业交流活动，打造互通共认的行业规范和产业标准，以便形成合力打造区域产业竞争力；发挥龙头企业的号召力和影响力，基于项目联系上下游相关企业，开展产业交流合作，形成良性的竞争格局。

其次，在赛马产业体系构建方面，把握赛马产业长链条性特征，以赛马赛事为核心，打造立足国内、面向国际的多级赛马竞赛体系，创新赛马赛事的产业运营手段；基于赛马赛事对运动马的需求，向前延伸发展马匹繁育、驯养、调教、拍卖以及马具制造环节；基于人民群众的休闲娱乐需求，向后拓展骑乘体验、马术培训、马秀表演、马文化展览等环节。同时，把握赛马产业综合性特征，借助文化旅游之势推出赛马文化旅游，推进赛马产业教育培训、会议会展以及公益慈善的融合式发展。

最后，赛马产业联动要融入粤港澳大湾区的建设大局。一方面粤港澳大湾区建设是涉及经济、社会、文化、生态的综合工程，其中包含开放多元的机会，能为赛马产业联动提供良好的外部环境。另一方面赛马产业的特质和联动效应能够反作用于粤港澳大湾区建设，通过融入广东广清接合片区、粤港澳大湾区北部生态文化旅游合作区等区域建设项目，赛马产业能够发挥促进文体旅融合发展和城乡产业协同发展的作用。

本章小结

本章依托区域经济理论、资源基础理论和产业联动理论等理论基础，重点围绕粤港澳大湾区体育产业联动的基础、路径和保障等内容进行分析。

研究认为，粤港澳大湾区体育产业联动发展的路径具体可以从四个维度进行构建。第一是资源维度，体育产业资源要素是粤港澳大湾区体育产业联动的对象，也是引发产业联动的基本条件；第二是市场维度，市场是粤港澳大湾区体育产业联动的手段；第三是主体维度，粤港澳大湾区体育产业联动离不开政府、企业和社会组织的联动与协作；第四是空间维度，空间是粤港澳大湾区体育产业资源、主体和市场联动所依托的区域范围。

研究建议，按照一个目标、两个层次、三个维度、四个平台和五位一体的总体思路，推动粤港澳大湾区体育产业联动发展，其中一个目标是指以实现粤港澳大湾区体育高质量发展为目标；两个层次是指政府层面与社会层面；三个维度是指机构、职能、制度三个方面；四个平台是指构建体育赛事平台、全民健身平台、后备人才培养平台和体育信息数据平台；五位一体是指构建政府、体育部门、体育协会、体育企业和群众五位一体的体育生态系统。在具体实施方面，可采用以高质量发展为目标、以项目产业为抓手、以体育协会为平台、以体育企业为主体、以市场服务为手段、以数字科技为创新的思路进行改革创新。

研究提出，在加强组织联动治理，推动体育政策创新；建立项目合作模式，构建生态合作体系；梳理城市体育空间，推动跨境体育交流；创新城市体育联动，提升改革创新效果等方面做好保障。

第十一章 粤港澳大湾区体育产业协同发展路径二：产业融合发展

　　产业融合是现代经济发展的必然趋势，也是产业发展的现实选择。产业融合的实质是不同产业或同一产业的不同部门通过相互渗透、相互交叉，从而形成新的产业属性或新型产业形态，使参与融合的产业产生新的增长点和专业附加，培育市场，促进融合产业的共同发展①。区域产业融合则是指在特定地理区域内，不同产业之间相互交叉、互相渗透、相互合作，强调不同产业之间的协同作用和资源共享，以促进经济增长和创新。

　　近年来，随着我国体育产业的快速发展，我国体育产业与相关产业的产业融合与业态创新也已开始显现。2019 年国务院办公厅《关于促进全民健身和体育消费推动体育产业高质量发展的意见》和《体育强国建设纲要》等文件强调，要实施"体育+"行动，促进体育与相关行业融合发展。粤港澳大湾区体育与相关产业融合是通过跨地区合作、资源共享、产业链衔接、优势互补和产业创新，实现产业的合作共赢、创新发展和整体竞争力的提升。本章分析了粤港澳大湾区产业融合促进体育产业协同发展的理论机制，通过搜集 11 个城市数据资料，采用灰色关联分析方法对产业融合现状进行了实证分析，最后提出了相应的对策建议。

---

① 　植草益：《信息通讯业的产业融合》，《中国工业经济》2001 年第 2 期。

一、产业融合促进粤港澳大湾区体育产业协同发展的理论机制

（一）破解体育产业同质化竞争困局，创造体育产业消费的新动能

体育企业过度的同质化竞争造成的资源浪费、效率低下等问题已愈发凸显，严重地抑制了区域经济的协同发展，故亟待破解体育产业同质化竞争的困局，减少重复投资，提高产业集中度，增强企业核心竞争力以促进区域体育产业的协同发展。

体育产品供给的同质化竞争会造成供需错位，一般表现为体育产品缺乏创新性，结构单一，无效供给增加，在一定程度上反映了生产力与生产关系的脱节①。当体育产品供给质量较低，无法满足人民对体育的需求时，提高体育产品的供给效率就成为体育产业自身发展的内在要求，而产业融合正是增加体育产品供给有效性，提高体育产品供给效率的有效手段。

产业融合是对原有社会分工体系的解构与重组，打破了体育产业固有边界，秉承以消费者为中心的理念，将不同产业间的资源作为共通点，以谋求更大的利益。体育产业与旅游、文化、医疗、金融、科技等产业的跨界融合，不仅推动了体育产业结构的优化升级，亦共同产生了新的消费市场，是对体育产品供给的创新，创造了体育产业消费的新动能，带动了新的消费需求。产业融合通过产业之间的相互赋能，赋予产品双重或多重价值，极大地丰富了体育产品的供给。

以体育旅游为例，当产业的融合发展上升到一定阶段时，消费者的个性化服务需求将大幅度增加。新的消费需求又会刺激企业加快技术与服务创新的步伐。但由于产业融合致使产业内已扎根了大量彼此相互熟悉的竞争对手，会形成巨大的区内竞争压力，倒逼体育旅游企业为了规避同质性产品的出现而加速技术与服务的创新，突出自身特色，从而推动了区域体

---

① 毛燕平、王志文：《供给侧改革背景下体育产业跨界融合研究》，《体育文化导刊》2019年第5期。

育旅游行业的个性化发展，减少了同质化竞争，故在一定程度上推动了区域体育产业的协同发展。

此外，在经济下行的压力下，中小微型体育企业已然举步维艰，通过跨界融合创新、关联互通等形成体育产业发展的新业态，扩大体育消费规模，创造体育消费的新动能已迫在眉睫。近十年，我国互联网加速普及，网民数量稳步提高，在互联网的快速发展下，我国网民数量稳居全球第一，电子商务总量占全球第一，互联网也成为人类社会的新型基础设施。把握体育消费的新趋势，通过体育产业与互联网的融合，催生出直播带货、直播健身等新业态，推动电子商务平台、短视频直播平台等提供体育消费服务，加大其中高端个性化、定制化的体育产品和服务的设计与生产，另辟蹊径，拓展体育消费的新空间，在一定程度上能够减少同质化竞争的产生。

（二）提升价值链，优化体育产业结构

产业融合的效益源于其实现的产业链价值创造，体现为"1+1>2"的价值增值效应，其可推动产业向价值中高端迈进，且通过不同产业链的不同价值环节相互关联，形成新型产业价值链的形式。当下粤港澳大湾区体育用品制造业发展应遵循双循环发展战略，发展重心由"向外出口"转变为"扩大内需"，发展目标由"规模扩张"转变为"结构升级"，发展动力由"要素驱动"转变为"创新驱动"。要提升产业链价值唯有强化产业创新研发能力，加强品牌的聚焦与塑造，以此来提高品牌价值。创新研发能力的提升应注重产业的跨界融合。随着大数据、物联网和人工智能的广泛应用，移动支付、电子商务和直播带货等新技术、新产业、新业态、新模式快速发展，为提升体育用品制造业上中下游产业链数字化、现代化水平和迈向全球价值链中高端创造条件①。我国在通信及网络领域有着一定

①　刘晴、罗亮、黄晶：《新发展格局下我国体育用品制造业发展转向与路径》，《体育文化导刊》2022 年第 2 期。

的技术优势，依托此优势，开发个性化、智能化的体育器材与健身设备，满足体育消费需求，实现产业价值链的提升。

产业结构作为一个内容极为丰富的系统，其不仅体现了各区域、产业间的结构联系，亦反映着同一区域、产业内部的经济联系，更描绘着一定空间内的各生产部门间的关联及各要素在产业各部门之间的比例。区域产业协同发展的基本要义就是要立足于各地区、产业的发展环境、要素禀赋及市场分布等，充分考虑其差异性，发挥各自优势，以能够实现因地制宜、分工专业、优势互补为原则，构建结构合理、互惠共生的产业结构。根据"包默尔病理"与"配第—克拉克定理"中的描述来分析当下体育用品产业的发展，可得知后工业阶段体育用品制造业较体育服务业而言，其规模的收缩是无法避免的，弱化体育用品制造业的主导产业作用并不意味着要舍弃体育用品制造业的发展转向体育服务业，而是要减少产业在产业链中低端的同质化竞争，加强其创新能力、资源配置效率与资源转化效率，提高其在产业链上的价值，使其实现从低附加值到高附加值的升级，优化体育产业的结构，推动区域体育产业的专业分工以促进体育产业协同发展的深化。

（三）加速产业链的延伸与拓展，构建体育产业生态的美好蓝图

从产业链的视角对产业融合进行论述，产业融合是产业链上的不同产业之间，抑或不同产业的产业链之间，以交叉、渗透与嵌入等方式，推动其产业边界弱化，产业关联强化，逐步形成新产业、新业态，促使其产业链重构、升级的发展过程①。由于市场主体对效益的最大化追求、消费升级拉动等一系列融合动因的存在，产业融合现象客观上表现为产业间的关联性由弱到强，其产业链得到了强化或重组升级，形成了一个更高效、紧

---

① 郝武峰：《产业链视角下我国农村一二三产业融合发展研究》，中共中央党校（国家行政学院）博士学位论文，2020年。

密或新型的现代化产业链，可视为产业链从低水平向高水平升级的发展，加速了产业链的延伸与拓展。

产业融合在空间层面体现在不同产业的布局优化及空间重塑，其促使产业链上的一二三产业在区域空间中高度协同和合作，即空间合理分布，要素在空间内高效配置。一二三产业的深度融合，延伸与拓展产业链，整合产业链的上下游，促进区域产业资源的协同共享，提升城乡体育产业关联度，构建体育产业生态圈，推动区域体育产业的定位与分工向更专业化的层次攀升，促进区域体育产业的协同发展。

（四）数字技术赋能，打造创新驱动新引擎

1. 推动产业发展模式创新

通过数字技术的赋能，提升体育产业全要素生产率、构建新型体育产业体系、提升体育产业治理水平，推动体育产业发展模式的不断创新，以促进区域体育产业的协同发展。

（1）全要素生产率的提升

数字技术与体育产业的融合，利用经济发展所具有的独特叠加、放大作用的现代数字信息技术对传统的体育产业进行了全角度、全方位、全链条的改造。全要素生产率是指给定单位要素投入组合能获得的产出[1]。数字技术与体育产业融合下全要素生产率得到提升的作用机理体现在数字技术具有渗透性、协同性与替代性[2]。第一，就其渗透性而言，数字技术在我国的快速发展为产业结构升级、生产效率提升和社会变革提供了重要的支撑。数字技术与体育产业融合加速了体育产业新发展模式的创新，体现

---

[1] 蔡跃洲、付一夫：《全要素生产率增长中的技术效应与结构效应——基于中国宏观和产业数据的测算及分解》，《经济研究》2017年第1期。

[2] 蔡跃洲：《数字经济时代的全要素生产率及增长动力》，2019年5月7日，见http://www.ce.cn/macro/more/201905/08/t20190508_32023094.shtml。

在转变其发展方式与运营模式，不断在数字化的道路上积极探索健身休闲业及竞赛表演业等新发展道路，如健身直播等一批体育产业的新业态应运而生。第二，就其协同性而言，数字技术产品形成的资本渗透到生产过程中，能增强与其他要素（如人力资本、机器设备等）之间的协同性，提高劳动生产效率①。第三，就其替代性而言，数字技术与体育产业融合形成的新业态、新模式完全符合大数据的"摩尔定律"（数据生成量每两年增长一倍，该事实与电子领域的著名定律：摩尔定律极为相似），其体现在数字技术产品的价格始终处于快速降低的态势，数字技术企业资本的积累会对其他资本形成替代。如依托于互联网平台的线上体育教学企业就具有低交易成本、高信息匹配度的优势，极易产生网络的外部性，形成企业的规模和范围经济效应。相较于传统的体育教育企业，其竞争优势极为明显。

（2）新型产业体系的构建

数字技术与体育产业的融合，通过数据资源改变价值链结构，使其价值链重心发生了偏移，智能化生产、精准供需匹配服务等改变了传统体育产业的形态，以数据为核心、网络为连接、平台为驱动的新型体育产业体系正在逐步形成。数字经济赋能下体育产业的结构不断优化，整个产业体系的价值链重心已偏移到以休闲健身与竞赛表演为核心的体育服务产业。"体育+"融合发展新业态突破了传统体育消费市场的刻板形象，通过与旅游、文化、医疗等产业的不断融合，使其产品与服务的品质显著提升。如体育产业与旅游和文化产业的结合，凭借着各自产业资源的整合、互补与共享，创造了"体育+旅游+文化"的全域化优势，为体育产业的消费升级提供了动力。而体育用品制造业的价值链重心亦发

---

① 任波、黄海燕：《数字经济驱动体育产业高质量发展的理论逻辑、现实困境与实施路径》，《上海体育学院学报》2021 年第 7 期。

生偏移，通过与数字技术的深度融合，体育用品制造业的发展动力、协作方式、运行模式、价值创造方式等均有所变动。具体表现为：以数据为核心驱动力，依托于大数据实现供需精准匹配；借助数字化平台的支撑，体育用品制造业正在推动生产分工方式由传统的线性分工向网络化协同转化，并以数字化平台为核心构造消费者与企业协同化生产、服务的新体系；体育用品制造业以智能化为主导，通过构建高度智能化处理系统及智能化自动生产系统减少人工、提高生产效率、降低不良品率，标准接轨国际；数字化形成的规模生产降低了成本，智能化生产提供给消费者个性化、多样化的产品与服务，使消费者的体验升级。在与数字技术的深度融合下，体育用品制造业正从低附加值的产业链中低端位置向高附加值的产业链中高端位置跃进。

2. 构筑互联、互信平台

数字技术与体育产业的融合，依托于数字化技术，发挥大数据的创新功能，通过对体育产业数据的深入挖掘，利用获取的数据开展体育产业应用的创新，推动大数据在体育产业洞察、组织、服务等方面的应用，构筑互联、互信平台，以提高产业治理精细化、科学化的水平。

要素配置不良是我国经济结构性矛盾的根源，由于区域行政壁垒的存在，使要素在不同行政区间流转不畅，抑制了区域体育产业的协调发展。借助数字技术，体育、互联网、金融三大产业融合发展，构建了汇聚体育全要素的"互联网+体育+金融"的体育资源交易平台，打破要素配置的时空限制，促进体育赛事、场馆、企业、人力等各类要素资源的高效流转配置以推动区域体育产业的发展。利用如区块链等数字技术，积极打造数字政府，开展"互联网+政务服务"，缩短体育政务的流程，增加便利性，推进产业共享数据的全面开放，在互联互信中实现共赢。

调动政府、企业、消费者各界力量参与到体育产业的发展建设工作中来，是时代所需，亦是大势所趋。随着数字技术与产业融合的不断深化，一批政企互联的平台应运而生，且借助数字技术不断探索互联互信的新模式，在互信平台下政府摆脱一味大包大揽，重点发展自己的主业即提供公共服务与基础设施，而将诸如经济发展、社会治理、人与人、区域与区域间的沟通在更大的程度上交予社会组织与市场力量，随着其不断地拓展与深化，将覆盖到体育产业领域，使地方资源与企业需求有精准对接的机会，促进区域体育产业的协同发展。目前，浙江省金华市体育局与阿里体育已联合建设金华数字化全民健身服务平台，开创"互联网+体育"的"新金华模式"，对提升体育消费、促进体育产业发展和全民健身有着重要的作用。

（五）推进产业跨界并购，深化战略联盟合作模式

体育产业跨界融合的具体实施者是企业等市场主体，体育、旅游等企业为了获得规模效益，往往选择并购其他领域的企业、与其他企业形成战略联盟，以取得竞争优势①。企业的跨界并购通常是并购与买方公司分别属于不同行业与产业链，为实现企业多元化发展战略，在生产技术和工艺上没有直接关联关系、产品也不完全相同的企业之间发生的并购行为，起初多是以谋求规避经营风险为目的，但伴随着数字技术的发展，新技术的不断产生与应用，其不断拓展产业发展边界，跨界并购现象亦显著增多。在体育企业跨界并购或自身被并购中，其通过资产收购，股权并购、投资、收购等方式以达到企业并购的目的，以获取市场、产品、技术等的兼容。国旅联合作为旅游休闲企业，为了寻求多元化发展，以低价出售了其旗下的温泉产业，以4.95亿元收购度势体育，通过体育丰富其原产品，提升原有产业链的价值，并拓展新的产业链，形成多元化发展的新格局。

---

① 毛燕平、王志文：《供给侧改革背景下体育产业跨界融合研究》，《体育文化导刊》2019年第5期。

在战略联盟中，成员凭借各自在能力、资源上的特长，在技术、管理等领域形成强大的竞争优势，通过共享利益的联动性行为，实现共赢。腾讯作为中国最大的互联网公司，其致力于满足用户多元化观赛的需求，通过不断地与全球顶尖的体育 IP 进行深化合作，在体育领域已与美国职业篮球联赛（NBA）、美国职业棒球大联盟（MLB）、美国国家冰球联盟（NHL）、美国国家橄榄球联盟（NFL）等达成了独家的战略合作，最大限度地释放了移动互联网时代 IP 价值与用户价值。通过腾讯的精细化运营能力及平台累积的庞大用户，这些运动赛事在中国的关注度会得到极大的提升，亦培养了一大批潜在的消费者，增加了相应运动项目的消费行为。随着体育产业跨界融合的不断推进，企业跨界并购的加速与战略联盟的深化以资本注入、资源共享等方式推动着体育产业价值链的升级与产业链的延伸拓展，促进区域体育产业的协同发展。

综上所述，产业融合虽从多方面促进了区域体育产业的发展，但区域体育产业的协同发展亦反作用于产业融合发展，其协同优势会在更高的层面上对产业进行整合，从而推进产业融合的不断深化，故二者的因果逻辑关系如图 11-1 所示，其并非单向性，而是互促共进。

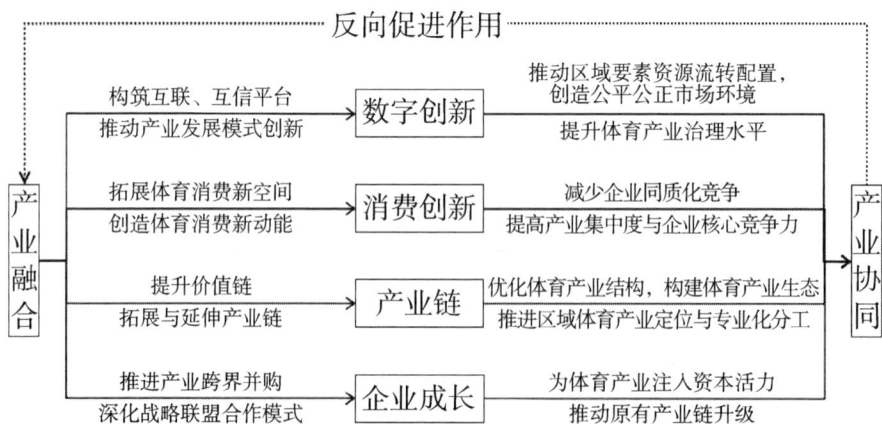

图 11-1　产业融合促进粤港澳大湾区体育产业协同发展的理论机制

二、粤港澳大湾区体育产业融合发展研究——基于 11 个城市面板数据的实证分析

在国家间的竞争逐渐演变为核心城市及其所依托的城市群间的竞争的背景下[①]，2019 年粤港澳大湾区建设上升为国家战略，同京津冀协同发展、长三角一体化发展、长江经济带发展的城市群发展战略相互配合，共同完善我国的改革开放空间布局，推动中国经济社会的全面均衡发展[②]。体育产业作为经济发展的重要增长点，对粤港澳大湾区建设成世界湾区、人文湾区、休闲湾区和健康湾区具有重要的意义[③]。粤港澳大湾区的建设与发展离不开体育产业[④]，体育产业融合发展是推动体育产业高质量发展重要途径。

目前，我国区域体育产业融合发展研究主要包括区域间的体育产业融合发展研究[⑤]、区域内体育产业与其他产业融合发展研究[⑥]和体育产业内部

---

① 马学广、唐承辉：《新国家空间理论视角下城市群的国家空间选择性研究》，《人文地理》2019 年第 2 期。

② 廉涛、黄海燕：《长三角体育产业协同发展的空间结构研究》，《体育科学》2020 年第 10 期。

③ 周良君、丘庆达、陈强：《粤港澳大湾区体育产业空间关联网络特征研究——基于引力模型和社会网络分析》，《广东社会科学》2021 年第 2 期。

④ 周良君、肖婧莹、陈小英：《粤港澳大湾区体育产业协同发展研究》，《体育学刊》2019 年第 2 期。

⑤ 孙锋：《"一带一路"背景下长三角地区体育产业融合路径研究》，《广州体育学院学报》2019 年第 2 期；陈林会、刘青：《成渝地区双城经济圈体育产业融合发展研究》，《经济体制改革》2020 年第 6 期；苏敷志、邰峰、赵兰：《粤港澳大湾区体育产业融合发展现状、问题及对策》，《体育文化导刊》2019 年第 10 期；张磊、邰崇禧、雍明：《长三角一体化背景下体育产业融合研究》，《体育文化导刊》2020 年第 7 期。

⑥ 林欣、甘俊佳、黄元骋：《粤港澳大湾区体育与传媒产业融合发展研究》，《广州体育学院学报》2020 年第 4 期；杨铭：《黄河口地区"文体旅"深度融合发展的理论内涵与实现路径研究》，《体育与科学》2022 年第 1 期；陈世香、宋广强：《山地省域文体旅产业融合发展测度与分析——以贵州为例》，《贵州社会科学》2022 年第 3 期；刘林星、李越苹、朱淑玲、刘健：《黄河流域民族体育文化与生态旅游深度融合发展研究》，《西安体育学院学报》2022 年第 2 期。

各子产业的融合发展研究①。区域间体育产业融合发展研究基本采用定性研究的方法，重点探讨特定区域内不同城市间的体育产业融合发展的现实意义、融合现状、存在问题、策略措施，研究对象集中在粤港澳大湾区、长三角、成渝地区等发达地区。区域内体育产业与其他产业融合发展研究以定性研究为主，以定量研究为辅，重点探讨体育产业与旅游、文化、传媒等行业融合发展问题、机制与措施，少量学者在测度体育产业与其他产业融合度的基础上提出了区域体育产业融合的发展策略。

梳理现有产业融合文献发现，由于产业融合度量的实际困难性，目前学界尚未形成统一的产业融合测度指标体系②。灰色关联分析法是测度产业融合的常用方法③，被广泛地运用在金融、旅游、文化、互联网、体育等领域。陈燕等运用灰色关联分析法和区位熵测度了粤港澳大湾区 19 个行业间的融合发展程度④。华萍基于 2006—2014 年金融与旅游业的面板数据实证分析了河南省金融与旅游业的融合现状。曹献雨以产业融合理论为视角探讨了我国互联网与养老服务行业的融合度及提升路径⑤。史进程等在构建"科—产—教"综合评价体系的基础上，运用熵值法和灰色关联分析模型实证研究了珠三角城市群科技、产业和教育三者间的创新融合发展程

① 韩新功：《京津冀都市圈体育竞赛表演和体育旅游业的融合发展》，《河北师范大学学报（自然科学版）》2014 年第 5 期。

② 韩松、王莉：《我国体育产业与养老产业融合态势测度与评价》，《体育科学》2017 年第 11 期。

③ 曹献雨：《中国互联网与养老服务融合水平测度及提升路径研究》，《当代经济管理》2019 年第 7 期。

④ 陈燕、林仲豪：《粤港澳大湾区城市间产业协同的灰色关联分析与协调机制创新》，《广东财经大学学报》2018 年第 4 期。

⑤ 曹献雨：《中国互联网与养老服务融合水平测度及提升路径研究》，《当代经济管理》2019 年第 7 期。

度①。韩松、刘濮榾、柴王军等运用灰色关联分析方法揭示了我国体育产业与养老产业②、文化产业③及医疗行业④的融合发展水平。

综上所述，我国区域体育产业融合发展研究以定性研究为主，存在的少量实证研究却又仅关注体育产业与某个单独行业的融合度，缺乏在同时关注体育产业与多个产业融合发展程度的基础上探讨区域整体体育产业融合发展程度的定量实证研究；运用灰色关联分析方法对不同产业间的融合度实证研究被广泛地运用在金融、旅游、文化、互联网、体育等领域。在前人的研究基础上，本书引入灰色关联分析方法对粤港澳大湾区及其区域内的 11 个城市的体育产业与 9 个行业的融合发展程度进行实证分析，旨在全面反映粤港澳大湾区及其区域内的 11 个城市的体育产业融合发展现状的基础上，揭示区域体育产业融合发展的问题及其影响因素，为粤港澳大湾区体育产业融合发展提供理论支撑的同时，丰富区域体育产业融合发展研究的思路和方法。

（一）研究设计方法与数据来源

1. 研究方法

灰色关联分析模型引入。

为了进一步探索灰色关联分析模型在产业融合中的实际运用中的特点，笔者以"融合发展"和"灰色关联"为主题，以"北大核心"为限

① 史进程、王随园：《珠三角城市群"科—产—教"创新融合实证研究——基于灰色关联分析法》，《科技管理研究》2022 年第 9 期。

② 韩松、王莉：《我国体育产业与养老产业融合态势测度与评价》，《体育科学》2017 年第 11 期。

③ 刘濮榾、宋林晓、张晓链：《我国体育产业与文化产业融合度研究——基于灰色关联和耦合协调度分析》，《武汉体育学院学报》2022 年第 8 期。

④ 柴王军、刘龙飞：《我国体医融合测度与时空演化研究》，《山东体育学院学报》2021 年第 5 期。

定条件，在知网找到了 36 篇期刊文献，经过筛选发现仅有 17 篇文章与产业融合发展直接相关。本书从 17 篇文献当中挑选了 8 篇具有代表性的文献进行梳理分析，其中含 3 篇体育产业主题、4 篇其他产业主题及 1 篇多产业主题，见表 11-1。经梳理文献发现，运用灰色关联分析模型对产业融合度进行实证分析具有以下特点：①适合"小样本""贫信息"不确定性系统①，多采用单个增加值数据来代表整个行业的整体发展；②适合多产业（行业）的交叉比较分析，常运用于特定产业与多个产业融合度测度；③无须构建产业（行业）系统，能剔除人为因素出错的干扰。

表 11-1　不同领域运用灰色关联模型测度融合度的方法比较

序号	研究对象	参考序列指标	比较序列指标	测算指标	文献作者
1	体育—各产业	体育产业增加值	各产业增加值	体育与其他行业融合度	韩松等（2017）
2	体育—文化	体育产业增加值	文化产业增加值	体育与文化产业融合度	刘漾檽等（2022）
3	体育—医疗	体育总规模	医疗业总规模	体育融合度	柴王军（2021）
4	金融—旅游	金融业增加值	旅游总收入、旅游接待游客总人数等	金融业和旅游业融合度	华萍（2015）
5	产业—教育	产业发展：总资产贡献率、劳动生产率等	教育发展：每万人科教活动人员、每万人在校学生人数等	产教融合度	史进程等（2022）
6	互联网—养老	互联网行业（信息传输、软件和信息技术服务业）增加值	65 岁以上老年人口数量	互联网与养老服务融合度	曹献雨（2019）

---

① 景堃、毛加强、王紫薇：《基于灰色关联法的陕西省工业化与信息化融合度研究》，《科技管理研究》2014 年第 2 期。

（续表）

序号	研究对象	参考序列指标	比较序列指标	测算指标	文献作者
7	工业—信息	工业化与信息化数值	工业化与信息化中的子系统	工业化与信息化融合度	景堃等（2014）
8	各产业间	整个区域分行业在全国的区位熵	区域9市2区各行业在全国的区位熵	产业融合度	陈燕等（2018）

考虑到目前体育产业统计数据不统一不健全的现实状况[1]，以及面板数据和涉及行业较多的客观因素，本书借鉴韩松[2]的分析思路，运用灰色关联模型对粤港澳大湾区及其各个城市的体育产业与其他产业的融合度进行实证分析。在系统发展过程中，若变量之间的变化趋势具有一致性，即融合变化的程度较高，则变量之间的融合度较高，反则反之。具体步骤如下：

①确定分析序列

设体育产业相关指标为参考序列 $Y = Y_m^t$，$t = 1, 2, \cdots, 11$；$m =$ 广州、深圳……香港，其他产业相关指标为比较序列 $X = X_{nm}^t$，$t = 1, 2, \cdots, 11$；$n = 1, 2, \cdots, 9$；$m =$ 广州、深圳……香港。

②无量纲化处理

对原始数据进行变换，去量纲。对原始数据进行 min-max 标准化处理。

$$Y^* = \frac{Y_m^t - \min\ (Y_m^1, Y_m^2 \cdots Y_m^{11})}{\max\ (Y_m^1, Y_m^2 \cdots Y_m^{11})\ -\min\ (Y_m^1, Y_m^2 \cdots Y_m^{11})}$$

---

① 廉涛：《长三角体育产业一体化的理论与实证研究》，上海体育学院博士学位论文，2020年。

② 韩松、王莉：《我国体育产业与养老产业融合态势测度与评价》，《体育科学》2017年第11期。

$$X^* = \frac{X_{nm}^t - \min\ (X_{nm}^1, X_{nm}^2, \cdots X_{nm}^{11})}{\max\ (X_{nm}^1, X_{nm}^2, \cdots X_{nm}^{11})\ -\min\ (X_{nm}^1, X_{nm}^2, \cdots X_{nm}^{11})}$$

③差序列、最大差及最小差的计算

$$\Delta_{nm}^t = |\ Y^* - X^*\ | = |\ \Delta_{1m}^t,\ \Delta_{2m}^t,\ \cdots,\ \Delta_{9m}^t\ |$$

最大差为：$M = \max^t \max_n \Delta_{nm}^t$

最小差为：$N = \min^t \min_n \Delta_{nm}^t$

④灰色关联系数计算

$R_{nm}^t = (N + kM)\ /\ (\Delta_{nm}^t + kM)$，其中 k 为分辨系数，常取 $k = 0.5$。

⑤关联系数均值的计算

$$r_{nm} = \frac{1}{t} \Sigma R_{nm}^t$$

2. 数据来源

本书遵循科学性和可操作性的原则，选取了粤港澳大湾区 11 个城市 2010—2020 年 11 年数据来测度粤港澳大湾区体育产业与其他产业融合发展水平。选取的参考序列 Y 为各个城市的体育产业增加值数据，比较序列为教育经费总投入（X_1）（教育）、医疗卫生总投入（X_2）（医疗）、专利授权数（X_3）（科技）、旅游业总收入（X_4）（旅游）、文化产业增加值（X_5）（文化）、制造业总值（X_6）（制造）、建筑业总值（X_7）（建筑）、金融业总值（X_8）（金融）、建筑业总值（X_9）（房地产）。本书数据来源于对应年份粤港澳大湾区 11 个城市的统计数据，个别缺失数据采用均值插补法进行补充。统计数据均来源于粤港澳大湾区 11 个城市的《统计年鉴》和相关部门提供及政府官方网站公布的相关数据资料。

（二）实证分析

2010—2020 年粤港澳整体区域及各个城市的体育产业与其他产业融合发展水平，见表 11-2。

表 11-2　2010—2020 年粤港澳大湾区体育产业与其他产业融合发展水平

城市 \ 行业		教育	医疗	科技	旅游	文化	制造	建筑	金融	房地产	均值
体育产业	广州	0.888	0.882	0.740	0.864	0.701	0.756	0.836	0.819	0.871	0.817
	深圳	0.887	0.871	0.784	0.756	0.727	0.762	0.900	0.842	0.855	0.820
	珠海	0.878	0.875	0.821	0.835	0.710	0.908	0.928	0.932	0.847	0.859
	佛山	0.826	0.909	0.734	0.810	0.852	0.748	0.805	0.830	0.743	0.806
	惠州	0.743	0.763	0.873	0.754	0.841	0.724	0.854	0.922	0.903	0.820
	东莞	0.766	0.835	0.687	0.675	0.865	0.881	0.718	0.771	0.732	0.770
	中山	0.734	0.854	0.917	0.725	0.850	0.675	0.870	0.907	0.770	0.811
	江门	0.781	0.898	0.715	0.893	0.871	0.828	0.751	0.844	0.797	0.820
	肇庆	0.810	0.853	0.705	0.736	0.874	0.718	0.892	0.917	0.782	0.810
	香港	0.794	0.811	0.683	0.603	0.530	0.542	0.798	0.807	0.721	0.699
	澳门	0.775	0.671	0.787	0.764	0.778	0.856	0.667	0.817	0.760	0.764
	整体区域	0.893	0.908	0.752	0.651	0.780	0.781	0.861	0.881	0.863	0.819

1. 整体区域融合度分析

根据粤港澳大湾区整体区域体育产业与其他产业的灰色关联度分析结果，制作出粤港澳大湾区体育产业与其他产业融合度分析图，见图 11-2。

从粤港澳大湾区体育产业与其他产业融合发展整体水平分析可得：（1）从整体上看，粤港澳大湾区体育产业与其他九大产业融合度均超过 0.65，且均值为 0.819，说明区域内体育产业与其他九大产业融合发展程度较高，体育产业与其他各产业均具有明显产业趋同的现象。测度结果反向证明了体育产业具有关联性高、辐射带动强的特点；（2）从具体行业上看，融合度从高到低排名分别为医疗＞教育＞金融＞房地产＞建筑＞制造＞文化＞科技＞旅游，其中融合度最高的医疗产业（0.908）比融合度最低的旅游产业（0.651）融合度高 40%，说明区域内体育产业与其他产业间融合发展程度差异明显，未来仍有更进一步发展空间；（3）从不同行业比较分析上看，融合度大于平均值的行业有 5 个（医疗、教育、金融、房地产和建筑），融合度小于均值的分别为旅游产业（0.651）、科技产业（0.752）、文化产业（0.780）和制造产业（0.781），说明一方面区域内体旅融合、体科融合及体文融合发展程度仍较低，粤港澳大湾区具有深入贯彻落实国家关于体旅融合、体科融合及体文融合等体育产业融合发展的相关政策措施的现实土壤。

2. 具体城市融合度分析

根据粤港澳大湾区 11 个城市体育产业与其他产业的融合度均值指标，制作出粤港澳大湾区 11 个城市体育产业和其他产业融合度均值图，见图 11-3。

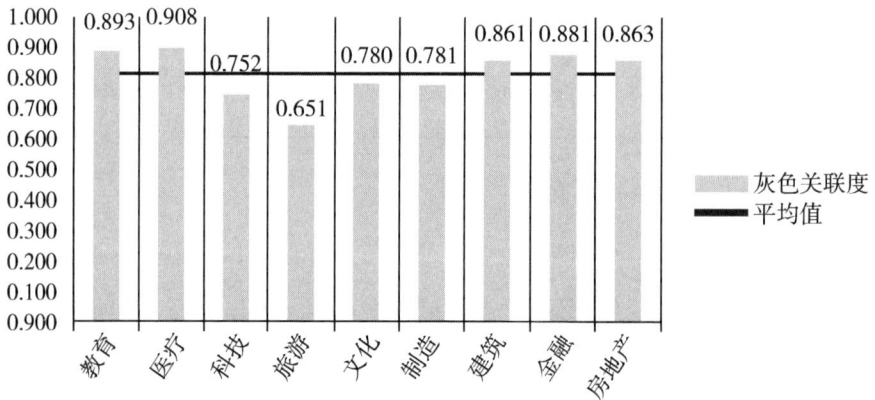

图 11-2　粤港澳大湾区体育产业与其他产业融合度分析图

结合表 11-1 和图 11-3 对粤港澳大湾区 11 个城市体育产业与其他产业融合发展度进行分析可得：（1）从整体上看，11 个城市的融合发展度均超过 0.7（香港 0.699），说明 11 个城市与粤港澳大湾区一样，体育产业与其他产业融合发展程度较高；（2）从具体城市来看，融合度从高到低排名分别为珠海>深圳>惠州>江门>广州>中山>肇庆>东莞>澳门>香港，其中融合度均值最高的珠海（0.859）比融合度均值最低的香港（0.699）融合度高23%，说明区域内城市间的融合度最大差距（23%）少于区域内产业间的融合度最大差距（40%）；（3）融合度均值最高的城市为珠海市（0.859）和深圳市（0.820）两个经济特区城市，这很大程度归因于珠海与深圳同为特区城市（即后发展城市），相对而言各个产业均较晚起步且快速发展，各产业趋同程度较高。该结论与陈燕教授的研究一致；（4）融合度均值最低的城市为香港（0.699）和澳门（0.764）两个特别行政区，究其原因，作为高度发达城市的香港与澳门产业专业化程度非常高且以金融、地产、娱乐、博彩业为城市核心产业，虽然体育产业发展多年且具有一定的规模，但是体育产业仅仅作为服务区域发展的非核心产业，政府更强调发挥体育的公益性和惠民性，而不像美国、日本、韩国等地一样追求其体育产业的经济性。

进一步探讨城市体育产业融合度的影响因素：运用 IBM SPSS Statistics 软件对各个城市经济总量和体育产业增加值分别与城市体育产业融合度进行相关度分析，发现经济总量和体育产业增加值与体育产业融合度均不存在显著的相关性，说明城市经济和体育产业发展程度不能直接影响城市的体育产业融合度。

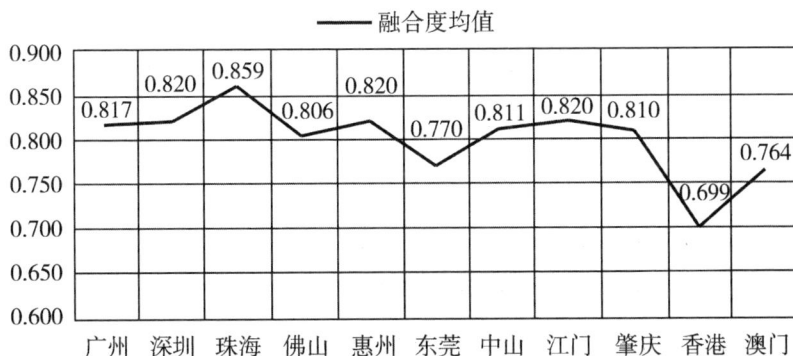

图11-3 粤港澳大湾区11个城市体育产业和其他产业融合度均值

3. 具体行业融合度分析

根据粤港澳大湾区 9 个行业在 11 个城市的融合度均值指标制作出粤港澳大湾区 9 个行业在 11 个城市的融合度均值与标准差图，见图 11-4。

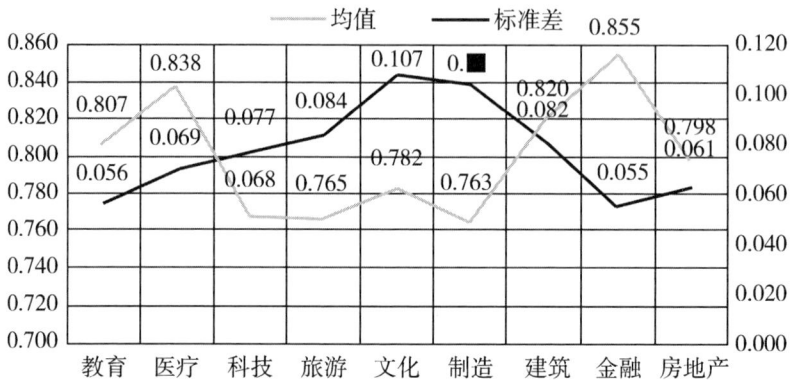

图 11-4 粤港澳大湾区 9 个行业在 11 个城市的融合度均值与标准差

从 9 个行业在 11 个城市的融合度均值与整体区域融合度指标比较上分析可得：第一，从整体上看，通过测算各行业融合度均值和整体区域行业融合度指标具有显著相关性（置信区间为 99%），说明整体区域与具体城市间的体育产业融合发展程度相差甚微；第二，整体区域行业融合度均值（0.819）要高于各行业融合度均值的平均数（0.800）2.38%，说明虽然整体区域的体育产业与其他产业融合发展程度要大于各个城市的体育产业与其他产业融合发展程度，但整体区域与具体城市相差甚少；第三，整体区域行业融合度标准差（0.084）要高于各行业融合度均值的标准差（0.033）155%，说明体育产业与各个行业融合度整体区域差异大于具体城市，但整体区域和具体城市差异性都较小。综上所述，整体区域的体育产业融合发展程度较好代表了各个城市的体育产业融合发展程度。

从 9 个行业在 11 个城市的融合度均值上分析可得：（1）从整体上看，各行业融合度均值均大于 0.75，且均值为 0.80，说明在具体城市中体育行业与其他行业融合发展水平较高，体育产业与其他产业存在明显的产业趋同现象；（2）从具体行业来看，融合度均值从高到低排名分别为金融>医疗>建筑>教育>房地产>文化>科技>旅游>制造，其中融合度均值最高的金融产业（0.855）比融合度最低的制造业（0.763）融合度高12%，说明各行业的融合度尽管有差距，但是差距相对较少，远低于整体区域的水平（40%）。

从9个行业在11个城市的融合度标准差上分析可得：（1）从整体上看，9个行业融合度标准差均值（0.077）占各行业融合度均值的平均数（0.800）9.65%，整体偏离度少于10%，说明整体上行业对具体城市体育产业融合发展程度影响有限。（2）标准差最大的行业为文化产业（0.107），且该指标在发展城市（肇庆、江门）和发达城市（香港、广州、深圳）很低（见图11-3和图11-4），说明文化产业与体育产业的融合度在越发达的城市偏离整体区域融合度的趋势越明显。（3）制造业标准差（1.04）仅次于文化产业，说明制造业和体育产业的融合度在不同城市间波动很大，很不稳定。这一结论与城市的发展阶段有关，作为进入了后工业化时代的香港与澳门，其制造业占GDP总值常年不及3%，与其他城市相差甚远，直接影响了整体融合度水平。未来香港按照《粤港澳大湾区发展规划纲要》建议"再工业化"后，这一指标有望得到改善。（4）在9个行业中，金融业标准差最小（0.055）且均值最大（0.855），说明体育产业与金融业的融合发展程度最好，且最不受地缘因素影响。

4. 城市内部融合度分析

根据粤港澳大湾区11个城市体育产业与其他产业的融合度指标，制作出粤港澳大湾区11个城市体育产业和其他产业融合度图，见图11-5。

从所有城市体育产业与不同产业的融合度分析可得：（1）从融合度峰值来看，融合度最高的两个高峰均出现在珠海，分别是珠海体育产业与金融业和建筑业的融合度（0.932和0.928），融合度最低的低峰均出现在香港，分别是香港体育产业与文化业、制造业和旅游业的融合度

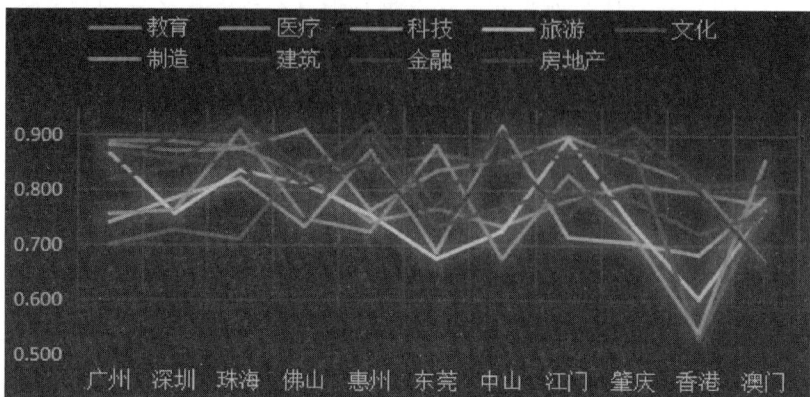

图 11-5 粤港澳大湾区 11 个城市体育产业和其他产业融合度

（0.530、0.542、0.603）；（2）从稳定性来看，香港各行业与体育产业融合度指标标准差为 0.115，为 11 个城市中最高，说明香港内部各行业融合发展程度参差不齐，稳定性差。佛山各行业与体育产业融合度指标标准差为 0.057，为 11 个城市中最低，说明佛山内部各行业融合发展程度趋同，稳定性高。

从具体城市各行业融合度分析可得：（1）作为体育产业融合最好的城市，珠海除了与文化产业融合度低于 0.8 外，与其他产业的融合度均超过 0.82，与金融、建筑、制造行业的融合度更是超过 0.9。作为体育产业融合度最低的城市，香港除了与医疗和金融产业外，与其他产业融合度均低于 0.8，且与文化产业和制造业均低于 0.6。城市发展阶段的不同直接影响了城市产业的结构模式，这是导致珠海融合度为区域最高，香港为融合度最低的根本原因。（2）与香港类似，作为特别行政区的澳门，除了金融和制造业，与其他产业的融合度均低于 0.8，但是与其他产业的整体融合度相对较稳定。（3）作为粤港澳大湾区体育产业大城，除了与文化产业融合度较低外，广州、深圳体育产业与其他产业的融合度均处所有城市的中上水平，且广州与教育行业的融合度位于区域第一位。（4）中山市内部各个产业的融合度相差巨大，稳定性仅高于香港，位于区域倒数第二，与科技的融合度为区域第一，与制造业的融合度位于区域倒数第二。（5）作为粤港澳大湾区体育产业欠发达城市，江门与各产业的融合度均值排名区域第三，稳定性同样排名区域第三。进一步研究发现，江门体育产业的发展与其他产业的发展均欠发达，产业区域程度相当高。

（三）结论与建议

本书运用灰色关联度模型对粤港澳大湾区整体区域及区域内11个城市的体育产业与其他产业融合度进行了分析，得出以下结论：

（1）从整体区域来看，粤港澳大湾区体育产业融合发展程度较高，但是不同行业与体育产业融合发展程度差异明显，医疗、教育两个行业与体育产业融合度最高，文化、科技及旅游三个行业与体育产业融合发展度最低，区域内仍未形成良好的体旅融合、体科融合及体文融合模式。

（2）从具体城市来看，区域内11个城市的体育产业融合发展程度较高，珠海、深圳两个经济特区融合度最高，香港、澳门两个特别行政区融合度最低，但总体上看不同城市间的体育产业融合程度相差不大，城市间产业趋同程度较高。此外，城市体育产业融合度不受城市体育产业发展水平影响。

（3）从行业来看，整体区域体育产业融合度能较好地代表各个城市体育产业融合度，但是整体区域上的各行业与体育产业融合度均值较高，具体城市上的各行业与体育产业融合度稳定性较大。其中，金融及医疗产业与体育产业的融合度最高，文化、制造与体育产业的融合度在不同城市中波动最大。

（4）从城市来看，珠海拥有区域内融合度最高的两个高峰（金融及建筑）、香港拥有区域融合度最低的三个低峰（文化、制造及旅游），且香港体育产业与9个行业的融合度的稳定性为区域内最低。城市的发展阶段及发展模式很可能是城市体育产业融合发展的核心影响因素。

为了促进粤港澳大湾区体育产业高质量融合发展，进一步发挥体育产业的辐射带动作用效能，提出如下对策建议：

（1）深入推进体制机制改革创新，营造良好体育融合外部环境。政府应进一步明确市场在资源配置中起决定性作用，既要改变在体育产业融合发展中"政府搭台、政府唱戏"的尴尬局面①，也要避免在体育产业融合发展不管不顾、任其发展的情况，需要深入推进体制机制改革创新，为体育产业融合发展营造良好的外部环境。第一，粤港澳三地联合编制《体育产业发展规划》，设定融合发展目标，引领融合发展方向，统筹协调湾区内财政、税收、金融、土地和公共服务等政策②，建立全局有效的体育产业融合举措。第二，一方面推进体育旅游、体育教育、体育文化等跨行业的标准化建设，完成体育产业融合相关服务的质量认定制度，另一方面推动体育及相关产业标准的跨区域互认，尤其是广东与香港、澳门的行业相关标准。第三，打破非市场因素导致的跨行业及区域的要素流动壁垒，促进人流、物流、资金流、信息流等生产要素的跨行业及跨区域的流动。第四，设置系统的企业帮扶及奖励政策，对于不同类型不同阶段性的企业给予不同程度的税收、资金、技术及人才等扶持，对于典型且运营良好的政策应给予一定程度的奖励，以便于树立起行业标杆企业的作用。

（2）加快推动优质资源整合，打造产业融合发展品牌。只有品牌产品才能充分吸引消费者，激发消费者的购买欲望和购买行为。因此，需要大力推进不同区域、不同行业、不同企业的市场资源、生产要素、企业组织等资源的高效整合，根据市场开发程度、资源禀赋、产业成长性的不同，选择性打造体育产业融合发展品牌项目、品牌场景及品牌产品。例如：体

---

① 黄玮、李锋：《我国体育与旅游产业融合发展对策研究》，《经济问题》2017 年第 10 期。
② 周良君、肖婧莹、陈小英：《粤港澳大湾区体育产业协同发展研究》，《体育学刊》2019年第 2 期。

育旅游方面，挖掘区域特色体育旅游资源可重点打造体育旅游示范区（如攀岩基地、潜水基地、足球小镇），结合区域文化特色可推出"体育赛事观赛之旅""运动项目体验之旅""运动休闲体验之旅"等精品项目。体育文化方面，可将体育文化空间的建设融入当地文化公共空间建设上，可推出如特色体育文化博物馆、知名球队体验馆、知名球员纪念馆等体育文化空间。体育健康方面，在对接"健康中国""体育强国"等国家战略的基础上，建设集科学运动指导、运动健康干预、运动康复理疗等一体化的运动健康产业园。

（3）实施需求驱动，明确产业融合方向。以内需为主、外需为辅推动产业融合。一方面，为扩大本国内市场的需求，政府应提供政策支持和创新创业环境，鼓励体育及相关产业开展本土化创新。既要持续深化体育与医疗、教育、金融、房地产等融合度较高的产业进行跨产业融合，又要大力支持体育与文化、科技、旅游等融合度较低的产业开展跨产业的融合，打造出一批具有本土特色和国际竞争力的体育产业融合品牌。另一方面，为应对国际市场的需求，企业应以创新驱动完善产业链提升价值链。既要加强大湾区体育产业融合发展的生态建设，使之与国际链条高效衔接，又要充分利用大湾区的国际地位，推动大湾区体育产业融合对接国际需求。

（4）打造体育产业融合数字化平台。一是加大对高速网络、云计算中心和数据中心等基础设施的投资建设，为产业数字化转型提供快速、可靠的硬件支持，如建立产业数据中心，重点打造粤港澳大湾区体育与相关产业名录库、项目库、赛事库、资源设施库等核心数据库，加强粤港澳体育及相关产业统计、消费者调查的联动合作，加快大湾区体育产业数字化进程，推动体育产业融合发展。二是搭建合作平台，推动融通整合。搭建体育产业融合数字化平台，强化平台的联动整合和创新服务功能，吸引大湾区、全国甚至全球优质体育及相关资源入驻，加强资源对接、项目合作和业务整合，实现资源融通整合。

（5）培育企业主体，增强产业融合驱动力。一是积极引导和支持体育产业融合重点项目建设。以项目建设为"主抓手"，带动区域体育产业融合发展的优化升级。通过设立专项基金、提供贷款优惠和税收政策等措施，吸引优质企业参与关键项目的投资与建设，并加强项目评估和规划，确保项目的科学性和可行性。同时，提供快速审批通道，加快项目落地进度。二是政府应重点培育体育产业融合龙头企业。建立大湾区创新创业支持体系，提供创业孵化、技术研发和市场拓展等支持服务，激发企业的创新活力和竞争力；提供资金支持和优惠政策，鼓励优质企业进行技术创新、产品升级和市场拓展，培育一批有影响力和竞争力的优秀企业，使之成为大湾区产业融合的"主力军"。三是吸引国际知名企业在粤港澳大湾区设立跨城研发基地、试验基地和生产基地，吸引产业链上下游中小企业集聚发展，为粤港澳大湾区体育产业融合助力。

（6）构建科学人才培养体系，推动复合型产业人才培养。体育产业与其他产业的高质量融合发展离不开人才融合，其本质是需要既懂体育产业经营管理，也懂其他产业的复合型人才。第一，加强人才的学历教育，引导高等院校设立体育旅游、体育文化、体育康养等学科方向的同时，增设"体育+"的双学位制度。第二，提升人才的职业素养与专业技能。以市场为导向，由国家体育总局牵头，第三方公司组织策划，设立相关体育产业融合复合型人才职业技能资格证书，定期为广大从业者提供职业技能等级培训。第三，降低理论知识与专业能力的学习门槛，提供方便快捷的线上培训课程。政府、高校、行业专业人才共同打造"体育+"的主题精品课程，并在哔哩哔哩、腾讯视频、网易公开课等受众广的网络平台发布系列课程，为从业者提供便捷的学习资源的同时，吸引公众对体育融合发展的关注与了解。

三、产业融合促进粤港澳大湾区体育产业协同发展的路径

（一）优化产业结构，完善粤港澳大湾区的体育产业布局

2019 年，中共中央、国务院印发的《粤港澳大湾区发展规划纲要》明确指出"要构建粤港澳大湾区区域发展更加协调，分工合理、功能互补、错位发展的城市群新发展格局"。长期以来，粤港澳大湾区各城市的发展受制于产业结构的单一化与对传统发展模式的路径依赖，致使其功能专业化与要素禀赋结构存在不同程度的错配，当务之急应综合考虑城市的资源禀赋与产业结构状况以确定不同城市的功能定位。粤港澳大湾区各地的体育产业有其自身发展的优势与特点，应本着规划协同、资源共享、政策互促、城市共赢等原则，不断调整和优化区域体育产业的结构与布局，以实现粤港澳大湾区内体育产业的高度融合。对各地的支柱性体育产业主要在扩大发展与引领示范上做文章，应予以扶持，深化产业融合，拓展与延伸其产业链，提升其价值链，构建产业生态圈，发挥其示范引领作用，显现其辐射带动效应，推动周边体育产业的发展。如香港的赛马通过一二三产业的深度融合发展，构筑了集育马、驯马、赛马等于一体的国际一流的赛马产业生态圈，其引领技术凸显，为周边经济产业的发展注入了活力。

对各地的基础体育产业主要在特色产品与商工贸一体上做文章，其在经济结构中占比较高，是工业部门发展的基础，在行业发展中亦有举足轻重的地位，故对其应提供激励措施，促进区域经济增长和社会发展，周边地区应充分利用其经济融合、民众亲和力和文化交流优势，进行体育产业布局的调整和优化[1]。以产业的深度融合不断优化产业结构，并根据粤港澳大湾区各地的体育产业优势、特色等与相应地区的要素禀赋等进行合理

---

[1] 苏敬志、邰峰、赵兰：《粤港澳大湾区体育产业融合发展现状、问题及对策》，《体育文化导刊》2019 年第 10 期。

规划布局，突出其功能专业化，以契合分工合理、功能互补、错位发展的城市群新发展格局，从而推动粤港澳大湾区体育产业的协同发展。

（二）优化人力资源，扩充粤港澳大湾区体育产业的人才储备

作为区域产业协同的重要支撑，人才有举足轻重的作用，粤港澳大湾区以人才协同发展为主线，在人才政策融通、人才资源共享与人才平台共建等领域展开合作，旨在建立粤港澳大湾区人才高地。作为我国经济实力最强的区域，粤港澳大湾区人才济济，但缺少能够胜任产业融合业态需求的新型复合型人才，既懂体育又熟悉旅游且有一定数字技术知识的人才。未来要以行业需求、人才发展、科技创新为核心，创新体育人才培养体系。

首先，要充分地考虑到行业需求，坚持实用性和方向性，发挥高等院校在培养人才中的主体作用，深入研判市场对人才的需求情况，制定与之契合的人才培养方案，同时以产教融合、校企合作等方法建立相关的人才培育基地，培养一批符合产业需求的高层次人才，破除产业链与人才链间的障碍。其次，要清晰地认识到人才发展，企业的发展以尊重人、依靠人、发展人、为了人为准则，创新体育企业福利制度，以灵活的数字化机制满足体育人才差异化需求，将满足消费者差异化需求的匹配模式应用于企业内部的人才管理体系当中，提高人才的参与度与选择空间，以此来增加人才的忠诚度[1]。最后，要高度重视科技创新，企业面向的主战场是经济市场，企业发展的第一动力是创新，第一资源是人才，要在面向经济主战场的实践中培养创新型人才，加大对人才科研基金投入力度的同时创新对人才的资助方式，让科技创新、社会需求与人才培养有机地联动起来，为企业的发展提供支撑。

---

[1] 沈克印、林舒婷、董芹芹：《数字经济驱动体育产业高质量发展的变革机制和推进策略》，《体育学研究》2022 年第 3 期。

（三）改善营商环境，激活粤港澳大湾区体育企业动能

营商环境是企业等市场主体在生产经营中所涉及的机制性因素，其对企业的兴衰、生产要素的聚散及发展动力的强弱有着较大的影响。提升粤港澳大湾区营商环境便是激活体育企业的动能以实现其竞争力的强化，为产业融合创造了良好条件。

1. 强化顶层设计，制定粤港澳大湾区体育产业协同发展战略

深入分析《粤港澳大湾区发展规划纲要》《横琴粤澳深度合作区建设总体方案》《全面深化前海深港现代服务业合作区改革开放方案》等文件，充分利用政府的政策调控作用，并坚定不移地贯彻新发展理念，强化数字技术与体育产业的融合发展，科学地研判产业融合对体育产业协同发展带来的影响，推动体育部门联合文化、旅游、金融、科技等部门共同制定体育产业协同发展的战略。在 2023 年 4 月，广东省市场监督管理局、香港特别行政区工业贸易署、澳门特别行政区经济及科技发展局三方已共同签署了《关于共同促进粤港澳大湾区标准发展的合作备忘录》，粤港澳三地共同制定 110 项"湾区标准"，涵盖 25 个领域，有力促进粤港澳大湾区规则衔接，提升大湾区标准化支撑能力，打造标准品牌。

2. 强化政府的监管力度，提升体育产业的市场运行效能

一方面，政府应加强对行业的监管，目前并未有针对上市公司跨界并购重组的限制或约束，导致一些上市公司进行盲目的跨界并购，有时还配套融资，成为并购重组乱象的多发区域，其失败案例比比皆是，极大地损害了中小股东利益，应强化对偏离主业的跨界并购重组行为的监管约束。另一方面，政府应利用数字技术赋能，打造数字化体育消费投诉的监管平台，对体育市场进行监管，以规范其运营行为，促进体育产业的良性发展。

3. 优化政府治理服务，加大对区域体育企业的扶持

持续深化"放管服"改革，规范体育行政审批工作，优化体育行政审批的流程。通过大数据、区块链等新技术不断完善体育领域"互联网+政务服务"体系。良性的政商关系能够创造公平公正的市场环境，有利于推进体育产业的协同发展。亲清政商关系，即政府应热心真诚地为企业解决发展难题，做实事而不是走形式；同时企业也应该积极主动地与政府交流沟通，二者界限明晰，关系清白、纯洁①。打造"亲清"数字平台，将服务从线下拓展到线上，利用区块链技术的去中心化和可追溯性以实现体育政务的公开化，从而强化亲清政商关系，为区域体育产业的协同发展创造良好的环境。

（四）加快数字经济创新，赋能体育产业数字化转型

当下，科技与产业变革推动着数字经济价值链的加速重构，若在数字经济上落后则面临着产业被"低端锁定"的风险。数字经济创新有利于构建现代化经济体系与体育产业创新生态体系，重塑创新发展格局，强化体育企业与数字经济的融合，继而促进体育产业高质量发展。通过数字经济的赋能，粤港澳大湾区的体育产业持续向数字化转型。数字经济创新不仅包括数字科技基础理论的研究，而且包括实际应用，如面向体育产业需求，推动产学研深度融合，创新应用新场景。

粤港澳大湾区体育用品制造业仍处于价值链的中下游。应通过数字经济创新、与数字技术的深度融合实现数字化转型，使其从低附加值的价值链中低端向高附加值的价值链中高端跃升：以数据为核心驱动力，依托于大数据实现供需精准匹配；借助数字化平台的支撑，体育用品制造业正在推动生产分工方式由传统的线性分工向网络化协同转化，并以数字化平台

---

① 聂勇钢、曾南权：《习近平关于亲清政商关系重要论述研究》，《决策与信息》2022 年第 6 期。

为核心构造消费者与企业协同化生产、服务的新体系；体育用品制造业以智能化为主导，通过构建高度智能化处理系统及智能化自动生产系统减少人工、提高生产效率、降低不良品率，加强与国际接轨；智能化生产提供给消费者个性化、多样化的产品与服务，消费者体验粤港澳大湾区体育服务业应立足双循环的新发展格局。从国际角度看，数字经济创新提供了国际创新合作的契机，通过企业海外并购重组、战略联盟等使体育产业通过数字经济深度嵌入全球数字经济合作网络，向全球价值链上游迈进；从国内角度看，依托于社会主义制度优势、庞大的市场规模优势以及新型举国体制优势为数字经济创新发展提供了大量的数据及应用场景，推动区域内体育产业协同发展。

（五）响应构建"链长制"，撬动粤港澳大湾区体育产业发展新动能

"链长制"是选择与安排可以促进地方经济发展的重点与核心产业，以"建链、补链、强链、延链"为目的而推行的制度设计，由"链长"与"链主"两部分组成。其中，地方政府官员担任"链长"，利用地方最高综合协调的优势，聚焦产业链，在更高的层面上去保障各产业链完整、稳定的发展；在产业中占有优势地位的企业作为"链主"，肩负着产业链健康发展的使命，直接或间接影响着链上大多数企业的资源配置及应用。目前，就粤港澳大湾区体育产业发展的形式而言，不论是提升优势产业抑或补齐关键短板，"链长制"都是较为有效的路径，其将有效市场与有为政府有机地结合起来，通过"补链、强链和延链"推动相关体育产业链上下游、产供销与大中小企业的协同发展，亦有助于对重点产业链发展过程中的要素、市场等领域的精准助力。政府作为"链长"，必须清晰地认识到自身的定位，处理好市场与政府的关系，对于市场可以解决的问题，要通过简政放权来支持，对于市场无法处理的问题，要加强宏观调控，将自身承担的责任落实到位。发挥"链长"的优势，既可通过统筹内外部资源来集中力量突破粤港澳大湾区体育产业链中的薄弱环节，加速完善区域内的

整条体育产业链，又能通过推进信息、技术、资金链等的相互交流、支撑，打破产业及地域的边界，形成粤港澳大湾区体育产业间与企业间要素的动态组合，增强其产业链上各个环节之间的合作程度，不断优化体育产业生态系统。体育龙头企业作为"链主"，必须做好引领作用，要积极地配合并切实推进"链长制"的构建工作，协调粤港澳大湾区体育产业链上各节点的活动，淘汰产业链中落后的环节，引领产业链的发展，促进整个体育产业链的不断完善。

本章小结

本章主要探究产业融合促进粤港澳大湾区体育产业协同发展的理论机制与推进路径。首先，从推动供给侧结构性改革与消费多样化，实现体育产业高质量的发展与满足人民消费增长的需求上阐述了产业融合促进粤港澳大湾区体育产业协同发展的意义。其次，从结构与布局、制度设计与保障制度、企业同质化竞争、产业链与价值链这四个方面分析了当下的困难与不足。再次，对产业融合促进粤港澳大湾区体育产业协同发展的理论机制进行了探索：

第一，通过产业融合使产业之间相互赋能，赋予产品双重或多重价值，同时通过产业跨界融合创新、关联互通等形成体育产业发展的新业态，扩大体育消费规模，拓展体育消费新空间，创造体育产业消费的新动能，破解体育产业同质化竞争困局。

第二，通过产业融合带动要素聚集，强化创新研发能力，加强品牌塑造、提升品牌价值，实现产业价值链的提升；同时通过价值链的提升推动体育服务业的发展及体育用品制造业的提档升级，优化了体育产业结构。

第三，产业融合可以推动其产业边界弱化，促进产业关联强化。延伸与拓展产业链，整合产业链的上下游。促进区域产业资源的协同共享，提升城乡体育产业关联度，构建体育产业生态圈。

第四，通过数字技术的赋能，提升体育产业全要素生产率、构建新型体育产业体系、提升体育产业治理水平；构筑互联、互信平台，加速要素在区域内的流转配置，强化政府与企业的联系。

第五，以资本注入、资源共享等方式进行合理的跨企业、跨领域间并购能推动体育产业价值链的升级与产业链的延伸拓展，促进区域体育产业的协同发展。

第六，运用灰色关联分析法，对粤港澳大湾区整体区域及区域内11个城市的体育产业与其他产业融合度进行了分析，得出粤港澳大湾区内体育产业与其他产业间关联度情况，提出了产业融合促进粤港澳大湾区体育产业协同发展的现实路径：一是优化产业结构，完善粤港澳大湾区的体育产业布局。二是优化人力资源，通过培养人才、尊重人才、强化科研来扩充粤港澳大湾区体育产业的人才储备。三是通过强化顶层设计、强化政府的监管力度、优化政府治理服务来提升营商环境，激活粤港澳大湾区体育企业动能。四是加快数字技术的创新，打造数字化交易平台，推动智能化生产，赋能体育产业数字化转型。五是响应构建"链长制"，撬动粤港澳大湾区体育产业发展新动能。

第十二章　粤港澳大湾区体育产业协同发展路径三：数字化

党的二十大报告指出，要加快建设网络强国、数字中国。习近平总书记深刻指出："加快数字中国建设，就是要适应我国发展新的历史方位，全面贯彻新发展理念，以信息化培育新动能，用新动能推动新发展，以新发展创造新辉煌。"随着数字化时代的到来，大数据、人工智能、区块链、AR、VR、5G等数字技术进入大众视野，原本的物质城市逐渐出现数字化现象，数字化既成为推动区域发展的新动力，也成为产业高质量发展的新动能。当前，粤港澳大湾区不断深化协同发展的进程，体育产业协同发展是大湾区建设世界级城市群的重要内容。数字化的"万物互联互通"效应对于促进区域协同、产业协同作用明显，粤港澳大湾区通过数字化赋能体育产业，发挥数字化联通效应，将形成大湾区体育产业协同发展的数字化方案。

一、数字化推动粤港澳大湾区体育产业协同发展的时代价值

（一）弥合大湾区体育产业制度差异

在全面推进粤港澳大湾区体育产业数字化协同发展的过程中还有些有待进一步完善的工作，如法律法规制定滞后于发展需求等问题，且内地与港澳的制度差距既为粤港澳协同发展带来巨大阻碍，也为粤港澳体育产业数据资源融合互通造成体制机制障碍。从区域一体化数据治理的角度看，

数据资源整合有利于数据资源跨部门、跨区域共享，对推动治理能力和治理体系现代化具有重要意义。[1] 粤港澳大湾区需要借数字化潮流弥合体育产业制度差异。一是通过大数据的聚集效应构建数据供应生态链，通过打造信息化系统推动三地政府体育信息对接，帮助三地政府对体育产业实行宏观调控、统筹规划、政策落实、管理监督等，进而实现政府治理体育的协同化和决策的科学化，从根本上打破"数据烟囱"和"信息孤岛"现象。[2] 二是发挥数字化的强渗透性和广覆盖性特点，打破粤港澳地方政府之间、政府与行业之间以及体育企业之间的边界，通过数据共享产生联动，利用大数据平台统筹大湾区体育消费状态、体育行业动态等信息，并呈现给粤港澳各体育企业，帮助体育企业进行更科学的决策，从宏观上实现从原本广东和澳门由政府主导、香港由市场主导的模式转变为粤港澳三地均由政府与市场协同发展的模式。三是运用数字化的挖掘技术，发现粤港澳体育市场体制的趋同点和关联点，有利于打通内地和港澳在行政审批、知识产权、技术标准、商事登记等领域的差异，全方位提升粤港澳体育营商便利化水平。

(二) 优化大湾区体育产业规划布局

粤港澳大湾区体育产业发展迅速，但各城市间存在体育产业同质化的现象。以粤港澳大湾区网球赛事同质化现象为例，粤港澳三地有广州网球公开赛、深圳网球公开赛、香港网球公开赛、珠海网球精英赛，且赛事举办时间较为集中，赛事同质化现象严重，不能很好地发挥城市特色。因此，粤港澳大湾区需减少体育产业同质化现象，优化体育产业整体布局。随着物联网和分布式数字技术的升级，粤港澳大湾区体育产业

① 郁明星、孙冰、康霖：《国家大数据中心一体化治理研究》，《情报杂志》2020 年第 12 期。
② 王钦敏：《统筹协调 共建共享 推进数字政府信息化系统建设》，《中国行政管理》2020 年第 11 期。

布局将更加区域化、碎片化和分散化。互联网、大数据等技术将促使体育产业由传统的集聚和协同方式转变为线上集聚和协同，通过大范围的体育产业集聚减少单一城市体育产业过度集聚问题，为中小城市提供体育产业共享发展机会，以此缩小大湾区内部城市间体育产业发展的差距。例如，运用互联网、大数据等技术将香港、澳门发达的体育服务业形成数据，与珠三角地区边缘城市共享，实现大湾区体育服务业协同发展。在体育产业共享的基础上，运用大数据的分析、监测等功能为大湾区政府挖掘各城市优势体育产业，完善大湾区体育产业规划和布局，优化大湾区体育资源配置，进而减少大湾区城市间体育产业同质化的现象，实现体育产业链条内的供给和需求高效匹配①，助力大湾区打造开放、包容、创新的体育营商环境。

（三）促进大湾区体育产业要素流动

粤港澳大湾区面临"一国两制、三关税区、三法域"的特定政治环境，导致粤港澳三地要素流动受阻，人才、物资、资金等在三地间的流通不畅。随着粤港澳大湾区建设进程的加快，大湾区协同发展程度日益提高，数字化要素互联互通逐步完善。数字化在破除地区壁垒、促进要素流动方面具有独特优势，通过发挥"万物互联互通"效应，有利于推动粤港澳大湾区资源要素便捷流动。一方面，运用大数据技术推动大湾区建立粤港澳三地统一的数据管理制度、数据标准和信息共享机制，制定共同的数据管理条例，减少粤港澳体育产业数据要素流动的制度阻碍，利用区块链技术整合三地不同部门之间的体育信息，搭建多元化的体育信息共享平台和信息公开共享的体育信息数据库。② 另一方面，粤港澳大湾区充分运用

---

① 万晓琼、王少龙：《数字经济对粤港澳大湾区高质量发展的驱动》，《武汉大学学报（哲学社会科学版）》2022 年第 3 期。

② 陈贤明、黄润飞、黄燕玲：《粤港澳大湾区市场主体身份信息共享机制研究》，《中国标准化》2021 年第 18 期。

数字技术，有助于提高体育人才在粤港澳三地往来的便捷性和提升体育器材设施通关的协调性。例如，利用"VR+AR"等技术将体育人才在线上汇聚，实现大湾区体育人才"云流动"；设置电子通行证帮助体育器材设施快速通关。同时，构建粤港澳协同的政务服务平台，打造粤港澳联通的资格互认政务服务体系，统筹推进资格认证服务"跨境通办"，依托政务服务平台搜集和处理粤港澳资格互认问题，由相关体育主管部门牵头制定完善统一的体育资格互认标准。

二、数字化推动粤港澳大湾区体育产业协同发展的作用机制

（一）质量变革

粤港澳大湾区通过数字化赋能体育产业，将提升体育产业供给水平，推动体育产品、体育服务质量提升，引发体育产业发展质量变革。一是通过满足市场需求实现体育产业协同发展质量变革。政府和体育企业运用大数据搜集和分析大湾区体育市场信息，提前了解市场需求，根据需求研发体育用品和制定体育服务，引导贯通粤港澳体育市场的体育消费新模式。二是提高体育用品质量实现协同发展质量变革。数字化转型将改变体育用品的研发、生产等过程，推动体育用品业转型升级，提高产业竞争力。例如，将数字技术赋能体育器材以及设备的研发和生产等流程，提高体育器材、设备的科技含量。三是驱动体育服务创新实现协同发展质量变革。数字化推动体育服务业转型升级，通过大数据、人工智能等技术加速体育医疗、体育旅游等服务创新，研发具有"大湾区个性"的服务系统，为大湾区提供智慧医疗、智慧旅游导航、电子通行证等服务。四是催生体育新业态实现协同发展质量变革。数字化将粤港澳大湾区体育产业信息、体育产业相关技术转化为新生产要素，以此形成粤港澳共融的体育产业新业态。

（二）效率变革

效率变革是指为提高产出效益，以技术创新驱动机制实现资源要素集约、节约化配置。数字化通过提高创新能力，进而实现效率变革。[①]数字化引领体育产业在投入不变甚至减少的基础上，提高体育产业协同发展效率，以此推动大湾区体育产业高质量发展。一是通过数字化提高大湾区体育产业创新能力。通过数字化集聚创新资源并推动传统体育产业吸收，为体育企业、体育协会等实施技术创新集聚体育人才、体育设施、资金等要素，带动传统体育产业转型升级，更好地为体育产业协同发展服务。二是通过数字化提升体育组织运行效率。数字化促使交流模式发生转变，降低粤港澳三地政府、体育企业、体育组织等信息与关系不对称的程度，构建数字化的协调沟通机制，打开行政边界和层级的"天花板"，形成"扁平化"的体育产业协调管理模式。三是通过数字化提高体育资源配置效率。运用大数据厘清大湾区各城市体育产业"生产什么""生产多少""如何生产"的问题，通过实施体育产业布局优化、信息共享等解决体育产业垄断、无序竞争以及体育市场调节的盲目性和滞后性问题。

（三）动力变革

数字化通过打造新产业、改造传统产业为体育产业提供动力，对大湾区体育产业协同发展的动力变革具有促进作用。一方面，数字化运用自身快速成长的特性和规模效应影响大湾区体育产业发展，为大湾区体育产业带来全新发展动力。例如，运用数字技术提升大湾区体育场馆设施的科技含量、增加大湾区体育赛事的媒体传播渠道、优化大湾区体育用品的制造流程等，同时增加体育企业投资的规模和影响力，加快培育粤港澳协同的体育新产业，进而促进体育产业协同发展动力变革。另一方面，通过数字

[①] 张鸿、刘中、王舒萱：《数字经济背景下我国经济高质量发展路径探析》，《商业经济研究》2019 年第 23 期。

化与粤港澳三地体育产业融合，实现三地体育产业互联互通。信息资源已成为数字化时代关键的生产要素，将信息技术与大湾区体育产业结合，推动粤港澳三地政府、体育企业、体育社会组织等以信息形式对接，有利于明晰粤港澳体育产业布局，形成粤港澳体育产业结构互通互鉴，并利用大数据分析更加合理的大湾区体育产业资源配置，作为体育产业结构优化的推动力，助推大湾区体育产业结构性协同发展。[1]

三、数字化促进粤港澳大湾区体育产业协同发展的路径

（一）推动大湾区体育产业跨界合作

1. 推进粤港澳体育产业渗透融合

产业融合理论认为，按产业融合的方式划分，产业融合可分为高技术渗透融合、产业间延伸融合和产业间重组融合 3 种类型。其中，高技术渗透融合主要指高技术及相关产业向其他产业渗透融合，形成新的产业[2]。粤港澳大湾区运用数字技术赋能体育产业，推动粤港澳三地体育产业相互渗透、相互融合。一方面，粤港澳大湾区通过数字化打破体育企业边界。数字化作为新型生产要素将为体育企业提供更具深度和广度的融合能力，扩展体育企业的经营范围和经营规模等，推动体育企业数字化转型，打破体育企业发展边界，实现粤港澳大湾区各城市体育企业的数据互通共享。在体育竞赛表演业方面，以数字技术联通扩充大湾区赛事联办的城市和体育企业数量，形成更大的体育赛事协同发展格局；在体育用品业方面，运用数字化加强地理位置相差较远的大湾区城市体育用品业数据互通，实现城市间共同研发、生产体育用品；在体育场馆业方面，通过大数据推动体

---

[1]　任保平：《数字经济引领高质量发展的逻辑、机制与路径》，《西安财经大学学报》2020年第 2 期。

[2]　刘树林：《产业经济学》，清华大学出版社 2012 年版。

育场馆承接跨城市的体育赛事活动，引导体育产业要素跨区域集聚。另一方面，粤港澳大湾区通过数字化构建体育产业协同发展新模式。数字技术的连接能力和数据汇聚处理能力有助于打破体育产业信息壁垒，形成纵向互联、横向相通的体育产业新模式。数字化通过向大湾区体育产业渗透，促进大湾区体育产业数字化转型。例如，粤港澳大湾区加快部署高速宽带、5G 基站、大数据中心等新型基础设施建设进程，推进大湾区新型城市基础设施建设，并形成大湾区智慧体育产业园区、智慧体育综合体等，拓宽大湾区体育产业协同发展空间。

2. 实现大湾区体育产业跨界合作

在数字经济与建设体育强国的双重时代背景下，新兴数字技术与体育产业正加快融合发展。数字化要帮助体育产业真正实现高质量发展，首先要通过数字化技术打造人民满意的体育场地，包括健身中心、体育场馆、体育公园等；其次通过全感知、全链接和全融合数字体育平台打造"体育+"生态。数字化将推动大湾区体育产业相互渗透，促使体育产业从分立走向融合，并产生放大效应，使粤港澳合作骤增。一方面，数字化转型将打破传统边界对大湾区协同发展的束缚，促进大湾区部门间数据共享，实现跨部门合作。一是发展"体育+旅游"数字化运营模式。为大湾区各旅游景区配置体育旅游数据库系统、地理位置系统等软件，运用 5G 技术优化体育旅游服务场景。二是发展"体育+文化"数字化传播模式。通过数字技术构建粤港澳体育文化信息库，打造数字化多元传播平台，打破空间限制实现体育文化民间交流、商业交流、政府交流、媒体交流等。三是发展"体育+医疗"数字化统筹模式。政府统筹大湾区各城市体育医疗机构，明确机构的数量、功能配置和区域分布，实现体育医疗资源共享、优质资源下沉和分级诊疗。[①] 另一方面，大湾

---

① 谢明均、杨强、黄薇、肖世强、杨利：《创建城乡数字化协同医疗服务模式的实践探索》，《现代医院管理》2014 年第 3 期。

区需要通过数字技术推动体育赛事、人才培养、公共服务等方面的跨区域合作。一是打造大湾区自有品牌体育赛事。结合粤港澳三地特色开展具有差异性的赛事，运用数字媒体、"5G+无人机俯拍"等广泛传播，并利用大数据技术统筹实现赛事资源合理分配和相互预留机制。二是构建大湾区体育人才协同培养体系，不仅可以提高高校体育产业的管理水平，而且可以为大湾区建设提供新的发展动力，我们首先需要加强对有关技术和管理能力的培养，以提高大湾区高校体育产业的管理水平，要深入实施体育产业科技创新工程，发挥科技创新在大湾区高校体育产业中的重要作用，还要加强体育产业政策引导，推进大湾区高校体育产业发展，还要积极开展大湾区高校体育产业数字化人才培养，为大湾区高校体育产业的发展提供支持。鼓励香港、澳门知名高校在珠三角地区建立分校，由相关企业进行投资，对接高校资源，建设粤港澳数字化体育人才联合培养和储备基地。三是加强粤港澳三地体育公共服务衔接。运用大数据分析技术对粤港澳三地的人口流动和空间布局进行观察和分析，对体育公共服务需求的规模和结构进行科学合理的预测，建立以跨区域衔接的体育公共服务资源配置体系。①

（二）加快大湾区体育产业组织变革

1. 完善大湾区体育产业供需变革

数字化时代，体育产业数字化转型改变了传统体育企业的投资经营模式，数字化将引发体育产业组织变动，为体育企业提供预判供给、需求以及供需结构变动的能力。粤港澳大湾区体育企业利用数字技术，对大湾区体育市场的供给与需求进行数据分析处理，以此形成精准的投资经营决策，引发体育产业组织变革。

---

① 孙志燕、侯永志：《对我国区域不平衡发展的多视角观察和政策应对》，《管理世界》2019 年第 8 期。

一是运用大数据分析大湾区体育市场需求。将粤港澳各城市对于体育用品、体育服务等需求用大数据进行整合，联通大湾区各体育企业，将数据进行筛选、分类、整合、分析，形成体育消费者地理位置、购买行为、消费习惯等数据，为体育企业提供便于判断消费者行为和洞察体验者需求的平台，并以此为基础实行生产流程优化、供应链管理、智能客户服务等，拓展体育企业的目标市场。二是依托数字技术丰富体育产品供给。运用大数据对大湾区体育产业进行市场细分，统筹分析体育市场需求，将体育产品供给和精准市场对接，实现"将合适的体育产品提供给有需求的消费者"，同时，推动新兴体育产品在大湾区供给流通，为体育产品的升级转型提供发展动力。三是以数字化重塑大湾区体育产业供需关系。体育产业供需关系的重塑主要在于数字技术对政府、体育市场、居民之间的供需关系的变动，大湾区运用数字技术在政府、体育市场、居民之间创造一种"数字化公共接触界面"[1]，打造数字化体育供需互动平台，平台通过运行过程中积累的数据和资源，在各方之间充当中介，为平台加入生产者信息发布和消费者信息反馈功能，将平台建设成为生产者和消费者沟通的桥梁。

2. 完善大湾区体育产业架构变革

数字化时代，体育产业组织从旧时代的垂直整合架构转变为新时代的网络协同架构，政府、体育企业、体育社会组织等的互动方式被改变，形成了具有网络协同关联的组织架构。数据作为新的核心生产要素，拥有扩大资源配置范围的效能。在数字化潮流中构建"政府—体育社会组织""政府—体育企业""体育企业—体育社会组织"的跨主体合作体系，有利

---

[1] Lindgren I., CØ Madsen, Hofmann S., et al., "Close Encounters of the Digital Kind: A Research Agenda for the Digitalization of Public Services", *Government Information Quarterly*, Vol. 36, No. 3, 2019.

于政府、体育企业、体育社会组织在资源配置中发挥优势互补作用，促进彼此间的良性互动，减少粤港澳三地发展不平衡的现象。一方面，粤港澳大湾区通过数字化手段结合政府的体育监督管理职能、体育企业的体育动态发展要求和体育社会组织的体育活动开展需求，推动政府、体育企业、体育社会组织在合作过程中逐步形成破除壁垒的合作体系，推动大湾区赛事联办、人才交流、资源共享等活动趋向高质量和高效率。例如，由体育社会组织开展体育活动，体育企业提供人才、器材设施等助力，并由政府实行全程监管，形成多方结合、协同联办的体育活动体系。另一方面，建立连通粤港澳的数字化信息共享机制。一是建立民主交流协商机制。政府通过数字化信息共享平台积极收取居民对体育的诉求，为体育企业和体育社会组织开展体育活动提供途径和渠道。二是完善体育信息共享机制。利用信息技术、网络技术、多媒体技术等建立政府、体育企业、体育社会组织信息共享的清单，根据共享清单实施信息汇集和共享，实现统一数据存储、共享开放、安全管理等职能，并不断加强体育产业数据互联互通和资源共享能力，保证数据实时更新。

（三）培育大湾区体育产业新业态

1. 打造体育产业协同发展新平台

数字化推动体育产业竞争的重心从技术竞争、产品竞争、供应链竞争逐步演变为平台化竞争，粤港澳大湾区构建协同发展的体育产业平台成为提高区域体育竞争力的重要举措，体育产业平台将为培育体育产业新业态奠定基础。一是打造跨行业的体育产业联通平台。粤港澳政府共同建设跨行业、跨领域的平台，聚焦信息、旅游、文化等体育相关领域，发展集"体育+信息""体育+旅游""体育+文化"等为一体的体育产业联动平台，关注体育信息消费、体育旅游消费、体育文化消费等新兴消费领域，将平台打造成为满足居民生活需求的全方位服务型平台。同时，支持大湾区体育企业使用平台基础设施，并对接大湾区创新创业需求，形成体育产业创新创业新生态。二是建设体育产业协同研发设计平台。利用数字技术将大湾区体育产业链上下游体育企业串联，例如，将大湾区体育用品企业上下游串联，通过大数据等技术将上游的体育用品原材料提供、生产和制造以及下游体育用品加工、销售、服务等环节连接，打通上下游体育用品企业的供需关系。通过体育产业协同研发设计平台形成产业链上下游协同研发设计新模式，推动体育企业数据整合，实现全流程信息共享。三是打破区域壁垒，实现信息共享，建立大湾区统一、开放的数字化体育产业共享平台。在大湾区各城市分别选址建设数据中心节点，汇聚各城市体育产业数据并运用大数据整合，搭建协同开放的数字化体育产业共享平台。平台由粤港澳政府共同管理，邀请大湾区体育企业、体育社会组织等加入，实现各城市体育信息即时共享、政府实时管理监控、体育企业和体育社会组织随时调整策略等举措。四是加强数字化技术的安全保障。数字化技术的应用带来了信息安全的风险，必须要加强安全保障。需要各方共同制定和遵守信息安全标准，提高网络安全意识和防范能力，加强网络安全管理和监管。

2. 构建体育产业创新发展新业态

体育产业数字化转型已是大势所趋，以数字化赋能体育产业将激发体育企业的创新活力，催生体育产业形成新业态和新商业模式。[1] 粤港澳大湾区通过提高体育产业数字化应用水平，建设高质量的体育产业主体，引进社会资本壮大产业规模，健全市场化机制，催生体育产业新业态。一是构建竞赛表演业新业态。在粤港澳大湾区各项体育赛事中充分

---

① 任波、黄海燕：《数字经济驱动体育产业高质量发展的理论逻辑、现实困境与实施路径》，《上海体育学院学报》2021 年第 7 期。

运用鹰眼技术、VAR 回放、AI 裁判、兴奋剂检测技术等完善赛事体系，帮助裁判更好地进行判罚；通过在赛事场馆建设超大 8K 地面屏幕等智能化设备为观众带来更直观的赛事体验；为大湾区赛事全流程提供 4K+HDR 信号、8K 信号、VR 直播、全景拍摄等信号制作模式，提供多视角画面和镜头；运用 5G 技术强化"铁路技术+5G+超高清技术"移动直播、"5G+无人机俯拍"多维观赛等应用。二是构建体育用品业新业态。通过数字技术有序梳理器材、设施、装备的生产、制造、加工全流程，通过智能化车间、自动化设备等实现生产、研发、销售等环节的创新，为大湾区体育器材、设施、装备等加入最新科技元素；利用人工智能和大数据等技术，挖掘消费者对体育用品的浏览痕迹、消费数据等，为消费者提供个性化、定制化体育用品。三是构建体育场馆业新业态。为大湾区场馆加入数字显示屏、全覆盖 Wi-Fi、实时数据更新系统、智能外墙、设备控制系统等智能化设施；引入发达国家先进技术，实现单个场馆内的多项赛事场地迅速转换，提高场馆利用率；利用 5G、VR 等技术，增强观众的沉浸式、场景化、互动型体验，推动传统体育场馆的数字化转型。

本章小结

数字化作为新时代的发展潮流，已经渗透到经济社会的各个领域，并逐步推动产业数字化发展。以 5G 通信技术、区块链、移动互联网、大数据等为代表的新兴数字技术赋能粤港澳大湾区体育产业，有助于推动产业变革，为大湾区体育产业数字化发展提供契机，构建具有国际竞争力的现代体育产业体系。本章聚焦数字化推动粤港澳大湾区体育产业协同发展，探究其时代价值，了解当前的现状、存在问题及成因，分析其作用机制，并提出相应的路径。

从数字化推动粤港澳大湾区体育产业协同发展的时代价值看，数字化对弥合大湾区体育产业制度差异、优化大湾区体育产业规划布局以及促进大湾区体育产业要素流动具有重要意义。

当前，数字化已经在推动大湾区体育竞赛表演业、体育用品业、体育场馆业等协同发展方面提供助力，但大湾区体育产业面临"数字鸿沟"和"数据孤岛"并存、数字化催生产业新需求、数据要素流动受阻的问题，受制于大湾区数据存在地区差异和关联缺失、体育产业协同模式创新不足、数据要素跨境流动存在体制机制障碍，导致数字化推动大湾区体育产业协同发展的进程受到阻碍。

通过数字化赋能，大湾区体育产业协同发展将产生质量变革、效率变革和动力变革。通过数字化提升体育产业供给水平，推动体育产品、体育服务质量提升，引发体育产业发展质量变革；运用数字化提高体育产业创新能力和协同发展效率，进而实现效率变革；利用数字化打造新产业、改造传统产业，为体育产业提供动力，促进大湾区体育产业协同发展动力变革。

为解决数字化推动粤港澳大湾区体育产业协同发展的困境，大湾区应运用数字化推动大湾区体育产业跨界合作、加快大湾区体育产业组织变革、培育大湾区体育产业新业态。在推动大湾区体育产业跨界合作方面，要推进粤港澳体育产业渗透融合，实现大湾区体育产业跨界合作。通过数字化打破体育企业边界，构建体育产业协同发展新模式，同时，打破传统边界的束缚，实现跨部门合作，并推动体育赛事、人才培养、公共服务等方面的跨区域合作。在加快大湾区体育产业组织变革方面，要完善大湾区体育产业供需变革和推动大湾区体育产业架构变革。运用大数据分析大湾区体育市场需求，依托数字技术丰富体育产品供给，实施大湾区体育产业供需结构变动，推动政府、企业、体育社会组织形成合作体系，建立连通粤港澳的数字化信息共享平台，平台也需要从多个方面加强安全防护，提高网络安全意识和防范能力，建立有效的网络安全应急机制等，以保障数字化信息共享平台长久安全的使用。在培育大湾区体育产业新业态方面，要打造体育产业协同发展新平台，构建体育产业创新发展新业态。打造跨行业的体育产业联通平台、协同研发设计平台和数字化共享平台，构建竞赛表演业、体育用品业和体育场馆业的新业态。

第十三章　粤港澳大湾区体育产业协同发展
路径四：2025年全运会

举办大型体育赛事是提升国家、地区和城市软实力和竞争力的重要途径。大型体育赛事既可以提升城市的全球影响力，改善城市形象，打造旅游目的地，带动城市产业转型升级，又可以提升城市治理水平，吸引投资和人才，提高居民的生活品质。全运会是国内水平最高、规模最大的综合性运动会，对于举办地的高质量发展具有强大的助推作用。2021年8月，国务院同意广东、香港、澳门承办2025年第十五届全国运动会，这为粤港澳大湾区协同发展带来了重大机遇。目前我国体育产业正处于快速发展时期，体育产业协同发展是粤港澳大湾区协同发展的重要内容。作为群众基础好、赛事水平高的国内顶级体育赛事，全运会将在粤港澳大湾区体育产业协同发展过程中发挥至关重要的作用。

一、全运会推动粤港澳大湾区体育产业协同发展的意义

（一）使全运会成为推动粤港澳大湾区体育产业协同发展的加速器

新中国成立以来，党和国家长期关注体育事业发展，举办各项体育赛事是发展体育事业的重要手段之一。大型体育赛事是以实现社会效益、经济效益和满足人们精神生活需要为目的，提供竞赛产品和相关服务产品的特殊事件，对于推动区域城市的经济效益和协同互通具有标志性的作用。全运会是国内顶级体育赛事，从历届全运会的经验看，全运会具备提升举

办地形象、发展举办地经济、促进举办地城市间交流合作等强大的助推作用。粤港澳联合承办2025年第十五届全国运动会将成为进一步提升粤港澳大湾区功能地位、推进大湾区协同发展的重大契机。一方面，全运会具有强大的赛事影响力和传播力，通过引导粤港澳体育文化、体育人才、体育设施等流动互通推动大湾区体育产业协同发展，并以此为基础优化大湾区营商环境，助推大湾区建成有突出资源配置能力、创新能力和协同发展能力的城市群。另一方面，全运会的承办有助于推动大湾区落实打破行政区划、破除政策壁垒、打通跨区域资源流通等区域发展战略，发挥粤港澳大湾区在国家发展中的引领作用，使粤港澳全运会成为推动区域体育产业协同发展的典范，辐射带动更多区域发展。

（二）助力粤港澳大湾区打造世界一流体育湾区

国际上的一流湾区均是体育赛事的集聚区和体育产业引领区，被称为世界三大湾区的纽约湾区、旧金山湾区和东京湾区都是体育产业发达的世界一流体育湾区。纽约湾区吸引了众多的国际体育组织和体育企业落户，拥有美国高尔夫公开赛、美国网球公开赛等具有影响力的体育赛事。旧金山湾区借助高科技提供个性化、丰富化和娱乐化的体验，汇聚了环加州自行车赛、美洲杯帆船赛等体育赛事。东京湾区则借助雄厚的经济基础和发达的服务业为体育产业发展提供优越环境。粤港澳大湾区要对标国际一流湾区，体育产业协同发展是重要内容。以奥运会为代表的大型体育赛事最初的创始原因及影响均持续发生在体育领域内，体育赛事的功能日益多元化，对区域体育发展具有明显的拉动效应，其最直接的影响就是促进区域体育产业发展。[1] 全运会作为国内顶级赛事，对于举办地的体育产业发展有强大的引领作用。一方面，全运会的联办有利于加强粤港澳体育资源互

---

[1]　张永韬：《大型体育赛事对城市（区域）的影响研究述评》，《体育与科学》2013年第3期。

通共享，带动体育产业和文化、医疗、旅游等产业合作，打造"体育+文化""体育+医疗""体育+旅游"等产业集群，形成大湾区战略性新兴体育产业，成为体育产业协同发展的新动力。另一方面，全运会为大湾区优化体育营商环境、探索与国际体育产业对接的模式、推进体育供给侧结构性改革提供契机，将构建大湾区提升体育综合竞争力的新机制。

（三）实现粤港澳大湾区体育产业高质量发展

党的十九大报告指出，我国社会主要矛盾已经转化为人民日益增长的美好生活需要和不平衡不充分的发展之间的矛盾。我国居民的体育健身需求日益增长，主动健康消费正在成为居民消费新增长点。为实现2035年远景目标，我国需要加快体育产业发展以助推现代化建设和高质量发展，其中湾区、城市群等区域体育产业高质量发展是重要内容。从国际一流湾区的经验看，体育产业占GDP的比重超过汽车、科技、高等教育等行业，在国民经济中的地位相当重要[①]。然而，粤港澳大湾区体育产业发展仍然落后，加速体育产业高质量发展是大湾区建设的重要方向。粤港澳联办全运会为大湾区体育产业高质量发展提供良好契机。一方面，全运会以强大的号召力引进大规模的资本投入，在办赛过程中以广泛的传播效应提升大湾区各城市体育企业、体育品牌等的知名度和竞争力，有助于大湾区在赛后强化体育媒体传播平台、体育赛事运营公司、体育资产管理公司等市场主体建设，打造配套服务齐全的高质量体育产业体系。另一方面，结合大湾区数字化发展优势，推进全运会数字化运营模式，有利于满足大湾区居民日益增长的体育需求，如打造定制化的体育装备、享受一对一专人体育服务、享有高端化的体育产品和服务等，以居民需求为导向培育全运会数字化体育消费新空间，构建满足居民定制化、个性化需求的体育商业新模式，以此实现体育产业高质量发展。

---

① 江小涓：《中国体育产业：发展趋势及支柱地位》，《管理世界》2018年第5期。

二、国内外大型体育赛事推动体育产业协同发展的经验借鉴

（一）欧洲杯推动欧洲体育产业协同发展

欧洲杯是由欧洲足球协会联盟举办、欧洲足协成员国间参加的最高级别国家级足球赛事。2020年欧洲杯采用无主办国的巡回赛方式，分别在11个欧洲城市举行，以足球为桥梁加强欧洲各国的交流合作和经济发展。通过每个国家推出一座主办城市的形式，将欧洲杯打造成一道横跨欧洲大陆的巨网，促使欧洲更多国家加入欧洲杯这场盛大派对，以此推动欧洲体育产业的协同发展。

1. 加快体育资源要素流动

2020年欧洲杯联合了多个欧洲国家和城市，在欧洲各国联办赛事的背景下，欧洲产生了大量的人员流动、文化交流以及经济流通。通过联办体育赛事加强了欧洲各国协同，并有效推动了各举办国体育产业协同发展，加快了体育资源要素流动。在人员流动方面，防疫强度较高的俄罗斯圣彼得堡允许欧洲球迷免签证进场观看欧洲杯比赛，不但以人员流动带动体育消费，还为未来欧洲大型体育赛事的通关制度开启了新的领域。同时，欧洲杯推动体育产业和旅游、医疗等产业合作，提供的就业岗位有助于欧洲各国体育人才的接轨。在文化交流方面，2020年欧洲杯充分发挥大型赛事作为文化弘扬和传播窗口的作用，以体育文化促进区域交流。例如，官方吉祥物斯基尔茨的形象来源于花式足球、街头足球、Panna足球文化，以此体现欧洲杯的体育文化多样性和包容性。在经济流通方面，欧洲杯引发和带动了各举办国经济以及一系列产业链经济效应。在电视转播、广告、门票、酒店住宿和交通饮食等方面，欧洲杯为欧洲各国带来了大量直接收入，不仅为深陷债务危机、疫情后复苏乏力的欧洲带来了强大的经济效益，也为欧洲体育经济交流活动注入了全新动力。

2. 深化体育产业协同模式

2020 年欧洲杯采用了联合举办的全新办赛模式，为各举办国节约了赛事成本，有利于欧洲各国形成统筹协调思维，加强了欧洲各国体育产业协同发展。在赛事投入方面，以往的欧洲杯举办模式需要在前期筹备过程中投入大量的资本，举办国需要承担高昂的政府开支。2020 年欧洲杯采用联合举办的模式，取消东道主的概念，每个国家只需要提供一座球场，不但显著提高了欧洲杯前期的筹备效率，还大幅减少了各国在筹备过程中的成本。同时，欧洲杯举办的收益也将由各国共享，赛事吸引的旅游、赞助、投资的收入增多，为欧洲体育媒体、体育营销、体育赛事门票、体育社区和体育旅游等产业带来巨大的增长机遇，推动体育产业融合升级，也为欧洲各国体育经济发展注入新的活力。在赛事统筹方面，欧洲杯组委会对各举办国的实时情况、场馆信息等进行统筹协调，对各举办国提供的球场进行合理赛事资源分配，并根据实时疫情防控情况对各球场实施不同的上座率限制，在保证多数球迷观看主队比赛的同时有效限制人员流动。

（二）北京冬奥会推动京津冀体育产业协同发展

2022 年北京冬奥会开启了京津冀体育产业合作的新空间。《北京城市总体规划（2016—2035 年）》中明确将"全力办好 2022 年北京冬奥会，促进区域整体发展水平提升"作为深入推进京津冀协同发展的重要内容，提出借助筹办 2022 年北京冬奥会的契机，共建京张文化体育旅游带，打造体育、休闲、旅游产业集聚区。北京、天津、河北等地以举办冬奥会为契机，进一步提升了区域协同发展能力，并将冰雪运动作为重要的发展引擎，京津冀地区冰雪运动和体育产业协同发展已经成为京津冀协同发展的重要抓手。

1. 完善体育管理体制机制

北京冬奥会在赛事管理的体制和机制上形成了"有目标、有组织、有标准、有沟通、有成效、有影响"的"六有"格局①，对更多组织实行赛事管理具有借鉴意义。一是完善体育服务共建共享机制。以北京冬奥会的筹办为契机，京津冀地区不断完善体育通信设施、体育医疗、体育教育等服务，建立健全京津冀体育服务协同共享机制，进一步加强体育基础设施建设、体育精细化管理和体育服务保障能力，推动京津冀三地在体育服务方面的协同发展。二是加强体育可持续发展战略规划。北京冬奥组委和国际奥委会发布可持续性计划，提出"可持续·向未来"的愿景，并成立了"可持续性工作领导小组"，负责可持续性重大事项及工作文件、报告的审议。同时，政府主管部门、体育场馆业主单位等利益相关方联合组建了体育场馆可持续性管理团队，共同推进体育场馆规划、建设和运行的可持续性要求。三是积极创造统一标准。北京冬奥会后，组委会组织相关专家编制出台了《大型活动可持续性评价指南》北京市地方标准，系统总结北京冬奥会可持续性管理经验，将赛事举办临时措施发展成为日常制度规范，为以后大型体育活动的开展提供了借鉴性参考。

2. 推动体育赛事合理规划

北京冬奥会由京冀两地联合举办，其赛事项目分配在京津冀不同赛区，合理规划赛事项目配置，为更多体育赛事的项目规划提供借鉴。一方面，北京冬奥组委充分统筹京津冀地区体育场馆，并加以合理转换和利用，为各项赛事的合理分配奠定基础。北京冬奥会共有 26 个竞赛和非竞赛场馆，分为北京、延庆、张家口三个赛区。作为"双奥城市"，北京利用 2008 年奥运会遗产和区域性工业遗产创造性地实现了夏奥场馆的"水冰转换"和"陆冰转换"，如首钢全面转型、延庆区建成"最美冬奥城"、张家口实现全面跨越式发展等，为冬奥会赛事顺利进行提供支撑。

---

① 邓文杰：《北京冬奥会的"六有"可持续性管理经验》，《可持续发展经济导刊》2022 年第 Z1 期。

另一方面，北京冬奥组委在北京赛区、延庆赛区、张家口赛区分别设置了不同赛事项目，北京赛区设置冰壶、冰球、短道速滑等7大项，主要设置室内冰上项目；延庆赛区设置高山滑雪、雪车、钢架雪车和雪橇，主要设置对建造技术要求高的项目；张家口赛区设置单板滑雪、自由式滑雪、越野滑雪等6大项，主要设置对地形地势要求高的项目。依据项目特性的不同，北京冬奥组委将不同赛事项目设置在不同地区，使项目分配合理化。

3. 促进体育要素流动互通

北京冬奥会推动了北京体育资源向张家口等地渗透，提升了京张沿线体育产业创新能力，实现体育人才、体育旅游、体育文化等要素在区域内的流动。在体育人才流动方面，北京冬奥组委发布了《北京2022年冬奥会和冬残奥会人才行动计划》，为经济社会长远发展保留体育人才资源储备，面向主办城市各行业系统，布局实施"群众体育骨干人才培养"等人才专项计划，注重人才的引进和培养工作，以此实现京津冀体育产业人才交流。在体育旅游合作以及体育文化交流方面，北京冬奥会推动京张体育文化旅游带建设，涵盖多个奥运场馆、大众滑雪场、世界文化遗产等，集聚京津冀地区体育文化旅游资源，有助于推动京张两地形成优势互补、梯度合理、互利共赢的协同发展新格局①。在冬奥会筹办过程中，一系列冬奥形象标识、冬奥歌曲、电视栏目、短视频、影视作品、特许商品等冬奥文化产品纷纷涌现，既丰富了冬奥文化内涵，也向世界展示了京津冀体育文化的独特魅力。另外，北京奥运城市体育文化节、青少年奥林匹克教育系列活动、北京国际体育电影周等一系列体育文化品牌交流项目也带动了京津冀三地体育产业交流合作。

---

① 李国平：《冬奥效应 京津冀协同发展的新引擎》，2022年2月21日，见 https://baijiahao.baidu.com/s？id=1725332561509159637&wfr=spider&for=pc。

三、全运会推动粤港澳大湾区体育产业协同发展的路径

(一) 引导大湾区体育体制机制改革

1. 破除大湾区体育体制机制障碍

粤港澳大湾区已出台多项政策推进三地制度畅通，但粤港澳实施体育交流合作时仍出现体育活动登记慢、体育赛事申办过于烦琐且办赛审批难等多方面阻碍，体育制度上仍存在"大门开小门不开""弹簧门""玻璃门""旋转门"等现象。粤港澳联办全运会为三地政府协同办赛创造良好条件，要协同办好全运会，三地政府就必须在打通体制机制区域阻隔方面落实具体方案，借助全运会理顺大湾区体育管理中的复杂关系，制定体育事务审批的方案，并运用互联网提升办事便捷性，由此进一步帮助大湾区解决体育事务中的登记、审批、监管等难题。一是理顺粤港澳体育管理关系。由全运会组委会牵头，在全运会期间设置粤港澳体育事务统一管理的程序，设立全运会体育事务管理局，对全运会体育相关部门实施调研、规划、协调、服务、引导、监督等。全运会后，将全运会体育事务管理局调整为大湾区体育事务管理机构，为大湾区体育赛事活动举办中出现的多头管理、交叉管理等问题提供可行的解决程序。二是优化大湾区体育审批流程。全运会期间制定详细的粤港澳体育服务流程和标准，建立体育事务集中审批、联合审批、审批代理等制度规范，全运会组委会成立体育事务审批监督小组，加强对审批权力运行的监督制约，确保审批权正确有效行使。全运会后，将全运会体育事务审批制度规范延伸，由粤港澳地方政府和体育部门成立监督小组，加强对大湾区体育赛事审批、体育活动审批等的监督检查。三是提升体育企业、体育社会组织等的办事便利性。全运会在体育事务登记领域引入"互联网+"模式，推出全天候体育事务登记机制，打造体育事务申办智能平

台，实现无须预约、无须排队、无须提交纸质材料等便利，运用身份校验、人脸识别、数据采集等实行智能审批、审核，全运会后，将体育事务申办平台在大湾区各城市推广，为大湾区各城市体育企业、体育社会组织等筹办体育赛事活动提升便利性。

2. 推动大湾区体育体制机制融通

大型体育赛事的举办对政府和相关部门的组织协调、运作能力提出要求，政府不仅要发挥在城市间的桥梁作用，还要发挥与各部门的协作关系以及与市场、社会的协调关系，科学有效的体制机制是推进大型体育赛事顺利举办的重要部分。全运会为粤港澳大湾区提供创新体育体制机制的机遇，将统筹粤港澳政府实施体育共同管理，并推动政府、市场、社会协同推进体育产业发展。一方面，全运会组委会领导粤港澳地方政府对赛事协调与决策实行共同管理，落实全运会联办的规划部署、统筹协调、管理监督等工作。例如，统筹大湾区各城市体育场馆，将合适的赛事项目合理分配到所需场馆。在全运会结束后，大湾区将赛事举办期间形成的临时性措施转变为日常制度规范，从而推动体育产业管理的优化。全运会赛事组委会可转变为粤港澳大湾区体育产业组织管理和协调机构，充分发挥权力集中、责任明确、决策迅速等优势，共同制定大湾区体育产业协同发展的长期目标，明确粤港澳三地体育部门、体育企业、体育社会组织等的工作职责、权限、协调相互关系，统筹三地体育资源优势，形成体育资源合理分配布局，形成有机整体的体育产业协同发展格局。另一方面，按照政府引导、市场主体、社会参与的原则，由全运会组委会厘清粤港澳三地政府、市场和社会之间的关系，通过政府对赛事全流程实施监管，利用市场促进全运会各举办城市交流对接，运用社会力量号召更多居民参与全运会。全运会后，构建粤港澳政府、市场和社会多主体联动的形式，例如，通过市场发现体育赛事活动需求，以体育企业为主体举办，并由政府进行指导和监督。同时，推动大湾区体育市场在资源配置中起决定性作用，要求大湾区体育资源配置、政府职能设置都依据市场要求制定，通过全运会把一部分中央管理权限下放给地方政府，把一部分政府权力、政府管理职能向社会组织有序转移，形成政府、市场、社会协同推动体育产业发展的局面。

（二）实现大湾区体育赛事协同优化

1. 打造大湾区体育品牌赛事体系

全运会作为国内顶级赛事，能够有效提升赛事项目的知名度和影响力，不仅能为大湾区各城市优势体育项目打造品牌，还能帮助赛事项目提升商业价值。同时，全运会群众赛事项目充分考虑参赛者的需求，为参赛者带来全新赛事体验。全运会的办赛形式对大湾区的日常赛事举办有借鉴意义，粤港澳大湾区将以此形成体育赛事协同发展的新模式，打造大湾区自有体育赛事体系。一是打造大湾区各城市独有的品牌赛事。全运会筹备期间，组委会联合粤港澳政府统筹大湾区各城市体育资源优势，作为全运会赛事分配的基准。全运会后，以各城市发展定位为引领，加快打造大湾区各城市品牌赛事。广州、深圳、香港、澳门4个中心城市不断强化马拉松、格兰披治等赛事品牌输出，设立分站赛和积分赛等形式拓展大湾区体育市场；大湾区非中心城市则根据城市体育资源优势，将传统武术大赛、龙舟争霸赛等打造为高端化、标杆化的精品赛事。二是开展粤港澳大湾区体育联赛。体育联赛是当今世界体育商业发展的重要内容，是体育产业发展的重要支柱。当前，粤港澳大湾区拥有多家职业体育俱乐部，并广泛开展了粤港澳大湾区足球联赛、香港足球联赛等。全运会将举办多元化的体育赛事项目，粤港澳政府、体育企业等通过分析各赛事项目的商业价值，为举办大湾区体育联赛的项目选择提供借鉴，以多元化体育项目为核心，打造多项目、全人群和多层次的体育联赛体系。三是推出粤港澳大湾区体验赛事。当今，人们对体育赛事的"体验感"提出要求，全运会在赛事项目的设立上将深挖粤港澳滨海、山地、户外等体育资源，打造具有丰富体验的赛事项目。粤港澳大湾区应充分利用丰富的体育资源，借鉴全运会的赛事项目设置，打造冲浪、浮潜、攀岩、定向越野等多样化、体验化的体育赛事体系，满足大湾区居民和外来游客对于体育赛事深度体验的要求，助力大湾区打造宜居宜业宜游的优质生活圈①。

2. 优化大湾区体育赛事规划布局

全运会的赛事体系是由赛事整体内部结构形成，如赛事内容、举办时间、办赛空间、赛事能级等与外界环境构成，其赛事规划布局受场地资源、时间因素、市场需求和公共资源等因素的影响②。粤港澳联办全运会需要大湾区各城市协同发力，发挥不同城市的体育资源优势提高全运会赛事项目举办的效率，以"优化布局、配置集约、协同联动"为主线完善全运会赛事体系，优化全运会赛事项目空间布局，以此形成长远的粤港澳大湾区体育赛事资源分配体系。首先，全运会组委会协同粤港澳政府、体育企业、体育社会组织等整合大湾区各城市体育赛事资源优势，搜集大湾区各城市举办体育赛事的经验。例如，广州拥有举办帆船、马拉松、网球等赛事的丰富经验，澳门多次举办格兰披治赛车，也举办过龙舟、拳击等赛事，江门则举办过排球、龙舟、足球等赛事，将各城市体育资源优势和体育办赛经验整合，为全运会赛事项目分配提供借鉴。其次，组委会统筹大湾区各城市的自然资源、文化资源等体育相关资源，确定利用资源优势重点发展的赛事项目，如马术项目设置在具有长久赛马历史的香港、羽毛球项目设置在被称为"羽球之都"的广州、帆船项目设置在举办多次中国杯帆船赛的深圳等。全运会组委会根据大湾区各城市的体育赛事资源优势、

---

① 朱洪军、张建辉、梁婷婷、周良君、史芙英：《粤港澳大湾区体育赛事一体化与保障机制研究》，《体育学刊》2019 年第 5 期。

② 李崟、李刚、黄海燕：《全球体育城市视域下上海体育赛事体系构建战略》，《上海体育学院学报》2020 年第 3 期。

体育赛事历史、体育赛事举办经验等确定各城市举办的赛事项目，实现合理的赛事规划布局。最后，根据全运会的赛事项目规划布局，形成大湾区各城市体育联赛、体育品牌赛事等，通过各具特色的体育赛事串联大湾区体育产业资源，同时，为大湾区引进全新体育赛事项目。例如，广州积极引进赛马项目，深圳根据"年轻"的城市特征引进滑板、攀岩、轮滑等项目。除重点体育赛事项目外，其余赛事资源向大湾区非中心城市倾斜，非中心城市根据资源优势、发展重心和当地文化打造区别于一线城市的特色赛事和文化活动。

（三）协调大湾区体育要素互联互通

1. 促进大湾区体育要素通关便利

粤港澳大湾区"一国两制、三关税区、三法域"的特殊条件导致粤港澳三地通关受限，体育所涉及的器材、设施、人才、资金等在三地流动受制约，尽管粤港澳政府针对通关问题做出多次调整，但仍存在信息不透明、条文不明确、政策不确定等现象。粤港澳联办全运会将统筹三地政府、体育企业、体育市场等针对共同举办的赛事进行协调沟通，强化赛事期间的多方对接，并通过设置运动员、观众、物资、器材设备、资金等流动的方式，形成三地信息对接、资格互认、要素互通等举措，为粤港澳大湾区实施通关便利化提供良好契机。全运会筹备期间，系统推进粤港澳"大通关"建设、通关体制机制改革等具体措施，全运会组委会引领粤港澳体育部门厘清全运会通关所涉及的领域，建立系统的全运会通关"负面清单"，加强粤港澳通关的顶层设计和总体规划。全运会举办期间，利用物联网等智能技术，全方位提升通关基础设施的智能化和数字化建设，通过移动通信技术为运动员、教练员、观众、游客等完善智能化签注申请，推出体育器材、体育设施、体育设备等的电子通行证，设立粤港澳体育部门信息交换和数据使用管理机制，实现三地管理部门对进出境申报信息、物流监控信息、查验信息等的共享。全运会结束后，大湾区建立体育赛事通关"负面清单"和体育部门有关赛事注册登记、行政审批、通行证发放等的"正面清单"，建立良好的体育赛事营商环境。同时，对大湾区体育要素通关的举措实施改革，例如，通过全运会提供的全新就业岗位，挖掘粤港澳体育人才，并完善签注申请、户籍管理、出入境管理等，取消口岸的物理隔离；通过全运会将粤港澳贸易政策、关税政策等对接，把香港自由港政策和自由贸易政策扩展到整个大湾区；整合三地体育服务资源，完善体育信息服务平台建设。在全运会提升大湾区通关便利化的前提下，粤港澳体育产业协同发展将获得良好机遇。

2. 加强大湾区体育制度标准对接

当前，粤港澳三地体育制度标准存在差距，制度标准对接仍受制约，如一些新兴体育项目尚未拥有成熟的标准和规范，监管难度较大；部分体育项目标准和规范需要根据三地不同形势进行调整；部分监管部门对体育赛事活动的监管责任落实不到位[①]。粤港澳大湾区体育产业涉及面广、牵涉部门众多，由于缺乏统一的体育制度标准，难以形成全面的协调监管，进而导致体育管理体系不健全。全运会将帮助大湾区解决政府管理中"自由裁量、互不相关""政府与市场关系混乱"等问题，有助于构建公平公正、竞争有序的体育赛事环境，制定出台大湾区体育行业标准，实现体育制度标准对接。全运会筹备阶段，全运会组委会围绕体育制度标准对接的基础、阻碍、目标、方法等方面展开研究和部署，提出体育制度标准对接的总体思路，细化各级政府工作内容，将重点任务逐一分解到各地方政府，并对各级政府体育部门的进度实行监督。同时，全运会组委会加强体

---

① 央视新闻：《加强体育赛事活动安全监管！国家体育总局等 11 部门联合印发这个意见》，2021 年 7 月 6 日，见 https://baijiahao. baidu. com/s？ id = 1704496068175474477&wfr = spider&for = pc。

育制度标准对接的政策和法规建设，为粤港澳体育赛事活动标准、体育组织标准、体育信息标准、体育指导标准等提供法律依据。全运会举办阶段，由全运会组委会牵头，协同粤港澳政府成立大湾区场地设施、体育活动、体育组织、体育监测、体育指导、体育信息6个方面的制度标准对接部门。全运会委员会对粤港澳体育基础标准、保障标准、提供标准的对接流程实施监督，建立全运会体育标准对接认证制度，构建分工精细、职责明确、评估公正的体育制度标准对接运作机制。全运会后，将全运会期间的体育制度标准对接机制延伸，建立大湾区体育制度标准体系，主要由内容制度标准体系、实施制度标准体系、监督制度标准体系等构成，针对粤港澳大湾区体育赛事举办的内容、体育赛事实施的举措、政府对体育赛事的监督等环节实行三地统一的标准。例如，统一粤港澳三地马拉松赛事的项目内容、实施方案和监督措施，打造统一标准体系的大湾区马拉松赛事①。

本章小结

全运会是国内水平最高、规模最大的综合性运动会，对于提升举办地城市形象、助力举办地高质量发展具有强大的助推作用。粤港澳三地联办2025年第十五届全运会为大湾区协同发展带来重大机遇，也为大湾区体育产业协同发展提供重要契机。本章聚焦2025年全运会推动粤港澳大湾区体育产业协同发展，探究其中的意义，以协同理论、共生理论、触媒理论为指导，借鉴2020年欧洲杯和北京冬奥会的经验，提出全运会推动粤港澳大湾区体育产业协同发展的路径。

---

① 王学彬、郑家鲲：《基本公共体育服务标准化建设：内容、困境与策略》，《体育科学》2015年第9期。

粤港澳联办 2025 年全运会有助于推动第十五届全运会成为加速区域协同发展的大型赛事典范，帮助粤港澳大湾区对标国际一流湾区，打造世界一流体育湾区，并实现粤港澳大湾区体育产业的高质量发展。

协同理论能够推动粤港澳合作产生"1+1>2"的协同效应，拉近三地政府和民众的心理距离，从宏观上透视全运会对大湾区体育产业系统"从无序到有序""从混沌到稳定"的协同发展过程；运用共生理论有助于指导大湾区实施空间重构方案，从全局统筹协调和共同利益出发，实现体育赛事空间合作、互联与互通；触媒理论将带动大湾区城市间体育产业要素流动，营造舒适的体育产业发展环境，实现大湾区体育产业协同发展和互通融合。

2020 年欧洲杯产生了大量的人员流动、文化交流以及经济流通，对各举办国体育产业协同发展产生了有效推动，加快了体育资源要素流动，并以减少赛事投入和加强赛事统筹深化体育产业协同模式。北京冬奥会通过完善体育管理体制机制、推动体育赛事合理规划、促进体育要素流动互通，进一步提升京津冀体育产业协同发展能力。

在协同理论、共生理论和触媒理论的指导下，通过借鉴欧洲杯和北京冬奥会对区域体育产业协同发展的推动经验，提出全运会推动粤港澳大湾区体育产业协同发展路径。一是引导大湾区体育体制机制改革，主要体现为破除大湾区体育体制机制障碍和推动大湾区体育体制机制融通。大湾区需借助联办全运会契机理顺粤港澳体育管理关系，优化大湾区体育审批流程，并提升体育企业、体育社会组织等的办事便利性。同时，全运会组委会领导粤港澳政府落实规划部署、统筹协调、管理监督等工作，加强粤港澳政府、市场和社会之间的联合互动。二是实现大湾区体育赛事协同优化，主要体现为打造大湾区体育品牌赛事体系和优化大湾区体育赛事规划布局。打造大湾区各城市独有的品牌赛事，开展粤港澳大湾区体育联赛，并推出粤港澳大湾区体验赛事。同时，全运会整合大湾区各城市体育赛事资源优势和经验，确定利用资源优势重点发展的赛事项目，实现合理的赛事规划布局，并为大湾区引进全新体育赛事项目。三是协调大湾区体育要素互联互通，主要体现为促进大湾区体育要素通关便利和加强大湾区体育制度标准对接。系统推进粤港澳"大通关"建设、通关体制机制改革等具体措施，利用物联网等智能技术，全方位提升通关基础设施的智能化和数字化建设，并构建大湾区体育资源交流平台。同时，全运会组委会提出体育制度标准对接的总体思路，协同粤港澳政府成立大湾区体育制度标准对接部门，建立大湾区体育制度标准体系。

第十四章　粤港澳大湾区城市体育发展联盟的构建

实施区域协调发展是党的十九大的重大战略部署。新时代区域协调发展战略是为了进一步缩减并消除区域间的发展差距，逐步实现区域间的平衡发展，推进不同区域公共服务的均衡发展，促进区域间均等的发展机会，促进区域优势互补、互惠共赢，同时推进资源环境的长效发展。

粤港澳大湾区（Guangdong-Hong Kong-Macao Greater Bay Area），是由香港、澳门两个特别行政区和广东省的广州、深圳、珠海、佛山、中山、东莞、惠州、江门、肇庆九市组成的城市群，是国家建设世界级城市群和参与全球竞争的重要空间载体。粤港澳大湾区是继美国纽约湾区和旧金山湾区、日本东京湾区之后的世界第四大湾区，是全国经济最活跃的地区和重要增长极。在四大湾区中经济总量居第二位，人口、土地面积、港口和机场吞吐量均居四大湾区之首。

2025 年粤港澳将联合承办第十五届全国运动会，不仅有利于推动粤港澳大湾区体育整体发展，同时有助于推动粤港澳大湾区构建富有活力和国际竞争力的一流湾区和世界级城市群。此时成立粤港澳大湾区城市体育发展联盟，将是千载难逢的历史机遇。

一、京津冀体育联盟发展情况

（一）强化顶层规划设计，高位推动协调发展

2015 年 6 月，中共中央、国务院印发实施《京津冀协同发展规划纲

要》，从战略意义、总体要求、定位布局、有序疏解北京非首都功能、推动重点领域率先突破、促进创新驱动发展、统筹协同发展相关任务、深化体制机制改革、开展试点示范、加强组织实施等方面描绘了京津冀协同发展的宏伟蓝图，是推动这一重大国家战略实施的纲领性文件，是当前和今后一个时期指导京津冀协同发展的基本依据，是凝聚各方力量、推动形成强大工作合力的行动指南。

为大力推进京津冀体育协同发展，三方将在多个维度推进"环京津体育健身休闲圈"建设。一是协同谋划好冰雪运动发展规划，并积极组建运动队；二是用足用好国家的联合培养政策，在奥运项目上强化三地高水平运动员的联合培养；三是共享专业训练基地资源；四是联合举办高水平体育赛事；五是全力支持天津市承办 2017 年第十三届全国运动会；六是组织开展体育传统校竞赛交流活动；七是加强三地间体育产业的交流合作，努力形成跨区域的产业集群；八是成立京津冀体育产业协会，在市场开发、要素配置、产品研发等方面，搭建交流合作平台，促进企业间的合作发展；九是协同促进体育用品制造业发展，打破地域界限与分割，充分发挥三地优势，推进行业优质资源的优化整合。

该规划的主要目标是到 2025 年，京津冀健身休闲运动协同发展格局基本形成，区域合作体制机制初步建立；空间布局得以优化，以京津冀重要城市和重点区域为支点，以国家运动休闲区为平台，以运动休闲带、运动休闲走廊为纽带，以运动休闲城市、运动休闲特色小镇、运动休闲乡村为节点的空间布局基本形成；健身休闲服务体系基本建立，健身休闲产品与服务更加丰富，群众健身休闲需求得到进一步满足，参与健身休闲活动人数不断增加，到 2020 年京津冀地区常住人口中经常参加健身休闲活动人数达到 3850 万，到 2025 年达到 4150 万，推动实现全国"三亿人参与冰雪运动"目标；国际知名运动休闲目的地基本建成。

2021 年 3 月 26 日，北京市体育产业协会、天津市体育产业协会、河北省体育产业协会在廊坊共同签署协议。将在八个方面持续展开合作：一是筹建京津冀体育产业联盟；二是合作举办体育产业创新创业大赛；三是组织举办和组团参加展会活动；四是联合举办京津冀体育产业发展论坛；五是共同打造京津冀运动休闲体验季品牌；六是协助开展京津冀汽车摩托车赛事活动；七是助力打造京津冀品牌赛事；八是共同推动体育标准化建设。为确保战略合作取得实效，京津冀三方体育产业协会共同商定将建立日常工作机制、年度例会机制、信息互通机制、经费筹措机制四项工作机制。

（二）突出项目平台引领，协同打造区域品牌

随着京津冀协同发展的持续推进，以及京张两地共同筹办 2022 年冬奥会相关工作的推进，北京、天津、张家口的合作也步入"蜜月期"，三地在环保、医疗、教育、旅游等领域广泛开展合作，目前已签订 37 项合作协议，总投资达到了 309 亿元。

2017 年至 2019 年京津冀连续举办了三届国际体育产业大会，形成了良好的客商基础、市场反响及项目推动成效，对推动京津冀经济一体化，促进全国体育产业区域合作产生了积极作用。2019 年 4 月 29 日，首都体育学院·斯迈夫（CSMF）京津冀体育协同发展论坛在国家会议中心举行。本次论坛由首都体育学院、斯迈夫国际体育消费展览组委会主办，由"京津冀体育健身休闲发展协同创新中心"、北京体育赛事管理与营销研究基地、首都体育学院管理与传播学院承办。论坛随后发布了"京津冀体育健身休闲发展协同创新中心"最新的研究成果。

此外，京津冀体育舞蹈公开赛、京津冀羽毛球冠军挑战赛、京津冀滑雪挑战赛、京津冀龙舟冠军挑战赛等系列群众体育赛事密集举办，成为三地体育产业发展的新增长极。受北京冬奥会的影响，冰雪运动成为新的群众体育运动项目，有效助推了体育产业链延伸，河北省"三千万人上冰雪"目标的提出更是为体育产业发展提供了更强有力的政策扶持。

在群体活动方面，京津冀三地联办了一系列优秀的体育赛事。其一为京津冀体育舞蹈公开赛。京津冀体育舞蹈的出现是为了落实国家关于京津冀协同发展战略，大力推动全民健身运动，加强京津冀体育舞蹈运动交流，由北京市体育局、天津市体育局、河北省体育局共同主办的。作为全国知名品牌赛事，京津冀体育舞蹈公开赛举办至今，已先后吸引了数万名国内优秀选手参赛。其二为京津冀铁人三项大赛。在 2021 年京津冀"体育三项"中，"京津冀铁人三项大赛"自 2017 年以来，已在保定连续成功举办四届，经过多年的培育，已成为河北省重点培育打造的品牌体育赛事，成为京津冀地区体育协同发展的一张重要名片。其三为京津冀羽毛球冠军挑战赛。2020 年 11 月 7 日，第六届京津冀羽毛球冠军挑战赛在北京燕山体育馆举办。本次大赛由北京市社会体育管理中心、天津市体育竞赛和社会体育事务中心和河北省体育局社会体育中心主办，燕山体育运动中心和北京市羽毛球运动协会承办。

（三）发挥市场主体作用，助力体育产业发展

2016 年中体产业集团与天津市武清区人民政府在天津举行签约仪式，中体产业集团下属竞赛公司将正式承接武清区体育中心的运营管理。力争打造京津冀地区全民健身示范基地、体育培训基地和体育人才培养基地，使武清体育中心项目成为国内体育场馆市场化运营的标杆。

二、长三角体育联盟发展情况

"十三五"时期，在沪苏浙皖三省一市的共同努力下，长三角地区体育产业整体发展水平走在全国前列，产业协同发展取得阶段性成果。

据统计，2020 年，长三角体育产业总规模达到 10519.42 亿元；实现增加值 3522.98 亿元，占同期长三角 GDP 的 1.4%。"十三五"期间，长三角体育产业增加值平均增长率为 12.3%，远高于同期 GDP 的增速。

（一）搭建一体化发展框架

2018 年 10 月 10 日在上海召开长三角地区体育产业集团高层专题会议，通过了长三角体育企业联盟主席单位、副主席单位、秘书处的组织机构，并在联盟合作机制、合作内容等方面达成共识。上海体育学院上海运动与健康产业协同创新中心作为联盟秘书处，将充分发挥其在人才、信息方面的优势，及时掌握国内外体育产业发展动态，定期与联盟成员共享，促进联盟有序发展。

2020 年 1 月，签署《2020 年长三角地区体育一体化重点项目合作协议》《长江三角洲区域汽车运动产业协同发展战略合作框架协议》。由沪苏浙皖三省一市体育部门和上海体育学院联合发起的长三角地区体育产业协作会在沪召开长三角地区体育一体化工作推进会，发布区域体育产业"成绩单"。上海市建立体育局与统计局、经信委等多部门组成的"5+1"体育产业统计工作长效机制，并在江苏、浙江、安徽三省推广。江苏省着力推进长三角体育产业标准化工作，促进长三角地区体育行业测试服务发展及质量管控体系建立。浙江省出台《户外运动发展纲要》，打造"全域户外运动信息平台"并在长三角地区率先探索户外品牌培育模式。安徽省开展长三角区域体育旅游相关评选，连续推出和发布长三角地区最佳体育旅游目的地等名单，促进区域体旅融合。上海体育学院以体育产业名录库、体育彩票公益金、体育消费调查、体育赛事评估等数据为基础，建立了长三角体育产业大数据库服务平台。连续 6 年开展长三角运动休闲体验季，成功举办活动 45 站。举办长三角体育休闲博览会、高峰论坛，搭建区域交流。每两年出版一次《长三角地区体育产业发展报告》蓝皮书。跨区域联动办赛工作形成常态化，实现赛事资源共享互补。设立沪苏浙皖体育产业人才培训基地，为体育产业高质量发展积累了人才优势等。

2020 年 10 月，经国家体育总局同意，《长三角地区体育一体化高质量发展的若干意见》正式发布，《意见》指出：到 2025 年，推动三省一市在群众体育、竞技体育、体育产业、体育赛事等领域形成一批具有重大影响和示范作用的高水平合作成果，力争成为全国体育高质量发展样板区和区域体育一体化发展示范区，助力加快推进体育强国建设。

2022年2月17日，上海市体育局、江苏省体育局、浙江省体育局、安徽省体育局共同印发《长三角地区体育产业协同发展规划（2021—2025年）》，提出着力抢占全球体育产业竞合战略制高点，打造国际领先的现代体育产业集群、体育促进双循环新格局建设引领区、全国体育产业高质量发展先行区和区域体育产业协同发展示范区。到2025年，长三角地区体育产业总规模达到1.65万亿元，产业增加值占当年地区生产总值的比重超过2%，居民体育消费总规模超过8000亿元，体育产业从业人员超过250万人。到2035年，基本形成与世界级城市群相匹配的体育产业生态系统，建成国际公认的体育产业集群。

（二）协同培育区域体育品牌

2021年3月，长三角地区体育一体化发展推进会在上海举行，确定了长三角体育全领域一体化的协作机制，成立了长三角体育一体化联席会议。上海体育学院、上海运动与健康产业协同创新中心联合三省一市体育局，共同编写出版了《长三角地区体育产业发展报告（2018—2019）》。

为加快区域体育产业协同联动，长三角协同培育了长三角国际体育休闲博览会、长三角体育节等一系列产业活动，其中长三角国际体育休闲博览会创办于2010年，是华东地区最具影响力的体育产业盛事之一，该项目由国家体育总局指导，国家体育总局体育器材装备中心、浙江省体育局、上海市体育局、江苏省体育局、安徽省体育局和金华市人民政府共同主办，是长三角地区国家级、国际化、专业化的体育用品展会，也是长三角地区最具影响力的体育产业展会之一。2021年6月，第一届长三角体育节推介会在上海举行，也宣告着第一届长三角体育节正式启动。由长三角三省一市体育部门联合打造和轮流举办。还举办了第七届长三角运动休闲体验季、长三角体育产业高峰论坛等活动。

三、成立粤港澳大湾区城市体育发展联盟可行性分析及建议

粤港澳大湾区是国家建设世界级城市群和参与全球竞争的重要空间载体，与美国纽约湾区、旧金山湾区和日本东京湾区比肩的世界四大湾区之一。湾区面积达 5.6 万平方公里，湾区人口达 6600 万人，2017 年 GDP 生产总值突破 10 万亿元、湾区 GDP 总量规模超过了俄罗斯，在世界国家排行中名列 11 位，与韩国持平，成为全国经济最活跃的地区。

（一）粤港澳大湾区城市体育发展联盟可行性分析

1. 历史机遇

粤港澳承办 2025 年第十五届全国运动会，将推动珠三角各市携手港澳，统筹推进大湾区体育工作，为共建富有活力和国际竞争力的一流湾区和世界级城市群作出更大贡献。体育除了给大湾区人民带来健康的生活方式，人们还期待它成为文化交流的使者、经济发展的引擎。此时成立粤港澳大湾区城市体育发展联盟，将是千载难逢的历史机遇。

2. 政策依据

2019 年 2 月，中共中央、国务院出台了《粤港澳大湾区发展规划纲要》，提出：共同推进大湾区体育事业和体育产业发展，联合打造一批国际性、区域性品牌赛事；推进马匹运动及相关产业发展，加强香港与内地在马匹、饲草饲料、兽药、生物制品等进出境检验检疫和通关等方面的合作。2017 年 7 月，《深化粤港澳合作推进大湾区建设框架协议》在香港签署，目标是打造国际一流湾区和世界一流的城市群，这是粤港澳乃至中国经济发展的又一次历史性机遇。

3. 发展优势

粤港澳大湾区城市体育发展联盟的发展优势主要集中在以下三点：其

一为政策优势，除了上述《规划纲要》和《框架协议》政策外，大湾区各城市还配套了相关地方政策措施，有利于推进城市体育发展联盟发展。其二为区位优势，粤港澳大湾区是我国开放程度最高、经济活力最强的区域之一，地理位置优势得天独厚，在国家发展战略中具有重要地位。其三为资源优势，开放历史由古至今，粤港澳的文化、语言相通，有认同感；交通基础设施完善，无论是辐射国际、国内的通道，还是区域内的通道，都在推进；大量的人才聚集，给这个区域注入了新鲜的发展活力。

4. 突出作用

依托联盟整合行业资源，搭建交流沟通合作平台，跨越城市协同合作，创新常态化的体育联盟合作交流工作机制，共同提升合作层次，共享联盟成果，提升大湾区各城市体育发展能级，助力国家粤港澳大湾区整体发展。成立以体育组织与体育企业为主体的"粤港澳大湾区城市体育发展联盟"，能为三地体育产业发展搭建良好的服务平台，可以加强三地之间的体育协会、体育企业之间的联系与合作，通过联合举办赛事活动、培训交流等，推动粤港澳三地体育资源的流通。

5. 发展实践

此前，已探索性推进了粤港澳大湾区城市体育相关行业联合发展。

（1）粤港澳大湾区体育教育与发展联盟筹备大会。2018年9月18日粤港澳大湾区体育教育与发展联盟筹备工作会议在广州体育学院举行。会议确定了广州体育学院当选第一届联盟理事长单位，并通过了体育联盟章程、意愿和宗旨、工作范围、权利与义务、组织与运行、经费五项内容、广州共识及 LOGO。

（2）粤港澳大湾区体育教育与发展联盟。2018年11月24日粤港澳大湾区体育教育与发展联盟成立大会在广州体育学院举行，香港大学、香港中文大学、香港大专体育协会、澳门大学、澳门理工学院、澳门田径总会、中山大学、华南理工大学、暨南大学、华南师范大学等60多家粤港澳大湾区体育教育与发展联盟单位代表参加会议。

（3）2018粤港澳大湾区体育产业发展论坛。2018年12月6日至7日在深圳市龙岗区举行2018粤港澳大湾区体育产业发展论坛，论坛依托粤港澳大湾区国家战略的广阔蓝图，邀请体育产业战略决策者、行业领军者、项目操作者共聚一堂，"构建粤港澳大湾区体育生态圈"，围绕"聚力、开放、融合"探索湾区体育产业"体育+"资源共享平台的实现路径。

（4）2020广东体育博览会暨粤港澳大湾区体育博览会。由广东省体育局、香港特别行政区政府民政事务局、澳门特别行政区政府体育局联合主办的"2020第二十一届广东国际体育用品博览会暨第十七届粤港澳国际体育用品博览会"应运而生。

（5）粤港澳大湾区电子竞技研究院。2021年5月8日，华南地区首家粤港澳电竞发展研究院在广州体育职业技术学院正式挂牌成立，新设电竞专业并于9月招生开课。

（6）"钧明杯"2020粤港澳电子竞技公开赛。广州、香港、澳门以及深圳、珠海、中山、东莞、佛山、江门、肇庆、惠州、茂名10个城市共同举办，吸引了387支战队、约2000名电竞选手参赛，线上观赛人次超过400万人，探索了粤港澳大湾区城市举办体育大赛的路子。

（7）"助力冬奥·燃情冰雪——2020年粤港澳冰雪论坛暨冰雪文化节"。2021年开始，在粤港澳地区举办的冰雪高峰论坛，各相关协会与企业将集合大湾区相关资源，打造大湾区滑雪产业交流平台，推动粤港澳大湾区冰雪运动与产业深入发展。

（8）粤港澳大湾区龙舟邀请赛。香港国际龙舟邀请赛是世界上历史最悠久的现代龙舟比赛，亦是全球最高专业水平的赛事之一。2018届香港龙舟嘉年华于6月22日至24日在香港维多利亚港及中环海滨举行，本届大赛首设"大湾区杯"，由粤港澳大湾区内的11个城市各派出一支龙舟队出赛，以促进大湾区内城市交流。

（9）穗港赛马产业经济圈。在亚运会穗港合作的基础上，依托从化"无疫区"建设的香港赛马会从化马场是粤港澳大湾区马产业重点项目，于2018年8月正式运营，是目前内地最大规模、最高标准、最为完善的马匹运动综合体。广州市政府与香港赛马会合作，以从化马场为依托，加快构建穗港赛马产业经济圈，为推进粤港澳大湾区建设注入强大"马"力。

（二）粤港澳大湾区城市体育发展联盟必要性分析

1. 应对国外湾区体育发展挑战

受益于粤港澳大湾区高质量发展的稳步推进和国家对体育产业重视程度的不断提升，粤港澳大湾区体育产业发展环境不断优化，综合实力逐渐提升。但与世界三大湾区相比，粤港澳大湾区体育产业发展还面临产业政策效果不明显、产业要素流动受阻、产业合作深度和宽度不足等问题。

2. 借鉴国内区域体育发展经验

与国内长三角、京津冀等城市群相比，粤港澳大湾区体育产业研究还相对缺乏，这与其建设的国家战略地位明显不符。应借鉴世界三大湾区体育发展的共性经验，借鉴京津冀、长三角、长株潭通过联盟创新发展体育的启示，探索一条符合湾区特色的发展之路。

3. 粤港澳大湾区城市体育创新发展需要

纵观纽约湾区、旧金山湾区和东京湾区，体育产业是湾区发展动力和成长活力的重要来源，对提升湾区政治影响力、经济贡献力和社会凝聚力具有重要作用。京津冀、长三角、长株潭通过联盟，创新发展区域体育业，助推城市高质量发展。

4. 推动解决粤港澳大湾区体育发展不平衡问题

当前，粤港澳大湾区城市还存在同质化竞争，珠江口东西岸发展也有比较大的差距：西岸的江门、中山、珠海，地方生产总值总量偏低，只相当于东岸深圳、东莞、惠州的 26%；西岸人口只相当于东岸的 38%。通过城市体育发展联盟，可以推动粤港澳各地城市资源要素的流通，解决区域发展不平衡问题

（三）成立粤港澳大湾区城市体育发展联盟建议

借粤港澳承办 2025 年第十五届全国运动会这一千载难逢的历史机遇，携手成立湾区城市体育联盟，统筹推进大湾区体育工作，为共建富有活力和国际竞争力的一流湾区和世界级城市群作出更大贡献。

1. 建立工作机制

建立粤港澳大湾区协同发展战略合作机制，在中央及粤港澳大湾区领导小组的领导下，广东、香港、澳门三地建立粤港澳大湾区城市体育联席会议制度，定期召开联席会议，共同研讨和会商区域体育合作的重大事宜以及合作中出现的新情况、新问题，形成大湾区体育可持续发展的长效机制；签署《粤港澳大湾区城市体育联盟协议》，完善系列配套工作措施；就公共体育设施建设、竞技体育人才培养、大湾区赛事活动举办、大湾区体育产业发展等方面开展相应的工作交流，进而促进大湾区三地形成资源共享、优势互补、相互抱团的体育发展新格局。

2. 构建两级联盟组织体系

构建"体育协会发展联盟—体育产业发展联盟"两级协同发展的联盟组织体系。体育协会发展联盟由广东、澳门和香港三地的体育协会、体育总会组成，根据粤港澳大湾区三地的体育发展特点，联盟主要负责大湾区的资源对接及相关工作，建立大湾区体育资源共享机制，围绕"跨境思维"和资源共享理念打造全新形态，依托整合对接资源等形式，搭建"互联网+体育"多维度平台。体育产业发展联盟主要负责资源整合，构建以粤港澳大湾区赛事为 IP，以体育为产业，以教育、文化、艺术等为关联产业，结合中国文化，输出大湾区经济，助力大湾区体育产业蓬勃发展，进

而带动大湾区经济的高质量发展，构建经济赋能格局，共享区域体育产业利益。

3. 协同创建资源共享平台

构建粤港澳大湾区资源共享平台有利于粤港澳三地通过整合和合理分配优质资源，形成供需互促、协同并进、畅通高效的资源共享体系，扩大大湾区的综合影响力，推进大湾区体育整体发展，提高大湾区整体凝聚力，从而促进大湾区体育协同发展。

4. 协同打造人才共育平台

搭建人才共育平台，助推大湾区产教融合培养体育人才。通过充分整合高等院校、体育学校、体育俱乐部等资源，协同培养体育竞技、赛事策划、市场运作、经营开发、体育管理等方面的人才。基于多边合作的联动路径，实现联盟内各城市人才资源的广泛共享，构建科学的人力资源管理体系，进一步建设跨境共享的优质人才平台。

5. 定期组织研讨

轮流牵头组织开展粤港澳大湾区城市体育联盟峰会，定期组织粤港澳大湾区城市体育产业论坛，定期组织粤港澳大湾区城市体育企业或其他专题研讨会。

6. 举办粤港澳大湾区城市专项大赛

定期举办粤港澳大湾区城市冰雪大赛、粤港澳大湾区城市羽毛球精英挑战赛、粤港澳大湾区城市电子竞技大赛、粤港澳大湾区城市马术大师赛、粤港澳大湾区城市帆船大赛等。

7. 举办粤港澳大湾区城市运动会

根据共同承办2025年第十五届全国运动会情况，结合大湾区城市体育发展实际，在合适的时机举办粤港澳大湾区城市运动会。

本章小结

建立体育联盟有利于打破体制机制互通区域阻隔，促进粤港澳大湾区体育产业的协同发展。本章通过探讨京津冀地区、长三角地区城市群的体育联盟发展情况以及纽约、旧金山、东京湾区体育交流合作情况，为粤港澳大湾区体育联盟发展提供借鉴，并为粤港澳大湾区城市体育发展联盟可行性分析提出建议。

研究认为：应结合自身实际完善产业发展体制机制，由粤港澳三地体育行政部门共建相关体育交流委员会承担区域体育发展的领导、协调、管理等宏观统筹工作；发挥体育组织和企业的主体作用，成立以体育组织与体育企业为主体的"粤港澳大湾区体育发展联盟"，通过赛事活动、培训交流等措施，鼓励香港、澳门地区体育协会来内地开展体育活动，推动粤港澳三地体育资源的流通；应借助大湾区强劲的科技创新实力，加快推动粤港澳大湾区在"互联网＋体育"领域的突破，促进粤港澳大湾区体育产业的融合发展。

研究建议：一是建立粤港澳大湾区城市体育联席会议制度，定期召开联席会议。二是构建"体育协会发展联盟—体育产业发展联盟"两级协同发展的联盟组织体系，推动大湾区体育产业蓬勃发展。三是协同创建资源共享平台，形成供需互促、协同并进、畅通高效的资源共享体系。四是协同打造人才共育平台，基于多边合作的联动路径，从而实现联盟内各地人才培养资源的广泛共享。五是定期组织研讨。六是举办粤港澳大湾区城市专项大赛。七是举办粤港澳大湾区城市运动会，以推进粤港澳大湾区城市体育领域全域深度合作。

第十五章　粤港澳大湾区体育产业协同
发展案例：赛马产业

2019 年 2 月，中共中央、国务院印发了《粤港澳大湾区发展规划纲要》，明确指出要构建粤港澳大湾区在区域内分工合理、错位发展、功能互补的城市群新发展格局。赛马产业与绿色发展理念及乡村振兴计划有着高度一致的内在逻辑，是拉动消费升级、优化产业结构的突破口，对城市群新发展格局的形成有着一定的促进作用。对粤港澳大湾区赛马产业的发展进行分析，不仅为赛马产业在其他区域的发展提供参考，还为粤港澳大湾区体育产业协同发展积累经验，更通过深入地研究分析为后续发展计划的制定等提供了借鉴，以此进一步推动了粤港澳大湾区赛马产业的发展。

一、香港赛马的发展历史

（一）改革开放前

香港赛马具有悠久的历史，可追溯到 19 世纪中叶。香港沦为英国殖民地后，英国于 1846 年在跑马地建设马场，将赛马运动带至香港。随着赛马运动受欢迎程度逐渐提升，香港赛马会在 1884 年正式成立并开始管理香港赛马运动。起初的赛马运动主要为业余性质，到 1971 年后香港赛马转变为职业活动。赛马会负责提供赛马运动及博彩娱乐服务，获得香港政府的批准，其独家经营香港赛马、六合彩与海外体育赛事博彩，一度成为香港最大的单一纳税机构与公益慈善资助机构。

凭借着赛事及马匹素质的不断提升，香港赛马赛事水平在 1980 年已逐渐接近国际先进水平。1988 年香港赛马会创办了香港杯，随即邀请了新加坡、马来西亚来港参赛，此后逐渐发展成香港国际赛事，其赛事水平与奖金达到世界顶级水平，并于 1990 年后接连获得了国际分赛资格。

（二）改革开放后至今

"马照跑，舞照跳"作为香港主权移交后实行"一国两制"方针的重要指标，可见赛马在香港文化与生活中的重要性。改革开放后，赛马被当作一种生活方式保留下来，并持续辐射到内地。大湾区内各城市陆续开始开展与香港的赛马合作，并且随着区域赛事合作范围的扩大与合作频率的增加，其已由单向辐射转变为双向交流。

2007 年，为举办 2010 年亚运会马术比赛，广州亚运会组委会与香港赛马会进行沟通、谈判后，香港赛马会决定在广州买地、建设从化马场。2009 年 12 月 2 日，亚组委、广州市政府和香港赛马会举行了《亚运会马术比赛场地建设、赛事技术支撑和赛后利用相关合作事宜备忘录》的签字仪式，这标志着香港赛马会与广州亚运会组委会的合作有了法律文件。2010 年 2 月，广州亚运会马术场地周边的"无疫区"建设得到了欧盟和 OIE（世界动物卫生组织）的认可，这为境外马匹能够进出国门打开了通道。2010 年 9 月 16 日，亚组委与香港赛马会又签订了《第 16 届亚运会组委会与香港赛马会关于亚运会马术比赛赛事技术支撑备忘录》和《第 16 届亚运会组委会捐赠协议》。这标志着广州举办亚运会马术比赛有了场地、技术、运营与赛后利用的整体规划与保障。2010 年 11 月 12 日亚运会开幕，马术比赛顺利进行。时任亚洲马术联合会主席何乃裕先生致函亚组委：这是历届亚运会中马术比赛办得最好的一届。引进香港赛马会参与广州亚运会马术比赛，是穗港、粤港深度融合的典范。

2015 年，广东省体育局与香港赛马会签订了为期 5 年的《马匹运动合作意向书》，就共同推广马术与马文化达成了协议，对双方资源进行了整合。

2019 年，一场世界级马术比赛在香港赛马会从化马场成功举办，昭示着粤港澳大湾区体育产业协同发展的持续深化，广州市从化区不断深化与香港赛马会的合作，积极推进赛马运动的相关产业发展，加速构建赛马经济产业链，为打造穗港赛马产业经济圈奠定了坚实的基础。

二、构建穗港赛马产业经济圈

（一）构建穗港赛马产业经济圈的相关政策及重要方案及合作协议

2019 年 2 月，中共中央、国务院印发的《粤港澳大湾区发展规划纲要》中提到要推进马匹运动与其相关产业的发展，在马匹、饲草饲料、生物制品等出入境检验、检疫、通关等几个方面强化内地与香港的合作。其中首次采用马匹运动进行表述，与往昔业界、学界常用的赛马产业相异。作为粤港澳大湾区经济可持续发展的重要组成部分的"马匹运动产业"是传统的赛马产业与旅游、文化、制造等相关产业的深度融合下的必然结果，各类旅游、文化创意、传媒项目以及装备制造业会围绕"马匹运动产业"发生集聚效应[1]。

2020 年 11 月，农业农村部与国家体育总局联合印发了《全国马产业发展规划（2020—2025 年）》，其目的是通过体育赛事、文化旅游来带动马匹的养殖，三者互促共进，旨在将马匹养殖与体育赛事一同谋划、布局，在体育赛事与文化旅游的引领之下，建立现代养殖体系与完善马术运动体系，培育赛马产业新的经济增长点，推动赛马产业加速升级转型，促进一二三产业融合发展，形成多领域融合发展的新格局[2]。

---

[1]　梁枢：《香港赛马会引领与粤港澳大湾区马匹运动产业可持续发展研究》，《体育与科学》2019 年第 3 期。

[2]　《农业农村部办公厅国家体育总局办公厅关于印发〈全国马产业发展规划（2020—2025 年）〉的通知》，2020 年 9 月 25 日，见 http://www.moa.gov.cn/nybgb/2020/202010/202011/t20201130_6357330.htm。

2020 年, 广州市发展和改革委员会出台了《广州市构建穗港赛马产业经济圈工作方案》, 提出要打造穗港 "一核、两轴、三区" 的赛马产业发展的总体空间布局。2021 年 5 月, 粤港合作联席第 22 次会议结束后, 双方签署了《粤港马产业发展合作协议》《广州市人民政府 香港赛马会关于共同促进穗港赛马产业发展的框架合作协议》《广东省体育局与香港赛马会大湾区体育项目合作补充备忘录》等合作协议, 将充分发挥从化无疫区与广州高端产业要素的优势, 加上香港赛马在国际上的知名度与丰富的经验, 携手共建穗港赛马经济区, 共创大湾区高质量产业发展典范①。

(二) 构建穗港赛马产业经济圈的发展历程

香港赛马举世闻名, 从赛事水平、骑师、练马师乃至马匹皆广获国际认同, 但受城市发展空间的限制, 一直在寻找能够辅助沙田马场进行马匹训练的额外土地。恰逢 2010 年广州举办亚运会, 从化马场成为当时马术项目的场地, 其间香港赛马会为赛事的顺利进行提供了诸多帮助。2011 年, 香港赛马会便在从化马场原有场地的基础上投资新建了一大批马匹训练设施, 将其打造成内地首个世界高标准的纯血马匹训练中心, 随后将其改名为香港赛马会从化马场。该马场位于广州市从化区良口镇, 包含了国际标准跑道、马医院、马厩等设施, 是内地第一, 世界上第五十三个无疫区马场。

从化马场于 2018 年 8 月正式启用, 其不断对接粤港经济与社会规则, 成为穗港马产业合作的典范, 并于 2019 年成功举办了世界级的纯演示性速度马术比赛。2019 年 2 月, 中共中央、国务院印发的《粤港澳大湾区发展规划纲要》明确指出, 马匹运动及相关产业是未来粤港澳人文湾区建设中

---

① 南方日报:《粤港签署〈广东省体育局与香港赛马会大湾区体育项目合作补充备忘录〉, 共建赛马产业经济圈》, 2021 年 5 月 14 日, 见 http: //tyj. gd. gov. cn/tyxw_ zyxw/content/post_ 3283537. html。

的重要内容。从化马场的落成到比赛成功举办，背后体现了粤港澳大湾区协同发展的不断深化。为了让香港的赛马能够更方便地享受到从化马场的设施以及实现马场自身的项目建设与发展，广州海关给予了大力支持，积极地创新往返粤港马匹的"一体化"通关检疫监管模式。通过"一次审批、多次往返"与"暂时进口、全时隔离"等审批、隔离检疫措施将赛马通关时间压缩三成以上并依托于数字技术与大数据不断优化监管服务水平与深化"智慧海关"应用，实现 24 小时"随到随验"与主要功能区的全天候监控①。

2020 年 11 月，农业农村部与国家体育总局联合印发了《全国马产业发展规划（2020—2025 年）》。在建立现代马产业养殖体系与完善马术运动体系的发展目标指引下，穗港赛马产业链不断拓展，价值链亦得到了提升，带动了上下游诸多产业的发展，产生了一大批岗位，拉动了一批投资，加速了穗港赛马经济圈的构建。随着粤港就赛马产业合作的不断深化，一系列文件的签订及地方方案的出台，为穗港赛马经济圈的建设提供了助力，穗港赛马经济圈将产生巨大的集聚功能与溢出效应，不断扩大其经济规模，为带动区域体育产业发展乃至区域经济发展提供了示范。

三、粤港澳大湾区赛马产业协同发展的路径分析

（一）强化政策支撑引领，推动粤港澳大湾区赛马产业协同发展

粤港澳大湾区赛马产业的利好政策频出，除了之前已提过的《全国马产业发展规划（2020—2025 年）》与《粤港澳大湾区发展规划纲要》之外，广东省亦出台了《广东省体育强省建设实施纲要》《广东省全民健身

---

① 海关总署：《海关助推大湾区现代马产业发展　从化马场运营两周年往返粤港马匹 7576 匹次》，2020 年 9 月 15 日，见 http://guiyang. customs. gov. cn/customs/ztzl86/302414/302415/gmzyx/zjyx/3284921/index.html。

实施计划（2021—2025 年）》等政策，其推动了马术项目与马文化的发展，加强了香港与内地在赛马产业上的合作，推进了大湾区赛马产业及相关产业的融合发展。除此之外，还必须通过完整的政策体系、突出的政策支撑及细化的政策保障等举措才能真正发挥政策的引领作用，推动粤港澳赛马产业的协同发展。

粤港澳大湾区涉及"一国两制、三个关税区、三种法域"，这既是优势，亦是挑战，急需在短时间内形成较为完善的政策体系，破除三地的差异，为粤港澳三地赛马产业的协同发展提供坚实的保障。目前，根据政府公开网站的数据分析，在《粤港澳大湾区发展规划纲要》出台后的两年中，已有超过 230 部涉及粤港澳大湾区相关政策文件相继出台，其构建起了较为完备的政策体系，推动了粤港澳大湾区赛马产业的协同发展。在数字技术赋能下催生出的"互联网+政府"模式，推动构建亲清政商关系，依托于区块链与大数据，打造出全流程、精细化的政府服务，极大地提升了政务服务的效率及质量；并且建立政务服务的评价制度，压实政府、平台等各主体的责任，并创新考核机制，充分发挥考核评价的奖惩作用；完善监督机制，对赛马产业中涉及土地流转，工程建造等重点领域进行重点监控，对违法乱纪现象采取"零容忍"态度，并强化法制保障，加强公平竞争的建设，为政策的落实提供保障，进而营造良好的营商氛围以推动粤港澳大湾区赛马产业协同发展。

（二）加快产业链条升级，带动粤港澳大湾区赛马产业协同发展

我国内地赛马产业缺乏核心竞争力，其中两个重要环节"育马训练"与"竞马赛事"，由于发展定位不同，资源要素缺乏与热门 IP 匮乏等原因表现不佳；而赛马彩票作为赛马产业链中高附加值回报的重要环节，由于政策原因始终处于搁浅状态。

随着一二三产业融合发展的不断深化，粤港澳大湾区赛马产业得到了

优化与升级：首先，粤港澳大湾区赛马产业的产业链正在不断延伸，随着产业融合发展的深化，广州的"育马训练"正在逐渐趋于成熟，其不仅表现为扩大对优质马匹的培育、基础训练设施的建设抑或如"从化马匹训练中心"策骑员招募的育马专业人才的扩充，更将赛马产业链延伸至安山村，带动周边村民通过种植优质马草将该地打造成粤港澳大湾区最大的马草种植基地，实现增收致富。

其次，粤港澳大湾区赛马产业的价值链正在不断提高，2021年香港赛马比赛在全球一级赛榜前50位占据6席，未来随着从化马场正式举行常规赛马，其将借助香港赛马会嵌入赛马产业全球价值链体系，不断提升自身知名度，以实现价值链的提升。

最后，粤港澳大湾区赛马产业的产业链将不断优化，赛马博彩是带来高附加值回报的重要环节，澳门作为以博彩业为主的城市，随着产业融合的不断深化，应发挥澳门博彩业的优势，通过对赛马彩票的不断探索，提高运作与管理来保证赛马彩票的公益性，为赛马彩票在区域内的正常发行做努力。

此外，广州着力打造"育马+驯马+赛马"的发展模式，不断延伸至上下游产业链，通过探索赛马产业与文化、体育及旅游等的融合，补足了赛马产业的增值环节，优化了赛马产业结构，提升了赛马产业综合竞争力[①]。未来从化马场的发展方向应延伸与拓展产业链，推进育马、驯马、马术等涉马产业的发展，探索育马产业、赛马产业、旅游观光和大型赛事的深度融合，将产业链延伸拓展至赛马产业的上中下游，构建国际一流的赛马产业生态圈，激活经济发展的引擎，为乡村振兴注入活力。

产业融合在空间层面体现在不同产业的布局优化及空间重塑，其促使

---

① 徐珍：《粤港澳大湾区赛马产业联动的路径研究》，广州体育学院硕士学位论文，2022年。

产业链上的一二三产业在区域空间中高度协同和协作，即空间合理分布，要素在空间内高效配置。一二三产业的深度融合，延伸与拓展产业链，整合产业链的上下游，促进区域产业资源的协同共享，提升城乡体育产业关联度，构建体育产业生态圈，推动区域体育产业的定位与分工向更专业化的层次攀升，促进区域体育产业的协同发展。

（三）激发市场消费活力，拉动粤港澳大湾区赛马产业协同发展

鉴于香港的地域空间相对而言较为狭小，赛马会运营的效率迫于空间的限制已几近饱和，但在赛马产业与乡村振兴计划的结合下，一二三产业的融合发展不断深化，广东省的资源要素禀赋优势与消费市场的潜力正在不断释放，随着从化马场发展的不断完善，弥补了香港赛马产业中较为薄弱的育马产业的短板，更通过挖掘内地潜在消费市场，拓宽了"竞马赛事"的市场份额，创造了粤港澳大湾区体育消费的新动能。以"竞马赛事"与"育马训练"为核心，深挖赛马产业与旅游、文化、教育等的融合：提高办赛水平，完善多级赛马竞赛体系，依托香港马会嵌入赛马产业的全球价值链体系，打造热门赛事 IP；建立马匹驯养基地、马具制造基地；规划赛马旅游产业圈，在绿色发展理念下结合区域自然禀赋建立马术小镇、开创"赛马+温泉""赛马+乡村"等文体旅融合的产品，打造适合粤港澳大湾区发展的赛马旅游绿色发展模式；丰富赛马培训，推动马术及赛马运动的发展。不断丰富的产品，大大减少了粤港澳大湾区赛马产业的同质化竞争，促进了区域内体育产业的协同发展。

随着粤港澳大湾区赛马产业协同发展的不断深化，赛马运动参与群体的数量日趋庞大，马术俱乐部的数量飞速增长，已从 2017 年的 1000 家发展为 2022 年的 3000 多家，对赛马比赛的需求随之增大，倒逼着市场对比赛进行提量升质。而随着"双减"政策的出台以及赛马文化的传播，马术作为中高端项目，在体育兴趣班中的需求不断被抬高，《2021 年中国马术

行业研究》显示，马术消费者呈年轻化，约70%的马术消费者为青少年，并且其中七成以上的大众消费者的马术体验愿强烈。从消费动机层面来看，家长让孩子报马术课程主要目的是为提升孩子的气质、品质及进入高端社交圈等，马术已然成为高净值人群在体育兴趣培训项目中较常见的选择。马术培训带动了马具制造业、马匹养殖业及赛马教培行业的发展，且随着马术培训不断普及，其将拉动粤港澳大湾区赛马产业协同发展。

（四）加速数字技术创新，驱动粤港澳大湾区赛马产业协同发展

纵观整个赛马产业，马匹、场地、赛事及人才均为赛马产业的代表性资源，其丰裕程度与流动状况对区域赛马产业造成较大的影响。粤港澳大湾区集中了丰富的赛马资源，资源在区域内的流动与各地区的经济呈正相关，表现为与经济较好的区域双向流动，与经济较弱的地区往往是单向流动较多。

在区域联动的初期主要表现为生产要素向产业优势地区的聚集，待到联动的后期，生产要素会回流到经济欠发达的地区，且各地区之间会加大技术和信息流动的强度。故加速数字技术创新，依托于大数据、区块链等创建赛马产业的数字化交易平台，不断创新马匹交易、人才流动的模式，极大地优化了粤港澳大湾区赛马产业的资源要素配置、流转，推动着区域赛马产业的协同发展。

四、粤港澳大湾区赛马产业协同发展的启示与建议

在对粤港澳大湾区赛马产业协同发展案例进行了深入的探究后，发现在粤港澳大湾区赛马产业协同发展的过程中，赛马彩票、赛马文化、赛马人才、赛马产业联盟这几个重要的方面发展有所欠缺且对其研究较少。

（一）探索发行赛马彩票

在赛马产业中，赛马比赛与赛马彩票相辅相成，不可分割。顶级马术比赛的组织、运营、管理等已与赛马彩票融为一体，为彩票发行创造了浓厚的氛围。发行赛马彩票为赛马比赛提供了充足的资金支持，对提升比赛质量、扩大办赛规模具有重要作用。

在香港，赛马彩票属于公益慈善事业，是市场经济体制下的一种财富再分配工具。香港赛马会一度成为香港最大的单一纳税与公益慈善机构，而博彩税收占据了半壁江山，如2014年博彩纳税达120亿港币，占香港赛马会纳税总额的60%。香港赛马会建立了极为完善的慈善基金管理机制，具有足够的能力保障香港赛马彩票的公益属性。通过合法授权，政府与国际执法机构合作打击非法跨界赌博。

目前，由于内地政策的严格限制，将赛马彩票作为赌博处理。未来可尝试将澳门作为试点，依托澳门丰富的博彩经验与市场、政策优势，允许从内地去澳门的游客购买赛马彩票。同时不断探索适合的管理机制，在确保公益性的同时尽量降低利用其进行赌博的风险，为未来逐步开放发行做好准备。

（二）强化赛马人才储备

人才是发展的基石。特别是在数字经济时代，人才决定着国家实力的强弱，是国家向前发展的核心软实力。由于赛马产业在内地的发展，人们对马术等运动的需求不断增加，加之内地赛马专业人才较为稀缺，在一段时期内可能会形成人才缺口。

在粤港澳大湾区赛马产业协同发展的过程中，应强化赛马人才储备：
（1）应完善现有的赛马人才培养模式，加大对相应人才的培养，鼓励学校开展赛马相关专业，按照市场的需求去制订培养计划，探索构建产、学、研、媒多元化主体的人才培养模式；与香港联合发展赛马人才计划，依托于香港发达的赛马产业与教育资源，挖掘并培育赛马人才；随着产业融合发展与数字化的不断深化，传统的赛马人才已无法适应当下的发展，应对这批人进行培训，以提高其专业素质。（2）应创新人才引进机制，要以尊重人才为准则，不断探索人才引进与管理的创新模式，以实际需求为导向，提高稀缺的体育赛马人才的待遇，强化稀缺人才的政策扶持力度，并落实人才引进制度，为粤港澳大湾区赛马人才的储备提供坚实的保障。（3）应搭建人才交流平台，积极构建人才信息库，并依托于数字技术与大数据，实现粤港澳大湾区赛马人才信息共享，创新人才在三地流动的模式，推动高层次赛马人才的"柔性流动"。

（三）创新赛马文化传播

实践证明，现代赛马运动的社会意义已突破竞技体育范畴，表现出价值的多元化。从文化的三个层次来看，其表层文化为最具体、显性的物质文化，其包括马匹、马场、赛事、彩票等，均有实物呈现；其中层文化为法律法规等制度文化，其包括赛事规则、礼仪、赛马博彩制度、利益分配制度、马匹交易拍卖制度等，约束与协调着赛马运动参与者的关系；其中深层文化为观念心态上反映的精神文化，从最初的对马匹、骑术的热爱，伴随着不同社会因子对赛马运动的影响，逐渐超出了单纯的喜爱，通过赛马追名逐利、利用赛马扩大社会福利、进行休闲娱乐等，凸显出其精神文化的多样性①。

由于赛马博彩现阶段在国内仍是越过政策红线的等同于赌博的存在，故在筛选其文化元素时应去其糟粕留其精华，将博彩暂时剔除，并适度融入传统的中国赛马文化，创新具有中国特色的赛马文化。创新赛马文化的

---

① 曾庆旋：《文化解构视野下赛马产业的内涵、结构与特征》，《武汉商学院学报》2014年第3期。

传播。首先，依托自媒体平台如抖音、微博等，通过对个人 IP 的扶持（如赛马王子丁真）、赛马的科普软文、赛马知识的讲解、赛马直播教学、表演等传播赛马文化；其次，与体育电视台或视频官方平台联合打造赛马系列综艺节目、影片、动画、短剧等，以直接的视听形式传达给普通观众，给人以别开生面的赛马文化体验；最后，依靠数字技术加持，如可以通过对 VR 赛马游戏等的体验，使人对赛马文化产生浓厚的兴趣。

（四）构建赛马产业联盟

20 世纪 70 年代末，产业联盟在英、美、日等发达国家蓬勃发展。通过企业的联合，产业联盟能在自身领域内形成较大的影响力，并为成员企业带来市场、信息及新客户，同时有助于自身核心业务的拓展。相较于企业并购，产业联盟以较低的风险完成较大范围内的资源调配，形成了明显的优势互补，提高了产业竞争力，拓展了发展空间。

当前粤港澳大湾区赛马企业主要在行业协会的引领下进行合作交流。由于行业协会的主要职能是行业自律，并未使大湾区内赛马企业形成制度化合作，也无法成立赛马产业联盟，在一定程度上限制了赛马企业的发展。在粤港澳大湾区赛马产业的发展过程中，应尝试构建产业联盟，形成优势互补，提高自身竞争力以实现在更高层次上的协同。

本章小结

香港赛马具有悠久的历史。改革开放后，利用举办 2010 年亚运会马术比赛的契机，广州和香港建立了深度的赛马产业合作，逐步打造了穗港赛马产业经济圈。在此基础上，本章提出了粤港澳大湾区赛马产业协同发展路径。第一，强化政策支撑引领，构建完整的政策体系、突出的政策支撑以及细化的政策保障。第二，加快产业链的升级，随着一二三产业的融合发展,与乡村振兴相契合,不断拓展、延伸产业链,提高价值链。第三,激发市场消费活力,依托香港赛马会,打造热门赛事IP,借助产业融合开发多元化的消费产品。第四,加速科技创新,依托区块链、大数据等技术创新或应用创新,创建人才流动交易模式、赛马要素资源交易平台等,畅通区域内赛马相关资源的流动。第五,提出了相应建议:以澳门为试点探索发行赛马彩票,强化赛马人才储备,创新赛马文化传播,构建赛马产业联盟。

第四篇 保障篇

第十六章 粤港澳大湾区体育产业协同
发展的体制机制保障

粤港澳大湾区是我国开放程度最高和经济活力最强的区域，也是我国体育事业和体育产业高质量创新发展的核心区域。新时代，在全面深化改革、全面扩大开放新格局、推进粤港澳大湾区建设和体育强国建设的时代背景下，粤港澳大湾区体制机制保障是实现粤港澳大湾区协同发展的核心问题。从高质量发展的角度来看，粤港澳大湾区体制机制保障体系的构建是实现区域协同发展，消除区域内体育管理行政割据和实现体育资源、要素、服务的自由流通的重要因素。因此，构建科学、合理的体育体制和灵活、多元的运行机制是提升粤港澳大湾区体育发展竞争力和促进区域体育产业协同发展的重要保障。

一、粤港澳大湾区体育产业协同发展体制机制保障的构建思路

体制机制保障是粤港澳大湾区体育高质量发展的根本保证。在构建以国内大循环为主体、国内国际双循环相互促进的新发展格局，推进国家治

理体系和治理能力现代化背景下，要根据粤港澳大湾区经济社会发展的实际情况和发展动态，在总结经验、把握发展规律的基础上，按照"一个目标、两个层面、三个原则和四个主体"的总体思路来构建粤港澳大湾区体育产业协同发展体制机制的保障体系，以期在体育体制机制创新上取得突破，增强体育发展的活力与动力。

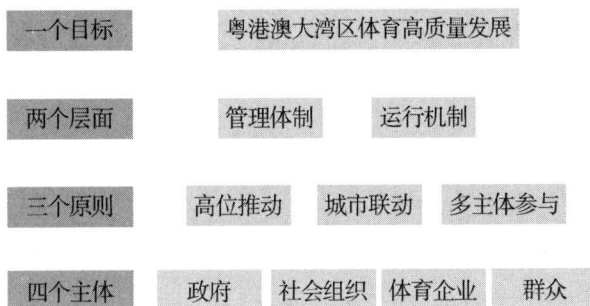

一个目标	粤港澳大湾区体育高质量发展			
两个层面	管理体制	运行机制		
三个原则	高位推动	城市联动	多主体参与	
四个主体	政府	社会组织	体育企业	群众

图 16-1　体制机制保障体系构建思路

（一）一个目标：实现粤港澳大湾区体育高质量发展目标

我国经济已由高速增长阶段转向高质量发展阶段，正处在转变发展方式、优化经济结构、转换增长动力的攻关期，建设现代化经济体系是跨越关口的迫切要求和我国发展的战略目标。新时代，粤港澳大湾区体育体制机制改革要担负重要的责任，要加快通过转变粤港澳大湾区体育发展方式，运用粤港澳大湾区协同举办品牌赛事，创新全民健身服务，培育体育多元人才、扩大体育消费规模，促进体育产业发展、引领体育服务升级、拉动区域协同发展等方式，为粤港澳大湾区体育高质量发展和区域体育核心竞争力全面提升服务。

（二）两个层面：管理体制和运行机制

粤港澳大湾区体育产业协同发展的体制机制保障既包括管理体制保障，又包括运行机制保障。从管理体制上看，应加强顶层设计，厘清粤港澳大湾区建设领导小组、国家体育总局以及三地体育行政部门的职能界限。同时，应厘清政府管理和社会管理的职能边界，突出管办分离。体育行政部门主要聚焦其行政职能，为大湾区体育协同发展牵线搭桥，强化服务职能，将体育资源的市场配置移交给体育社会组织和体育企业。从运行机制上看，要充分发挥区域市场资源和主体活跃优势，按照优化、协同、高效的原则，建立多元化的运行机制。

（三）三个原则：高位推动、城市联动和多主体参与

粤港澳大湾区体育产业协同发展的体制机制保障体系应遵循三个构建原则。一是坚持高位推动。充分贯彻落实粤港澳大湾区规划纲要、体育强国规划纲要等国家战略，建议在粤港澳大湾区建设领导小组的指导下，构建"粤港澳大湾区体育管理理事会"，并作为粤港澳大湾区体制机制改革、先行先试的重要内容推动。通过重大赛事引领、建立联席会议制度、定期调度等方式确保体制机制创新落实落地。二是坚持城市联动。粤港澳三地政府发挥牵头抓总作用，三地体育行政部门统筹联动，在政策指导、方案把关、项目建设、督促检查、考核评价等方面实现协同联动。三是坚持多主体参与。粤港澳大湾区体育发展要注重多元主体的参与，既要在政府的合作机制方面进行突破，也要在民间合作机制方面有所创新。在政府的合作机制方面，要注重政府间的沟通合作，制定相关的体育产业政策、行政规划与投融资政策等保障粤港澳三地体育的融合发展。在民间合作机制方面，要注重体育协会与体育组织的作用，通过专业的体育联盟等来促进民间自发的交流合作。

（四）四个主体：政府、社会组织、体育企业和群众

粤港澳大湾区体育产业协同发展涉及政府、社会组织、体育企业和群众4个参与主体，在体制机制保障体系的构建中更要充分发挥多元利益主体的作用。一是发挥政府的引导作用。政府要从顶层设计出发，在制度建设和运行机制上进行系统规划。在"粤港澳大湾区建设领导小组"的指导

和国家体育总局的业务、技术支持下，结合广东、香港、澳门实际情况，由三地体育行政部门共同讨论、协商、尝试解决粤港澳大湾区体育发展过程中的体制、机制性问题。二是充分发挥社会组织的平台作用。加强广东省体育协会及 9 个城市体育协会的组织建设与实体化改革进程。三是激发体育企业市场服务手段。考虑到香港、澳门地区体育项目的运行机制主要是依托企业，采用市场化的资源配置方式。四是鼓励大湾区群众参与。拓展大湾区群众参与各类体育赛事、体育交流活动、体育项目合作等渠道，为大湾区群众的参与和相关要素流通提供便利。

二、粤港澳大湾区体育产业协同发展体制机制保障的具体措施

（一）建立国家层面和三方参与的管理协调机制

粤港澳三地在政治制度、经济制度和司法制度等方面存在较大差异，尤其是珠三角 9 地（市）的很多决策都需要先经过广东省政府再到中央政府的审批，三地政府之间的沟通和协作存在较大限制，使得资源要素流通不畅。港珠澳大桥是粤港澳三地顶层设计的成功案例，这个超级工程通过独特的制度安排，克服了三地在法律制度、行政制度和相关规则标准的差异，实现了"一国两制三地"的顺利通关。大湾区体育产业发展可以借鉴港珠澳大桥建设和管理的成功经验，在粤港澳大湾区建设领导小组下设由国家体育总局、国务院港澳办等相关部委以及广东、香港和澳门三地体育行政部门参与的粤港澳体育领导议事协调机构，统筹粤港澳大湾区体育事业协同发展，组建"粤港澳大湾区体育管理理事会"，负责大湾区日常体育的规划、建设与管理。由理事会组织签署《粤港澳大湾区三地体育协议》，将协议作为大湾区体育发展过程中管理协调机制和争议解决机制的"基本法"，明确阐明各自的权限范围和议事规则，克服内地与港澳地区在政策法规、管理体制、办事程序、技术标准、思维习惯等多方面存在差异，协调各方的诉求，用行政的手段消除阻碍市场机制发挥的行政力量。

同时，设立"粤港澳大湾区体育发展联席会议制度"，加强粤港澳三地11个城市体育行政部门之间的联系与互动。

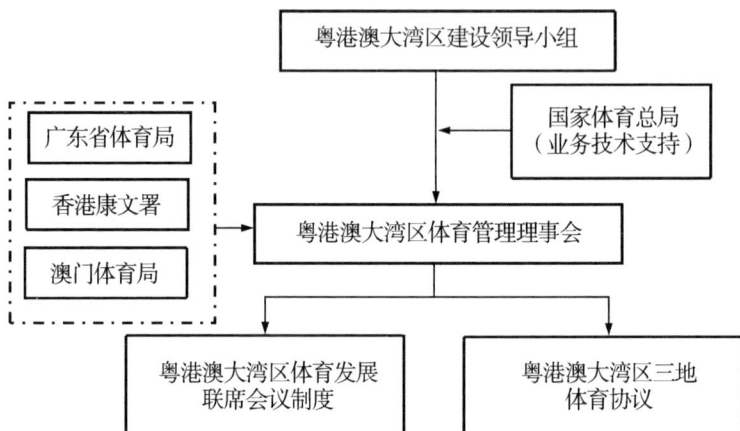

图 16-2　粤港澳大湾区体育管理协调机构图

（二）强化全局性、针对性和延续性的湾区规划部署机制

区域体育产业发展规划决定了一定时间内区域产业发展的重点和方向，需要政府从顶层设计出发进行制定、实施和推动。结合湾区总体规划以及全国体育发展规划、香港澳门特别行政区体育发展规划、澳门特别行政区体育发展规划、广东省体育发展规划和大湾区内各个城市的体育产业发展规划，定期编制《粤港澳大湾区体育发展规划》，统筹协调湾区内财政、税收、金融、土地和公共服务等政策。通过《粤港澳大湾区体育发展规划》的编制，明确粤港澳大湾区各类体育事项发展的目标和重点任务，明确地方政府的责任分工和各类体育事项的推进时间，通过建立全局性、针对性和延续性的体育产业规划机制来解决湾区体育产业发展的问题。同时，粤港澳三地应定期举行高层领导和部门间的会晤和协调机制，探讨规划实施中出现的问题、解决方案以及处理体育交流活动中的日常事宜，为粤港澳大湾区体育产业协同发展营造有利的制度环境。此外，制定年度粤港澳三地体育协作绩效评价体系，通过考核监督有秩序地推进粤港澳大湾

区体育产业的高质量发展，加速粤港澳大湾区世界级城市群建设和全球竞争力的提升。

（三）推进政府、社会、企业共同参与的体育产业发展协作机制

粤港澳三地的合作既要有政府间的沟通合作，也要有民间自发的交流合作，这样才能加快促进三地的融合发展。要充分发挥大湾区内各企业和社会团体在区域合作中的作用，为民间体育交流平台破除障碍，增进粤港澳三地体育企业和体育社团的交流和沟通，进而促进湾区内人流、物流和信息流的高效流动，促进湾区内体育产业的发展。具体而言，在政府层面要建立大湾区管理的各运动项目协会联盟，负责管理大湾区相关体育项目事务，充分发挥协会在联系三地政府、企业和群众中的作用，推动三地体育产业要素自由流动。在社会层面，推动成立粤港澳大湾区体育产业联盟，由知名体育企业、体育智库、体育社会组织组成，定期向粤港澳大湾区体育管理理事会或粤港澳三地政府提出具体诉求，形成粤港澳大湾区体育产业决策和咨询的"双轨机制"。

（四）畅通粤港澳大湾区体育服务要素流动机制

人与物的流动是粤港澳大湾区产业协同发展的关键。要畅通粤港澳大湾区体育服务要素的流动，则应消除粤港澳三地之间的体制机制障碍，最大限度地减少粤港澳大湾区在服务标准、市场化程度等方面的落差。首先，要建立体育行业服务标准与管理的对接机制。三地体育行业服务标准的不同，造成了人与物的流动受到了阻碍。需要在粤港澳大湾区建立体育行业的共同服务标准或统一管理模式来提高行政效率。例如目前粤港澳三地的教练员、指导员、培训师等体育资格认证并不互相认定，这给三地的体育交流带来了障碍，因此可以在大湾区设立共同的认证机构来处理认证事务，统一制定能够通用于粤港澳三方的认定标准，经共同的认证机构认证的体育专业人员可以在粤港澳三地自由工作。此外，可以整合湾区体育

资源，实现体育资源的共享共用，并在体育消费、国民体质健康、全民健身等领域构建大数据服务平台，打造全球体育数据"领跑者"。其次，建立体育服务贸易的"负面清单"，明确港澳体育服务贸易经营范围和边界，破除准入后的隐形壁垒和经营障碍，为港澳体育服务企业创造广阔的市场经营空间。最后，应遵循以《服务贸易总协定》相关规定为基础，以无实质贸易投资障碍为准则，设立各级相关政府部门有关工商注册登记、行政审批、牌照发放等经济领域的政府权责"正面清单"，彻底打破内地复杂的营商环境以及地方保护主义等"玻璃门"，建立良好的体育服务贸易营商环境。

（五）创新粤港澳大湾区多领域项目合作机制

以体育赛事、全民健身、体育人才培养以及体育信息服务等体育项目合作为基础，体育行政部门在宏观层面主动协调和沟通，相关体育社会组织和体育企业创新市场机制，不断丰富粤港澳项目合作内容，以精准合作为主题，加强对既符合现有政策，又富有市场潜力、风险相对可控的项目拓展力度。一是在体育赛事合作层面：（1）举办国家级、国际级综合性运动会，大型体育赛事的举办将推动三地政府的协同合作，科学、合理地破除制约体育人才、资金、资源自由流动的不利因素。（2）积极举办粤港澳大湾区城市联赛，打造大湾区自有 IP 品牌赛事。根据运动项目产业的特征和粤港澳大湾区的特征，可尝试推动足球、篮球、羽毛球、网球等市场化程度较高的项目，打造城市联赛，拉动粤港澳三地的交流。（3）实现体育赛事资源相互预留。粤港澳大湾区体育赛事观赏、参赛等名额相互预留。如广州马拉松、深圳马拉松等赛事可预留若干跑友名额给港、澳地区跑友，反之亦然。二是在全民健身合作层面：加强粤港澳大湾区全民健身工作联动，在体育公共服务标准、体育空间共享、体育活动互联方面，加强沟通与协作，开展多元化的区域群体活动赛事，形成一批示范项目。同时，在全民健身人才资格认证和等级评定方面实现相互衔接、认同。三是在体育人才培养层面：（1）着眼于培养高水平体育后备人才，整合粤港澳三地"训、科、医、教、服"资源，构建区域体育后备人才培养的协同体系，实现优势互补，为奥运争光战略服务。（2）统筹粤港澳三地高水平体育训练基地资源，有计划、分阶段实现基地共享计划，为后备人才培养服务。（3）开展教练员协同提升计划，依托粤港澳大湾区高校、科研所、训练基层及人才资源，根据粤港澳大湾区的项目优势与人才优势，实现互联、互帮、互补计划，共同提升区域内高水平体育教练员水平。四是在体育信息服务层面：依托区域内信息科技的优势企业，积极推动移动互联网、云计算、大数据、物联网等信息技术、数字科技与体育服务的结合，共同建设粤港澳大湾区体育信息服务平台，为区域内体育赛事、全民健身、体育消费等提供迅捷的信息服务。

本章小结

粤港澳大湾区体育产业协同发展体制机制的保障体系要按照"一个目标、两个层面、三个原则和四个主体"的总体思路来构建。一个目标是实现粤港澳大湾区体育高质量发展目标；两个层面是指体制机制保障，包括管理体制和运行机制；三个原则是指要坚持高位推动、坚持城市联动和坚持多主体参与；四个主体是体制机制保障体系的构建要充分发挥政府、社会组织、体育企业和群众等多元利益主体的作用。

粤港澳大湾区体育产业协同发展的具体保障措施是建立国家层面和三方参与的管理协调机制；强化全局性、针对性和延续性的湾区规划部署机制；推进政府、社会、企业共同参与的体育产业发展协作机制；畅通粤港澳大湾区体育服务要素流动机制；创新粤港澳大湾区多领域项目合作机制。

第十七章　粤港澳大湾区体育产业协同发展的法治保障

法治是产业健康有序发展的重要保障，是规范市场行为，维护市场公平竞争的基础。法律是规范社会行为的准则，为各种市场主体提供一个公平、开放、透明、稳定的营商环境，保障市场经济发展的可持续性。在体育产业协同发展过程中，法治保障作为制度资源，为体育产业的健康发展提供坚实的基础。粤港澳大湾区作为一个国家、两种制度、三个关税区、三个法律体系、"9+2"的组成模式超越了以往任何一个城市群的定位，因此，夯实粤港澳大湾区体育产业协同发展的法治保障基础，稳步推进湾区内体育产业的长效发展，显得尤为重要。通过充分发挥法治保障作为基础性制度资源的作用，能够引领粤港澳大湾区体育始终坚持正确的发展方向以及永葆发展活力赋能。

一、粤港澳大湾区体育产业协同发展法治保障的建设思路

新修订的《体育法》增加了"体育产业"的章节，充分肯定了体育产业的地位和作用，对充分发挥体育的多元价值功能，推动体育产业高质量发展，加快建设体育强国具有重大意义，也为粤港澳大湾区体育产业协同发展奠定了立法先行的基础。在立法先行的基础上，粤港澳大湾区需要通过三地的协同立法、协同执法、协同普法消除体育产业划分不清、体育产业协同的法律依据模糊、体育产业协同的法律效力不明等法治盲区，以补

足制约湾区三地体育产业协同发展的制度短板。因此，粤港澳大湾区体育产业协同发展的法治保障建设应从以下五个方面着手。

（一）构建循序渐进的法治保障体系

为了保障粤港澳大湾区体育产业协同发展，需要根据大湾区建设的短期目标、阶段性规划及其治理需求制定相应的法治建设规划。在初期阶段，应以促进合作和转型升级为主要任务，制定相关发展规划和实施纲要，加强中央与粤港澳三地政府之间的合作机制，通过法定程序拓宽广东及自贸区进行先行先试、制度创新的空间。同时，应清除区域体育供给障碍，减少贸易、投资、教育、就业等跨境交流的规则限制。随着大湾区体育产业协同发展的推进，法治建设的重点应该逐渐从促进合作转向深化和保障合作。这包括构建监督、评估等实施机制，保障体育产业合作治理顺利展开；建立体育市场主导的经济体制，不轻易干预体育市场主体、体育社会组织的合作；在出入境管理、金融监管、信息管理等领域签订合作协议；建立体育知识产权保护等案件的跨境合作机制等。同时，还需要加强体育产业信用体系建设，加强对运动员、教练员、裁判员等从业人员的管理和保护。

（二）将先行先试纳入法治轨道

在粤港澳大湾区体育治理中，应将先行先试纳入法治轨道。先行先试并非恣意妄为，而应在法律法规的基础上进一步规范化。为此，应明确适用先行先试的体育主体范围和禁止性事项范围，限制粤港澳地方政府或相关机构在法律保留事项上进行先行先试。各级政府对法律法规的变通适用必须经过全国人大常委会及广东省人大常委会等有关机关按照法律程序作出授权批准。授权机关还应强化对先行先试实际效果的跟踪评估，建立监督、延期及终止机制。先行先试的有效经验应及时上升为法律规则，并予以细化。同时，体制机制创新也应遵守法定程序和法律层级，由授权先行先试的机关对试验成果进行巩固和确认，并由中央与粤港澳三地构建相应的合宪合法性审查机制。此外，应重点明确关于体育产业协同发展规范性文件的效力层级，以防止其与现行法律法规产生冲突。

（三）注重软法和硬法的结合

在粤港澳大湾区体育产业协同发展的法治保障构建中，软法与硬法的衔接适用至关重要。软法是指非正式的法律规范，如区域合作协议、行业协会章程、权力清单等。这些规范可以灵活适应多元化的利益诉求和创新要素集聚，快速响应市场变化和产业发展需求。软法规范的广泛应用，可以弥补硬法滞后性、刚性引起的制度缺位和失灵，推动各方利益的平衡和达成共识。同时，软法还承载着众多的公共治理功能，对大湾区体育治理的保障和推动作用不可忽视。硬法是指正式的法律规范，如法律、法规等。在粤港澳大湾区体育产业法治保障构建中，硬法是重要的基石和保障。它们可以确保市场规则的公正性、合理性和可预期性，维护各方利益的合法性和合规性。硬法的适用，可以提升粤港澳三地的法治水平，降低大湾区内部的制度壁垒，促进粤港澳市场规则的对接和法治营商环境的建立。

在利益诉求多元、创新要素集聚、矛盾复杂多样的大湾区发展过程中，软法承载着众多的公共治理功能。应当正视软法对大湾区治理的保障和推动作用，明确软法在法律规范体系中的地位，增强软法治理效能。然而，软法的实施必须要有硬法的支撑和保障，两者相辅相成、相互补充，才能更好地促进粤港澳大湾区体育产业的协同发展，构建完善的法治保障体系。因此，在粤港澳大湾区体育产业法治保障构建中，应充分发挥软法和硬法的优势和功能，实现软硬衔接，确保粤港澳三地体育产业的可持续发展和法治建设的不断提升。

（四）体育产业法治化水平均衡发展

积极推进粤港澳三地体育产业法治化水平的均衡发展。粤港澳三地的体育产业法治化水平存在差异，为促进粤港澳市场规则的对接、营造一体化的法治营商环境、减少大湾区内部的制度壁垒，必须着力补齐部分地区体育产业法治建设的短板，提升体育产业法治建设的水平。从时空维度把控大湾区体育产业协同发展阶段性所对应的法治建设进度，厘清大湾区体育产业制度创新实践与法治同步建设的辩证关系，推动大湾区体育产业法治化水平的均衡发展。

（五）完善多元共治模式

粤港澳大湾区体育产业法治保障的构建需要政府、企业、社会等多方面共同努力，多元共治模式是粤港澳大湾区体育产业协同发展的必然选择。多元共治模式的核心是包容和创新。包容是指在治理中应该尊重多元文化和多样性，充分发挥不同主体的积极作用，形成合力，共同推进治理目标的实现。创新是指在治理中应该不断探索新的理念、机制和路径，不断创新治理方式，提高治理效率和质量。在粤港澳大湾区体育产业协同发展的法治保障构建中，多元共治模式的应用可以体现在以下几个方面：一是在制定法律政策时，应该广泛听取各方面的意见，加强协商和沟通，确保法律政策的合理性和可行性。二是在法律执行过程中，应该加强监督和问责机制，促进权力制约和公正执行。三是在公众参与中，应该充分发挥群众的主动性和创造性，形成治理合力，推动治理目标的实现。四是在治理体系建设中，应该注重制度创新，不断探索新的治理路径和方式，提高治理效率和质量。

二、粤港澳大湾区体育产业协同发展法治保障的具体措施

从法治层面保障粤港澳大湾区体育产业的协同发展，既要做到国家体育产业大环境的法治保障，也要做好粤港澳区域体育产业法治合作的保障。以下即从此两方面，论述粤港澳大湾区体育产业协同发展的法治保障措施。

（一）国家体育产业大环境的法治保障

粤港澳三地尽管存在政治体制、法律制度上的诸多差别，但毫无疑问，三地共属一个中国，粤港澳体育产业构成了国家体育产业的重要组成部分。《国务院关于加快发展体育产业促进体育消费的若干意见》明确提出，"完善体育产业相关法律法规，加快推动修订《中华人民共和国体育法》，清理和废除不符合改革要求的法规和制度"。《国务院办公厅关于加快发展体育竞赛表演产业的指导意见》进一步指出，"完善与体育赛事相关的法律法规，加强对体育赛事相关权利归属、流转及收益的保护"。所以，做好国家体育产业大环境的法治保障，对于粤港澳大湾区体育产业的协同发展至关重要。

第一，完善具有中国特色的体育产业法治保障体系。新修订的《体育法》中增加了"体育产业"章节，首次将国家支持发展体育产业上升到法律层面。但就《体育法》中有关体育产业的内容而言，更多的是支持和鼓励性条款，缺乏相应的法律责任等刚性条款。未来需要根据体育产业实践的不断发展，出台相关的行政法规和部门规章，明确规定相关事项，保障体育产业中具备交易条件的资源公平、公正、公开流转。

第二，创造法治化的体育产业营商环境。法治化的营商环境，就是让法律成为市场环境的重要组成部分，它会让市场机制在决定体育产业资源配置的过程中，发挥管理和控制体育产业参与者经济行为的作用，让这些市场参与者自愿接受法律的约束。创造法治化的营商环境，有助于实现体育产业各类参与者及其他利益相关者之间的清晰法律角色定位，实现各方市场主体各行其道、各得其所、各尽其责。法治化的营商环境可以稳定体育产业参与主体的市场预期，降低交易成本，促进体育产业聚集创新资源。由此，需要在当前行政机关大力推进"放管服"改革的背景下，增强政府的服务意识和能力，减少公权力对体育产业市场行为的过度干预，激发市场主体的创新、创业活力，营造区域统一市场和公平竞争的良好环境。只有如此，粤港澳大湾区的体育产业营商环境也才具有媲美世界其他三大湾区的"软实力"。正如法学家王振明所言："在大湾区投资、办企业，只需要找律师就可以解决所有问题，不用再找关系、不用找任何领导干部就能解决问题。"

第三，提升体育产业的行政执法能力和司法公信力。港澳基于特别行政区的制度优势，在行政执法和司法公信上具有先天优势，香港更是被誉为世界法治的高地。当然，广东和内地的法治也在奋起直追，大湾区建设就是一个不断完善法治、建设法治的过程。提升体育产业的行政执法能力，就是要做到重大体育产业行政决策程序的规范化、行政执法公开与全过程记录、对行政执法效果进行制度性评价，从"规范执法、严格执法"的手段达到"良好治理、透明政府"的目标。良好的司法公信力更是有助于营造良好的体育产业投资环境，并间接影响区域经济的发展。显然，只有公正司法，才能为全社会树立公平正义的标杆，有效保障体育产业投资主体的权益，最终使规则意识成为民众社会生活中的普遍意识。

（二）粤港澳区域体育产业法治合作的保障措施

粤港澳大湾区本身就有充分借鉴港澳经验、先行先试、打造法治特区的功能。就体育产业的协同而言，也有较长的历史渊源。早在 2003 年，三地就曾签署《粤港澳体育交流与合作协议书》，意在促进三地体育资源互补、整合形成合力。学者亦建议，通过加快政策法规制定步伐，构筑粤港澳区域体育发展的沟通渠道。新修订的《体育法》中第七十三条也强调了"国家建立健全区域体育产业协调互动机制，推动区域间体育产业资源交流共享，促进区域体育协调发展"。在新时代，粤港澳大湾区体育产业的一体化不仅可以发挥优化经济结构的作用，也将有力促进区域经济一体化的成形。通过法治保障粤港澳体育产业协同发展的路径有很多，在现阶段，可以从以下五个重点措施着手：

第一，财税政策的协同保障。在体育产业发展初期，财税手段的引导相当必要。在西方国家，税费优惠是一种重要的国家援助手段，以此保障体育产业长效发展。《国务院关于加快发展体育产业促进体育消费的若干意见》和《财政部　国家税务总局关于体育场馆房产税和城镇土地使用税政策的通知》已经明确提出了部分体育产业税费优惠政策，但范围仍然有限。而且，由于要兼顾税法的协调，这些优惠政策要得到落实相当困难。粤港澳大湾区恰好具备了通过区域授权立法，对体育产业进行统一税费减免的条件。特殊财税手段在湾区的应用还可以发挥试验田功能，在总结经验利弊后向全国推广。

第二，融资政策的协同保障。在港澳地区，体育博彩业已经成为一种重要和有效的融资手段，建立起了严密的法律体系和监管模式。澳门的博彩业世界闻名，放开博彩经营权后，澳门博彩业经历了突破性发展，成为澳门体育产业的重要融资来源。但在中国内地，体育彩票由政府专营，2018 年通过修订《体育彩票管理条例实施细则》，宣布"擅自利用互联网销售的体育彩票"为非法彩票。然而，严厉的彩票管控政策将会导致大量资金流向私彩，而粤港澳大湾区正好是利用互联网进行跨境非法博彩活动的重灾区。所以，一方面，应当利用湾区法治协同的契机，大力打击跨境互联网博彩行为；另一方面，"堵"不如"疏"，也可以利用大湾区特有的制度优势，进行开创性的体育博彩和互联网博彩实践。在充分借鉴港澳地区体育博彩产业经验的基础上，在广东九市划定体育博彩特区，开展责任、慈善、娱乐导向的体育博彩尝试。

第三，对外投资政策的协同保障。粤港澳大湾区体育产业的协同发展是多向度的，既有港澳向广东九市的资金输入，也存在内地向港澳的资金输出。事实上，随着中国经济的快速发展，全球各类优质体育产业已经成为中国投资者的热门选择。然而，在跨境投资实践中，既可能出现资金输出地的外汇管制和资金流出监管问题，也可能出现资金输入地的投资行业限制、股权限制问题。所以，就粤港澳体育产业的对外投资而言，应当采取统一的协同政策，通过金融手段，支持湾区体育产业基地建设和体育产业的跨区域、跨行业整合，设立湾区体育产业投资基金，有针对性地对不同领域和区域的体育产业活动进行投资；通过统一立法，破除跨境投资产生的制度壁垒，为体育产业投资活动创造良好的法制环境。

第四，信用体制的协同保障。作为一种柔性监管机制，信用监管日益运用于体育产业的行政执法实践，在"放管服"改革后的体育产业事中、事后监管中扮演着重要角色。2018年，国家体育总局颁发了《体育市场黑名单管理办法》，专门提出通过全国信用信息共享平台，开展体育信用监管的具体措施。粤港澳大湾区分属不同的法律体系，三地行政执法和司法体制具有较大差异，但作为一个统一的体育产业市场，又存在监管的统一化和执法标准的同一化需求。作为一种柔性机制的信用监管方式恰好能够满足当前湾区的特殊需求，无论是"黑名单"还是"红名单"，与湾区三地的现行法律体制皆不冲突，由此可以通过信用评价、信用评级、行业禁入与退出、联合惩戒等方式实现湾区体育产业的统一监管，保障湾区体育产业市场的健康发展。

第五，纠纷解决方式的协同保障。良好的区域法治生态以良好的纠纷解决方式为保障。在竞技体育中，主要适用行业纠纷解决机制，国家司法一般不能介入。但是，体育产业的范围远远大于竞技体育，仅靠行业内部机制无法解决其中产生的大量需要国家法介入的民商事纠纷。粤港澳三地司法体制的不同为湾区纠纷解决方式的协同保障造成了障碍，特别是，如果仅仅依靠诉讼方式，将导致湾区体育产业纠纷解决方式成本过高而效率过低。为此，需要寻求湾区体育产业纠纷的替代性解决方案，包括：构建湾区公证合作机制，搭建湾区公证文书核查平台，完善湾区公证业务委托协助机制，建立公证机构调解制度；创新湾区仲裁合作机制，在湾区三地相互认可和执行仲裁裁决，积极引进港澳仲裁机构进入广东九市并受理仲裁；引入湾区调解合作机制，启动湾区内法院的调解分流机制，打通湾区的调解地域限制，特别是可探索建立湾区体育产业调解联盟，在湾区体育产业纠纷解决协同保障中迈出实质性的一步。

本章小结

粤港澳大湾区体育产业协同发展的法治保障建设要从构建循序渐进的法治保障体系、将先行先试纳入法治轨道、注重软法和硬法的结合、体育产业法治化水平均衡发展以及完善多元共治模式等五个方面着手。

从法治层面保障粤港澳大湾区体育产业的协同发展，就既要做到国家体育产业大环境的法治保障，也要做好粤港澳区域体育产业法治合作的保障。在国家体育产业大环境的发展保障中需要完善具有中国特色的体育产业法治保障体系、创造法治化的体育产业营商环境以及提升体育产业的行政执法能力和司法公信力。在粤港澳区域体育产业法治合作的保障中需要从财税政策的协同保障、融资政策的协同保障、对外投资政策的协同保障、信用体制的协同保障和纠纷解决方式的协同保障五个方面着手。

第十八章　粤港澳大湾区体育产业协同
发展的政策保障

区域发展和区域治理政策是体现组织目标和实施发展规划的根本保障。鉴于粤港澳大湾区面临的现实环境，尤其是制度之间的差异，粤港澳大湾区体育产业协同发展急需制定有利于体育融合发展的政策。近年来，随着粤港澳大湾区建设的推进，区域之间在体育产业方面的合作逐渐增多，体育旅游、体育赛事等成为粤港澳体育战略合作的新形式。总体而言，当前粤港澳大湾区体育产业协同发展作为粤港澳合作的示范，已经得到了广泛的支持。但当前粤港澳大湾区体育产业协同发展的推进依然存在政策支持系统性不强、政策支持效力较低以及政策协同性不足等问题。因此，本章将从系统性和整体性的视角来构建粤港澳大湾区体育产业协同发展政策的保障体系。

一、粤港澳大湾区体育产业协同发展政策保障体系的构建思路

（一）粤港澳大湾区体育产业协同发展政策保障体系的构建原则

粤港澳大湾区体育产业协同发展政策保障体系的构建需要体现政策在过程上、内容上和空间上的完整性与协同性，能够体现大湾区体育产业协同政策的特点，进而发挥政策对粤港澳大湾区体育产业协同发展的支撑作用。因此，政策保障体系的构建应该遵循政策目标协同、政策主体协同、政策内容协同和政策执行协同四个原则，具体来看：

一是政策目标协同。政策目标作为政策执行的明确指令反映着政策的本质理念和核心价值,政策目标协同的水平高低可以用该政策目标的详细度、具体程度来衡量。一般来说,政策协同的目标与国家宏观目标保持一致,层级较高的部门制定方向性的宏观政策,层级较低的部门制定操作、实施性的微观政策。在粤港澳大湾区体育产业协同发展的政策保障体系中要注意宏观、中观和微观政策目标的协同。

二是政策主体协同。政策主体是指参与或影响政策制定、执行与评估的个人、团体或组织。在粤港澳大湾区体育产业的政策制定中,应该注重跨部门的合作,由单一的体育内部系统政策制定转为由体育与教育、文化、卫生、旅游等多部门的协同制定。

三是政策内容协同。政策内容协同是指颁布的关于粤港澳大湾区各项政策文本内容的一致性。在粤港澳大湾区体育产业的政策制定中,要注意各项政策内容的一致性,使得各项政策能够有效落地,项目能够扎实推进。

四是政策执行协同。公共行政执行就是行政机关为了落实国家意志、战略,依法贯彻法律、法规和公共政策的过程和诸活动的总称。公共行政执行力实质上是协同作用表现出来的合力,是一种协同执行力。粤港澳大湾区体育产业的政策需要相关部门的执行协同,才能使政策实施效率最大化。

(二)粤港澳大湾区体育产业协同发展政策保障体系的框架设计

基于粤港澳大湾区"9+2"的组成模式,本章提出"1+3+9+X"的粤港澳大湾区体育产业协同发展的政策框架体系(见图18-1):"1"为粤港澳大湾区体育产业发展的顶层制度设计系统政策;"3"为广东、香港、澳门三个地区的中观系统政策;"9"为广东省内的9个城市的微观设计政策;"X"为体育产业的内在构成部分,是"1+3+9"的微观横向要素。该政策框架体系将为粤港澳大湾区体育产业发展提供必要的政策支持,在粤港澳大湾区体育产业协同发展中起到全局引导作用。

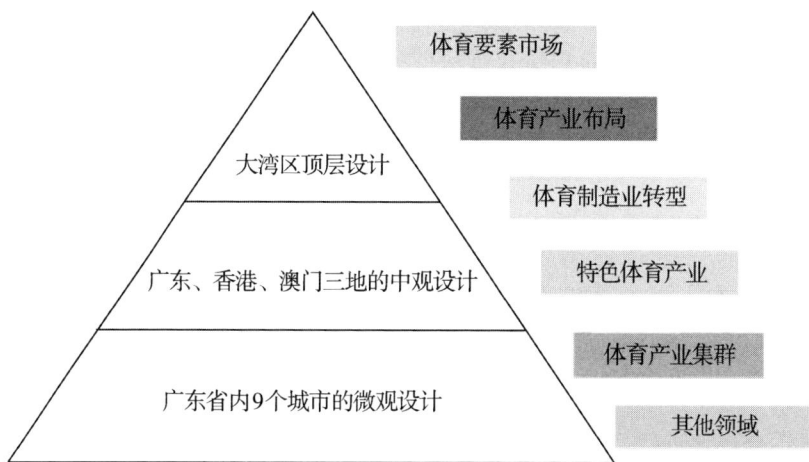

图 18-1 "1+3+9+X" 政策框架体系

"1"代表粤港澳大湾区体育产业发展的顶层设计。建议对区域体育产业发展进行统一规划。我国长三角地区体育产业发展极为迅速，相继签署了长三角体育产业协同发展的协议和高质量发展意见，推动了区域体育产业的一体化发展。地方政府也相继启动了长三角体育旅游季推广活动、体育产业企业展示会、区域体育博览会、体育后备人才交流等，积极推动体育产业规划合规性、一体性发展。考虑到粤港澳大湾区面临的制度约束较强，对政府、市场的认识各异，因此要在意识层面高度统一粤港澳大湾区体育产业协同发展的重要性。粤港澳大湾区体育产业协同发展，不是消除特色、统一发展，而是在保持各地体育产业发展优势的基础上，实现区域内要素资源的优劣互补，实现不同地区体育产业发展劣势转变，借助政府引导，促进市场主体进行合作。

建议在粤港澳大湾区体育产业协同发展中，以广东、香港和澳门三地为代表，签署必要的深度协议，以实现粤港澳大湾区体育产业的协同发展。获悉，广东省已经代为起草了《粤港澳大湾区体育发展框架（稿）》，对区域体育产业的发展提出了对策建议，但考虑到体育产业的特殊性，为了更好地支持区域体育产业发展，还有赖于体育产业专项规划、框架合作协议的制定。考虑到广东省作为粤港澳大湾区的参与方，尽管可以代为拟定区域体育产业发展的相关政策，但建议国家体育总局要坚持高点站位，从行业主管部门的角度，出台推进粤港澳大湾区体育产业协同发展的政策文件，在广东、香港、澳门三地设置体育产业代表联络处，从而将粤港澳大湾区体育产业协同发展从地方行为转变为国家行为。

"3"是广东、香港、澳门三个地区的中观设计。粤港澳大湾区体育产业发展，要聚焦三地的核心优势和短板，通过体育产业要素资源的合理配置，引导各地体育产业企业和市场进行一定的调整，按照功能定位和发展优势，合理地进行产业发展和资源投入的布局。就广东而言，在粤港澳大湾区的优势较为明显，且覆盖面相对较大，内容生产较为丰富，因此在湾区体育产业发展和规划方面要走在前列，发挥排头兵的积极作用。长期以来，香港和澳门地区政府对产业发展介入方式与内地不同，在一定程度上奉行市场主导的策略。未来粤港澳大湾区体育产业的发展，需要发挥市场的主体作用，激励体育产业市场做大做强，但在体育产业过程中，要关注政府主体的作用，通过政府主体的积极引导，发挥政府引导市场的功能，最大化地凸显政府和市场合作的关系。

建议三地体育产业发展列举年度合作项目和技术交流设想，通过项目带动体育产业协同发展。在制度交流层面，三地制度方面的差异较大，而体育产业技术交流则没有制度方面的限制，能够较快地实现合作。在体育产业发展中，发挥广州、深圳体育产业发展对香港、澳门的辐射、支持作用，利用香港和澳门的政策优势，积极发展内地受限的体育产业项目。

"9"是广东省内珠三角9市的微观设计。作为珠三角合作的参与城市，9个城市之间的体育产业特色不同，具有互补性。但是地方政府对体育产业的考核要求存在差异，因此要对涉及9个城市体育产业协同领域进行系统规划，发挥顶层设计对区域城市间合作的引导性。9个城市对粤港澳

表 18-1　粤港澳大湾区体育产业协同发展政策框架

1	3	9	x	细　　分
粤港澳大湾区体育产业协同发展	广东 香港 澳门	广州 深圳 珠海 佛山 惠州 东莞 中山 江门 肇庆	体育要素市场建设	利用香港、澳门的制度优势，大力吸引国际体育组织、国际体育协会入驻，提高香港、澳门的体育地位
				利用香港金融市场优势，积极探索新型支持体育产业发展的金融创新方式
				加强广东与香港就马术博彩、广东与澳门就运动博彩等领域展开合作，探索内地居民运动博彩新形式
				以广东为依托，探索广东作为全国体育优势要素资源集中地，在香港、澳门进行市场化运行的可能性
			优化体育产业布局	加快广东东莞、佛山等地体育用品制造业建设，引导深圳体育制造业向珠三角城市转移
				探索深圳、珠海出地，香港、澳门优势体育项目落户深圳、珠海发展的可能性，如马术运动
				加快深圳国家体育创新中心建设、体育消费城市建设等
				珠三角城市群地方政府积极进行体育产业协同规划
			加快体育制造业转型	支持香港、澳门引入、创办职业体育俱乐部，参与国内高等级联赛
				发挥广州、深圳创新优势，建成国家体育用品制造设计、研发中心
				建设绿色体育制造基地
				打造粤港澳大湾区公共体育消费新形式
			特色体育产业	小众运动项目产业发展
				高端运动项目产业发展
				新型、新兴运动项目产业发展
				针对海外人士的运动项目产业发展
				加强粤港澳大湾区体育品牌建设
			体育产业集群	打造国内一流的体育用品业集群
				打造世界知名的体育赛事集群
				积极建设区域内体育休闲旅游基地
				与香港体育学院合作，大力建设广州体育学院，建成全球知名的体育研究智库
			其他领域	加强体育基础设施建设，三地联合设计、联合建设，形成粤港澳大湾区品牌

大湾区体育产业发展的定位，也要区分层次，其中广州、深圳属于核心城市，对区域体育产业的带动作用较为重要。其他7个城市的体育产业发展，通过不同优势的提炼促进区域体育产业的发展。

"X"指称体育产业的内在构成部分，是"1+3+9"的微观横向要素。"X"主要可以细分为体育竞赛表演业、体育健身休闲业、体育制造业、体育场地设施和管理等不同业态。"X"体现在体育产业不同的发展领域，"3+9"的区域与城市相结合，体现了粤港澳大湾区体育产业协同发展的融合场景。

二、粤港澳大湾区体育产业协同发展政策保障的具体措施

本部分将从扶持性政策和功能性政策两个方面对粤港澳大湾区体育产业协同发展提出具体的政策措施。

（一）扶持性政策

扶持性政策是指通过政府补贴、信贷优惠、税收减免等方式对企业或个人进行政策扶持，并协调受政策倾斜的企业、行业和区域之间的资源合理配置，以优化产业结构。体育是增强人民体质、促进人类和平、增进人类福祉的幸福行业，对体育行业的支持就是对人类发展的积极贡献。因此，应制定相关的扶持性政策来推动粤港澳大湾区体育产业协同发展。

一是体育行业支持政策。对体育行业的支持，不应设置政策壁垒和人为障碍，应大力支持多元化的体育产业和体育事业发展格局。在"一国两制"框架下，鼓励粤港澳三地所有有意、有志发展体育产业的主体，积极投身体育产业。大力发展竞技（职业）体育、群众体育、学校体育全方位的体育事业，从体育项目（包括用地）审批、体育设备用品制造、体育企业开办审批、群众体育活动和体育赛事举办、公共体育设施建设、体育经贸交流、体育人才培养等各个环节给予政策倾斜和支持。

二是体育消费扶持政策。作为体育发展体制和运行机制的内容之一，

体育消费是重头戏，是体育产业和体育事业得以存在的根基。体制和机制创新，也包括了在体育消费方面的新的政策措施，大湾区在这方面要先行一步，制定有利于体育融合发展体制和机制创新"示范区"的体育消费扶持政策。实施粤港澳"一证（票）通"，运动员或居民持参赛证件或比赛门票可以自由通关。可以针对城乡居民、企事业单位职工、机关公务员和自由职业者及青少年学生、离退休人员，分类别、分层次制定相关的体育消费刺激、体育健康提升、体育福利奖励等政策和措施，如向居民和职工发放体育消费券、免费派发体育赛事门票、带薪休（体育）假、组织体育旅游、奖励人们参加相关体育活动（如马拉松、广场舞、体育运动会）。

三是体育财政金融政策。发展体育事业，政府需要财政支持，体育产业发展，资金需要保障。财政金融是构建大湾区体育融合发展创新示范区和体育优质生活圈的基本条件，因此，粤港澳三地要出台有利于体育发展的积极的财政金融政策，包括信贷、融资、投资等相关配套政策。通过财政金融政策，促进体育产业和公益事业发展、体育场馆设施兴建、体育企业生产经营、体育赛事举办等。

（二）功能性政策

功能性政策主要指政府通过加强各种基础设施建设（广义的基础设施包括物质性基础设施、社会性基础设施和制度性基础设施），推动和促进技术创新和人力资本投资，维护公平竞争，降低社会交易成本，创造有效率的市场环境，使市场功能得到发挥的政策。在粤港澳大湾区体育产业发展过程中，可以通过体育教育繁荣政策、体育文化开放政策和体育智业提升政策来推动湾区体育的发展。

一是体育教育繁荣政策。发展体育事业，一方面有赖于培养广大群众的体育运动和健康观念，提高体育技能和素质，需要宣传和训练；另一方面需要大量的体育专业技术人才服务于体育事业发展，需要体育教育与人才培养。这就需要粤港澳三地制定积极有效的体育教育改革与融合发展政策，鼓励三地在体育教育用地、办学、师资、招生、培养等各个环节资源共享、优势互补，发展多元化、多形态、共赢式的体育教育模式，构建起服务于大湾区的体育教育体系：高等教育、职业技术教育和基础教育相通，正规教育和非正规训练结合，竞技体育训练和休闲（群众）体育教育结合，中外办学结合、政府与民间办学结合。

二是体育文化开放政策。建立粤港澳大湾区体育融合发展创新示范区，最终塑造湾区特色的体育文化，是粤港澳三地共同的目标。在扶持大众体育消费基础上，大力宣传体育运动、广泛开展体育学术研究，繁荣大湾区体育新闻、体育出版、体育演艺、体育影视制作、体育新媒体传播等"体育文化产业"，是大湾区体育体制和运营机制创新的重要内容。广泛地进行中外体育文化交流与合作，"请进来"和"走出去"相结合，开放大湾区体育文化市场。借鉴发达国家体育发展的经验，引进国外资本和体育企业（集团）品牌（如阿迪达斯、耐克、NBA 俱乐部），发展中国的体育文化（如国内球类职业联赛、国内马拉松、体育文化节、体育博览会）。

三是体育智业提升政策。为了营造有利的大湾区体育融合发展环境，不仅要大力发展体育文化，也要鼓励并提升三地的体育智业的规模和水平，包括体育咨询、体育策划、体育研究、体育代理、体育服务等。三地体育智业要优势互补、要素同享、共筑平台，如体育培训业、体育旅游业、体育法律咨询、体育活动策划、体育学术研究、体育技术服务等。将体育智业渗透到粤港澳大湾区的各地方各行业各社区中，包括政府机关、各级各类学校、企事业单位、社区、公益组织、民间组织等。

本章小结

粤港澳大湾区体育产业协同发展政策保障体系的构建需要体现政策在过程上、内容上和空间上的完整性与协同性，能够体现大湾区体育产业协同政策的特点，进而发挥政策对粤港澳大湾区体育产业协同发展的支撑作用。政策保障体系的构建应该遵循政策目标协同、政策主体协同、政策内容协同和政策执行协同四个原则。基于粤港澳大湾区"9+2"的组成模式，提出"1+3+9+X"的粤港澳大湾区体育产业协同发展的政策框架体系："1"为粤港澳大湾区体育产业发展的顶层制度设计系统政策；"3"为广东、香港、澳门三个地区的中观系统政策；"9"为广东省内的9个城市的微观设计政策；"X"为体育产业的内在构成部分，是"1+3+9"的微观横向要素。

粤港澳大湾区体育产业协同发展的具体措施应包括扶持性政策和功能性政策，其中扶持性政策包括体育行业支持政策、体育消费政策和体育财政金融政策；功能性政策包括体育教育繁荣政策、体育文化开放政策和体育智业提升政策。

第十九章　结论与建议

　　粤港澳大湾区作为我国经济总量大、区位条件好、开放程度高的重要区域，有望成为我国打造世界一流大湾区的排头兵和试验田。当前，粤港澳大湾区各城市间产业发展已有较好的合作基础，产业互补性强，产业协同发展具备广阔的空间。在体育产业日益受到重视的背景下，推进粤港澳大湾区建设需要聚焦体育高质量发展，实现体育产业协同发展，不断增强大湾区体育产业畅通国内大循环和联通国内国际双循环的功能。然而，粤港澳大湾区体育产业协同发展的相关机制仍有缺失，产业链未能得到有效的整合和延伸，在一定程度上制约了大湾区发展的进程。深入探究粤港澳大湾区体育产业协同发展的机制、模式、路径等是进一步提升粤港澳大湾区综合竞争力、建设世界级城市群以及推动大湾区成为体育产业高质量发展示范区和协同发展引领地的重要举措。为此，本书以粤港澳大湾区体育产业协同发展的历史脉络、当今应承担的国家使命与实践运行困境存在的矛盾为研究逻辑起点，采用文献资料法（含文献计量）、实地考察法、专家访谈法、问卷调查与数理统计法、GIS 空间分析法、社会网络分析法等多种定量和定性研究相结合的方法，重点研究粤港澳大湾区体育产业协同发展的理论基础、空间布局和社会网络现状、大湾区体育产业协同发展的路径和保障等关键问题。根据前文所进行的研究，本章形成以下结论与建议。

一、研究结论

（一）理论篇

（1）本书在理论上有助于丰富区域体育产业研究的思路和方法，为建构粤港澳大湾区体育产业协同发展的系统框架、梳理协同发展内在机理和提出具体实施路径提供参考，为国内外其他区域开展体育产业评价提供借鉴，为粤港澳大湾区及其他区域体育产业政策研究拓宽思路。本书在实践上对加快体育产业高质量发展、打造国际体育产业高地和国内体育产业示范区等有重要参考价值；对拉动内需，促进消费，加快大湾区内循环、促进国内国际双循环提供思路启示；对推进全国体育产业区域协调发展，加快建设全国统一大市场提供重要对策建议；对提升体育产业国际竞争力提供有针对性的建议和举措；并构建了粤港澳大湾区体育产业协同和高质量发展研究数据库。

（2）自组织化是粤港澳大湾区体育产业协同发展的内部动力机制，沟通协调机制、利益共享机制、成本分担机制、生态补偿机制构成了大湾区体育产业协同发展的外部动力机制。要素系统、产业系统、环境系统形成了大湾区体育产协同发展系统框架，市场调节、政府干预与企业调节则构建了大湾区体育产业协同发展机理。

（二）实践篇

（1）粤港澳大湾区协同机制进化经历了孤立、扩散、共生三个阶段，随着阶段演进协同水平逐渐提升。粤港澳三地体育交流及体育产业协同发展可分为孤立期间香港体育对大陆的支持阶段、改革开放后体育交流逐渐活跃阶段、香港回归后政府民间多重合作阶段、制度性合作为主导的快速发展阶段以及国家战略为主导的全方位发展阶段。

（2）粤港澳大湾区在政治因素、经济因素、社会因素以及技术因素层面具备体育产业协同发展的现实基础。大湾区体育产业协同发展的战略选择既要优化营商环境，加快培育和壮大体育市场主体，又要调整产业结构，培育体育产业新业态、新模式，还要强化数字赋能，加快推进体育产业数字化转型。

（3）粤港澳大湾区体育产业资源存在分布不均、尚未形成核心城市群、可能存在极化效应、尚未形成各类体育产业资源联动的发展模式、澳门体育产业仍有待进一步发展等问题。为实现大湾区体育产业资源优化分布及高效利用，应促进广、深、港三城体育产业资源联动，强化澳门与其他城市在体育产业发展方面的联系，聚焦广、深、佛、港呈现集聚特征的体育产业资源进行发展，积极探索珠三角与香港、澳门体育产业资源流通与联动路径。

（4）产品或服务因素、餐饮因素、住宿因素、交通因素、购物因素、观光因素、通关因素和货币兑换因素是影响个体跨境体育消费态度和行为意愿的维度。其中，产品或服务因素是影响跨境参与体育消费个人态度的最重要因素，餐饮、住宿、购物、观光和货币兑换因素对个人态度具有重要影响，通关因素对广东居民参与跨境体育消费的个人态度存在一定影响，交通因素对粤港澳大湾区三地跨境参与性体育消费不产生影响。

（5）粤港澳大湾区协同发展目前存在的主要问题包括制度机制瓶颈、产业结构失衡及要素流动不畅。其成因在于粤港澳三地存在行政体制和法律体系差异，区域政府在管理能力、公共服务以及发展理念上存在差异以及体育产业微观主体培育力度低、创新能力有待提高。

（三）路径篇

（1）通过对世界三大湾区以及国内长三角、京津冀地区进行经验借鉴，本书发现国内外著名区域体育产业协同发展均具备良好的产业发展环境、良性互动合作机制、区域联办大型赛事以及区域发展层次化的共性特点。因此，粤港澳大湾区应落实顶层设计、培育高端竞赛表演业、做好城市间体育产业加减法以及培育居民体育消费习惯。

（2）应从资源、主体、组织、空间维度构建粤港澳大湾区体育产业联动发展路径。大湾区体育产业联动发展可采用以高质量发展为目标、以项目产业为抓手、以体育协会为平台、以体育企业为主体、以体育市场服务为手段、以数字科技为创新的思路进行改革创新，并通过推动体育政策创新、构建生态合作体系、推动跨境体育交流以及提升改革创新效果为大湾区体育产业联动提供保障。

（3）产业融合促进粤港澳大湾区体育产业协同发展的理论机制在于创造体育产业消费的新动能、优化体育产业结构、构建体育产业生态的美好蓝图以及打造创新驱动新引擎。因此，大湾区应优化产业结构、优化人力资源、提升营商环境、加快数字技术的创新以及响应构建"链长制"。

（4）数字化对于弥合大湾区体育产业制度差异、优化大湾区体育产业规划布局以及促进大湾区体育产业要素流动具有重要意义。当前，数字化已经在推动大湾区体育竞赛表演业、体育用品业、体育场馆业等协同发展方面提供助力，但大湾区体育产业面临"数字鸿沟"和"数据孤岛"并存、数字化催生产业新需求、数据要素流动受阻的问题，受制于大湾区数据存在地区差异和关联缺失、体育产业协同模式创新不足、数据要素跨境流动存在体制机制障碍。通过数字化赋能，推动大湾区体育产业协同发展实现质量变革、效率变革和动力变革。为解决数字化推动粤港澳大湾区体育产业协同发展的困境，大湾区应运用数字化推动大湾区体育产业跨界合作、加快大湾区体育产业组织变革、培育大湾区体育产业新业态。

（5）粤港澳联办 2025 年全运会有助于推动第十五届全运会成为加速区域协同发展的大型赛事典范，帮助粤港澳大湾区对标国际一流湾区，打造世界一流体育湾区，并实现粤港澳大湾区体育产业的高质量发展。2020年欧洲杯通过加快体育资源要素流动、深化体育产业协同模式推动欧洲体育产业协同发展。北京冬奥会通过完善体育管理体制机制、推动体育赛事合理规划、促进体育要素流动互通提升京津冀体育产业协同发展能力。通过借鉴国内外区域体育产业协同发展的经验，粤港澳大湾区应以 2025 年全运会为契机，引导大湾区体育体制机制改革，实现大湾区体育赛事协同优化，协调大湾区体育要素互联互通，以推动大湾区体育产业协同发展。

（6）建立体育联盟有利于打破体制机制互通区域阻隔，促进粤港澳大湾区体育产业的协同发展。粤港澳大湾区应结合自身实际完善产业发展体制机制、成立以体育组织与体育企业为主体的"粤港澳大湾区体育发展联盟"、加快推动粤港澳大湾区在"互联网+体育"领域的突破，促进粤港澳大湾区体育产业融合发展。粤港澳大湾区体育发展联盟具备历史机遇、政策依据、发展优势、突出作用和发展实践，但同时也面临国外湾区体育发展挑战、国内区域体育发展借鉴、粤港澳大湾区城市体育创新发展需要、推动解决区域发展不平衡的问题。因此，建议大湾区建立粤港澳大湾区城市体育联席会议制度，定期组织研讨，举办粤港澳大湾区城市专项大赛和城市运动会，以推进大湾区城市体育领域全域深度合作。

（7）《粤港澳大湾区发展规划纲要》《全国马产业发展规划（2020—2025 年）》《粤港马产业发展合作协议》等重要方案及合作协议为构建穗港赛马产业经济圈打下基础。随着粤港赛马产业合作不断深化，穗港赛马经济圈将为区域体育产业发展乃至带动区域经济发展做出示范。粤港澳大湾区赛马产业协同发展应强化政策支撑引领、加快产业链条升级、激发市场消费活力和加速数字技术创新。

（四）保障篇

（1）要按照"一个目标、两个层面、三个原则和四个主体"的总体思路构建粤港澳大湾区体育产业协同发展保障体系。粤港澳大湾区体育产业协同发展的具体保障措施包括建立国家层面和三方参与的管理协调机制；强化全局性、针对性和延续性的湾区规划部署机制；推进政府、社会、企业共同参与的体育产业发展协作机制；畅通粤港澳大湾区体育服务要素流动机制；创新粤港澳大湾区多领域项目合作机制。

（2）粤港澳大湾区体育产业协同发展要树立"立法先行，法治保障"的理念。完善具有中国特色的体育产业法治保障体系、创造法治化的体育产业营商环境以及提升体育产业的行政执法能力和司法公信力，同时完善财税政策、融资政策、对外投资政策、信用体制和纠纷解决方式五个方面的协同保障。

（3）粤港澳大湾区体育产业协同发展政策保障体系的构建应遵循政策目标协同、政策主体协同、政策内容协同和政策执行协同四个原则。基于粤港澳大湾区"9+2"的组成模式，本书提出"1+3+9+X"的粤港澳大湾区体育产业协同发展的政策框架体系。粤港澳大湾区体育产业协同发展的具体措施应包括扶持性政策和功能性政策，其中扶持性政策包括体育行业支持政策、体育消费政策和体育财政金融政策；功能性政策包括体育教育繁荣政策、体育文化开放政策和体育智业提升政策。

二、研究建议

（一）粤港澳政府助力大湾区体育产业协同发展

1. 实施大湾区体育产业协同发展体制机制创新

一是将大湾区协同发展的相关指标纳入政府绩效考核指标体系。地方政府间基于"有孔边界"原理，打破粤港澳体育产业的藩篱，通过平等协商应对超越行政区划的跨境事务。同时，大湾区将体育产业协同发展相关政策的有效执行情况评估纳入相关政府部门的绩效考核，引导政策参与主体提高政治站位，以深化大湾区体育产业协同发展。二是构建大湾区体育产业组织管理架构。由国家体育总局、粤港澳三地政府、广东省体育局和国务院港澳事务办公室组建"粤港澳大湾区体育工作协调小组"，下设"粤港澳体育工作协调办公室"，负责粤港澳大湾区体育产业重大问题和任务的协调与决策。当粤港澳大湾区体育产业协同发展进入相对成熟阶段，将"粤港澳大湾区体育工作协调小组"转变为"粤港澳大湾区三地联合工作委员会"和"粤港澳大湾区体育管理局"，负责大湾区体育的建设与管理。三是粤港澳共同签署"粤港澳大湾区体育合作协议"。将合作协议作为大湾区体育发展过程中管理协调机制和争议解决机制的"基本法"，明确各自的权限范围和议事规则，解决三地由于法律及规则的差异所带来的冲突。四是创新粤港澳体育产业贸易、投资等"负面清单"制度。通过"负面清单"明确大湾区体育产业"什么能做""什么不能做"的内容，促进大湾区内观众、运动员、器材设施等要素自由流动以及体育人才、体育赛事、体育信息等资源高效配置，进一步营造国际化、法治化、便利化的体育营商环境。

2. 促进大湾区跨境体育消费便利化

一是差异化发展下沉体育消费市场。在广州、深圳、香港、澳门4个中心城市发展高品质、差异化、个性化体育产品和专业、高端服务类产品，在非中心城市发展体育专业类产品和运动鞋服等高性价比体育产品，挖掘各级城市蕴藏的体育消费市场潜力。二是跨界融合发展"泛体育"产业。大力发展体育与文化、社交、健康、科技、旅游、娱乐等产业融合的"泛体育"产业，将跨境体育消费与其他消费业态紧密融合，扩大跨境体育消费覆盖范围。三是加快大湾区数字化体育消费治理。建设"数字政府"，推动政府"放管服"改革，积极探索赛事数字化运营、场馆数字化管理、大健康数字化服务及消费数字化配送等模式。四是完善大湾区海陆空交通网络体系部署。建立便捷的通关流程，简化签证手续，进一步推进大湾区跨境体育消费基础设施互联互通。同时，完善便捷化的人民币境外结算系统和普及丰富多样的支付手段。五是打造品牌体育赛事IP。引进高水平洲际体育赛事和举办国内顶尖的职业联赛，完善赛事周边产品和服务，吸引更多跨境体育消费群体。粤港澳政府分析和利用环境优势，扩大体育产业合作圈，建设体育产业合作平台，实现大湾区跨境体育消费软实力发展。六是以大湾区城乡一体化为引领，粤港澳政府适时放宽各城市的落户限制，允许在城市的农村人口落户到城市，并发放各类体育消费券，释放农村人口的体育消费能力。

3. 加强大湾区体育"硬法""软法"协同治理

一方面，粤港澳大湾区体育产业需实施"硬法"先行先试。"硬法"即体现国家意志、由国家制定或认可、以国家强制力保障实施的正式制度。大湾区体育产业治理创新最直观的表现之一就是实施"硬法"先行先试，即从国家层面实施粤港澳合作制度机制创新，为大湾区体育产业协同发展提供硬性保障。例如，政府研究出台粤港澳大湾区体育人才出入境、工作、居住等便利化政策；允许粤港澳体育资金跨境使用；构建跨境体育赛事合作机制、协作机制等。另一方面，粤港澳大湾区体育产业需实施"软法"有效治理。"软法"即以协商性、柔性、便捷性为主要特征的非正式制度，如规划纲要、合作协议等。粤港澳大湾区需以"互联互通"理念构筑"软法"规范，坚持区域平等原则，做出制度性双边互动安排，出台更多关于粤港澳体育产业交流互动的合作协议、框架协议、规划纲要等。同时，加强"软法"中协商民主、程序正当、实质正义等内容，以有效破解阻碍大湾区体育产业协同发展的现实难题，创新区域合作治理模式。粤港澳政府应形成"硬法""软法"协同治理、各有侧重、良性互动的交织形态。由法律、行政法规等作为"软法"的实施保障，为大湾区体育知识产权保护、绿色体育发展守住底线；由规划纲要、框架协议、合作协议等不断细化、优化"硬法"规范，实施大湾区体育产业协同发展的谋篇布局。

（二）体育企业加速大湾区体育产业协同发展

1. 加速推动大湾区体育企业协同发展

一是大湾区体育赛事企业、体育用品企业、体育人才企业等将资源集中整合，协同打造品牌竞争力强、市场占有率高、联系带动力强的龙头体育企业，并组建一批国有体育集团，以资本为纽带，鼓励体育企业不断向体育相关行业延伸。以此降低市场整合成本，营造良好的体育营商环境，增强大湾区体育市场的吸引力和稳定性，提升体育企业的经营规模和市场话语权。二是加快推动大湾区体育企业和相关领域企业优质资源整合。大力推进不同区域、不同行业、不同企业的市场资源、生产要素等高效整合，打造体育企业协同发展品牌项目、品牌场景及品牌产品。例如，体育企业和旅游企业资源整合，推出"体育赛事观赛之旅""运动项目体验之旅"等精品项目；体育企业和文化企业资源整合，推出特色体育文化博物馆、知名球队体验馆、知名球员纪念馆等体育文化空间；体育企业和医疗企业资源整合，建设集聚科学运动指导、运动健康干预、运动康复理疗等一体化的运动健康产业园。三是通过资源集聚创建大湾区体育企业协同发展示范区。依托广东自由贸易试验区在商贸服务、金融服务、信息资讯、风险管理等方面的优势，在南沙自由贸易试验区、深圳前海自由贸易试验区、珠海横琴自由贸易试验区分别建设粤港澳体育企业协同发展示范区，推动粤港澳体育企业多元化要素的全面融合。

2. 体育企业"双链融合"促进体育产业协同发展

首先，推动大湾区体育用品企业和体育服务企业从低端向高端升级。在体育用品企业方面，将广东体育装备制造、香港销售与国外研发流程对接，逐渐将国外体育企业研发技术和流程转至大湾区，实现由原本中低端的体育装备制造、销售流程向中高端的研发、制造、销售全流程转变。在体育服务企业方面，一是由大湾区马拉松、帆船、赛马、武术、龙舟、舞龙舞狮等项目的办赛企业联合打造大湾区特色体育品牌赛事，加强大湾区特色体育文化宣传。二是针对大湾区体育场馆设施实行多元化改造，由体育企业和文化、商业、会展等企业联合打造大湾区体育综合体。其次，做好对体育企业创新链和相关产业链匹配的战略性选择。支持广州、深圳、香港、澳门4个中心城市的重点体育企业作为"双链融合"的先行突破企业，打造"双链融合"共生的体育供应链体系。例如，以大湾区体育"双链融合"促进龙头体育企业、"专精特新"中小型体育企业等补链、延链、强链，通过"链式效应"促进创新主体间相互协同，形成大湾区特色体育产业链集群。最后，助力全国体育统一大市场建构。将大湾区"双链融合"体育企业作为先行示范企业，形成以创新驱动为引领的产业链供应链现代化体系。为国内长三角地区、京津冀地区等区域提供体育企业协同发展的范例，为体育统一大市场的建构打下基础。同时，大湾区运用"双链融合"为全球体育产业链建构提供助力，贡献打造全球体育产业高地的大湾区方案。

3. 打造数字化体育企业联合平台

一是打造体育制造企业联合平台。围绕广州、深圳、东莞等具备智能设备制造优势的城市，选取其中的体育制造企业为引领，带动大湾区其他城市体育制造企业协同发展，打造粤港澳城市间协同联动的体育制造平台。通过平台促使大湾区城市间体育制造企业信息对接、流程对接，支持大湾区体育制造业转型升级。二是打造体育服务企业联合平台。以香港、澳门体育高端服务业为牵头，由港澳地区体育服务企业联合构建平台。积极培育大湾区数字化、网络化的体育服务业新业态、新模式，重点支持发展高附加值、技术知识密集型的体育服务企业，不断优化大湾区体育服务业内部结构与产业结构分工，推动全球价值链位势提升。三是打造体育企业业态创新平台。推动大湾区企业与相关企业实行数字化联通，联合打造业态创新平台，发展大湾区"体育+旅游""体育+文化"等企业联合发展模式，帮助体育企业发现新思路、新模式、新项目。例如，推出大湾区全民智慧旅游活动、岭南文化特色赛事等，构建更高水平的体育公共服务体系。四是打造体育企业资源共享平台。发挥龙头体育企业的带动作用和连接作用，延伸打造体育企业资源共享平台，形成多项目、多区域、多企业相互借鉴、合作、共享的格局，搭建体育企业资源流通的桥梁。

（三）体育行业协会助推大湾区体育产业协同发展

1. 加强体育行业协会后备力量和影响力

一方面，体育行业协会不断扩充人才储备。具体体现为：（1）完善现有的体育行业协会人才培养模式，与高校联合开展体育相关专业，按照市场需求制定培养计划，探索构建"产、学、研、媒"多元化主体的人才培养方式。（2）创新人才引进机制，提高稀缺的体育行业协会人才待遇，强化相关政策扶持力度，紧抓"双循环"新发展格局重大机遇，畅通国际人才引进渠道，调整优化人才签证制度。（3）搭建人才交流平台，积极构建人才信息库，依托数字技术与大数据，实现大湾区体育行业协会人才信息共享，创新人才在三地流动的模式，推动高层次体育人才的"柔性流动"。另一方面，创新体育项目文化传播模式。在筛选体育行业协会所涉及项目的文化元素时应做到去其糟粕、留其精华，并适度融入传统的中国体育文化和大湾区体育特色文化，创新具有中国特色的体育文化。具体体现为：（1）依托自媒体平台如抖音、微博等，通过对个人IP的扶持、体育项目的科普软文、体育项目相关知识的讲解、体育项目直播教学、体育项目表演等传播文化。（2）与体育电视台或视频官方平台联合打造以体育项目为主体的系列综艺节目、影片、动画、短剧等，以直接的视听形式传达给普通观众，给人以别开生面的体育项目文化体验。（3）依靠数字技术加持，如VR技术可以丰富人们对体育项目文化的体验，使人对相关文化产生浓厚的兴趣。

2. 成立大湾区体育行业协会联盟

一是建立大湾区体育行业协会联盟工作机制。由大湾区各体育行业协会联合组建体育行业协会联盟，设立体育行业协会联席会议制度，定期召开联席会议。二是定期组织大湾区体育行业协会联盟研讨活动。各体育行业协会轮流牵头组织开展粤港澳大湾区体育联盟峰会，定期组织粤港澳大湾区体育行业协会论坛和粤港澳大湾区体育专题研讨会。三是通过大湾区体育行业协会联盟建立粤港澳共同的体育服务标准。例如，设立粤港澳共同认证的机构，统一制定通用于粤港澳三地的体育职业资格互认标准，为大湾区体育专业人员在粤港澳三地自由流动提供便利。四是举办粤港澳大湾区体育专项大赛。大湾区体育行业协会联盟统筹各体育行业协会的办赛时间与方式，定期举办粤港澳大湾区冰雪大赛、粤港澳大湾区羽毛球精英挑战赛、粤港澳大湾区电子竞技大赛、粤港澳大湾区马术大师赛、粤港澳大湾区帆船大赛等专项赛事。五是举办粤港澳大湾区体育运动会。在粤港澳共同承办 2025 年第十五届全国运动会的背景下，结合大湾区体育行业协会发展实际，选择合适的时机举办粤港澳大湾区体育运动会。六是将大湾区体育行业协会联盟发展成为粤港澳三地体育产业交流的平台，增进三地体育企业、体育社会组织等的交流与沟通，减少由于三地在体育产品和体育服务标准差异方面所造成的摩擦成本。

3. 推动大湾区社会体育产业协同发展

一是大湾区各体育行业协会为社会公共利益服务。体育行业协会与政府、体育企业共同构成大湾区体育产业发展的"新三元结构"，以解决体育产业管理失衡问题，维护体育市场公平。各体育行业协会根据自身发展需求，在参与制定和修订体育行业标准、发展要求、质量标准等方面发挥积极作用，为大湾区体育产业引领发展方向，引导体育企业自律，促使体育行业获得良性发展。二是体育行业协会弥补体育公共服务供给不足的缺陷。当今社会在高速发展中迎来巨大变革,人们的利益诉求呈现出多元化的趋势。在此背景下,粤港澳政府、体育企业等为群众提供的体育公共服务和产品存在不足。因此,大湾区体育行业协会应充分发挥自身运动项目特点,参与提供多元化体育公共服务和产品。同时,着力发展边缘地区、偏远地区社会体育,如发展乡村体育、加强弱势群体的体育权利等。三是体育行业协会联办赛事活动,传播大湾区体育文化。大湾区各体育行业协会通过交流互动,共同商讨举办大湾区体育赛事活动事宜,通过赛事活动增加大湾区体育参与人群。同时,在赛事活动中增加文化元素,让居民、游客等充分体会各运动项目的魅力,在全社会营造良好的体育氛围。另外,各体育行业协会着力开展社会体育讲座、培训等,广泛宣传体育文化、普及体育知识,为群众自行开展各种体育活动提供科学指导。

(四) 居民和体育相关人员支持大湾区体育产业协同发展

1. 粤港澳居民形成体育协同发展意识

一是培养粤港澳居民体育兴趣爱好。体育教学者通过不断提高运动技能水平和营造浓厚的人文环境提高居民体育兴趣,并培养体育爱好者对于专业化运动的追求,形成一种积极的专业化运动享受的态度。居民通过养成参与大湾区体育运动的习惯,树立正确的粤港澳体育协同发展观念,加大对大湾区体育协同发展的宣传力度。二是粤港澳居民积极参与大湾区体育交流活动、友谊赛等。当前,粤港澳大湾区各类体育交流活动、赛事活动等日益增多,为三地居民、游客提供参与体育活动的平台。粤港澳居民积极参加大湾区体育运动,增强体育消费意识和需求,参与大湾区体育文化建设,以此唤起大湾区居民共同的历史记忆与文化个性,夯实大湾区发展最重要的无形资源和无形力量,帮助大湾区实现促进民生福祉和经济韧性的双重战略目标。三是粤港澳居民积极参与大湾区体育旅游休闲活动。居民积极参与大湾区帆船赛事、游艇休闲旅游、潜水等高端体育赛事和体育休闲旅游业态，感受大湾区丰富的休闲体育活动；前往粤港澳三地体育小镇和体育度假区，体验不同区域的体育文化特色。最终助力大湾区打造和创建高品质与生活化相结合的体育旅游休闲优质生活圈。

2. 体育人才积极响应大湾区体育协同发展号召

一是粤港澳大湾区体育人才积极响应大湾区青年创新创业支持政策，如"红棉计划""孔雀计划""蓝火计划"等。不断学习体育相关领域的最新知识，了解体育旅游、体育文化、体育康养等学科方向，积极考取体育复合型人才职业技能资格证书，同时利用互联网学习"体育+"主题精品课程。二是粤港澳大湾区体育人才积极探索大湾区体育人才发展平台和各省市体育人才招募平台信息，根据大湾区紧缺的体育人才清单，认清体育高端人才缺口，以当前较为缺乏的体育复合型人才为发展目标，将自身提升为具备高学历、专业化、年轻化的体育人才。三是在当前"双循环"新发展格局重大机遇下，大湾区体育人才努力争取跨境居留权或尝试移民，不断丰富不同区域体育人才的多样性和专业性，帮助大湾区体育产业形成更好的整体协调和规则对接。最终助力大湾区打造和创建高端化和专业性结合的高端体育人才聚集优质生活圈。

3. 体育专家积极组建大湾区体育智库

体育智库是为大湾区加快体育事业发展、推进体育体制改革、打造体育协同发展高地的重要助力，也是推动大湾区体育治理体系和治理能力现代化的重要内容。当前，我国华南地区缺乏国家体育高端智库，这与粤港澳大湾区国家战略不相吻合。粤港澳大湾区体育专家应联合大湾区龙头体育企业、技术平台中心、知名体育院校、体育科研院所等，共同组建具备较大影响力、较高知名度和较强稳定性的研究团队，积极组织引导体育企业与高校、科研院所交流对接，联合建设更多体育智库或体育高端智库，共同参与制定体育产业的相关标准和评测体系。在组建大湾区体育智库过程中，积极关注体育领域全局性、战略性和前瞻性的重大理论与实践问题，争取持续稳定的资金来源、独立的办公场所、必备的设施设备等，并形成科学合理的管理机制和较为健全的课题研究、经费管理、成果评价、奖励激励等规章制度。

三、研究不足

（1）受疫情影响，调研团队在进行跨境体育消费研究期间，仅对广东居民赴香港参加体育赛事活动实施调研，没有对香港居民赴广东参加体育赛事活动和港澳间居民过境参加体育赛事活动实施调研，这也导致研究缺乏大样本的调查。

（2）粤港澳大湾区没有建立统一的体育产业统计数据，香港、澳门部分体育产业统计数据缺失，部分数据的统计口径与广东不一致，在一定程度上影响了本书分析结果的精度。另外，本书与体育相关的旅游、文化、商业、医疗等产业数据较为缺乏，在探索产业融合时值得进一步思考和研究。

四、未来研究展望

从研究内容上看，后续研究可开展以下内容：（1）粤港澳大湾区体育与相关产业融合发展研究，特别是开展体育与旅游、文化、商业、医疗等产业融合的理论与实证研究；（2）在国家大力倡导高质量发展背景下，探索粤港澳大湾区体育产业高质量发展的路径和政策，同时关注大湾区主导产业的选择；（3）探究粤港澳大湾区体育产业如何畅通国内体育市场大循环和国内国际双循环，研究大湾区打造国际体育产业高地的理论逻辑和实践路径；（4）在 2025 年粤港澳联办全运会的背景下，开展全运会促进大湾区体育高质量发展和协同发展的实证研究。

从研究方法上看，后续研究可加强以下方法运用：（1）本书对粤港澳大湾区各城市体育产业关联、产业链连接和主导产业分布等进行量化分析，并对样本进行深度访谈、文本编码整理等质性分析，与量化研究结果互相验证，互为补充。在对量化研究和质性研究的综合运用方面仍有提升空间。（2）实施本书所缺乏的大样本调查研究，同时增加对三地政府、企业、协会和专家、体育消费者的深度访谈，进一步了解粤港澳大湾区体育产业协同发展现状、机制、制度创新等。（3）在案例研究方面，可增加对大型体育赛事、体育综合体和龙头体育企业（"专精特新"）的案例分析，加强论证本书提出的观点。

附录：粤港澳大湾区居民跨境参与
体育消费意愿调查问卷

尊敬的女士、先生：

您好！我们正在做粤港澳大湾区居民跨境进行体育消费意愿的调查。如果您是广东、香港或澳门居民，希望得到您的配合与支持，根据自己的实际情况填写本问卷。该问卷采用匿名形式，填写的内容也无对错之分，仅用于学术研究，并有望根据大家的情况提出研究对策和建议，为相关部门改进服务等提供借鉴依据。您的宝贵意见对本研究非常重要。问卷填写需占用您5分钟左右的时间。再次感谢您的大力支持！

广州体育学院《粤港澳大湾区体育产业协同发展》课题组

联系人：李飒爽

电　话：13226434851

邮　箱：lss2223778165@163.com

注：1. 本调查所指的跨境是指广东居民赴香港或澳门、香港居民赴广东或澳门、澳门居民赴广东或香港。

2. 本调查所指的体育消费包括：①参加体育比赛，如参加马拉松、跆拳道、飞镖等；②观看体育赛事，如观看足球、排球、游泳等比赛，或为参赛朋友加油助威，如马拉松比赛等；③参与休闲体育活动，如滑雪、打高尔夫等体育活动；④购买体育产品，如购买体育装备、体育器材、比赛纪念品等。

3. 本调查所指的跨境体育消费是指在不考虑疫情因素影响下进行的体育消费。

填写要求：请您逐项回答，不要漏填。

第一部分　您进行跨境体育消费的情况：

1. 过去5年中，您是否具有跨境体育消费的经历？[单选题]*

　　○A. 是　　　　　　　　　　　○B. 否（请跳至第5题）

2. 过去5年中，您进行跨境体育消费的次数是：[单选题]*

　　○A. 每年2次及以上　　　　　○B. 每年1次

　　○C. 两年1次　　　　　　　　○D. 三年1次

　　○E. 三年以上1次

3. 您进行跨境体育消费的城市是：[多选题]*

　　□A. 香港　　　　　　　　　　□B. 澳门

　　□C. 广州　　　　　　　　　　□D. 深圳

　　□E. 珠海　　　　　　　　　　□F. 佛山

　　□G. 惠州　　　　　　　　　　□H. 东莞

　　□I. 中山　　　　　　　　　　□J. 江门

　　□K. 肇庆

4. 过去5年中，您进行的跨境体育消费平均金额是：[单选题]*

　　○人民币＿＿＿＿＿＿＿＿*　　　　○港币＿＿＿＿＿＿＿＿*

　　○澳门元＿＿＿＿＿＿＿＿*

5. 您没有进行跨境体育消费的原因是什么？[排序题，请在中括号内依次填入数字]*

请您选择3项，并根据重要程度排序，程度越往前越重要。

第一(　　　　　)；第二(　　　　　)；第三(　　　　　)。

[　　] A. 不喜欢体育运动

[ ] B. 缺乏闲暇时间

[ ] C. 工作负担重，很疲惫

[ ] D. 没有朋友或家人陪同

[ ] E. 没有机会进行跨境体育消费

[ ] F. 经济实力不足

[ ] G. 身体不适宜进行跨境体育消费

[ ] H. 对现有的体育运动环境很满意

[ ] I. 没有消息来源

[ ] J. 没有感兴趣的体育项目

[ ] K. 通关不方便

[ ] L. 其他

第二部分 影响您跨境体育消费的因素有：

6. 跨境消费的体育产品或服务质量好，专业化水平高。[单选题]*

    请您根据认同程度选择，其中：7：非常同意；6：同意；5：比较同意；

    4：不确定；3：比较不同意；2：不同意；1：非常不同意。

    ○7   ○6   ○5   ○4

    ○3   ○2   ○1

7. 跨境消费的体育产品或服务品牌影响力大，媒体曝光率高。[单选题]*

    请您根据认同程度选择，其中：7：非常同意；6：同意；5：比较同意；

    4：不确定；3：比较不同意；2：不同意；1：非常不同意。

    ○7   ○6   ○5   ○4

    ○3   ○2   ○1

8. 跨境体育消费的环境氛围好。[单选题]*

    请您根据认同程度选择，其中：7：非常同意；6：同意；5：比较同意；

    4：不确定；3：比较不同意；2：不同意；1：非常不同意。

○7   ○6   ○5   ○4

○3   ○2   ○1

9. 跨境消费的体育产品或服务优惠力度大。[单选题]*

请您根据认同程度选择，其中：7：非常同意；6：同意；5：比较同意；4：不确定；3：比较不同意；2：不同意；1：非常不同意。

○7   ○6   ○5   ○4

○3   ○2   ○1

10. 跨境消费的体育场馆（地）设施条件优越。[单选题]*

请您根据认同程度选择，其中：7：非常同意；6：同意；5：比较同意；4：不确定；3：比较不同意；2：不同意；1：非常不同意。

○7   ○6   ○5   ○4

○3   ○2   ○1

11. 进行跨境体育消费时，目的地城市特色美食丰富。[单选题]*

请您根据认同程度选择，其中：7：非常同意；6：同意；5：比较同意；4：不确定；3：比较不同意；2：不同意；1：非常不同意。

○7   ○6   ○5   ○4

○3   ○2   ○1

12. 进行跨境体育消费时，目的地城市餐饮费用适宜。[单选题]*

请您根据认同程度选择，其中：7：非常同意；6：同意；5：比较同意；4：不确定；3：比较不同意；2：不同意；1：非常不同意。

○7   ○6   ○5   ○4

○3   ○2   ○1

13. 进行跨境体育消费时，目的地城市餐饮口味适宜。[单选题]*

请您根据认同程度选择，其中：7：非常同意；6：同意；5：比较同意；4：不确定；3：比较不同意；2：不同意；1：非常不同意。

○7   ○6   ○5   ○4

○3   ○2   ○1

14. 进行跨境体育消费时，目的地城市酒店品质好。［单选题］*

请您根据认同程度选择，其中：7：非常同意；6：同意；5：比较同
意；4：不确定；3：比较不同意；2：不同意；1：非常不同意。

○7   ○6   ○5   ○4

○3   ○2   ○1

15. 进行跨境体育消费时，酒店住宿费用适宜。［单选题］*

请您根据认同程度选择，其中：7：非常同意；6：同意；5：比较同
意；4：不确定；3：比较不同意；2：不同意；1：非常不同意。

○7   ○6   ○5   ○4

○3   ○2   ○1

16. 进行跨境体育消费时，酒店提供配套产品如租车或旅游信息。［单选
题］*

请您根据认同程度选择，其中：7：非常同意；6：同意；5：比较同
意；4：不确定；3：比较不同意；2：不同意；1：非常不同意。

○7   ○6   ○5   ○4

○3   ○2   ○1

17. 进行跨境体育消费时，目的地城市交通方便。［单选题］*

请您根据认同程度选择，其中：7：非常同意；6：同意；5：比较同
意；4：不确定；3：比较不同意；2：不同意；1：非常不同意。

○7   ○6   ○5   ○4

○3   ○2   ○1

18. 进行跨境体育消费时，目的地城市交通费用适宜。［单选题］*

请您根据认同程度选择，其中：7：非常同意；6：同意；5：比较同
意；4：不确定；3：比较不同意；2：不同意；1：非常不同意。

○7   ○6   ○5   ○4

○3　　　　　　○2　　　　　　　○1

19. 进行跨境体育消费时，目的地城市交通可在线预约。[单选题] *

请您根据认同程度选择，其中：7：非常同意；6：同意；5：比较同意；4：不确定；3：比较不同意；2：不同意；1：非常不同意。

○7　　　　　　○6　　　　　　　○5　　　　　　　○4

○3　　　　　　○2　　　　　　　○1

20. 进行跨境体育消费时，目的地城市购物环境好。[单选题] *

请您根据认同程度选择，其中：7：非常同意；6：同意；5：比较同意；4：不确定；3：比较不同意；2：不同意；1：非常不同意。

○7　　　　　　○6　　　　　　　○5　　　　　　　○4

○3　　　　　　○2　　　　　　　○1

21. 进行跨境体育消费时，目的地城市购物支付方式方便。[单选题] *

请您根据认同程度选择，其中：7：非常同意；6：同意；5：比较同意；4：不确定；3：比较不同意；2：不同意；1：非常不同意。

○7　　　　　　○6　　　　　　　○5　　　　　　　○4

○3　　　　　　○2　　　　　　　○1

22. 进行跨境体育消费时，目的地城市购物物美价廉。[单选题] *

请您根据认同程度选择，其中：7：非常同意；6：同意；5：比较同意；4：不确定；3：比较不同意；2：不同意；1：非常不同意。

○7　　　　　　○6　　　　　　　○5　　　　　　　○4

○3　　　　　　○2　　　　　　　○1

23. 进行跨境体育消费是因为目的地城市旅游资源丰富。[单选题] *

请您根据认同程度选择，其中：7：非常同意；6：同意；5：比较同意；4：不确定；3：比较不同意；2：不同意；1：非常不同意。

○7　　　　　　○6　　　　　　　○5　　　　　　　○4

○3　　　　　　○2　　　　　　　○1

24. 进行跨境体育消费是因为目的地城市旅游信息便捷。[单选题]*

请您根据认同程度选择，其中：7：非常同意；6：同意；5：比较同意；4：不确定；3：比较不同意；2：不同意；1：非常不同意。

○7   ○6   ○5   ○4

○3   ○2   ○1

25. 进行跨境体育消费是因为目的地城市旅游诚信较好。[单选题]*

请您根据认同程度选择，其中：7：非常同意；6：同意；5：比较同意；4：不确定；3：比较不同意；2：不同意；1：非常不同意。

○7   ○6   ○5   ○4

○3   ○2   ○1

26. 进行跨境体育消费时，目的地城市不受通关次数限制。[单选题]*

请您根据认同程度选择，其中：7：非常同意；6：同意；5：比较同意；4：不确定；3：比较不同意；2：不同意；1：非常不同意。

○7   ○6   ○5   ○4

○3   ○2   ○1

27. 进行跨境体育消费时，目的地城市办理通行证方便。[单选题]*

请您根据认同程度选择，其中：7：非常同意；6：同意；5：比较同意；4：不确定；3：比较不同意；2：不同意；1：非常不同意。

○7   ○6   ○5   ○4

○3   ○2   ○1

28. 进行跨境体育消费时，目的地城市通关快捷。[单选题]*

请您根据认同程度选择，其中：7：非常同意；6：同意；5：比较同意；4：不确定；3：比较不同意；2：不同意；1：非常不同意。

○7   ○6   ○5   ○4

○3   ○2   ○1

29. 汇率变动（如您本地所用货币贬值）不增加跨境体育消费的成本。[单

选题]*

请您根据认同程度选择，其中：7：非常同意；6：同意；5：比较同意；4：不确定；3：比较不同意；2：不同意；1：非常不同意。

○7   ○6   ○5   ○4

○3   ○2   ○1

30. 进行跨境体育消费时，目的地城市兑换货币方便。[单选题]*

请您根据认同程度选择，其中：7：非常同意；6：同意；5：比较同意；4：不确定；3：比较不同意；2：不同意；1：非常不同意。

○7   ○6   ○5   ○4

○3   ○2   ○1

31. 进行跨境体育消费时，目的地城市兑换货币手续费低。[单选题]*

请您根据认同程度选择，其中：7：非常同意；6：同意；5：比较同意；4：不确定；3：比较不同意；2：不同意；1：非常不同意。

○7   ○6   ○5   ○4

○3   ○2   ○1

第三部分　您跨境体育消费的意愿：

32. 我认为跨境体育消费是很有意义的。[单选题]*

请您根据认同程度选择，其中：7：非常同意；6：同意；5：比较同意；4：不确定；3：比较不同意；2：不同意；1：非常不同意。

○7   ○6   ○5   ○4

○3   ○2   ○1

33. 我认为跨境体育消费对丰富我的人生阅历有帮助。[单选题]*

请您根据认同程度选择，其中：7：非常同意；6：同意；5：比较同意；4：不确定；3：比较不同意；2：不同意；1：非常不同意。

○7   ○6   ○5   ○4

○3   ○2   ○1

34. 我认为跨境体育消费是一种美好的经历。[单选题]*

请您根据认同程度选择，其中：7：非常同意；6：同意；5：比较同意；4：不确定；3：比较不同意；2：不同意；1：非常不同意。

○7   ○6   ○5   ○4

○3   ○2   ○1

35. 我期待跨境体育消费。[单选题]*

请您根据认同程度选择，其中：7：非常同意；6：同意；5：比较同意；4：不确定；3：比较不同意；2：不同意；1：非常不同意。

○7   ○6   ○5   ○4

○3   ○2   ○1

36. 我愿意进行跨境体育消费。[单选题]*

请您根据认同程度选择，其中：7：非常同意；6：同意；5：比较同意；4：不确定；3：比较不同意；2：不同意；1：非常不同意。

○7   ○6   ○5   ○4

○3   ○2   ○1

37. 我愿意推荐朋友或家人进行跨境体育消费。[单选题]*

请您根据认同程度选择，其中：7：非常同意；6：同意；5：比较同意；4：不确定；3：比较不同意；2：不同意；1：非常不同意。

○7   ○6   ○5   ○4

○3   ○2   ○1

38. 如果我的朋友或家人计划跨境体育消费，我愿陪同。[单选题]*

请您根据认同程度选择，其中：7：非常同意；6：同意；5：比较同意；4：不确定；3：比较不同意；2：不同意；1：非常不同意。

○7   ○6   ○5   ○4

○3   ○2   ○1

39. 我乐意分享自己进行跨境体育消费的经历。[单选题]*

请您根据认同程度选择，其中：7：非常同意；6：同意；5：比较同意；4：不确定；3：比较不同意；2：不同意；1：非常不同意。

○7　　　　○6　　　　○5　　　　○4

○3　　　　○2　　　　○1

第四部分　您的基本情况：

40. 您是：_____ [单选题]*

　　○A. 广东居民_____ *

请填写目前常住地址所在的城市

　　○B. 香港居民　　　　○C. 澳门居民

41. 您的性别是：_____ [单选题]*

　　○A. 男　　　　　　○B. 女

42. 您的学历是：_____ [单选题]*

　　○A. 高中及以下　　　　○B. 大专

　　○C. 本科　　　　　　　○D. 硕士

　　○E. 博士及以上

43. 您的年龄是：_____ [单选题]*

　　○A. 24 岁及以下　　　　○B. 25—34 岁

　　○C. 35—44 岁　　　　　○D. 45—54 岁

　　○E. 55—64 岁　　　　　○F. 65 岁及以上

44. 您的税后家庭月收入是（家庭月收入指家庭成员每月工资、全年奖金和津贴分摊到每月收入、投资收入、出租收入等扣除税后之和）：_____ [单选题]*

　　○A. 6000 元及以下　　　　○B. 6001—10000 元

　　○C. 10001—14000 元　　　○D. 14001—18000 元

○E. 18001 元及以上

45. 您的税后家庭月收入是（家庭月收入指家庭成员每月工资、全年奖金
和津贴分摊到每月收入、投资收入、出租收入等扣除税后之和）：
_____ ［单选题］*

○A. 9800 港币及以下　　　　○B. 9801—18700 港币

○C. 18701—29500 港币　　　○D. 29501—46200 港币

○E. 46201 港币及以上

46. 您的税后家庭月收入是（家庭月收入指家庭成员每月工资、全年奖金
和津贴分摊到每月收入、投资收入、出租收入等扣除税后之和）：
_____ ［单选题］*

○A. 10000 澳门元及以下　　　○B. 10001—25000 澳门元

○C. 25001—40000 澳门元　　　○D. 40001—55000 澳门元

○E. 55001 澳门元及以上

47. 您的职业是：_____ ［单选题］*

○A. 党政机关、企事业单位、群众团体和社会组织负责人

○B. 行政主管及经理

○C. 专业人员、技术员及辅助专业人员

○D. 文员、服务销售人员、农林牧渔业生产及辅助人员（包括博彩投
注服务的荷官、筹码兑换员等）

○E. 技术及非技术工人

○F. 退休、失业及无业人员

○G. 学生

○H. 自由职业者

○I. 其他_____*

请填写其他职业名称。

参考文献

［1］［日］赤松要：《世界经济论》，国元书房 1965 年版。

［2］［日］山泽逸平：《亚洲太平洋经济论——21 世纪行动计划建议》，范建亭等译，上海人民出版社 2001 年版。

［3］［英］约翰·H.邓宁、萨琳安娜·M.伦丹：《跨国公司与全球经济》，马述忠等译，中国人民大学出版社 2016 年版。

［4］《粤港澳加强体育交流与合作》，《人民日报》2003 年 12 月 30 日。

［5］Al Rashid A., Khalid M.Y., Imran R., et al., "Utilization of Banana Fiber-reinforced Hybrid Composites in the Sports Industry", *Materials*, 2020.

［6］Alhemoud A.M., Armstrong E.G., "Image of tourism attractions in Kuwait", *Journal of travel Research*, 1996, pp.76-80.

［7］Amiti M., "New trade theories and industrial location in the EU: A survey of evidence", *Oxford Review of Economice Policy*, Vol.14, 1998.

［8］Asplund M., Friberg R., Wilander F., "Demand and distance: Evidence on cross-border shopping", *Journal of Public Economics*, 2007, pp.141-157.

［9］Athukorala, P.C., "Singapore and ASEAN in the new regional division of labour", *Singapore Economic Review*, 2008, pp.479-508.

［10］Bairrada C.M., Coelho F., Coelho A., "Antecedents and outcomes of brand love: Utilitarian and symbolic brand qualities", *European Journal of Mar-*

keting，2018，pp.656-682.

［11］Baker J.，Levy M.，Grewal D.，"An experimental approach to making retail store environmental decisions"，*Journal of Retailing*，1992，p.445.

［12］Balkundi P.，Kilduff M.，"The Ties That Lead：A Social Network Approach to Leadership"，*Leadership Quarterly*，2006，pp.941-961.

［13］Banfi S.，Filippini M.，Hunt L.C.，"Fuel tourism in border regions：The case of Switzerland"，*Energy Economics*，2005，pp.689-707.

［14］Biernacki P.，Waldorf D.，"Snowball sampling：Problems and techniques of chain referral Sampling"，*Sociological Methods & Research*，1981，pp. 141-163.

［15］Bitner M.J.，"Servicescapes：The impact of physical surroundings on customers and employees"，*Journal of Marketing*，1992，pp.57-71.

［16］Boix R.，De-Miguel-Molina B.，Hervas-Oliver J.L.，"Creative service business and regional performance：evidence for the European regions"，*Service Business*，2013，pp.381-398.

［17］Breiger R.L.，Boorman，S.A.，Arabie P.，"An Algorithm for Clustering Relational Data with Applications to Social Network Analysis and Comparison with Multidimensional Scaling"，*Journal of Mathematical Psychology*，1975，pp. 328-383.

［18］Burns D.J.，Lanasa J.M.，Lackman C.L.，"Outshopping：An Examination from a Motivational Perspective"，*Journal of Professional Services Marketing*，1999，pp.151-160.

［19］Burstein A.T.，Lein S.，Vogel J.，"Cross-border shopping：evidence and welfare implications for Switzerland"，*Working Paper*，2022.

［20］Campbell J.R.，Lapham B.，"Real exchange rate fluctuations and the dynamics of retail trade industries on the US - Canada border"，*American*

Economic Review, 2004, pp.1194-1206.

[21] Casaló L.V., Flavián C., Ibáñez-Sánchez S., "Influencers on Instagram: Antecedents and consequences of opinion leadership", *Journal of Business Research*, 2020, pp.510-519.

[22] Chen J., Chang Z., "Rethinking Urban Green Space Accessibility: Evaluation and Optimizing Public Transportation System through Social Network Analysis in Megacities", *Landscape and Urban Planning*, 2015, pp.150-159.

[23] Chi T., Zheng Y., "Understanding environmentally friendly apparel consumption: An empirical study of Chinese consumers", *International Journal of Sustainable Society*, 2016, pp.206-227.

[24] Ciappei C., Simoni C., "Drivers of new product success in the Italian sport shoe cluster of Montebelluna", *Journal of Fashion Marketing and Management: An International Journal*, 2005.

[25] Comebe P. P., "Economic Structure and Local Growth: France 1984-1993", *Journal of Urban Economics*, 2000, pp.329-355.

[26] Cornwell T.B., Drennan J., "Cross-Cultural Consumer/Consumption Research: Dealing with Issues Emerging from Globalization and Fragmentation", *Journal of Macromarketing*, 2004, pp.108-121.

[27] De Nisco A., Warnaby G., "Urban design and tenant variety influences on consumers' emotions and approach behavior", *Journal of Business Research*, 2014, pp.211-217.

[28] Di Matteo L., Di Matteo R., "An analysis of Canadian cross border travel", *Annals of Tourism Research*, 1996, pp.103-122.

[29] Dilley R.S., K.R.Hartviksen, D.C.Nord., "Duluth and thunder bay: A study of mutual tourist attractions", *The Operational Geographer*, 1991, pp.9-13.

［30］Dmitrovic T., Vida I., "An examination of cross-border shopping behaviour in South-East Europe", *European Journal of Marketing*, 2007, pp. 382-395.

［31］Eric Amuquandoh F., Asafo-Adjei R., "Traditional food preferences of tourists in Ghana", *British Food Journal*, 2013, pp.987-1002.

［32］Friberg R., Steen F., Ulsaker S. A., "Hump-shaped cross-price effects and the extensive margin in cross-border shopping", *American Economic Journal: Microeconomics*, 2022, pp.408-438.

［33］Frisvoll S., Forbord M., Blekesaune A., "An empirical investigation of tourists' consumption of local food in rural tourism", *Scandinavian Journal of Hospitality and Tourism*, 2016, pp.76-93.

［34］Funk D. C., Bruun T. J., "The role of socio-psychological and culture-education motives in marketing international sport tourism: A cross-cultural perspective", *Tourism Management*, 2007, pp.806-819.

［35］Ghaddar S., Brown C., "The cross-border Mexican shopper: A profile", *Research Review*, 2005, pp.46-50.

［36］Green M.R., "The impact of social networks in the development of a personal sports brand", *Sport, Business and Management: An International Journal*, 2016, pp.274-294.

［37］Green S.B., "How many subjects does it take to do a regression analysis", *Multivariate Behavioral Research*, 1991, pp.499-510.

［38］Hair J.F., Black W.C., Babin B.J., et al., *Multivariate Data Analysis: A Global Perspective*(Vol.7), Pearson Prentice Hall, Upper Saddle River, NJ, 2010.

［39］Han C.M., "Country Image: Halo or Summary Constructs", *Journal of Marketing Research*, 1989, pp.222-229.

［40］Henderson V., "Externalities and Industrial Development", *Journal of Urban Economics*, 1997, pp.449-470.

［41］Hightower Jr R., Brady M.K., Baker T.L., "Investigating the role of the physical environment in hedonic service consumption: an exploratory study of sporting events", *Journal of Business Research*, 2002, pp.697-707.

［42］Hosany S., Gilbert D., "Measuring tourists' emotional experiences toward hedonic holiday destinations", *Journal of Travel Research*, 2010, pp. 513-526.

［43］Jang W., Byon K.K., Yim B.H., "Sportscape, emotion, and behavioral intention: A case of the big four US-based major sport leagues", *European Sport Management Quarterly*, 2020, pp.321-343.

［44］Jones R.W., Kierzkow SK I.H., *The role of sevices in production and international trade*, Oxford, Blackwell, 1990, pp.31-48.

［45］Kerdpitak C., Mekkham W., Srithong C., et al., "The mediating role of environmental collaborations in the relationship manufacturing technologies and green innovation among firms in Thai sports industry", 2019.

［46］Kim C., Kim J., Jang S., "Sport clusters and community resilience in the United States", *Journal of Sport Management*, 2021, pp.566-580.

［47］Kim K.A., Byon K.K., Baek W., et al., "Examining structural relationships among sport service environments, excitement, consumer-to-consumer interaction, and consumer citizenship behaviors", *International Journal of Hospitality Management*, 2019, pp.318-325.

［48］Kluser F., *Cross-Border Shopping: Evidence from Swiss Household Consumption*, Universitaet Bern, Departement Volkswirtschaft-CRED, 2023.

［49］Kozak M., "Repeaters Behavior at Two Distinct Destinations", *Annals of Tourism Research*, 2001, pp.784-807.

［50］Kreck L.A., "The Effect of the Across the Border Commerce of Canadian Tourists on the City of Spokane", *Journal of Travel Research*, 1985, pp. 27-31.

［51］Krugman P., *Geography and Trade*, Cambridge Massachusetts: MIT Press, 1991.

［52］Lanning J.A., "Productivity, discrimination, and lost profits during baseball's integration", *The Journal of Economic History*, 2010, pp.964-988.

［53］Lau H., Leo Y., Sin L.Y., et al., "Chinese cross-border shopping: An empirical study", *Journal of Hospitality & Tourism Research*, 2005, pp. 110-133.

［54］Law R., Au N., "Relationship modeling in tourism shopping: a decision rules induction approach", *Tourism Management*, 2000, pp.241-249.

［55］Leal A., López-Laborda Julio J., Rodrigo F., "Cross-border shopping: A survey", *International Advances in Economic Research*, 2010, pp. 135-148.

［56］Lee S., Ha S., Widdows R., "Consumer responses to high-technology products: Product attributes, cognition, and emotions", *Journal of Business Research*, 2011, pp.1195-1200.

［57］Lindgren I., CØ Madsen, Hofmann S., et al., "Close encounters of the digital kind: A research agenda for the digitalization of public services", *Government Information Quarterly*, Vol.36, No.3, 2019.

［58］Liu Y., Cai L., Ma F., et al., "Revenge buying after the lockdown: Based on the SOR framework and TPB model", *Journal of Retailing and Consumer Services*, 2023.

［59］Lord K.R., Putrevu S., Parsa H.G., "The cross-border consumer: Investigation of motivators and inhibitors in dining experiences", *Journal of Hos-*

pitality & Tourism Research, 2004, pp.209-229.

［60］MacKay K.J., Fesenmaier D.R., "An exploration of cross-cultural destination image assessment", *Journal of Travel Research*, 2000, pp.417-423.

［61］Mares N., "Impacts of the single European market on the spatial structure of the Netherlands and the relation between the Netherlands and the Federal Republic of Germany", *Universität Dortmund: Institut für Raumplanung*, 1990.

［62］Martin C.A., Witt S.F., "Substitute prices in models of tourism demand", *Annals of Tourism Research*, 1988, pp.255-268.

［63］McLeod C.M., "Athlete-Centric Employer Branding During Rival Leagues' Market Entry", *Sport Marketing Quarterly*, 2021.

［64］Mehrabian A., Russell J.A., *An approach to environmental psychology*, The MIT Press, 1994.

［65］Miyakoshi T., Shimada J., Li K.W., "The dynamic effects of quantitative easing on stock price: Evidence from Asian emerging markets, 2001-2016", *International Review of Economics & Finance*, 2017, pp. 548-567.

［66］Moscardo G., "Shopping is the destination attraction: an empirical examination of the role of shopping in tourist destination choice and experience", *Journal of Vacation Marketing*, 2004, pp.294-307.

［67］Motorsport Industry Association, http://www.the-mia.com/The-Industry, 2008.

［68］Neumayer E., "Visa restrictions and bilateral travel", *The Professional Geographer*, 2010, pp.171-181.

［69］Oliveira M., Gama J., "An Overview of Social Network Analysis", *Wiley Interdisciplinary Reviews Data Mining & Knowledge Discovery*, 2012, pp. 99-115.

［70］Papadimitriou D., Kaplanidou K., Apostolopoulou A., "Destination image components and word-of-mouth intentions in urban tourism: A multigroup approach", *Journal of Hospitality & Tourism Research*, 2018, pp.503-527.

［71］Perroux F., *Note on the Concept of "Growth Poles"*, Regional Economics, 1955.

［72］Pharr J.M., "Synthesizing country-of-origin from the last decade: is the concept still salient in an era of global brands?", *Journal of Marketing Theory & Practice*, 2005, pp.34-35.

［73］Piron F., "International Retail Leakages: Singaporeans outshopping in Malaysia", *Singapore Management Review*, 2001, pp.35-58.

［74］Pizzo A.D., Baker B.J., Jones G.J., et al., "Sport experience design: Wearable fitness technology in the health and fitness industry", *Journal of Sport Management*, 2020, pp.130-143.

［75］Poczta J., D browska A., Kazimierczak M., et al., "Overtourism and medium scale sporting events Organisations - the perception of negative Externalities by host Residents", *Sustainability*, 2020, p.2827.

［76］Ponis S.T., Efthymiou O.K., "Cloud and IoT applications in material handling automation and intralogistics", *Logistics*, 2020, pp. 1-22.

［77］Poter, Michael E., "Industrial Organization and the Evolution of Concepts for Strategic Planning: The New Learning", *Managerial and Decision Economics*, 1983. pp.172-180.

［78］Prescott J.R.V., *Political frontiers and boundaries*, Routledge, 2014.

［79］Qi W., "Economic Recovery from COVID-19: Experience from the People's Republic of China", *Asian Development Bank*, 2021.

［80］Ratten V., da Silva Braga V.L., da Encarnação Marques C.S., "Sport entrepreneurship and value co-creation in times of crisis: The covid-19 pandemic", *Journal of Business Research*, 2021, pp.265-274.

［81］Rocha H., "Do clusters matter to firm and regional development and growth?", *Management Research*, 2015, pp.83-123.

［82］Sheveleva A., "Cross-Border Consumption within Kostomuksha and the Kainuu Region", 2010.

［83］Shin H.H., Jeong M., "Does a virtual trip evoke travelers' nostalgia and derive intentions to visit the destination, a similar destination, and share?: Nostalgia-motivated tourism", *Journal of Travel & Tourism Marketing*, 2022, pp.1-17.

［84］Sjoo, Karolin, Tomas Helltyrom, "University-industry collaboration: A literature review and synthesis", *Industry and Higher Education*, 2019. pp. 275-285.

［85］Steenkamp J.B.E., Batra R., Alden D.L., "How perceived brand globalness creates brand value", *Journal of International Business Studies*, 2003, pp.53-65.

［86］Stieglitz N., "Industry Dynamics and Types of the New and Old Economy-Who is embracing Whom", *Druid Summer Conference*, 2002. pp.342-350.

［87］Sun J., Chen P.J., Ren L., et al., "Place attachment to pseudo establishments: An application of the stimulus-organism-response paradigm to themed hotels", *Journal of Business Research*, 2021, pp.484-494.

［88］Tabachnick B.G., Fidell L.S., Ullman J.B., *Using Multivariate Statistics* (Vol.5, pp.481-498), Pearson, Boston, MA, 2007.

［89］Temerak M.S., Winklhofer H., "Participant engagement in running events and why it matters who else takes part", *European Sport Management Quarterly*, 2021, pp.1-24.

［90］Teng X., Bao Z., "Factors affecting users' stickiness of fitness apps:

an empirical study based on the SOR perspective", *International Journal of Sports Marketing and Sponsorship*, 2022.

[91] Thompson K., Schofield P., "An Investigation of the Relationship between Public Transport Performance and Destination Satisfaction", *Journal of Transport Geography*, 2007, pp.136-144.

[92] Timothy D.J., Butler R.W., "Cross border shopping: a north American perspective", *Annals of Tourism Research*, 1995, pp.16-34.

[93] Timothy D.J., Teye V.B., "Political boundaries and regional cooperation in tourism", *A Companion to Tourism*, 2004, pp.584-595.

[94] Uhrich S., Benkenstein M., "Physical and social atmospheric effects in hedonic service consumption: Customers' roles at sport events", *The Service Industries Journal*, 2012, pp.1741-1757.

[95] Vertakova Y., Grechenyuk O., Grechenyuk A., "Indentification of Clustered Points of Growth by Analyzing the Innovation Development of Industry", *Procedia Economics and Finance*, 2016, pp.57-62.

[96] Wakeeld K.L., Blodgett J.G., Sloan H.J., "Measurement and management of the sports-cape", *Journal of Sport Management*, 1996, pp.15-31.

[97] Wang D., "Hong Kongers' cross-border consumption and shopping in Shenzhen: patterns and motivations", *Journal of Retailing & Consumer Services*, 2004, pp.150-159.

[98] Wäsche H., Dickson G., Woll A., et al., "Social network analysis in sport research: an emerging paradigm", *European Journal for Sport and Society*, 2017, pp.138-165.

[99] Weintraub A., Epstein R., "The Supply Chain in the Forest Industry: Models and Linkages", *Springer US*, Vol.62, 2002.

[100] Woodside A. G., Lysonski S., "A general model of traveler

destination choice", *Journal of Travel Research*, 1989, pp.8-14.

[101] Yang C., "The Pearl River Delta and Hong Kong: an evolving cross-boundary region under 'one country, two systems'", *Habitat International*, 2006, pp.80-86.

[102] Yim M.Y.C., Chu S.C., Sauer P.L., "Is augmented reality technology an effective tool for e-commerce? An interactivity and vividness perspective", *Journal of interactive marketing*, 2017, pp.89-103.

[103] Zhang B., "Regional sports industrial development strategy in the vision of 'Healthy China 2030'", *Ekoloj*, 2019, pp.3913-3917.

[104] Zhang H.L., Zhang H.J., Guo X.T., "Research on the future development prospects of sports products industry under the mode of e-commerce and internet of things", *Information Systems and e-Business Management*, 2020, pp. 511-525.

[105] 安徽省人民政府:《体育强省建设方案》,2021年。

[106] 安徽省体育局:《2019年安徽省体育产业总规模与增加值数据公告》,2021年8月17日,见 http://tiyu. ah. gov. cn/tyzh/tycy/tytj/120532941.html。

[107] 包海丽:《我国体育产业发展的评价指标体系与动态分析研究》,《广州体育学院学报》2019年第3期。

[108]《区域经济整体实力迈上新台阶,京津冀经济总量突破10万亿元》,2023年2月21日。

[109] 蔡赤萌:《粤港澳大湾区城市群建设的战略意义和现实挑战》,《广东社会科学》2017年第4期。

[110] 蔡朋龙、刘广飞:《新时代我国体育产业结构优化的逻辑、目标与路径》,《体育学研究》2021年第5期。

[111] 蔡朋龙、王家宏、方汪凡:《基于复杂网络视角下中国体育产

业结构特征研究》，《中国体育科技》2021年第3期。

[112] 蔡晓梅、刘晨：《人文地理学视角下的国外饮食文化研究进展》，《人文地理》2013年第5期。

[113] 蔡跃洲、付一夫：《全要素生产率增长中的技术效应与结构效应：基于中国宏观和产业数据的测算及分解》，《经济研究》2017年第1期。

[114] 蔡跃洲：《数字经济时代的全要素生产率及增长动力》，2019年5月7日，见http://www.ce.cn/macro/more/201905/08/t20190508_32023094.shtml。

[115] 蔡之兵：《粤港澳大湾区共享发展的战略意义、理论基础与实现路径》，《城市观察》2020年第4期。

[116] 曹可强：《论长江三角洲地区体育产业的一体化发展》，《上海体育学院学报》2006年第1期。

[117] 曹卫华、邵兵兵：《基于共词分析法的我国民族传统体育文化研究热点评析》，《西安体育学院学报》2019年第1期。

[118] 曹卫华：《基于社会网络分析的西班牙Tiki-Taka战术打法的传控特征分析》，《成都体育学院学报》2019年第4期。

[119] 曹献雨：《中国互联网与养老服务融合水平测度及提升路径研究》，《当代经济管理》2019年第7期。

[120] 曾坚朋、王建冬、黄倩倩：《打造数字湾区：粤港澳大湾区大数据中心建设的关键问题与路径建构》，《电子政务》2021年第6期。

[121] 曾庆旋：《文化结构视野下马产业的内涵、结构与特征》，《武汉商学院学报》2014年第3期。

[122] 曾淑婉：《基于区域经济差异的区域产业规划研究》，南开大学博士学位论文，2013年。

[123] 柴王军、刘龙飞：《我国体医融合测度与时空演化研究》，《山

东体育学院学报》2021年第5期。

[124] 陈飞：《粤港澳大湾区体育产业区域特征与发展研究》，《广州体育学院学报》2020年第4期。

[125] 陈广汉、刘洋：《从"前店后厂"到粤港澳大湾区》，《国际经贸探索》2018年第11期。

[126] 陈建军：《长江三角洲区域经济一体化的三次浪潮》，《中国经济史研究》2005年第3期。

[127] 陈林会、刘青：《成渝地区双城经济圈体育产业融合发展研究》，《经济体制改革》2020年第6期。

[128] 陈林会：《区域体育产业增长极培育研究》，南京师范大学博士学位论文，2012年。

[129] 陈玲慧：《"体育电子竞技+VR"产业融合趋势研究》，《当代体育科技》2018年第27期。

[130] 陈清、王晓均、彭松：《基于主成分分析——TOPSIS法的区域体育产业综合竞争力研究》，《中国体育科技》2018年第3期。

[131] 陈世香、宋广强：《山地省域文体旅产业融合发展测度与分析——以贵州为例》，《贵州社会科学》2022年第3期。

[132] 陈文理、喻凯、何玮：《府际治理：构建粤港澳大湾区网络型府际关系研究》，《岭南学刊》2018年第6期。

[133] 陈贤明、黄润飞、黄燕玲：《粤港澳大湾区市场主体身份信息共享机制研究》，《中国标准化》2021年第18期。

[134] 陈燕、林仲豪：《粤港澳大湾区城市间产业协同的灰色关联分析与协调机制创新》，《广东财经大学学报》2018年第4期。

[135] 陈宜海、汪艳：《长三角城市群中心城市地缘经济关系研究》，《黄山学院学报》2017年第2期。

[136] 陈悦、陈超美、刘则渊、胡志刚、王贤文：《CiteSpace 知识图

谱的方法论功能》，《科学学研究》2015 年第 2 期。

[137] 成英文、王慧娴、张辉：《实际汇率和收入影响下的国际出境旅游需求变动趋势——基于 55 个国家面板数据的分析》，《经济管理》2014 年第 3 期。

[138] 程淑佳、于国政、王肇钧：《区域产业协调发展中的制度因素分析》，《工业技术经济》2009 年第 12 期。

[139] 丛湖平、张爱华、朱建清：《论我国东部省份体育产业区域发展模式的构建》，《体育科学》2004 年第 12 期。

[140] 邓聚龙：《灰色预测与决策》，华中理工大学出版社 1988 年版。

[141] 邓文杰：《北京冬奥会的"六有"可持续性管理经验》，《可持续发展经济导刊》2022 年第 Z1 期。

[142] 邓晓峰、余建通、曾立火：《供给侧改革背景下体育主题公园跨界融合探究》，《体育科学研究》2021 年第 6 期。

[143] 董成惠：《粤港澳大湾区共享合作协同机制研究》，《经济体制改革》2021 年第 4 期。

[144] 董艳梅、朱传耿：《中国体育相关产业跨界融合现状及趋势分析》，《成都体育学院学报》2021 年第 2 期。

[145] 杜丹、李奎：《粤港澳大湾区基础研究协同机制研究》，《科技管理研究》2020 年第 18 期。

[146] 段艳玲、刘兵：《我国体育产学研协同创新动力机制实证研究》，《体育科学》2019 年第 1 期。

[147] 房亚男、殷波、李国平：《基于产业系统视角的中国体育和文化产业融合发展研究》，《南京体育学院学报》2019 年第 4 期。

[148] 冯利伟、钱梦莹、宋彪：《中国公民赴蒙古国旅游的意愿及影响因素分析》，《管理现代化》2019 年第 2 期。

[149] 扶晓政、林向阳、林治翔：《市场机制和政府引导下体育产学

研协同创新：演化博弈及仿真分析》，《福建师范大学学报（自然科学版）》2021 年第 5 期。

［150］管金平：《我国内地与香港特区反垄断执法协同机制的构建——以粤港澳大湾区协同发展为背景》，《法商研究》2022 年第 5 期。

［151］广东省社会科学课题组：《粤港澳大湾区智库发展报告（2018）：智库合作引领湾区未来》，广东省社会科学院 2018 年版。

［152］广东外语外贸大学粤港澳大湾区研究院课题组、申明浩、谢观霞：《新时代粤港澳大湾区协同发展——一个理论分析框架》，《国际经贸探索》2019 年第 9 期。

［153］郭丽莎：《粤港澳大湾区立法协同机制探讨——基于京津冀和长三角的立法协同经验》，《广东行政学院学报》2020 年第 4 期。

［154］郭跃文：《粤港澳大湾区建设报告（2020—2021）》，社会科学文献出版社 2021 年版。

［155］国家体育总局：《京津冀签署体育协同发展议定书优势互补》，2014 年 7 月 16 日，见 https：//www. sport. gov. cn/n20001280/n20745751/n20767349/c21096027/content.html。

［156］国世平：《粤港澳大湾区规划和全球定位》，广东人民出版社 2018 年版。

［157］中共中央、国务院：《关于加快建设全国统一大市场的意见》，2022 年。

［158］海关总署：《海关助推大湾区现代马产业发展从化马场运营两周年往返粤港马匹 7576 匹次》，2020 年 9 月 15 日，见 http：//guiyang.cus-toms.gov.cn/customs/ztzl86/302414/302415/gmzyx/zjyx/3284921/index.html。

［159］韩瑾：《环杭州湾大湾区中心城市产业协同发展评价》，《经济论坛》2019 年第 9 期。

［160］韩松、王莉：《我国体育产业与养老产业融合态势测度与评

价》，《体育科学》2017年第11期。

［161］韩新功：《京津冀都市圈体育竞赛表演和体育旅游业的融合发展》，《河北师范大学学报（自然科学版）》2014年第5期。

［162］韩永辉、赖嘉豪、麦炜坤：《粤港澳大湾区建设世界级产业集群与提升全球价值链能级研究》，《城市观察》2022年第1期。

［163］韩永辉、张帆：《粤港澳大湾区的区域协同发展研究——基于供给侧结构性改革视角的分析》，《治理现代化研究》2018年第6期。

［164］郝武峰：《产业链视角下我国农村一二三产业融合发展研究》，中央党校（国家行政学院）博士学位论文，2020年。

［165］河北新闻网：《远高于同期！河北省体育产业增加值年均增长20.8%》，2021年3月26日，见https://baijiahao.baidu.com/s？id＝1695240571445337880&wfr＝spider&for＝pc。

［166］胡俊超：《区域经济协调发展的路径依赖》，《特区经济》2006年第6期。

［167］胡美、陈昌：《广州体育旅游与乡村旅游融合发展研究》，《广州体育学院学报》2021年第3期。

［168］胡明洋、邢尊明：《我国体育旅游精品赛事发展路径研究》，《体育文化导刊》2019年第4期。

［169］胡宗彪、周佳：《汇率水平、汇率波动对服务业出口增长的影响——跨国证据与中国表现》，《江汉论坛》2019年第8期。

［170］黄爱莲：《基于游客感知的国家边界旅游障碍研究》，《商业研究》2011年第2期。

［171］黄海燕：《推动体育产业成为国民经济支柱性产业的战略思考》，《体育科学》2020年第12期。

［172］黄启学：《用协同理论指导民族地区经济建设初探》，《中南民族学院学报（社会科学版）》1987年第3期。

［173］黄谦、荀阳、丁建岚：《中国专业运动员整体社会网络特征分析》，《武汉体育学院学报》2016 年第 7 期。

［174］黄玮、李锋：《我国体育与旅游产业融合发展对策研究》，《经济问题》2017 年第 10 期。

［175］黄玉蓉、曾超：《文化共同体视野下的粤港澳大湾区文化合作研究》，《广州大学学报（社会科学版）》2018 年第 10 期。

［176］纪培端：《我国体育产业竞争力评价与实证研究——以江苏省为例》，《调研世界》2019 年第 12 期。

［177］贾惠婷：《一带一路沿线国家来自中国游客旅游量的影响因素分析》，《经济问题探索》2019 年第 7 期。

［178］江苏省体育局：《2019 年江苏体育产业统计数据发布》，2020 年 10 月 24 日，见 http://jssports.jiangsu.gov.cn/art/2020/10/24/art_80567_9546870.html。

［179］江苏省体育局：《江苏体育发展"十四五"规划》，2022 年。

［180］江小涓：《中国体育产业：发展趋势及支柱地位》，《管理世界》2018 年第 5 期。

［181］蒋明蓉、张亚斌：《基于 PEST-SWOT 模型的我国开放大学办学体系发展战略研究》，《成人教育》2020 年第 4 期。

［182］蒋兴华、范心雨、袁瑜容：《粤港澳大湾区科技创新体系构建与协同机制研究——基于一般系统模块理论的分析》，《研究与发展管理》2022 年第 6 期。

［183］金浩、王平平、赵晨光：《我国区域创新网络评价与空间关联研究》，《当代经济管理》2019 年第 5 期。

［184］京报网：《冬奥要闻｜冰雪运动从点燃激情到大众参与》，2022 年 2 月 12 日，见 https://news.bjd.com.cn/2022/02/12/10041492.shtml。

［185］景堃、毛加强、王紫薇：《基于灰色关联法的陕西省工业化与

信息化融合度研究》，《科技管理研究》2014 年第 2 期。

[186] 兰顺领：《长三角一体化背景下区域体育旅游协同发展的困境与出路》，《山东体育学院学报》2020 年第 5 期。

[187] 雷超：《产品外部属性对跨境购物意愿的影响》，《旅游学刊》2013 年第 12 期。

[188] 雷超：《市场属性与产品属性对跨境购物意愿的影响》，暨南大学博士学位论文，2011 年。

[189] 黎鹏：《区域经济协同发展研究》，经济管理出版社 2003 年版。

[190] 李博、王雷：《社会网络分析法研究足球比赛传球表现的可行性分析》，《北京体育大学学报》2017 年第 8 期。

[191] 李国、孙庆祝：《共生共荣：区域体育产业共生发展机制研究》，《武汉体育学院学报》2012 年第 9 期。

[192] 李国平：《冬奥效应 京津冀协同发展的新引擎》，2022 年 2 月 21 日，见 https://baijiahao.baidu.com/s?id=1725332561509159637&wfr=spider&for=pc。

[193] 李建平：《粤港澳大湾区协作治理机制的演进与展望》，《规划师》2017 年第 11 期。

[194] 李林威、刘帮成：《区域协同发展政策能否提升城市创新水平？——基于粤港澳大湾区的准自然实验》，《经济问题探索》2022 年第 10 期。

[195] 李凌、张瑞林：《体育赛事观赏与竞猜型体彩的影响效果探析——基于二元热情模型的研究视域》，《体育与科学》2017 年第 2 期。

[196] 李鹏、张进晖：《签证制度对跨境消费行为的影响研究》，《华南师范大学学报（自然科学版）》2013 年第 5 期。

[197] 李人可：《粤港澳大湾区城市群产业互补性分析及协同路径创新》，《新经济》2019 年第 11 期。

［198］李亚慰、李建设：《长三角地区体育主导产业结构测算、模型构建与发展预测研究》，《中国体育科技》2015 年第 6 期。

［199］李艳、曾菊新、程绍文：《城市环境供给的游憩者满意度及对重游意愿的影响——基于游客与居民差异的分析》，《人文地理》2014 年第 6 期。

［200］李艳荣、张长念：《区域协同发展战略下京津冀体育产业协同发展研究》，《广州体育学院学报》2019 年第 1 期。

［201］李燕、骆秉全：《京津冀全域体育旅游产业布局及协同发展路径研究》，《中国体育科技》2017 年第 6 期。

［202］李鉴、李刚、黄海燕：《全球体育城市视域下上海体育赛事体系构建战略》，《上海体育学院学报》2020 年第 3 期。

［203］李颖、刘翠娥：《基于网络层次分析法的我国体育产业竞争力评价指标体系构建》，《河北经贸大学学报》2010 年第 3 期。

［204］李颖川：《中国体育产业发展报告（2020）》，社会科学文献出版社 2021 年版。

［205］廉涛、黄海燕：《长三角体育产业协同发展的空间结构研究》，《体育科学》2020 年第 10 期。

［206］廉涛：《长三角体育产业一体化的理论与实证研究》，上海体育学院硕士学位论文，2020 年。

［207］梁枢：《香港赛马会引领与粤港澳大湾区马匹运动产业可持续发展研究》，《体育与科学》2019 年第 3 期。

［208］林迪、马文博：《"一带一路"倡议下青海体育赛事与旅游产业融合发展对策研究》，《体育科技》2020 年第 1 期。

［209］林欣、甘俊佳、黄元骋：《粤港澳大湾区体育与传媒产业融合发展研究》，《广州体育学院学报》2020 年第 4 期。

［210］林源源、钱晓燕、邵佳瑞：《服务质量、障碍感知、体验价值

与旅游行为意图的关系研究——基于青少年视觉障碍者的实证》,《阅江学刊》2020 年第 6 期。

[211] 凌静、张宝山、马江骏:《新疆体育产业关联和产业波及效应分析》,《体育科学》2007 年第 3 期。

[212] 刘芳枝、陈洪平、潘磊:《高质量发展背景下我国体育产业的关联效应与关联动力研究——基于投入产出数据的实证分析》,《武汉体育学院学报》2021 年第 8 期。

[213] 刘华军、刘传明、孙亚男:《中国能源消费的空间关联网络结构特征及其效应研究》,《中国工业经济》2015 年第 5 期。

[214] 刘军:《整体网分析:UCINET 软件实用指南》(第三版),上海人民出版社 2019 年版。

[215] 刘林星、李越苹、朱淑玲、刘健:《黄河流域民族体育文化与生态旅游深度融合发展研究》,《西安体育学院学报》2022 年第 2 期。

[216] 刘晴、罗亮、黄晶:《新发展格局下我国体育用品制造业发展转向与路径》,《体育文化导刊》2022 年第 2 期。

[217] 刘树林:《产业经济学》,清华大学出版社 2012 年版。

[218] 刘祥艳、蒋依依、吕兴洋:《签证便利度对出境旅游的影响——基于面板数据的实证分析》,《旅游学刊》2018 年第 12 期。

[219] 刘向东、张舒:《移动支付方式与异质性消费者线下消费行为》,《中国流通经济》2019 年第 12 期。

[220] 刘艳、王小臣:《京津冀物流空间联系研究——基于引力模型》,《商业经济研究》2019 年第 15 期。

[221] 刘英基:《中国区域经济协同发展的机理、问题及对策分析——基于复杂系统理论的视角》,《理论月刊》2012 年第 3 期。

[222] 刘潆檑、宋林晓、张晓链:《我国体育产业与文化产业融合度研究——基于灰色关联和耦合协调度分析》,《武汉体育学院学报》2022

年第 8 期。

[223] 刘志彪、孔令池：《从分割走向整合：推进国内统一大市场建设的阻力与对策》，《中国工业经济》2021 年第 8 期。

[224] 刘志彪：《产业链现代化的产业经济学分析》，《经济学家》2019 年第 12 期。

[225] 刘志敏、贺林均：《基于 RBT 理论的区域体育产业可持续竞争优势的获取》，《中国体育科技》2016 年第 5 期。

[226] 卢金逵、倪刚、熊建萍：《区域体育产业竞争力评价与实证研究》，《体育科学》2009 年第 6 期。

[227] 卢淑莹、陶卓民、李涛：《泛长三角区域入境游客空间格局与意象研究》，《地理研究》2021 年第 1 期。

[228] 鲁志琴、陈林祥、沈玲丽：《我国"体旅文商农"产业融合发展的内在逻辑、作用机制与优化路径》，《中国体育科技》2022 年第 6 期。

[229] 陆和建、李杨：《基于 SWOT-PEST 分析的基层公共文化服务社会化管理发展策略研究》，《图书情报知识》2016 年第 4 期。

[230] 罗建英：《论区域体育产业核心竞争力的要素及特征》，《浙江体育科学》2007 年第 5 期。

[231] 罗捷茹：《产业联动的跨区域协调机制研究》，兰州大学博士学位论文，2014 年。

[232] 马学广、唐承辉：《新国家空间理论视角下城市群的国家空间选择性研究》，《人文地理》2019 年第 2 期。

[233] 毛燕平、王志文：《供给侧改革背景下体育产业跨界融合研究》，《体育文化导刊》2019 年第 5 期。

[234] 明汇智库：《香港智库年报 2018》，2018 年。

[235] 南方日报：《粤港签署〈广东省体育局与香港赛马会大湾区体育项目合作补充备忘录〉，共建赛马产业经济圈》，2021 年 5 月 14 日，见

http://tyj.gd.gov.cn/tyxw_zyxw/content/post_3283537.html。

[236] 聂勇钢、曾南权：《习近平关于亲清政商关系的重要论述研究》，《决策与信息》2022年第6期。

[237] 牛文学、袁溧鋆、蒋明华：《区域产业协调发展的影响因素及对策》，《商业经济研究》2015年第2期。

[238] 农村农业部：《农业农村部办公厅国家体育总局办公厅关于印发〈全国马产业发展规划（2020—2025）〉的通知》，2020年9月25日，见 http://www. moa. gov. cn/nybgb/2020/202010/202011/t20201130 _6357330.htm。

[239] 澎湃新闻：《崇礼，冰雪之城｜摘掉贫困帽子，端起冰雪"金饭碗"》，2022年6月9日，见 https://www.thepaper.cn/newsDetail_forward_16515435。

[240] 人民网：《GDP规模均超千亿！长三角41市交出2022年度亮眼"成绩单"》，2023年2月9日，见 http://ah. people. com. cn/n2/2023/0209/c401574-40294850.html。

[241] 任保平：《数字经济引领高质量发展的逻辑、机制与路径》，《西安财经大学学报》2020年第2期。

[242] 任波、黄海燕：《数字经济驱动体育产业高质量发展的理论逻辑、现实困境与实施路径》，《上海体育学院学报》2021年第7期。

[243] 任波、黄海燕：《中国体育产业结构优化的机制、逻辑与路径》，《首都体育学院学报》2020年第5期。

[244] 任亚文、马丽：《粤港澳大湾区创新发展的进展、问题与战略思考》，《地理科学进展》2022年第9期。

[245] 上海市人民政府：《上海市体育产业发展实施方案（2016—2020年）》，2017年。

[246] 上海市体育局、江苏省体育局、浙江省体育局、安徽省体育局：

《长三角地区体育产业协同发展规划（2021—2025 年）》，2021 年。

［247］上海体育局：《2019 年度上海市体育产业统计公告》，2020 年。

［248］邵桂华、郑冠杰：《生产·生活·生态：我国冰雪体育产业融合发展的三维结构解析》，《体育学研究》2022 年第 3 期。

［249］邵云飞、欧阳青燕、孙雷：《社会网络分析方法及其在创新研究中的运用》，《管理学报》2009 年第 9 期。

［250］沈克印、林舒婷、董芹芹：《数字经济驱动体育产业高质量发展的变革机制和推进策略》，《体育学研究》2022 年第 3 期。

［251］沈克印、林舒婷、董芹芹：《我国体育产业数字化转型的现实要求、发展困境与实践策略》，《武汉体育学院学报》2022 年第 8 期。

［252］石碧华：《京津冀协同发展态势与政策匹配》，《重庆社会科学》2015 年第 11 期。

［253］史进程、王随园：《珠三角城市群"科—产—教"创新融合实证研究——基于灰色关联分析法》，《科技管理研究》2022 年第 9 期。

［254］宋梅秋：《论我国区域产业结构调整的三个方向》，《经济纵横》2012 年第 10 期。

［255］苏东水：《产业经济学》，高等教育出版社 2005 年版。

［256］苏敷志、邰峰、赵兰：《粤港澳大湾区体育产业融合发展现状、问题及对策》，《体育文化导刊》2019 年第 10 期。

［257］苏嘉杰：《顾客体验价值与酒店服务质量研究》，华东师范大学硕士学位论文，2005 年。

［258］粟路军：《服务认知要素、消费情感和旅游者忠诚的关系——以厦门城市旅游者为例的研究》，《经济管理》2012 年第 7 期。

［259］孙锋：《"一带一路"背景下长三角地区体育产业融合路径研究》，《广州体育学院学报》2019 年第 2 期。

［260］孙虎、乔标：《京津冀产业协同发展的问题与建议》，《中国软

科学》2015 年第 7 期。

［261］孙晋海、王静：《"双循环"新发展格局下体育产业数字化转型路径研究》，《沈阳体育学院学报》2022 年第 5 期。

［262］孙立海、刘金波、黄世懋：《武汉城市圈体育产业协同发展环境分析》，《体育成人教育学刊》2011 年第 2 期。

［263］孙彦莹：《共融与挑战："一带一路"背景下的体育旅游产业发展研究》，《西安体育学院学报》2019 年第 6 期。

［264］孙志燕、侯永志：《对我国区域不平衡发展的多视角观察和政策应对》，《管理世界》2019 年第 8 期。

［265］汤放华、汤慧、孙倩：《长江中游城市集群经济网络结构分析》，《地理学报》2013 年第 10 期。

［266］唐松：《基于非均衡发展理论的区域协调内涵诠释》，《经济经纬》2008 年第 1 期。

［267］天津市体育局：《天津市体育发展"十四五"规划》，2021 年。

［268］田飞龙：《从二十大报告看"一国两制"的时代意义和制度价值》，2022 年 10 月 18 日，见 http://www.china.com.cn/opinion2020/2022-10/18/content_78472148.shtml。

［269］仝二宝、程绍同、冯魏、王永顺：《困境与出路：体育大数据产业融合发展研究》，《西安体育学院学报》2021 年第 4 期。

［270］万晓琼、王少龙：《数字经济对粤港澳大湾区高质量发展的驱动》，《武汉大学学报（哲学社会科学版）》2022 年第 3 期。

［271］王飞：《区域体育产业协调发展中地方政府职能转变探析》，《沈阳体育学院学报》2013 年第 6 期。

［272］王淋燕、周良君、李洋洋：《粤港澳大湾区跨境体育消费实证研究——以广东居民赴香港参加体育赛事为例》，《广州体育学院学报》2020 年第 5 期。

［273］王钦敏：《统筹协调 共建共享 推进数字政府信息化系统建设》，《中国行政管理》2020 年第 11 期。

［274］王晓亚、翁国阳：《知识密集型产业协同度及影响因素研究》，《中国科技论坛》2015 年第 11 期。

［275］王晓彦、胡德宝：《移动支付对消费行为的影响研究：基于不同支付方式的比较》，《消费经济》2017 年第 5 期。

［276］王信：《持续深化粤港澳大湾区金融合作》，《中国金融》2022 年第 13 期。

［277］王兴明：《产业发展的协同体系分析——基于集成的观点》，《经济体制改革》2013 年第 5 期。

［278］王学彬、郑家鲲：《基本公共体育服务标准化建设：内容、困境与策略》，《体育科学》2015 年第 9 期。

［279］魏火艳：《区域体育产业集聚区发展实证研究——以中原经济区为例》，《云南财经大学学报》2014 年第 2 期。

［280］魏艺、陈治：《我国城市体育文化助推产业融合发展的路径探析》，《辽宁体育科技》2021 年第 3 期。

［281］温忠麟、叶宝娟：《中介效应分析：方法和模型发展》，《心理科学进展》2014 年第 5 期。

［282］闻瑞东、钟世川：《加强粤港澳大湾区文化整合的对策》，《改革与开放》2018 年第 20 期。

［283］翁莉：《上海城郊景区旅游者重游行为分析》，《旅游科学》2005 年第 2 期。

［284］吴丽云、陈方英：《基于网络评论内容分析的餐饮消费者行为研究》，《人文地理》2015 年第 5 期。

［285］吴阳、牛志培、布和、杨占东：《我国体育特色小镇发展的问题与对策研究》，《哈尔滨体育学院学报》2019 年第 5 期。

［286］向晓梅、杨娟：《粤港澳大湾区产业协同发展的机制和模式》，《华南师范大学学报（社会科学版）》2018 年第 2 期。

［287］肖婧莹、周良君：《粤港澳大湾区体育产业协同发展：困境与出路》，《中国体育科技》2019 年第 12 期。

［288］谢洪伟、许月云、许松涛：《区域体育产业比较优势评价指标体系研究》，《北京体育大学学报》2012 年第 2 期。

［289］谢杰：《长三角城市群一体化背景下区域产业协同发展研究》，苏州大学硕士学位论文，2018 年。

［290］谢明均、杨强、黄薇、肖世强、杨利：《创建城乡数字化协同医疗服务模式的实践探索》，《现代医院管理》2014 年第 3 期。

［291］新华网：《沪苏浙皖规划体育产业协同发展》，2022 年 3 月 19 日，见 https：//www.ndrc.gov.cn/xwdt/ztzl/cjsjyth1/xwzx/202203/t20220319_1319600.html？code＝&state＝12。

［292］新华网：《中国体育上市公司 2021 年市值首破万亿元，28 家收获正增长》，2022 年 1 月 25 日，见 http：//www.xinhuanet.com/2022－01/25/c_1128294927.htm。

［293］邢子政、马云泽：《京津冀区域产业结构趋同倾向与协同调整之策》，《现代财经—天津财经大学学报》2009 年第 9 期。

［294］徐涵蕾：《资源型城市产业协同机会和能力评价研究》，《中国人口·资源与环境》2010 年第 2 期。

［295］徐维军、张晓晴、张卫国：《政策视角下粤港澳大湾区城市群产业结构问题研究》，《城市观察》2020 年第 2 期。

［296］徐小荷、余银、邓罗平：《区域体育竞争力评价体系的构建与实证研究——以两型社会试验区为例》，《南京体育学院学报（社会科学版）》2010 年第 3 期。

［297］徐珍：《粤港澳大湾区赛马产业联动的路径研究》，广州体育学

院硕士学位论文，2022年。

［298］许传阳、郝成元：《区域协调发展的环境政策体系框架：以五大区域为例》，《生态经济》2013年第1期。

［299］许春晓、朱茜：《求新动机、满意度对重游间隔意愿的影响——以凤凰古城旅游者为例》，《旅游科学》2011年第5期。

［300］薛凤旋、杨春：《香港—深圳跨境城市经济区之形成》，《地理学报》1997年第S1期。

［301］央视新闻：《加强体育赛事活动安全监管！国家体育总局等11部门联合印发这个意见》，2021年7月6日，见 https://baijiahao.baidu.com/s? id＝1704496068175474477&wfr＝spider&for＝pc。

［302］杨爱平、郑晓云：《港澳青年融入大湾区内地城市发展的行政推动机制研究——以港澳青年创新创业基地建设为例》，《青年探索》2022年第2期。

［303］杨崇勇：《推进京津冀协同发展的关键是政策一体化》，《经济与管理》2015年第1期。

［304］杨红英：《基于社会网络分析的我国体育机构合作研究》，《北京体育大学学报》2016年第9期。

［305］杨铭：《黄河口地区"文体旅"深度融合发展的理论内涵与实现路径研究》，《体育与科学》2022年第1期。

［306］殷鼎：《我国民族体育热点问题的社会网络分析》，《首都体育学院》2014年第11期。

［307］殷平：《旅游交通成本对旅游目的地空间竞争的影响研究》，《地域研究与开发》2012年第6期。

［308］余凤龙、潘薇、徐羽可：《旅游者饮食舒适度构成要素及影响机制研究》，《人文地理》2021年第4期。

［309］郁明星、孙冰、康霖：《国家大数据中心一体化治理研究》，

《情报杂志》2020 年第 12 期。

[310] 袁园媛、黄海燕：《上海体育旅游组织间合作关系研究——基于社会网络分析法的分析》，《中国体育科技》2018 年第 6 期。

[311] 臧秀清：《京津冀协同发展中的利益分配问题研究》，《河北学刊》2015 年第 1 期。

[312] 张鸿、刘中、王舒萱：《数字经济背景下我国经济高质量发展路径探析》，《商业经济研究》2019 年第 23 期。

[313] 张杰、郑若愚：《京津冀产业协同发展中的多重困局与改革取向》，《中共中央党校学报》2017 年第 4 期。

[314] 张金山、曾博伟、孙梦阳：《跨境游客往来便利化的制度分析及对策研究》，《旅游学刊》2016 年第 2 期。

[315] 张磊、邰崇禧、雍明：《长三角一体化背景下体育产业融合研究》，《体育文化导刊》2020 年第 7 期。

[316] 张欣：《基于模糊理论的体育产业竞争力评价》，《广州体育学院学报》2017 年第 1 期。

[317] 张学良、林永然、孟美侠：《长三角区域一体化发展机制演进：经验总结与发展趋向》，《安徽大学学报（哲学社会科学版）》2019 年第 1 期。

[318] 张应语、封燕：《社会网络分析回顾与研究进展》，《科学决策》2019 年第 12 期。

[319] 张永韬：《大型体育赛事对城市（区域）的影响研究述评》，《体育与科学》2013 年第 3 期。

[320] 张玉金：《我国省域体育产业可持续竞争力评价模型及应用研究》，《成都体育学院学报》2017 年第 5 期。

[321] 张志新、薛翘：《黄河三角洲区域产业同构分析及发展路径选择》，《经济问题》2012 年第 4 期。

［322］赵恒煜：《粤港澳大湾区智库发展特征、问题及趋势研究》，《智库理论与实践》2022 年第 6 期。

［323］浙江省发改委、浙江省体育局：《浙江省体育改革发展"十四五"规划》，2021 年。

［324］浙江省体育局：《2019 年浙江省体育产业公报》，2021 年。

［325］郑洪兰：《基于 SWOT 分析的高校图书馆面向农村信息服务策略研究》，《图书馆工作与研究》2013 年第 8 期。

［326］中共中央、国务院：《关于支持深圳建设中国特色社会主义先行示范区的意见》，2019 年。

［327］中共中央、国务院：《粤港澳大湾区发展规划纲要》，2019 年。

［328］中国新闻网：《2018—2019 年度全球百强创新机构发布　中国大陆三家上榜》，2019 年 1 月 23 日，见 https://baijiahao.baidu.com/s? id=162344845168768562&wfr=spider&for=pc。

［329］钟华梅、王兆红：《我国区域体育产业竞合关系及影响因素研究》，《地域研究与开发》2021 年第 1 期。

［330］钟韵、贺莎：《回归以来香港产业结构升级对经济增长的影响研究》，《港澳研究》2017 年第 2 期。

［331］周春山、邓鸿鹄、史晨怡：《粤港澳大湾区协同发展特征及机制》，《规划师》2018 年第 4 期。

［332］周良君、侯玉鹭、张璐：《粤港澳区域体育发展研究》，《体育学刊》2011 年第 3 期。

［333］周良君、丘庆达、陈强：《粤港澳大湾区体育产业空间关联网络特征研究——基于引力模型和社会网络分析》，《广东社会科学》2021 年第 2 期。

［334］周良君、丘庆达：《海洋体育休闲，是粤港澳大湾区美丽风景，更是美好生活（二）》，《中国体育报》2020 年第 5 期。

［335］周良君、肖婧莹、陈小英：《粤港澳大湾区体育产业协同发展研究》，《体育学刊》2019 年第 2 期。

［336］周良君、赵毅、王强强：《论粤港澳大湾区体育产业协同发展的法治保障》，《西安体育学院学报》2020 年第 1 期。

［337］周清明、周咏宋：《成渝地区体育产业一体化开发的政府合作机制研究》，《成都体育学院学报》2008 年第 11 期。

［338］周奕：《产业协同集聚效应的空间溢出与区域经济协调发展——基于"产业—空间—制度"三位一体视角》，《商业经济研究》2018 年第 21 期。

［339］周肇光：《如何构建创新型区域产业协调发展政策互动机制》，《当代经济研究》2007 年第 6 期。

［340］朱洪军、张建辉、梁婷婷、周良君、史芙英：《粤港澳大湾区体育赛事一体化与保障机制研究》，《体育学刊》2019 年第 5 期。